해운항만 물류회계

안기명 양창호
나 영 박수만

博 英 社

본서는 한국해양대학교 항만물류전문인력양성사업단에서
국토해양부의 지원사업으로 출간되었다.

머리말

회계는 기업의 다양한 경영의사결정과 기업의 이해관계인의 의사결정에 기초가 되는 정보를 제공한다. 회계시스템은 경영의사결정에 필요한 정보를 산출하기 위해 데이터베이스 역할뿐만 아니라 일선현장에 발생하는 여러 유형의 경영문제를 해결하는 데 도움을 줄 수 있는 의사결정지원시스템의 역할을 수행하는 기업의 공식적인 정보시스템이다. 특히 오늘날과 같이 물류개념의 패러다임이 변하고 있는 물류환경하에서 물류활동이 기업의사결정에서 핵심역할을 수행하고 있기 때문에 효율적인 물류관리를 위해서는 더욱더 회계정보의 중요성이 부각되고 있다. 본 저서에서 본원적인 물류시스템이면서 국가발전의 핵심성장동력으로 부각되고 있는 해운항만물류 분야의 효율적이고 효과적인 의사결정을 지원하기 위한 회계정보의 역할과 이에 대한 주요 내용과 기법을 소개하고자 하였다.

제 1 편에서는 회계의 학문적 목적과 구조 및 해운물류산업에 주로 적용되는 해운회계처리과정의 특성과 해운손익계산과 주요 계정과목별 회계처리내용을 담고 있다. 제 2 편에서는 해운항만물류 분야뿐만 아니라 일반기업에서도 물류관련 의사결정을 효율적이고 효과적으로 하기 위해서는 어떻게 해야 할 것인가에 필요한 다양한 물류경영기법을 소개하였다. 그 주요 내용을 장별로 보면, 제 4 장에 물류 개념과 기능, 제 5 장에 물류회계의 영역·목적 및 구조, 제 6 장에 물류원가계산과 의사결정, 제 7 장 물류활동기준원가계산, 제 8 장에 물류원가추정과 예측, 제 9 장에 물류예산편성과 원가-조업도-이익분석 그리고 제10장에 성과평가의 기본절차인 물류원가차이분석내용을 소개하고 있다. 그리고 제 3 편에는 물류책임회계로 물류혁신을 유인하기 위한 성과평가내용으로 제11장 물류혁신과 관리회계의 역할, 제12장 물류혁신을 위한 전략경영, 제13장 전략적 물류원가관리 및 제14장에서 물류성과측정과 평가의 내용을 담고 있다. 끝으로 제 4 편에서는 투자의사결정기법과 항만회계 분야

에서 가장 중요한 터미널운영원가와 사용료 산출과정과 항만건설원가 산정기법에 대해서 소개하고 있다. 물류 분야가 워낙 방대하고 전세계적으로 물류회계 저서가 없는 관계로 내용이 다소 미흡할 수 있지만 이 분야에서 최초로 집필되었다는 데에 역사적인 의의가 있으며 부족한 내용은 조만간에 보완할 것을 약속드립니다.

이 책이 나오기까지 자료조사와 정리에 수고한 모든 분에게 이 지면을 빌어 감사의 말씀을 전합니다. 그리고 이 책을 출판하는 데 도움을 주신 박영사와 편집부의 노고에 감사드립니다. 끝으로 독자 여러분의 실무와 연구에 많은 도움이 되기를 바라며 지도와 편달을 기대하고자 한다.

2009년 2월

공 저 자 드림

차 례

제 1 편 회계와 해운회계

제 1 장 회계의 첫걸음

제 2 장 해운회계처리의 특성과 해운손익계산

제 3 장 해운회계의 계정과목별 회계처리

제14장 물류성과측정과 평가

제 4 편 투자의사결정과 항만회계

제15장 투자의사결정과 항만회계

01 회계와 해운회계

제 1 장

회계의 첫걸음

회계는 투자자, 채권자, 그리고 경영자의 의사결정에 필요한 정보를 제공한다.

회계는 경영학의 한 부문이기도 하지만 기업의 이해관계자들이 기업활동과 관련하여 각종 의사결정을 수행하는 데 있어서 필요한 정보를 창출하여 적시에 제공하는 것을 목적으로 하는 사회과학의 가장 첨단 분야의 학문이기도 하다. 본 장에서는 이러한 회계의 목적과 주요 분야에 대해서 정리하고자 한다.

- 회계의 목적과 기능
- 회계의 개념
- 회계정보시스템: 회계정보의 산출과정 및 분석과정

제 1 절 회계의 목적과 기능

1. 회계의 목적

회계학의 학문적 목적은 기업의 경제적 활동을 적절하게 측정하고 평가하여 기업의 이해관계자(즉, 정보이용자)들의 경제적 의사결정에 유용한 정보를 창출하여 제공하는 데에 있다.[1] 구체적인 의사결정의 내용을 다음과 같이 기술할 수 있다.

경제적 의사결정 내용
- 자원의 효율적 배분 및 운용
- 투자 및 신용활동
- 현금흐름 예측
- 자산보존 및 관리
- 사회적 기능의 촉진 및 통제

기업에서 공시하는 회계정보는 기업의 이해관계자들에게 유용하여야 할 뿐만 아니라, 자본시장과 같은 정보시장에서 존재하는 정보이용자 간의 상호 이해관계를 해결하는 도구로서 역할을 수행하게 된다. 기업환경, 사회경제, 그리고 문화적 가치의 변화에 따라 정보이용자의 욕구가 변화하고, 이에 따라 '일반적으로 인정된 회계원칙'(GAAP: Generally Accepted Accounting Principle)의 변화가 필요하다. 이처럼 회계목적은 환경변화에 따라 변할 수가 있으므로 회계의 기본구조의 재검토와 비판적인 분석이 필요하다.

즉 정보이용자의 요구에 부응하는 정보창출을 위한 이론개발을 위한 부단한 연구가 계속되어야 할 필요성이 있으며, 이에 따라 회계는 학문으로서 지속

1) 1960년대 미국의 공인회계사협회의 회계기준심의위원회(AICPA, Committee on a/c procedure)에서 회계를 재무적 성격을 띤 거래 및 사건을 화폐가치로 기록, 분류 및 요약하고 그 결과를 해석하는 기술(art)이라고 규정하였고, 미국의 회계기준을 제정하는 재무회계심의위원회(Financial Accounting Standard Board)에서 제정한 기준 제1조(SFAB No.1)에서는 회계란 기업의 이해관계인의 경제적 의사결정에 유용한 계량적 재무정보를 제공하는 서비스 활동라고 정의하고 있다.

적으로 발전하고 있으며 그 내용이나 범위도 변화하고 있다. 이를 다음과 같이 정리할 수 있다.

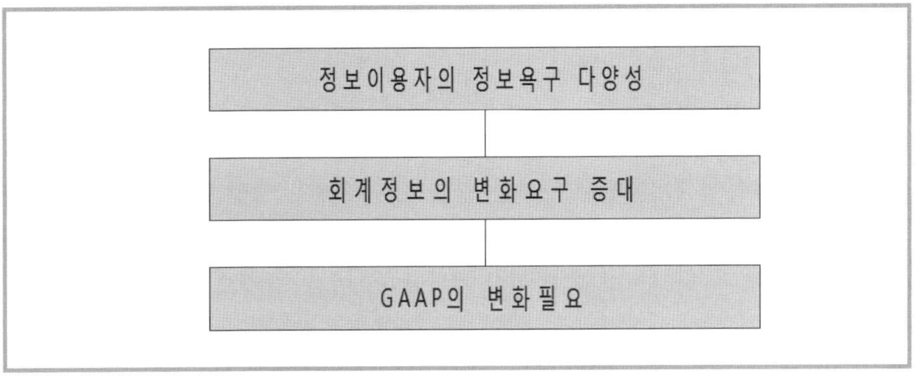

2. 회계의 속성과 기능

기업의 궁극적인 목적은 이윤을 창출하여 투자자인 주주와 종업원 등 기업의 이해관계인들에게 적절하게 배분하여 기업가치뿐만 아니라, 사회적 부가가치의 창출에 있다. 이러한 기업활동을 적절하게 회계처리하여 유용한 회계정보를 창출하는 것이 회계학의 학문적 목적이다. 따라서 회계는 사유재산제도와 시장경제원리를 근간으로 하는 자본주의 체제의 핵심인 영리기업의 존재를 확인하는 수단이다. 또한 회계처리과정 및 그 회계처리과정에서 생성되는 다양한 회계정보는 경영의사결정의 핵심 의사전달수단이므로 회계는 기업의 정보전달수단으로 볼 수 있으며, 회계정보의 핵심기능은 주주에 대한 경영자의 수탁책임에 관한 역사적 정보를 제공하는 데에 있다. 이를 정리하면 다음과 같다.

(1) 회계의 이념(Ideology)적 역할: 자본주의체제 존속수단(영리기업 존재), 사유재산제도, 시장경제원리
(2) 회계의 언어(Language)적 역할: 기업의 정보전달수단
(3) 회계의 기록적 역할과 정보적(Historical Recording) 역할: 주주에 대한 경영자의 수탁책임에 관한 역사적 정보 제공

상기와 같은 회계의 역할을 수행하는 것이 결국 회계가 하여야 할 주된 기능이다. 즉, 회계의 기능은 ① 수탁책임 기능(Stewardship Function)과 ② 정보를 창출하여 전달하는 기능(Information Function)으로 집약할 수 있다.

3. 회계의 개념

회계는 기업에 관한 제반 정보를 창출하는 주체인 기업과 기업의 이해관계인인 정보이용자 간에 회계정보를 매개로 하는 의사전달과정(Communication Process)를 다루는 학문이라고 정의할 수 있다. 이를 그림으로 나타내면 [그림 1-1]과 같다.

그림 1-1 회계학의 정의

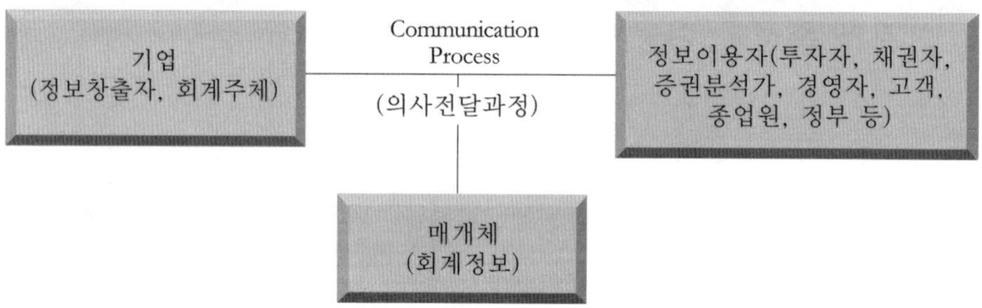

기업의 이해관계인인 정보이용자의 의사결정과정(예: 투자의사결정, 신용의사결정 등)은 불확실한 상황하에서의 판단과정이므로 이러한 의사결정이 왜곡되지 않고 보다 합리적으로 이루어지기 위해서는 유용한 정보가 필요하다. 즉 투자자, 채권자, 그리고 기업의 경영자는 어떠한 상황에서 특정한 행위나 발생된 사건을 판단하고자 할 때 이러한 판단이 올바르게 되기 위한 적절하고 유용한 회계정보를 필요로 한다. 이러한 판단과정, 즉 의사결정과정이 보다 올바르게 개선되기 위한 방안으로 크게 살펴보면 ① 보다 나은 정보를 이용(Change Information)하거나, ② 의사결정자에 대한 교육(Educate Decision Makers)을 하거나 혹은 ③ 의사결정자 대신에 보다 정교한 의사결정모형으로 대체(Replace

Decision Makers with Model)하는 방안을 들 수 있다. 이는 모두 회계학 분야에서 해야 할 의사결정개선 방안들이다. [그림 1-2]와 [그림 1-3]에서는 의사결정과정과 이에 대한 개선방안을 나타내고 있다.

그림 1-2 의사결정과정

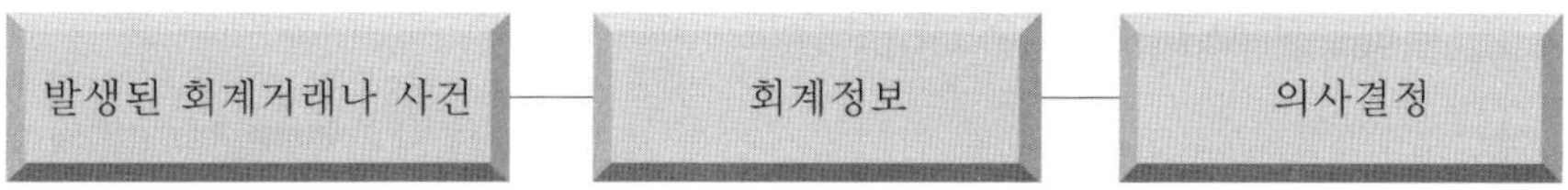

그림 1-3 의사결정과정의 개선방안

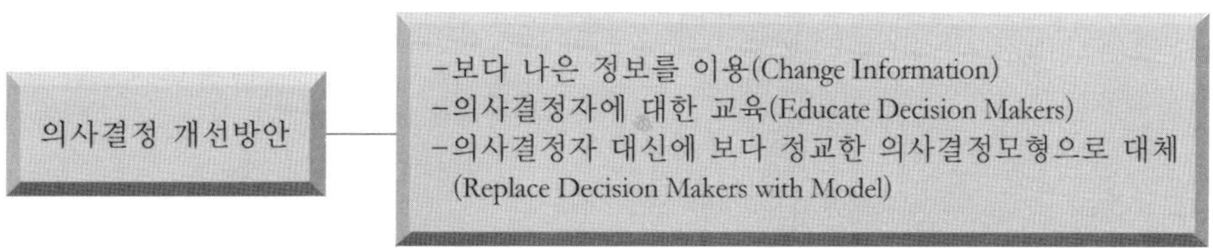

4. 회계정보시스템(AIS): 회계정보의 산출과정 및 분석과정

일반적으로 회계정보시스템은 다음과 같이 두 가지 과정으로 분류할 수 있다. 즉 회계정보의 공급자 측면에서 본 회계순화과정과 회계정보의 수요자 측면에서 본 분석과정이 있다. 이 두 과정 중에서 분석과정이 바로 일반적으로 얘기하는 경영분석과정에 해당한다.

(1) 데이터 프로세스(DATA PROCESS): 회계순환과정

거래, 사건(경영활동) — 측정 — 기록 — 분류 — 요약 → 기본재무제표(F/S)

회계순환과정은 기업에서 경영활동의 결과로 발생한 각종 거래 및 사건을 측정, 기록, 분류 및 요약하여 재무제표를 도출하는 과정으로서 주로 재무회계의 영역에 속한다. 이 과정에서 나온 기업의 재무제표는 개별 정보이용자에게는 하나의 회계자료에 불과하므로 개별정보이용자에게 유용한 정보가 되기 위해서는 다음과 같은 분석과정을 거쳐야 한다.

(2) 분석과정(ANALYSIS PROCESS)

회계정보시스템(AIS) → 회계정보(A/C Information) → 정보이용자(A/C User)
의사결정모형(User's Decision Model) → 행동(Behavior)

분석과정은 개별정보이용자에게 의사결정을 할 수 있도록 유용한 정보를 창출하여 제공하는 과정이다. 이를 도표로 요약하여 설명하면 [그림 1-4]와 같다.

그림 1-4 재무제표 분석과정

투입자료	재무제표 분석과정	산출정보
기본 재무제표를 포함한 각종 기초자료	투자분석 : 투자자(주주) 신용분석 : 채권자(은행) 거래처분석 : 거래처 세무분석 : 정부기관 경영관리분석 : 경영자	투자정보 신용정보 거래처정보 세무정보 경영정보

재무제표 정보를 필요로 하는 사람은 기업의 재무상태와 경영성과에 이해관계가 있는 다양한 이해관계자들로서 투자자(주주), 증권분석가, 채권자, 정부 및 각종 규제기관, 거래처, 고객, 회계감사인 등과 같은 기업 외부정보이용자뿐만 아니라 경영자들과 종업원들도 주요한 정보이용자들이다. 기업의 재무제표 정보를 필요로 하는 정보이용자들은 다양하여 이들의 의사결정행태에 필요한 정보를

창출하는 분석과정도 다양할 수밖에 없다(General & Flexible to Accomdate data differing user needs).

제 2 절 회계의 주요 영역

1. 일반적인 분류

(1) 재무회계(Financial Accounting; F.A.): 외부정보이용자(예: 투자자, 채권자, 정부, 거래처, 소비자 등)의 의사결정에 유용한 정보를 제공하는 재무제표(Financial Statement; F/S) 작성 및 보고시스템으로서, 주로 '일반적으로 인정된 회계원칙'(General Accepted Accounting Principles; GAAP)에 입각하여 외부에 공시될 회계보고서를 만들어 내는 분야이다.

(2) 관리회계(Management Accounting; M.A.): 내부정보이용자(경영자)의 의사결정(예: 경영계획 편성과 통제 및 각종 특수의사결정; Panning & Contol, Special decision)에 유용한 정보를 창출하여 제공하는 의사결정 지원시스템으로서 일반적으로 인정된 회계원칙과는 상관없는 분야이다.

(3) 원가회계(Cost Accounting; C.A.): 경영관리를 위한 원가정보를 제공하는 분야로서 주요 내용을 보면, 원가개념과 분류 및 예측, 원가배분절차, 그리고 각종 원가계산방법과 원가통제방안을 주로 다루고 있다. 오늘날 회계학의 추세에서는 관리회계와 원가회계를 구분하지 않고 있으며, 60년대와 70년대 초까지 유행했던 공업부기와 원가계산 영역이 주요 원가회계영역으로 볼 수 있다. 그러나 오늘날 원가회계시스템은 전략적인 차원에서 취급하므로 크게 보면 관리회계의 한 영역으로 볼 수 있다. [그림 1-5]에서는 이와 같은 회계의 주요 분야를 나타내고 있다.

그림 1-5 회계의 주요 영역

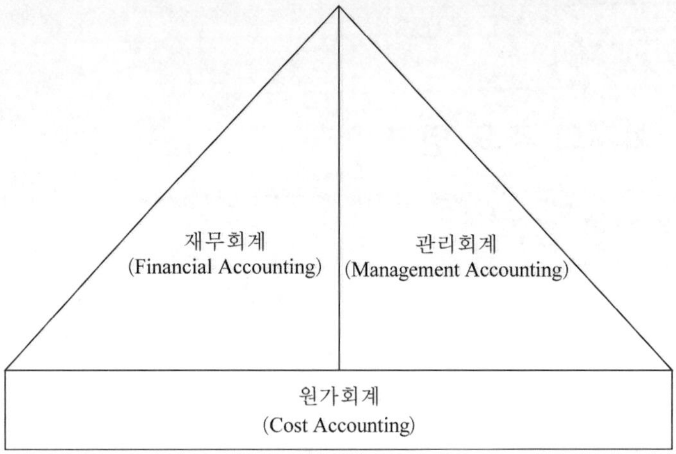

2. 재무회계와 관리회계의 비교

[표 1-1]에서는 앞에서 설명한 외부정보이용자의 의사결정을 위한 재무회계와 내부정보이용자의 의사결정을 위한 관리회계의 차이점을 기술하고 있다.

표 1-1 재무회계와 관리회계의 차이점

구 분	재무회계	관리회계
• 목 적	불특정 다수 정보이용자에 대한 외부보고(결산보고)	경영의사결정을 위한 내부보고
• 보고양식	재무제표, 부속명세서(정형적)	특별보고서(비정형적)
• 정보유형	역사적(객관적) 정보	- 역사적 정보 및 예측정보, - 주관적 정보(목적적합한 정보)
• 정보범위	화폐적·계량적 정보	화폐적·비계량적 정보
• 준거기준	'일반적으로 인정된 회계원칙'(GAAP), 인접학문과 교류가 낮음	일반적인 준거기준이 없음 • 원가-효익(Cost & Benifit)기준 • 정보경제학, 행동과학, 인접학문과 교류가 높음

• 인간관계	중요하지 않음	중요함
• 보고기간	일정함(Fixed), 연차, 반기, 분기, 월별	신축적임(Flexible)

3. 관리회계와 원가회계의 비교

전술한 대로 관리회계와 원가회계는 주로 경영의사결정을 위한 내부보고 목적으로 현대 회계영역에서 구분하지 않고 동일 영역으로 보는 것이 일반적인 추세이다. 그러나 이를 굳이 구분한다면 [표 1-2]에서와 같다.

표 1-2 관리회계와 원가회계의 차이점

구 분	관리회계	원가회계
목적	기업가치 극대화, 효율성 제고	원가절감, 효율성 제고
강조점	기획과 의사결정측면	통제측면
정보 이용자	내부정보이용자	내부 및 외부정보이용자
초점	효율적인 자원배분문제 해결	원가의 집계·배분·요약·분석
주된 기능	산출된 원가정보의 의사결정에 활용	원가정보의 집합과 산출
주요 내역	경영계획편성(Planning) 지원시스템도구로서 예산편성, 재고관리, 제품배합, 원가-조업도-이익분석 등	원가(Cost)결정으로 원가개념 규정과 분류, 원가예측, 원가배분 등
	경영통제(Control) 지원시스템으로서 책임회계시스템(Responsibility Accounting) 영역에 해당. 성과평가와 보상시스템 결정, 분권화와 대체가격 결정, 표준원가제도 등	제품원가계산시스템(Product costing)으로서 제품원가계산이 재고자산평가와 기업손익 및 제품가격에 미치는 영향
	특수의사결정(Special Decision) 지원시스템으로는 자본예산편성, 특별주문의사결정, 신기술 및 신제품개발의사결정 등	발생된 원가를 적절히 통제(Cost contol)하는 방법 및 이로 인한 원가절감방법 등

제 2 장

해운회계처리의 특성과 해운손익계산

해운회계는 운송활동을 주요 영업활동을 수행하는 해운기업에 관한 정보를 창출하고 제공한다.

물류산업 중 가장 대표적인 산업이 해운산업이다. 해운은 선박을 매개로 하여 운송활동을 주 영업으로 하는 산업으로서 손익인식과 회계처리 면에서 제조기업과 다른 점이 많다. 본 장에서는 이러한 해운산업의 회계처리의 특성과 회계처리과정에 대해 정리하고자 한다.

- 해운회계의 의의와 특징
- 해운회계처리 특성과 기준
- 현금성자산과 단기투자자산
- 수취채권과 지급채무
- 수익과 비용의 인식
- 회계처리방법과 이익관리

제 1 절　해운회계의 의의와 특징

1. 해운회계의 의의

해운회계는 해운업을 경영하는 기업에 적용되는 회계를 말한다. 즉 해운업을 영위하는 기업에서 발생하는 경제가치의 변동을 일정한 회계이론과 회계조직에 의하여 기록·계산·정리하여 해운경영의 실적을 파악하고 이를 회계정보수요자에게 제공하는 것이다.

이러한 해운회계는 넓은 의미로는 해운관련업 즉 해운업법 제2조에서 정하는 해상여객화물운송업, 해상화물운송사업, 해운중개, 대리업, 선박대여, 관리업 등의 경영에 적용되는 해운업체의 회계를 말하며, 좁은 의미로는 해상운송(해상여객운송과 해상화물운송)이라는 해운업 고유의 경영부문에 적용하는 해운운송회계를 말한다.

2. 해운회계의 특징

1) 회계기준상의 특징

해운회계는 회계기준상의 특징으로서 다음과 같이 항차별 손익계산의 적용, 해운수익과 비용 인식기준의 특이성, 그리고 해운비용과 수익 대응의 특수성 등을 들 수 있다.

첫째, 계좌별 손익계산(Lot Accounting)의 적용이 적용된다는 점이다. 선박단위별 또는 항해단위별로 손익계산이 이루어지고 성과가 측정된다.[1]

둘째, 해운수익과 비용 인식기준의 특이성

셋째, 해운비용과 수익 대응의 특수성

1) 해운거래는 항차단위별 계약이므로 운항단위별 손익계산이 필요하다. 특히 부정기선의 경우, 영업주기의 변화가 불확실하기 때문에 항차별 원가계산이 필요하다. 또한 해운거래는 재고가 없어 일반기업과 같이 결산에서 재고조사할 필요가 없으며 물동량변화에 따른 수요탄력성이 크다. 이에 따라 운임률의 변화가 크므로(특히 부정기선의 경우 더욱 심함) 항차별 손익계산이 절실하다. 해운산업에서 주요 고정자산은 선박으로서 이동하므로 이에 따른 손익인식도 이동할 수밖에 없는 특성을 보인다.

2) 해운회계 환경상의 특징

해운회계의 환경의 특징으로는 막대한 시설투자자금의 소요, 거래 발생지역의 광범위성을 들 수 있다.

제 2 절 해운회계처리특성과 기준

1. 해운회계기준

우리나라는 금융감독위원회가 한국회계기준원 회계기준위원회에 위임하여 제정한 기업회계기준이 '일반적으로 인정된 회계원칙'이며, 기업회계기준의 주요 항목에 대하여는 기업회계기준서를 제정하고 있다.

또한 기업회계기준 제90조는 기업회계기준 시행과 관련하여 필요한 경우에는 업종별회계처리준칙 또는 세부사항을 따로 정할 수 있도록 하고 있으며, 현재 업종별로는 은행업, 증권업, 보험업, 종합금융업, 증권투자신탁업, 상호저축은행업, 유동화전문회사에 대하여 회계처리준칙 또는 회계처리기준이 제정되어 시행중이다. 해운업에 대하여는 별도의 업종별 회계처리준칙 등이 제정되지 않고 있으며 따라서 일반기준인 기업회계기준 및 기준서에 따라 회계처리를 하여야 한다.

해운회계는 별도의 업종별 회계처리기준 등이 제정되어 있지 않으므로 일반적인 기업회계기준 및 기준서가 적용되는바, 해운회계 특성에 따른 주요 항목별 기준을 설명하면 다음과 같다.

1) 해운업 수익인식 기준

해운수익은 성격에 따라 운임(예: 화물운임, 체선료, 조출료 등), 대선료, 타선취급수수료, 기타의 수익으로 구분할 수 있는바, 운임수익의 인식기준으로는 화물선적기준, 본선출항기준, 항해진행기준, 항해완료기준 등을 고려할 수 있다.

기준서에 따르면 해운업을 영위하는 기업은 용역을 제공하므로 진행기준에 따라 수익을 인식하는 것이 원칙이다. 따라서 화물선적기준, 본선출항기준, 항해완료기준에 의한 수익인식은 허용되지 않고 있다. 용역의 제공으로 인한 수익은 용역제공거래의 성과를 신뢰성있게 추정할 수 있을 때 진행기준으로 인식하며, 신뢰성있게 추정할 수 없는 경우에는 발생한 범위 내에서 회수가능한 금액을 수익으로 인식한다

용역제공거래의 성과를 신뢰성있게 추정할 수 있을 때란 다음 조건이 모두 충족되어야 한다.

- 거래 전체의 수익금액을 신뢰성 있게 측정할 수 있다
- 경제적 효익의 유입가능성이 매우 높다.
- 진행률을 신뢰성있게 측정할 수 있다.
- 이미 발생한 원가와 거래를 완료하기 위해 추가로 발생할 원가를 신뢰성 있게 측정할 수 있다.

기준서는 진행률 적용방식의 3가지 예를 제시하고 있다.

- 총예상작업량(또는 작업시간) 대비 실제작업량(또는 작업시간)의 비율
- 총예상용역량 대비 현재까지 제공한 누적 용역량의 비율
- 총추정원가 대비 현재까지 발생한 누적원가 비율

화물운임수익은 항해진행기준을 적용하여 인식하고, 총추정원가 대비 현재까지 발생한 누적원가 비율을 진행률로 적용함이 가장 합리적인바, 이를 식으로 나타내면 다음과 같다.

당기 항차별운임수익

$$= \text{당해 항차별 운임총액} \times \frac{\text{당해 항차별 발생운임누적액}}{\text{당해 항차별 총예정운항비}}$$

그러나 실무적으로는 결산기말에 항차별 원가의 집계·마감이 어려워 항해진행률은 항차별로 총항해예정일수에서 차지하는 경과항해일수의 비율에 의해 다음과 같이 산정하고 있다.

당기 항차별 운임수익

$$= \text{당해 항차별 운임총액} \times \frac{\text{당해항해의 경과일수}}{\text{당해항해의 총예정일수}}$$

다만 기준서는 용역제공거래의 성과를 신뢰성있게 추정할 수 없는 경우에는 진행률을 적용하지 않고, 발생한 비용의 범위 내에서 회수가능한 금액을 수익으로 인식하도록 하고 있다.

2) 해운원가 인식기준

해운원가는 운항과 관련된 원가로서 발생기준으로 비용을 인식함이 원칙이며, 수익과 대응되어야 한다. 그러나 해운업은 운항원가의 발생 지역이 세계 전 지역으로 분산되어 있어 결산일 기준으로 원가의 집계 마감이 매우 어렵다. 따라서 실무상으로는 다음과 같이 운항원가를 항해진행기준을 적용하여 인식하고 항해진행률은 항차별로 총항해예정일수에서 차지하는 경과항해일수의 비율에 의해 산정함이 일반적이다.

당기항차별운항원가

$$= \text{당해 항차별 운항원가 예상총액} \times \frac{\text{당해항해의 경과일수}}{\text{당해항해의 총예정일수}}$$

3) 금융비용의 자본화

해운업은 선박 등 유형자산을 매입하거나 리스, 용선 등의 방법으로 확보하여 운영하고 있으며, 선박의 매입 등과 관련하여 자금을 차입할 경우 금융비용이 발생한다. 기준서 제7호는 자산의 제조, 매입 등과 관련하여 발생한 금융비용의 자본화에 관한 회계처리방법을 제정하였는바, 이를 요약하면 다음과 같다.

- 금융비용이란 자금의 차입과 관련하여 발생하는 이자비용과 기타 유사한 비용을 말하는바, 다음 항목을 포함한다.

- 장·단기차입금과 사채에 대한 이자비용
- 사채발행차금상각(환입)액
- 채권·채무의 현재가치평가 및 채권·채무조정에 따른 현재가치할인차금상각액
- 외화차입금과 관련된 환율변동손익 중 이자비용의 조정으로 볼 수 있는 부분
- 리스이용자의 금융리스이자비용
- 차입과 직접 관련하여 발생한 수수료
- 기타 유사한 금융비용

• 자본화대상자산이란 유형자산, 무형자산 및 투자자산과 제조, 매입, 건설 또는 개발(이하 "취득")이 개시된 날로부터 의도된 용도로 사용하거나 판매할 수 있는 상태가 될 때까지 1년 이상의 기간이 소요되는 재고자산을 말한다.

• 금융비용은 기간비용으로 처리함을 원칙으로 한다. 다만 자본화대상자산의 취득을 위한 자금에 차입금이 포함된다면 이러한 차입금에 대한 금융비용은 그 금액을 객관적으로 측정할 수 있는 경우에는 해당 자산의 취득원가에 산입할 수 있다. 따라서 자본화대상 금융비용 회계처리방법은 기간비용 또는 자본화 중 기업이 선택·적용할 수 있다. 다만 모든 자본화대상자산에 대하여 매년 계속적으로 적용하여야 하며, 정당한 사유 없이 변경할 수 없다.

4) 리　스

리스란 임대차계약을 의미하며 임대인이 임차인에게 목적물을 사용·수익하는 약정을 체결하고 임차인이 임대인에 대하여 임차료를 지급하기로 하는 계약을 말한다. 리스는 금융리스와 운용리스로 구분되는데 구분기준은 다음과 같다(기준서 제19호).

• 금융리스는 리스자산의 소유에 따른 대부분의 위험과 효익이 리스이용자에게 이전되는 리스를 말하며, 리스계약의 실질이 다음의 하나 또는 그 이상에 해당하면 일반적으로 금융리스로 분류한다.

- 리스기간 종료시
- 리스실행일 현재
- 리스자산의 소유권

• 운용리스는 금융리스를 제외한 리스를 말한다.

(1) 금융리스 회계처리

금융리스 이용자는 리스 실행일에 리스료의 현재가치와 리스자산의 공정가치 중 작은 금액을 금융리스자산과 금융리스부채(금융리스미지급금)로 각각 인식한다. 금융리스에서는 매 회계기간에 금융리스부채(금융리스미지급금)에 대한 이자비용뿐 아니라 금융리스자산의 감가상각비가 발생한다.

리스 이용자가 리스기간 종료시 또는 그 이전에 자산의 소유권을 획득할 것이 확실시된다면 자산의 내용연수에 따라 감가상각하며, 그렇지 않을 경우에는 리스기간과 내용연수기간 중 짧은 기간에 걸쳐 감가상각한다. 이 경우 감가상각대상금액은 금융리스자산의 취득가액에서 추정잔존가치 또는 보증잔존가치를 차감한 금액으로 한다.

(2) 운용리스 회계처리

운용리스에서 보증잔존가치를 제외한 최소리스료는 리스 이용자의 기간적 효익의 형태를 보다 잘 나타내는 다른 체계적인 인식기준이 없다면 리스기간에 걸쳐 균등하게 배분된 금액을 손익계산서에 비용으로 인식한다. 실무적으로는 정해진 대금결제조건에 따라 지급할 기본리스료와 조정리스료를 리스료라는 비용으로 계상한다.

5) 외화환산

해운업의 국제화 내지 무역자유화 및 자본시장의 국제화에 따라 해외 각국에 진출하고 있으며, 상거래는 각국 통화로 이루어지고 있다. 이 경우 해외진출한 현지법인은 소재국 화폐단위로 재무제표를 작성하여야 하며, 그와 같은 정보를 이해자 집단에 보고하거나 본사의 재무제표와 연결시킬 경우에는 현지국 화폐단위 금액을 자국 화폐단위로 환산해야 한다. 또한 본사와 각국간의 해운거래는 각국 통화로 이루어지고 있어 본사의 외화표시 거래에 대한 원화환산이 필요

하게 되는바, 여기에서 외화환산회계가 필요하다.[2)]

(1) 외화자산 및 부채의 환산

- 화폐성외화자산 및 화폐성외화부채는 대차대조표일 현재의 적절한 환율로 환산한 가액을 대차대조표가액으로 한다. 여기에서 화폐성외화자산 및 화폐성외화부채는 현금 및 현금성자산, 매출채권, 매입채무 등과 같이 화폐가치의 변동과 상관없이 자산·부채의 금액이 계약 기타에 의하여 일정액의 화폐액으로 고정된 자산 및 부채를 말한다.
- 비화폐성외화자산 및 비화폐성외화부채는 원칙적으로 당해 자산을 취득하거나 당해 부채를 부담한 당시의 적절한 환율(즉, 역사적 환율)로 환산한 가액을 대차대조표가액으로 한다.
- 화폐성외화자산 및 화폐성외화부채의 환산으로 발생하는 손익은 외화환신손실 또는 외회환산이익의 과목으로 하여 당기 손이으로 처리한다.

(2) 해외지점 등의 외화환산

해외지점, 해외사업소 또는 해외소재 지분법적용대상회사의 외화표시 자산·부채를 원화로 환산하는 경우에는 원칙적으로 대차대조표일 현재의 적절한 환율로 환산한 가액을 대차대조표가액으로 한다. 다만 본점과 독립적으로 운영되는 해외지점, 해외사업소 또는 해외소재 지분법적용대상회사의 경우에는 당해 자산·부채는 대차대조표일 현재의 환율을, 자본은 발생 당시의 환율을 적용하며, 손익항목은 거래 발생 당시의 환율이나 당해 회계연도의 평균환율을 적용하여 일괄환산할 수 있다.

(3) 해운업과 외화환산회계

해운업의 경우, 선박 건조 또는 매입시 재원은 막대한 외화차입금으로 조달되고 있어 환율변동에 따라 경영수지는 많은 영향을 받고 있다. 이러한 환율변동으로 인한 외화환산손실을 당기의 비용으로 반영하는 경우 해운회사의 경상이익을 크게 낮추어 재무구조를 악화시키게 되며, 이에 따라 국내 해운업계의 대외신용도를 낮춤에 따라 차입비용을 상승시키는 요인이 되는바, 이러한 금융비용의 과다한 부담은 국내 해운업계의 경영을 어렵게 만드는 요인이 될

2) 기업회계기준 제68조는 외화자산 및 부채의 환산, 제69조는 해외지점 등의 외화환산, 제48조는 외환차손익, 제49조는 외화환산손익 기준을 제시하고 있다.

수 있다.

1997년의 외환위기 때 환율의 급상승으로 인한 경영수지의 악화와 이로인한 대외신용도 악화를 방지하기 위하여 일시적으로 장기외화자산·부채로 인한 외화환산손익은 이연자산으로 계상하여 차입금상환 기간 동안 상각하는 것으로 회계기준을 변경하였다. 그러나 1999년에는 국제회계기준 추세에 따라 다시 이연처리를 폐지하고 외화환산손익을 당해연도 손익에 반영하도록 개정하여 현재까지 적용되고 있다.

6) 외항해운기업 회계기준 문제

해운업은 선박을 매개로 한 운송서비스인 해운용역을 생산하는 업종으로서 영업의 형태나 주기가 불규칙적이고, 거래 발생지역이 광범위하여 현행 기업회계기준이 기반으로 하고 있는 제조, 판매업과는 상이하다. 따라서 해운업의 영업활동에 관한 회계정보를 적절히 제공하기 위한 해운업회계처리기준 제정의 필요성이 제기되고 있다. 그러나 우리나라의 회계기준이 국제회계기준으로 통합하는 단계에서 별도의 회계기준을 제정하는 것은 어려우며, 산업이 특수성을 회계기준서 등에 반영할 수 있는 방안을 찾아야만 할 것이다.

2. 해운세무

내국법인중 법 소정의 요건을 갖춘 해운기업은 소득을 해운소득과 비해운소득으로 구분하여 해운소득에 대하여는 실제 소득이 아닌 선박톤수와 운항일수를 기준으로 산출한 선박표준이익(간주이익)을 법인세 과세표준으로 하고, 비해운소득은 일반기업과 같이 실제 소득을 기준으로 법인세법을 적용하여 산출한 금액을 과세표준으로 하여 법인세를 납부할 수 있다.

이러한 해운기업의 법인세 과세표준은 다음 금액의 합계로 할 수 있다.

① 해운소득에 대하여는 선박별로 다음 산식에 의한 개별선박표준이익의 합계액

개별선박표준이익
= 개별선박톤수 × 1톤당 1운항일이익 × 운항일수 × 사용률

② 비해운소득에 대하여는 법인세법 제13조 내지 제54조 규정에 의해 계산한 금액

상기에서 1톤당 1운항일이익은 선박톤수, 해운기업의 운항소득, 법인세납부 실적 및 외국의 운영사례 등을 감안하여 선박의 1톤당 30원을 초과하지 않는 범위 안에서 대통령령으로 정하는바, 이는 다음과 같다.

개별선박의 순톤수	1톤당 1운항일 이익
1,000톤 이하	14원
1,000톤 초과 10,000톤 이하	11원
10,000톤 초과 25,000톤 이하	7원
25,000톤 초과	4원

주요 해운국에서 해운산업의 국제경쟁력 제고를 위해 톤세제를 도입·시행하고 있는 점을 고려하여 경쟁 해운국과 대등한 조세환경 조성으로 해운기업의 국제경쟁력을 강화하기 위하여 2005년부터 적용하고 있으며, 일몰규정이 신설되어 2009년 12월 31일까지 적용된다.

톤세제의 도입으로 세부담에 대한 예측가능성이 제고되어 중장기 사업추진이 용이하고 세액계산이 간편해져 해운산업의 국제경쟁력이 제고되는 효과가 있다.

3. 해운업 손익계산서 사례

매출액(해운사업수입)

1. 운임수입(예: 화물운임, 여객운임, 체선료, 早出料)
2. 대선수입
3. 타선취급수입
4. 기타수입(예: 임대수입, 부대수입, 선내영업수입 등)

매출원가(운항원가, 해운사업원가) — 운항원가명세서

1. 운항비(예: 화물비, 선객비, 유류비, 항비, 운항잡비, 기타)
2. 선비(예: 선원비, 윤활유비, 선박감가상각비, 선용품비, 선박수리비, 선박보험료, 선박사고비, 선박재산세 등)
3. 借船料
4. 기타원가

매출총이익(협의의 운항손익)

일반관리비

1. 급여, 상여급
2. 복리후생비
3. 제세공과금
4. 감가상각비(예: 선박 이외의 고정자산, 건물 등)

영업이익(운항수지) — 운항수지표

(+) 영업외수익(수입이자, 수입배당금, 외환차익, 고정자산처분이익, 보험차익, 기타)

(-) 영업외비용(지급이자, 지급보증료, 이연상각비, 외환차손, 고정자산처분손실, 잡손실, 기타)

경상이익

(+)특별이익(예: 재해보상금, 기타)

(-)특별손실(예: 재해손실, 기타)

법인세차감전순이익

법인세 등

당기순이익

규모가 있는 해운선사는 정기선(컨테이너 운송)과 부정기선(벌크 운송)을 병행하는 경우가 대부분이다. 따라서 관리를 보다 효율적으로 하고 이해의 편리를 위해 매출액을 컨테이너 운송수입과 벌크운송수입으로 구분표시하는 것이 일반적이다. 해운선사의 경우 운송수입의 대부분 외국환(달러)으로 발생하기 때문에 외화환산이 필요한데, 기업회계기준에서는 평균환율을 적용하여 환산하도록 되어 있다.

매출원가인 운항원가인 경우에도 정기선과 부정기선 부문을 구분 표시하여야 한다. 매출액비율이나 선박척수 기준으로 비례하여 구분하는 것이 일반적이다.

4. Charter Base와 Hire Base의 해운손익계산방법

일반적으로 직접 발생되는 수익과 비용을 대응시켜 계산되는 손익개념은 매출총이익으로 이는 매출액에서 매출원가를 차감하여 산출한다. 이와 마찬가지로, 해운기업에서도 운항활동과 직접적으로 대응하여 발생되는 손익인 운항손익은 매출액인 운임수입에서 이에 대응하여 직접 원가소멸액인 운항원가를 차감하여 산출된다. 즉 이를 표시하면 다음과 같다.

운항손익 = 운임수입 - 운항원가(운항비 + 선비)[3)]

$$C/B = \frac{\text{운임수입} - \text{운항비}}{\text{선박중량톤수}(D/W) \times \text{연간가동일수}} \times 30$$

$$H/B = \frac{\text{연간선비}}{\text{선박중량톤수}(D/W) \times \text{연간가동일수}} \times 30$$

C/B는 운임수입에서 운항비를 차감한 1항해당 운항손익을 1개월(30일)당 1중량톤당의 금액으로 계산된 것이고, H/B는 운항원가 중에서 변동비성격인 운항비을 제외하고 선비(주로 고정비 성격)를 1개월(30일)당 1중량톤당의 금액으로 산출한 것이다.

3) 해운기업의 주 수입원은 운임수입이므로 매출액은 운임수입으로 보고, 매출원가인 운항원가도 주요비용항목인 운항비와 선비로 구성된다고 본다.

Charter Base와 Hire Base는 용선의사결정할 때 각 항차수지의 채산성 여부를 판단할 매우 유용한 손익산식이다. 즉, C/B는 어떤 화주에게 용선을 줄 것인지의 기대용선요율(expected charterage)에 대한 지표가 되며, H/B는 선주가 용선을 줄 것인지, 또는 자신이 운항할 것인지를 판단하는 기준으로 많이 이용하고 있다.[4)]

제 3 절 해운수익회계

1. 해운수익의 유형과 내용

해운수익은 크게 운임수입[예: 화물운임, 여객운임, 체선료, 조출료(早出料, despatch money)]과 대선료 및 기타수익으로 구분할 수가 있다.

1) 운임수입의 분류

(1) 지급시기에 따른 분류

- 선급운임
- 후급운임(추심운임): 도착지급운임

(2) 운송완성 정도에 따른 분류

- 전액운임
- 비율운임: 항해상당액운임, 거리비율운임
- 공적(空積)운임: 부적(不積)운임

(3) 운임징수방법에 따른 분류

- 종가운임
- 할증운임
- 선택운임
- 전통운임
- 지역운임

---

4) 구체적인 내용은 이희준, 「해운회계론」, 1990, p. 147을 참조할 것.

(4) 해운동맹운임률에 의한 분류

- 협정운임(Tariff freight): 동맹운임률
- 지정운임(Closed rate)
- 경쟁운임(Open rate): 자유운임
- 품목무차별운임(freight all kind FAK rate)
- 이중운임(dual rate): 화주가 동맹선에만 적재하는 계약을 하는 경우 타 일반화주보다 약 9.5%가 싼 운임률을 적용함
- 리베이트시스템(운임환급제, fidelity rebate system): 계약리베이트, 비밀 리베이트

(5) 계약기준에 따른 분류

- 적하계약운임: 톤당 운임, 운송개수, 중량 또는 용적기준에 의한 운임
- 선복운임: 선복용선료로 1항해당 운임으로 계산함
- 日貸傭船料: 용선계약기간을 일수계산으로 계산함

2) 화물운임

- 항해용선계약(voyage party): 선복운송계약
- 계별운송계약(carriage in a general ship): 선박의 특성보다는 화물의 종류, 수량, 용적, 중량 등을 기초로 정기선운임은 협정운임에서 결정됨

3) 체선료(demurrage)

약정한 정박기간에 화물을 선적 또는 양륙하지 못했을 경우, 연장된 정박기일에 대해 화주로부터 선주(해운회사)가 징수하는 해운수익이다. 이는 초과정박으로 인한 해운비용의 증가와 차기항로에의 지체로 인해 발생하는 손실을 선주(해운회사)에게 보상하는 것이다.

- 사전약정 有: 체선료(허용정박기간) + 정박손해금(초과정박기간)
- 사전약정 無: 정박손해금(허용 및 초과정박기간)

4) 대선료수익

정기용선료, 기간용선료, 나용선용선료, 일대용선료, Space Charterage(컨테이너선) 등이 있다.

2. 해운수익개념과 인식기준

1) 현금주의(Cash Basis)와 발생주의(Accrual Basis)

(1) 현금주의: 현금유출입을 측정하여 수익과 비용을 인식한다.

수익 = 당기 현금유입액 비용 = 당기 현금유출액

- 비판: 단기현금흐름을 예측하거나 영업활동이 주로 현금거래로 이루어지는 금융기관이나 현금회수가 주요 영업활동인 장기할부계약판매에 적합하다. 그러나 실질적인 경제적 사상을 반영하지 못하고 있어 목적 적합한 손익측적방법이라고 볼 수가 없다.

(2) 발생주의: 현금흐름에 영향을 미치는 경제적 사상이 발생한 시점에서 수익과 비용을 측정하여 인식하는 방법이다. 미래현금흐름에 목적 적합한 정보를 제공하므로 일반적으로 손익인식은 발생주의에 의거하고 있다.

수익: 실현주의, **비용**: 발생주의, **기간손익**: 수익비용대응원칙

① 해운수익개념

주요 영업활동인 운송활동으로 인한 순자산증가액

② 해운수익인식조건

실질적인 수익창출과정의 완성(Earning process is completed) ⇒ Critical Event 객관적으로 자산유입액(순자산증가)을 화폐가치로 측정가능 ⇒ Exchange Transaction

- SFAC NO 5: Revenue is realized or realizable, is earned.
- 상기 두 가지 조건이 충족되는 시점에서 해운수익을 인식하는 것이 타당하다. 이러한 시점에 대한 인식기준은 다음과 같이 구분할 수가 있다.

③ 인식기준[5)]

▶ 화물신직기준(화물선적완료일): 해상수송의 출발점으로 무역에서 영해를 이탈할 때를 의미한다. 이는 판매기준에 접근하는 기준으로 주로 선하증권상의 날짜에 해운수익을 계상하고 있다.

- 국제판매법초안에서도 인도는 목적선박에 해당 물품이 적재되는 장소, 즉 선적장소에서 행해지지 않으면 안된다고 규정하여 선적장소를 인도 장소로 입법화하고 있어 사실상의 매매완료로 간주하고 있다. 이는 해운수익의 인식기준으로 보는 것이다.
- 해운업의 관례에 의하면 선적완료일에 운임이 확정되어 화주에 대한 운임청구권이 발생하고, 또 운송계약에서 본선 또는 화물이 멸실된다고 하더라도 운임을 반환하지 않는다는 규정이 많아 운임청구권의 확정이 수익인식시점이다.

▶ 본선출항기준(선적출항기준): 실제로 출항시기는 항만사정이나 기후사정에 따라 다르므로 수익인식시점으로는 부적합하다.

▶ 항해진행기준(일할발생기준): 손익대응의 정확성 및 논리성은 있으나 공선항해중에도 운임이 계산되는 불합리성이 있으며, 항해 전체의 총운임

5) 일반적인 수익인식기준은 현금회수기준, 생산기준(생산진행, 생산완료), 판매기준이 있다. 이 중에서도 판매기준이 일반적인 기준이고 현금회수기준과 생산기준은 예외기준이다. 판매기준은 상품인도 및 서비스제공시 또는 대금청구시에 매출수익을 인식하며, 그 수익으로서 수입이자, 집세수입은 기간경과이나 자산사용시, 자산처분이익은 자산처분시 수익을 인식한다.

과 총비용이 사전에 정확히 추정되어야 하는 전제가 필요하여 사실상 예측상 문제가 있다.

▶ 항해완료기준: 극단적인 보수주의에 의한 것으로 용역제공완료기준 또는 양하완료기준으로서, 생산기준 중에서도 공사완료기준과 유사한 수익인식기준이다.

• 일본: 해운기업재무제표준칙(일본운수성, 1984년)에서 항해완료기준, 선적완료기준, 항해진행기준을 해운회계처리의 지도원칙으로 삼고 적용하고 있다.
• 한국: 예규(57-310, 해상화물운송에서 수익 및 비용계상시기, 1985. 10. 4)에서 항해완료기준(1법)과 항해진행기준(2법) 중에서 선택 적용하되, 일단 선택되면 매기 계속하여 적용하고 정당한 사유없이 변경하여서는 아니된다고(계속성원칙) 규정하고 있다.
• 해운수익의 확실성 측면에서는

항해완료기준 → 항해진행기준 → 본선출항기준 → 화물선적기준

실무 측면에서는

운임수입: 항해완료기준 또는 항해진행기준 대선수입: 항해용선(항해완료 및 항해진행), 정기용선(항해진행)

3. 항해진행기간중의 수익인식

1) 인식조건

(1) 운항기간이 상당히 장기일 경우
(2) 운송계약기간이 일정하거나 거의 확정적임
- 화주와 선사 간에 미리 계약가액을 합의 및 결정됨
- 계약가액을 거의 확실하게 수취할 수 있음

(3) 총운항원가를 합리적으로 추정가능, 이에 대한 합리적인 기준이 있음

(4) 당해 회계기간 동안 발생원가를 측정가능

2) 근 거

운항기간이 장기이고 수익획득과정이 여러 회계기간 동안 완성되므로 정보이용자에게 기업이익 및 미래현금흐름에 관한 적시성 있는 정보제공하기 위한 것이다.[6]

3) 회계처리방법

(1) 항해진행기준(percentage of completion method)

① **특징:** 장기운송계약에서 운송진행 정도에 따라 총계약액을 운송기간별로 배분하여 운송기간중에 수익을 인식하는 회계처리방법이다.

② **적용조건**

- 운송진행률, 총계약가액 및 총원가를 합리적으로 추정가능
- 제품(운송될 화물)에 대한 법적 권리, 인도될 자산내용 및 대금결제방법과 조건이 계약서에 명백히 기재되어야 함
- 화주와 선사 간에 계약서상의 모든 의무를 성실히 이행할 것으로 예상되어야 함

따라서 상기조건이 충족될 경우, 운송활동이 기간별 수익흐름에 미치는 영향을 합리적으로 추정가능하므로 운송진척도에 의거하여 전체 수익획득과정 중 당기완료부분만 인식이 가능하다.

③ **운송진행률 측정방법**

- 항해기간비례법
- 원가비례법(운송진행률 = $\frac{\text{당기말 실재발생원가}}{\text{총운항원가추정액}}$)

• ARB NO 45: 원가기준법을 권장함(실무에서 가장 많이 이용함)

---

6) 생산활동이 진행됨에 따라 수익을 인식하는 생산진행기준으로는 ① 자연적인 성장이나 기간경과에 따라 가치가 증분되는 제품(예: 곡물, 목재, 포도주, 담배), ② 특별주문품, ③ 장기공사계약(Long-Terms Contracts) 등을 들 수 있다.

④ **단점**

운송진행률 추정에 불확실성이 개제하여 인식된 이익에 주관적 요인의 개제가능성이 높다.

⑤ **장점**

발생주의 원칙에 부합(회계정보의 목적적합성 및 유용성 증진)된다. 즉 각 회계기간 동안 진행된 운송활동성과를 적절히 표시하여, 미완성운송의 현행 상태를 정확히 보고할 수 있다.

⑥ **특수한 경우**

출항 이전에 발생된 각종 운항관리비용, 선비 등은 운송진행률 계산시 제외하는 것이 타당하며, 하청운송의 경우에도 하청운송업자에게 미리 지급한 선급금은 진행률 계산에서 제외하는 것이 타당하다.

⑦ **기간이익계산**

- 당기수익 = (진행률 × 총수익추정액) - 전기까지 인식된 수익누적액
- 당기이익 = (진행률 × 총이익추정액) - 전기까지 인식된 이익누적액

⑧ **회계처리 및 보고**

- 운송진행됨에 따라 발생된 원가는 미(완)성운송계정(Shipping in process: 재공품계정과 유사함)에 차기하되, 발생원가 이외에 이익에 포함되어 있으므로 순실현가치(NRV)로 표시되는 점이 제조기업에서 재공품계정과 다르다.

차) 미성운송	+++	대) 현금, 각종 선비계정	+++

- 운송진행중 중도금 청구시

차) 운송매출채권	+++	대) 운송원가청구	+++

운송원가청구(Billings on Shipping) 계정은 운송이 진행됨에 따라 당기에 인식될 수익 정도를 나타내지만 미성운송계정의 차감계정이라는

점에서 일반 매출계정과 다르고 상품(제품)계정과 유사하다. 대차대조표에 운송원가청구잔액을 미성운송에서 차감하여 재고자산의 이중계산을 방지하여야 한다.

- 결산시

차) 운송비용(운송매출원가)	+++	대) 운송수익(운송매출)	+++
미성운송	+++		

(2) 항해완료기준

① 특징 및 조건

이 기준은 수익인식을 완성시까지 연기시키는 방법으로 다음과 같은 여건(조건)하에서 회계처리되는 방법이다.

② 적용조건

- 단기운송계약
- 운송진행기준 적용조건이 미흡
- 운송계약에 내재된 위험이 정상적인 위험을 초과하여 운송이 완성되더라도 운송손실이 발생할 가능성이 높거나 중도금을 받지 못할 가능성이 높은 경우 → 보수주의 적용

제 3 장

해운회계의 계정과목별 회계처리

가장 중요한 해운회계분야는 유형자산(선박)회계와 리스회계이다.

해운산업은 서비스산업으로서 제조업중심의 회계와 회계처리상 차이가 있을 수 있다. 본 장에서는 선박취득과 관련된 리스회계와 이와 관련된 주요 분야에 대해 정리하고자 한다.

- 회계기준과 재무제표 작성원칙
- 현금및현금성자산과 단기투자자산
- 수취채권과 지급채무
- 재고자산 측정과 평가
- 유형자산 회계처리
- 무형자산 회계처리
- 리스회계처리

해운기업도 일반기업과 마찬가지로 적절한 회계처리를 하기 위해서는 기업회계기준에 의거하여 회계처리하여야 한다. 특정 산업이나 새로운 회계사상의 회계처리의 특수성을 고려하기 위해 개별적인 기준으로는 현재 유동화전문회계처리기준, 상호금융기관의 신용사업 회계처리기준, 신탁재산회계처리기준, 건설업준칙 등이 있으나 해운회계기준이나 준칙은 없다. 회계처리의 일반법이라고 할 수 있는 기업회계기준은 1998년 4월 1일에 재정되어 작년까지 14번이나 개정되어 오늘에 이르고 있다(최근에 개정된 일자는 2007년 1월 8일임).

기준의 제 1 조(목적)에 "이 기준은 주식회사의 외부감사에 관한 법률(이하 "외감법"이라 한다) 제13조의 규정에 의하여 동법의 적용을 받는 회사의 회계와 감사인의 감사에 통일성과 객관성을 부여하기 위하여 회계처리 및 보고에 관한 기준을 정함을 목적으로 한다"고 규정하고 있으며, 각 계정과목별 구체적인 회계처리와 재무제표 작성에 대해서는 2006년 2월 6일에 작성된 기업회계기준서 제21호 "제무제표의 작성과 표시"와 여타 기업회계기준서로 일임하고 있다. 따라서 본 장에서는 기업회계기준서에 의거하여 해운기업의 회계처리의 특성과 결산 및 재무제표 작성방법에 대해서 기술하고자 한다.

제 1 절 회계기준과 재무제표 작성원칙

1. 일반원칙

1) 회계처리 및 보고는 신뢰할 수 있도록 객관적인 자료와 증거에 의하여 공정하게 처리하여야 한다.

2) 재무제표의 양식 및 과목과 회계용어는 이해하기 쉽도록 간단, 명료하게 표시하여야 한다.

3) 중요한 회계방침과 회계처리 기준, 과목 및 금액에 관하여는 그 내용을 재무제표상에 충분히 표시하여야 한다.

4) 회계처리에 관한 기준 및 추정은 기간별 비교가 가능하도록 매기 계속하여 적용하고 정당한 사유 없이는 이를 변경하여서는 아니 된다.

5) 회계처리와 재무제표 작성에 있어서 과목과 금액은 그 중요성에 따라 실

용적인 방법에 의해 결정하여야 한다.

6) 회계처리과정에서 둘 이상의 선택 가능한 방법이 있는 경우에는 재무적 기초를 견고히 하는 관점에서 처리하여야 한다.

7) 회계처리는 거래의 실질과 경제적 사실을 반영할 수 있어야 한다.

2. 대차대조표 작성기준

1) 대차대조표는 자산, 부채 및 자본으로 구분하고, 자산은 유동자산 및 고정자산으로, 부채는 유동부채 및 고정부채로, 자본은 자본금, 자본잉여금, 이익잉여금 및 자본조정으로 각각 구분한다.

2) 자산, 부채 및 자본은 총액에 의하여 기재함을 원칙으로 하고, 자산의 항목과 부채 또는 자본의 항목을 상계함으로써 그 전부 또는 일부를 대차대조표에서 제외하여서는 아니 된다.

3) 자산과 부채는 1년을 기준으로 하여 유동자산 또는 고정자산, 유동부채 또는 고정부채로 구분하는 것을 원칙으로 한다.

4) 대차대조표에 기재하는 자산과 부채의 항목 배열은 유동성 배열법에 의함을 원칙으로 한다.

5) 자본거래에서 발생한 자본잉여금과 손익거래에서 발생한 이익잉여금을 혼동하여 표시하여서는 안 된다.

6) 가지급금 또는 가수금 등의 미결산 항목은 그 내용을 나타내는 적절한 과목으로 표시하고 대조계정 등의 비망계정은 대차대조표의 부채항목으로 표시하여서는 아니된다.

3. 손익계산서 작성기준

1) 모든 수익과 비용은 그것이 발생한 기간에 정당하게 배분 처리하여야 한다. 다만, 수익은 실현시기를 기준으로 계상하고 미실현수익은 당기의 손익계산에 산입하지 아니함을 원칙으로 한다.

2) 수익과 비용은 그 발생 원천에 따라 명확하게 분류하고 각 수익 항목과 이에 관련되는 비용 항목을 대응 표시하여야 한다.

3) 수익과 비용은 총액에 의하여 기재함을 원칙으로 하고 수익 항목과 비용 항목을 직접 상계함으로써 그 전부 또는 일부를 손익계산서에서 제외할 수 없다.

4) 손익계산서는 매출총손익, 영업손익, 경상손익, 법인세차감전 순손익과 당기순손익으로 표시하여야 한다. 다만, 제조업, 판매업 및 건설업 이외의 기업에서는 매출총손익의 구분표시를 생략할 수 있다.

4. 대차평균의 원리

자산, 부채, 자본의 증감 및 수익, 비용의 발생을 수반하는 일체의 거래는 대차평균의 원리에 의하여 분개된 전표에 의하여 회계처리되어야 하며, 분개된 내용은 회계장부에 빠짐없이 기장되어야 한다.

5. 대차대조표 과목처리기준

1) 시장성 있는 유가증권으로서 단기적 자금운용의 목적 또는 1년 내에 처분할 목적으로 소유한 국공채, 주식 및 회사채는 유동자산의 유가증권 계정으로 처리하고 투자 또는 타회사를 지배, 통제할 목적으로 소유하는 국공채, 주식 및 회사채는 투자유가증권으로 처리한다.

2) 상품 등 제품 등에 외상판매대금과 거래처와의 후불계약에 의하여 계속적인 신용거래에서 발생하는 화물운임 등의 매출채권은 외상매출금 계정으로 처리하고, 상품, 제품 이외의 자산의 매각대금 등에 대한 미회수분은 미수금계정으로 처리한다.

3) 당기에 속하는 수익 중 미수분은 미수수익계정으로 처리한다.

4) 그룹사와의 영업거래에서 발생하는 매출채권은 관련회사 채권으로, 매입채무는 관련회사 채무계정으로 처리한다.

5) 타선사와의 선박임대차 거래에서 발생하는 매출채권은 타사채권으로, 매입채무는 타사채무 계정으로 처리한다.

6) 장기간에 걸친 계약의 이행을 위한 중도계약금은 선급금 계정으로 처리하며, 잔금의 완불시에 지불총액에 대하여 해당 과목으로 대체한다.

7) 단, 고정자산의 구입, 건설 등에 소요된 선급금은 건설중인 자산 계정으

로 처리한 후 자산 취득 또는 준공시점에 해당 고정자산 과목으로 대체한다.

8) 당기에 지불한 비용 중 차기 이후의 기간에 속하는 부분은 선급비용 계정으로 대체한다.

9) 전도된 자금이나 확정되지 아니한 가불금은 가지급금 계정으로 계상하고, 정산 시점에 해당 과목으로 대체한다. 그러나 분기, 반기 또는 연말 결산시까지 부득이 정산이 불가한 경우에는 선급금 또는 미수금(사내정산) 계정으로 대체한다.

10) 고정자산 또는 재고자산의 구입, 건설 등에 소요된 제반 부대비용은 취득시점에 전액 해당 자산의 원본에 대체한다.

11) 거래 상대방에 지급한 부가가치세로서 환급이 가능한 금액은 선급 부가가치세 계정으로, 거래 상대방으로부터 예수한 부가가치세는 예수부가가치세 계정으로 처리한다. 단, 부가가치세 법령에 의하여 환급이 불가한 부가가치세는 비용으로 처리하여야 한다.

12) 당기에 발생한 비용으로서 당기에 지급하지 아니한 것을 미지급비용으로 회계처리한다. 단, 경상적 영업활동에서 발생하는 매입채무(예: 상품, 원재료 등의 매입채무)는 외상매입금으로 처리하고, 경상적 영업활동이 아닌 기타 자본적 거래(예: 자산의 외상매입 등)에서 발생하는 채무는 미지급금으로 처리한다.

13) 일정기간 예치 후 거래처에 환급되어야 할 금액은 예수금으로 처리한다.

14) 일반적 상거래에서 계약금의 일부 또는 운임의 일부로서 선수한 금액은 선수금계정으로 처리한다.

15) 당기에 영수한 수익 중 차기 이후의 기간에 속하는 부분은 선수수익 계정으로 처리한다.

16) 본사와 지점 상호 간의 내부거래는 본지점계정을 통하여 회계처리한다.

17) 고정부채 중 1년 내 상환기일이 도래하는 부분은 유동성 장기부채로 대체한다.

18) 장기연불조건의 매매거래 또는 이와 유사한 거래에서 발생하는 자산, 부채로서 명목상의 가액과 현재가치의 차이가 중요한 경우 그 차액은 현재가치할인차금 계정으로 처리한다.

6. 손익계산서 과목처리기준

1) 해운운송에 있어서 영업수익은 결산일 현재 진행기준에 의하여 인식한다.

2) 부대수입은 용역이 완료되는 시점에 매출을 계상하며 체선료, 조출료는 상호 합의시점에 매출로 계상한다.

3) 판매시 기준가격보다 낮은 가격으로 판매한 경우에는 실제가격에 의하여 매출액을 계상하고 판매시에는 기준가격으로 인도한 후 사후로 일정기간 거래량이나 거래금액에 따라 할인하거나 사전에 일정률 또는 일정액의 할인범위를 두고 사후적으로 가격을 할인한 금액은 매출 에누리로 처리하며 반품액은 매출환입계정으로 처리한다. 단, 판매대금의 회수조건에 따라 할인한 금액은 영업외비용의 매출할인계정으로 처리한다.

4) 해운운송업에 있어서 영업원가는 운항비, 선원비, 선비, 용선료 및 기타 운항원가를 포함한다.

5) 판매업에 있어서 매출원가는 기초상품재고액과 당기 상품매입액에서 기말상품 재고액을 차감하는 형식으로 기재한다.

6) 영업비는 판매활동에서 발생되는 비용을 포함한다.

7) 해운운송업에 있어서 판매수수료는 선박운송용역이 완료되는 시점에서 발생된다.

7. 전기오류손익의 수정

1) 전기오류손익의 수정은 전기 이전에 발생한 사유로서 전기 이전 재무제표에 대한 오류의 수정사항에 속하는 손익 항목을 말한다.

2) 제 1 항의 전기오류손익의 수정의 대상이 되는 회계상의 오류는 회계기준 적용의 오류, 추정의 오류, 계정분류의 오류, 계산상의 오류, 사실의 누락 및 사실의 오용 등으로 한다.

3) 새로운 사건이 발생함에 따라 또는 추가적인 정보나 경험에 기초하여 과거의 추정을 변경하는 경우에 발생하는 수정사항은 전기오류 수정사항에 포함하지 아니한다.

4) 중대한 오류는 전기이월이익 잉여금을 수정하고 비교목적으로 공시되는

전기재무제표를 재작성한다.

5) 전기오류손익의 수정은 전기오류 수정이익과 전기오류 수정손실로 구분하여 처리한다.

6) 전기오류 수정손익의 발생원인과 그 내용 및 금액은 주석으로 기재한다.

8. 회계처리기준 및 회계추정의 변경

1) 회계처리기준 및 회계추정의 변경은 그 변경으로 인하여 재무제표를 보다 적절히 표시할 수 있는 경우 또는 회계규정 등에서 새로운 회계처리기준을 채택하거나 기존의 회계처리기준을 폐지함으로 인하여 그 변경이 불가피한 경우에 한하여 할 수 있다.

2) 회계처리기준의 변경으로 인하여 자산, 부채에 미치는 누적효과는 전기이월이익 잉여금에 반영하고, 새로운 회계처리기준이 과거년도부터 소급하여 적용되었다고 가정할 때 각 연도별로 계산될 경상이익, 당기순이익, 주당경상이익, 주당순이익 및 중요하게 변동한 항목에 관하여 과거 3년 간의 내역을 주석으로 기재한다.

3) 회계추정을 변경한 경우에 이로 인한 영향은 당기 이후의 기간에 미치는 것으로 한다.

4) 회계처리 기준 및 회계추정을 변경한 경우에는 그 변경내용, 변경사유 및 변경으로 인하여 당해 회계연도의 재무제표에 미치는 영향을 주석으로 기재한다.

제 2 절 현금성자산과 단기투자자산

1. 현금의 정의와 회계처리

1) 현금의 정의

현금은 자산 중에서 유동성(현금화속도)이 가장 큰 자산으로 여타 자산의 가치척도수단, 교환의 매개물 그리고 각종 결재수단으로 활용되는 자산이다.

이러한 현금에는 다음과 같이 통화와 통화대용증권이 있다.

통 화	지폐, 주화(동전)
통화대용증권	타인발행수표(당좌수표, 가계수표, 자기앞수표, 여행자수표, 우편환증서, 배당금지급표, 만기된 국공채와 회사채 이자표

항상 현금인출이 가능한 요구불예금(보통예금, 당좌예금)은 현금으로 취급하며, 회사가 보관중인 우표나 인지는 선급비용이나 소모품으로 처리하고 차용증서는 대여금(수취채권)으로 처리한다.

2) 현금보호를 위한 내부통제시스템

현금은 자산 중에서 가장 유동성이 크고 소유권 확인이 불가능하여 부정이나 자산 소실위험이 큰 자산으로 현금자산으로 보호하기 위한 내부통제제도가 필요하다. 현금자산을 보호하기 위한 내부통제제도는 다음과 같다.

1) 현금을 회계처리하는 기장업무(경리)와 출납업무의 분리

2) 현금회수는 은행으로 자동 입금처리하게 하고 현금지급은 일련번호가 있는 수표발행하여 결재함

3) 수시로 소액의 현금이 지급되는 거래를 적절하게 관리 및 통제하기 위해서는 소액현금제도를 개설하여 운영한다. 이러한 소액현금제도는 매월초 일정금액의 소액구좌를 유지하는 정액전도제도(Impest System)와 수시로 현금을 보충하는 수시보충제도가 있다. 가령 매월초 100만원의 소액현금을 유지하는 정액전도제도와 수시보충제도에 의해 회계처리하면 다음과 같다.

기중에 소액현금이 지급된 내역: 소모품 구입비: 20만원
종업원 출장비 지급: 15만원
거래처 접대비 지급: 25만원

정액전도제도

월초 분개 :

차) 소액현금	1,000,000	대) 현금	1,000,000

지급시 분개 :

차) 소모품	200,000	대) 소액현금	600,000
출장비	150,000		
접대비	250,000		

월말 분개 :

차) 소액현금	600,000	대) 현금	1,000,000

• 수시보충제도 상기 회계처리 중에서 월말에 행하는 분개가 없다.

4) 현금거래는 입출거래가 빈번하게 이루어지기 때문에 월말에는 현금장부 잔액과 금고잔액이 일치하는지를 검토할 수 있는 현금검증시스템을 마련하여 확인하여야 한다. 만일 장부잔액에 비하여 금고잔액이 부족하면 차변에 현금과부족으로 처리하였다가 해당 계정과목으로 대체하여야 하며, 결산시까지 그 원인이 알지 못하였을 경우에는 잡손실로 처리하여야 한다. 반대로 장부잔액에 비하여 금고잔액이 많으면 대변에 현금과부족으로 처리하였다가 해당계정과목으로 대체하여야 하며 결산시까지 그 원인이 알지 못하였을 경우에는 잡이익으로 처리하여야 한다.

현금지급이 정상적으로 지급여부나 과부족 여부를 확인하기 위해서는 반드시 현금지불과 함께 증빙자류를 첨부 여부를 확인해야 한다. 가령, 종업원에게 지급하는 교통비는 교통비 청구서와 영수증 및 지불증을 확인해야 하고, 판매활동비는 활동비 정산서와 영수증을 확인해야 한다.

2. 각종예금(당좌예금 등) 회계처리

1) 당좌예금의 속성과 회계처리

당좌예금은 수표발행이 용이하여 기업에서 활용하는 대표적인 요구불예금으로 현금자산으로 분류된다. 예금잔고보다 수표발행액이 많으면 이는 단기차입금으로서 대변에 당좌차월로 기재하여야 한다. 이러한 당좌예금은 수표발행으로 인한 지급과 수취채권 회수 등과 관련하여 거래가 빈번하게 발생되기 때문에 회사의 장부상 잔액과 은행장부잔액을 일치시켜 검증하는 은행계정조정표를 반드시 작성하여야 한다.

해운선사에서 활용하는 각종 예금을 분류해 보면 다음과 같다.

화폐형태별 구분	예금종류별 구분	사용목적별 구분
원화예금	당좌예금 보통예금	운송수입금 계좌
외환예금	정기예금 기타예금	운영자금 계좌

2) 은행계정조정표

매월 말 회사장부상의 은행예금잔액과 은행의 회사예금잔액은 서로 일치하여야 하나 일치하지 않는 경우가 대부분이다. 이 때 불일치 원인을 명백히 하고 당좌예금의 정확한 잔액을 밝히기 위하여 작성하는 것이 은행계정조정표이며 매월 초 작성되어 각종 예금현황의 기본이 된다. 은행계정조정표상에는 당좌예금뿐 아니라 당월 잔액이 있는 모든 예금이 표시된다.

(1) 작성절차

① 전월 은행잔액 확인

매월 초에 각종 수입금의 당좌예금, 보통예금 계좌와 기타 예금통장의 전일마감 후 잔액을 기장한 후, 전월말일 마감한 장부잔액과 통장잔액을 대조하여, 추가입금분에 대하여 장부기장을 한다. 관련된 부서나 회계활동(장부)로는 지불관리, 출납관리, 입금관리, 자금이체 및 기타입금등록 등이다.

② 장부잔액과 은행잔액이 동일 여부를 확인한 후, 월말일에 장부를 출력

③ 불일치 계정과목을 확인

회사에서 불일치 원인(조정항목)		은행에서 불일치 원인(조정항목)	
(가산)	수취채권 추심 미통지예금	(가산)	미기입예금
(차감)	지급이자와 수수료 부도어음, 부도수표	(차감)	기발행미지급수표

ⓐ 기발행 미지급(결제)수표 — 수표를 발행하였으나 말일 현재 은행에서 결제가 되지 않아 통장잔액에서 차감되지 않았으므로, 통장잔액에서 미결제수표 금액을 차감하면 올바른 잔액이 된다.

ⓑ 정기예금, 특정예금, 단자예금, 수익증권, 정기적금의 이자

전월 예금 변동사항을 확인(Check)하여 신규가입/재가입/만기분의 은행잔액 및 장부잔액, 예금의 종류와 이율, 가입은행 및 만기일을 빠짐없이 표시한다.

ⓒ 은행계정조정표에 대한 증빙을 준비하고 확인

은행계정조정표상에 나타나 있는 예금잔액에 대한 증빙으로, 은행잔액은 월말 잔액을 확인할 수 있는 통장, 잔액증명서, 예금증서 등으로 준비하고, 장부잔액은 회계처리프로그램에서 출력한 말일자 잔액으로 자료를 준비하여 확인하여 조정하여 조정표를 작성한다.

ⓓ 은행계정조정표상에서 회사에서 조정할 내역은 결산수정분개 사항

만일 아직 통지받지 못한 유럽 거래처로부터 추심된 매출채권이 100만원이고 지급이자와 수수료가 10만원 발생하였으며 거래처부터 받은 수표 30만원이 부도되었다면 이에 대한 회계처리는 다음과 같다.

차)	당좌예금	1,000,000	대)	매출채권	1,000,000
차)	이자와 수수료 부도수표	100,000 300,000	대)	당좌예금	400,000

3. 현금성자산(Cash Equivalents)

현금성자산은 수익 획득을 목적으로 단기에 투자한 단기금융상품으로서 기업어음(CP), 3개월 이내에 환매조건을 가진 환매채(RP), 양도성 예금증서(CD) 그리고 초단기금융상품(MMF, Money Market Fund) 등이다.

이러한 현금성자산이 되기 위해서는 다음의 세 가지 요건을 충족해야 한다.

- 큰 거래비용 없이 현금전환의 편리성
- 가치변동 위험이 낮음
- 만기가 3개월 이내로 단기보유목적

4. 단기매매증권

1) 단기매매증권의 의의

단기투자자산은 수익 획득을 목적으로 단기에 투자한 단기금융상품이라는 측면에서 현금성자산과 비슷하다. 그러나 투자기간이 3개월 이상 1년 미만이라는 점에서 현금성자산보다 투자기간이 비교적 장기인 단기금융상품으로서 기업어음(CP), 3개월 이내에 환매조건을 가진 환매채(RP), 양도성 예금증서(CD) 그리고 어음관리구좌(Cash Management Account) 등이 있다.

이러한 단기투자자산의 유형은 다음 네 가지로 분류된다.

- 만기가 3개월 이상이고 1년 미만인 단기금융상품
- 단기대여금
- 단기매매증권(시장성이 있고 보유기간이 1년 이내인 주식이나 회사채 및 국공채)
- 만기가 1년 이내로 도래한 장기투자증권

기업회계기준에서 분류되고 있는 유가증권은 크게 다음의 3가지 유형이다.

그림 3-1 유가증권의 유형

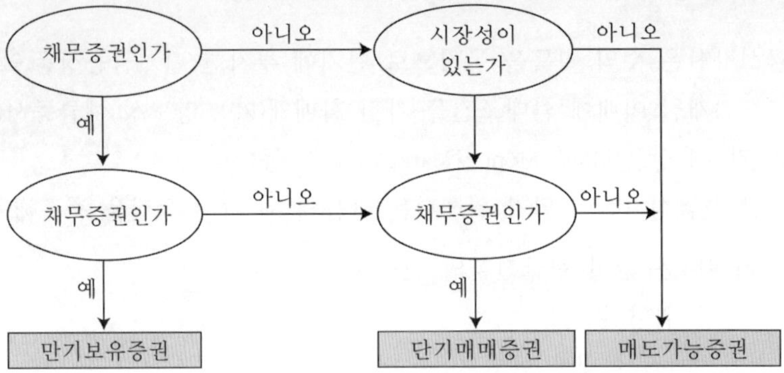

첫째로, 만기보유증권은 만기가 있는 채무증권으로 만기까지 보유할 의도가 있는 증권으로 일반적으로 투자자산으로 분류된다.

둘째로, 단기매매증권은 시장성이 있어 언제든지 현금화가 가능하고 1년 이내의 단기보유목적으로 투자된 지분증권(예: 주식)이나 채무증권(예: 회사채, 국공채 등) 모두 이에 해당한다.

셋째로, 매도가능증권은 만기보유증권이나 단기매매증권도 아니 유가증권으로서 시장성이 없고 단기간 매수 매도가 빈번하지 아니한 비상장주식에 투자한 유가증권이 이에 해당한다.

2) 단기매매증권의 취득

여타 자산의 취득과 마찬가지로 모든 유가증권의 취득시 취득부대비용(예: 증권거래세나 매입수수료 등)을 포함한 매입가격을 취득원가로 본다. 그리고 동일회사의 유가증권을 여러 번 취득할 경우에 취득단가는 개별법, 총평균법, 이동평균법 등 합리적인 방법으로 결정하되 계속성의 원칙에 의거하여 동일한 평가방법을 계속 적용하여야 한다. 또한 보유하고 있는 동안에 발생한 이자수익과 배당금수익은 회계처리하여야 한다.

(1) 채무증권의 이자수익시

• **결산일 기간이 경과된 이자수익이 1,000원일 경우**

차) 미수이자	1,000	대) 이자수익	1,000

• **이자수취일 미수이자를 포함하여 2,000원을 현금수취한 경우**

차) 현금	2,000	대) 미수이자	1,000
		이자수익	1,000

(2) 지분증권의 배당금수익시

• **배당금 확정일에 2,000원의 배당이 선언된 경우**

차) 미수배당금	2,000	대) 배당금수익	2,000

• **배당금수취일에 2,000원을 현금수취한 경우**

차) 현금	2,000	대) 미수배당금	2,000

3) 단기매매증권의 기말평가와 처분

단기매매증권의 기말평가는 시가법인 공정가치법에 의해 하도록 되어 있다. 따라서 시가가 취득원가보다 하락하면 단기매매증권평가손실이 계상되고, 반대로 상승하면 단기매매증권평가이익이 계상되는데, 평가충당금은 설정하지 않는다. 또한 보유하고 있는 유가증권 중에서 일부는 평가손실이 발생하고 일부는 평가이익이 발생하면 총액표시 원칙에 의해 각기 총액으로 표시해야 하나 금액이 중요하지 않을 경우, 서로 상계하여 순액으로 표시할 수 있다.

따라서 유가증권 처분시 처분손익은 처분가액과 기중에 평가손익이 반영된 장부금액과 비교하여 도출된다.

• 2008년 9월 1일에 단기투자목적으로 H해운(주)의 보통주식 100주를 매매

수수료를 포함하여 3,500,000원에 취득하였다. 그리고 2008년 12월 31일 결산일에 시가는 4,000,000원일 경우 회계처리는 다음과 같다.

(2008년 9월 1일)

차) 단기매매증권	3,500,000	대) 현 금	3,500,000

(2008년 12월 31일)

차) 단기매매증권	500,000	대) 단기매매증권평가이익	500,000

2009년 6월 2일에 상기 H해운(주)의 보통주식 50주를 1,500,000원에 처분하였을 경우

차) 현 금	1,500,000	대) 단기매매증권	2,000,000
단기매매증권평가손실	500,000		

제 3 절 수취채권과 지급채무

1. 개념과 분류

수취채권은 기업이 고객(거래처)에 신용으로 재화나 용역을 제공한 대가 또는 타인에게 대여해줌으로써 받을 권리가 있는 채권이다. 지급채무는 이와는 반대로 기업이 거래처로부터 신용으로 재화나 용역을 매입하거나 자금을 차입함으로써 지급해야 할 의무가 있는 채무를 말한다. 이러한 수취채권과 지급채무에 대한 기업회계기준에 의한 분류와 보고는 다음과 같다.

(1) 수취채권의 분류와 보고

발생원인	유동자산	비유동자산	
		투자자산	기타비유동자산
일반적 영업상거래	매출채권 (외상매출금, 받을어음)		장기매출채권
기타거래	미수금, 단기대여금, 미수수익, 선급금, 선급비용 등	장기대여금	장기선급비용, 장기선급금, 장기미수금 등

(2) 지급채무의 분류와 보고

발생원인	유동부채	비유동부채
일반적 영업상거래	매입채무 (외상매입금, 지급어음)	징기매입채무
기타거래	미지급비용, 단기차입금 등	장기차입금, 장기미지급금 등

수취채권은 화폐성자산이므로 매출의 대가로 유입되는 현금 또는 현금등가액으로 평가되어야 한다. 단, 환입상품, 매출할인, 대손 등이 발생하면 이는 실질적으로 현금이 회수되지 못하므로 적절하게 평가하여 차감하여야 한다.

자산의 차감계정

고정자산: 감가상각누계액(충당금)
외상매출금: 대손충당금, 매출환입충당금, 매출할인충당금
재고자산: 재고자산평가충당금

- 충당금계정의 속성은 추정 및 불확정계정이다.
  수익의 차감계정: 대손상각, 매출할인, 매출환입

2. 대손상각과 대손충당금

수취채권의 회수불가능성이 확정된 이후에 대손으로 처리하는 것은 당기비용을 발생시킨 당기수익에 적정히 대응시킨 기간손익을 측정하자는 수익-비용대응원칙에 위배된다. 따라서 결산 때 회수불가능한 수채채권을 합리적으로 평가하여 대손충당금을 설정하여야 한다.

1) 대손충당금 설정법

• 매출액비율법:

대손충당금 설정액 = 당기신용매출액 × 추정대손율

• 기말수취채권잔액비율법:

대손충당금 설정액 = 기말수취채권잔액 × 추정대손율 − 대손충당금잔액

• 경과기간분석법: 수취채권의 경과기간에 따라 추정대손율을 달리 적용하는 방법이다. 우리나라 기업회계기준에서는 기말수취채권잔액비율법을 적용하여 다음 연도 대손예상액을 추정하여 결산시 회계처리하고 있다.

2) 회계처리

(1) 결산시 대손충당금 설정분개

• 대손충당금 설정액이 대손충당금 잔액보다 클 경우(예를 들어, 기말매출채권잔액이 10,000,000원이고 추정대손율은 1%이며, 대손충당금 잔액이 50,000원임), 즉 대손충당금 설정액 = 10,000,000원 × 1% − 50,000원 = 50,000원

차) 대손상각	50,000	대) 대손충당금	50,000

• 대손충당금 설정액이 대손충당금 잔액보다 작을 경우(예를 들어, 기말매출채권잔액이 10,000,000원이고 추정대손율은 1%이며, 대손충당금 잔액이 150,000원임), 즉 대손충당금 설정액 = 10,000,000원 × 1% - 150,000원 = -50,000원

차) 대손충당금	50,000	대) 대손충당금환입	50,000

(2) 매출채권 상각분개

• 대손충당금 범위 내에서 상각될 경우(예를 들어, 상기의 경우 대손확정액이 30,000원임)

차) 대손충당금	30,000	대) 매출채권	30,000

• 대손충당금을 초과하여 상각될 경우(예를 들어, 상기의 경우 대손확정액이 70,000원임)

차) 대손충당금	50,000	대) 매출채권	70,000
대손상각	20,000		

(3) 당기상각금액이 당기에 회수될 경우: 상각분개의 역분개를 하여 회복시키고 일반적인 매출채권 회수에 관한 분개를 하면 된다. 예를 들어, 30,000원 대손확정되어 상각분개를 하였는데 다시 회수되었을 경우

차) 매출채권	30,000	대) 대손충당금	30,000
현 금	30,000	매출채권	30,000

(4) 일반적 상거래에서(매출채권) 발생된 대손상각은 일반관리비로 분류하며, 일반적 상거래 이외에서(예: 미수금, 대여금 등) 발생된 대손상각은 영업외비용으로 분류한다.

3) 대손상각 업무처리 Flow

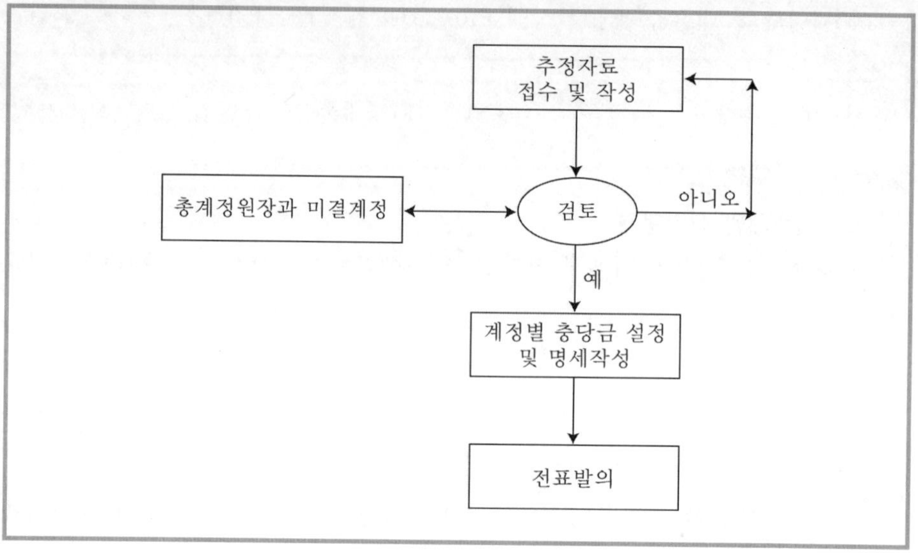

제4절 재고자산 측정과 평가

1. 재고자산의 개념과 정의

재고자산은 정상적인 영업동과정에서 판매목적으로 보유하고 있는 자산이나 생산에 사용되거나 소모될 자산으로서 상품, 제품, 원재료, 소모품, 반제품, 미착품, 재공품 등을 말한다. 해운선사의 경우 선박부품, 연료유, 윤활유비, 주부식, 선용품 등이 재고자산으로 분류된다.

2. 재고자산의 원가결정(측정)

1) 구입된 상품원가 = 매입액 + 부대비용 - 차감계정(환출, 에누리, 할인)

2) 생산된 제품원가 = 기초재공품 + 당기제조비용 - 기말재공품

3) 운송중인 상품: FOB 선적기준(운임을 구매자가 부담) - 재고자산에 포함
(미착품) FOB 도착기준(운임을 판매자가 부담) - 재고자산에 제외

4) 특별주문상품: 관습에 의하지만, 주로 재고자산에서 분리될 때 판매된 것으로 간주된다.

5) 위탁상품: 위탁매매인이 제 3 자에게 판매할 때 재고자산에서 분리된다.

3. 재고자산 평가(회계처리 및 기록)

기말재고자산을 어떤 방법으로 평가하는지에 따라 대차대조표에 표시될 재고자산금액과 손익계산서의 매출원가에 영향을 미치게 된다. 따라서 재무상태와 경영성과에 직접적인 영향을 주기 때문에 재고자산 평가방법의 선정은 매우 중요하다.

재고수량은 계속기록법 또는 재고실사법에 의해 파악되는데 일반적으로 재고실사법에 의해 계산된다. 또한 출고단가는 원가흐름에 대한 가정에 따라 선입선출법(FIFO), 후입선출법(LIFO), 총평균법, 이동평균법을 적용하여 산출된다. 이러한 재고자산에 대한 회계처리는 다음과 같다.

재고자산 금액 = 재고수량 × 출고단가

재고실사법이나 계속기록법 모두 구입시의 분개는 동일하다. 판매시에는 재고실사법에서는 매출분개만 하고, 계속기록법에서는 매출에 대응하여 매출원가분개도 동시에 행해지는 것이 다르다. 따라서 결산시 계속기록법에서는 매출원가 계산을 위한 분개는 없지만 재고실사법에서 다음과 같이 매출원가를 도출하기 위한 분개가 이루어진다.

재고실사법 적용시 매출원가 도출을 위한 결산수정분개 :

차)	매입(매출원가)	×××	대)	재고자산(기초)	×××
	재고자산(기말)	×××		매입(매출원가)	×××
	매출원가	×××		매입	×××

해운선사에서의 재고자산은 일반 상기업이나 제조기업과 다르다. 즉, 저장품 중 선박연료를 제외한 선용품비, 윤활유비, 선내부속품 및 관련부대비용은 구입과 동시에 비용처리하고, 재고관리부서로부터 통보받은 재고현황표에 의거 재고액을 당기비용에서 감하여 재고자산으로 대체하며, 차기 초에 비용으로 재대체한다.

1) 평가기준

평가기준		장점	단점
원가주의	취득원가	객관성, 확실성	현행제무상태, 영업성과를 적정표시 못함
시가주의	투입가치: 대체원가 산출가치: 순실현가치(NRV)	현행가치 반영, 보유손익 표시	객관성, 확실성 결여, 측정, 평가의 주관성
저가주의	취득원가와 시가 중 낮은 가액(보수주의에 근거)	자산의 과대표시 방지, 재무상태의 안정성 유지	평가의 일관성 결여 기간간 이익전환 가능

상기 시가주의에서 시가는 다음과 같은 범위를 만족하여야 한다. 즉 대체원가는 순실현가치를 초과할 수 없고(상한선), 순실현가치에서 정상이윤을 공제한 금액 이하로 낮아질 수 없다(하한선).

$$\text{순실현가치(NRV)} - \text{정상이윤} \leq \text{대체원가} \leq \text{순실현가치(NRV)}$$

가령, 재고자산의 대체원가가 1,000원이고 판매가액은 1,500원이고 판매비용은 200원이며 정상이윤은 판매가액의 10%일 때,

- 순실현가치 = 1,500원 − 200원 = 1,300원

• 순실현가치 − 정상이윤 = 1,300원 − 150원 = 1,150원으로 계산된다.

대체원가가 순실현가치에서 정상이윤을 공제한 금액보다도 낮으므로 시가는 1,150원이다.

2) 기업회계기준에서의 평가기준

(1) 1990년도 이전에는 취득원가를 원칙으로 하되 저가주의 평가를 의무화하였다. 그러나 저가주의의 적용을 시가가 취득원가의 30% 이상 하락하는 현저한 하락시에만 인정하였고 평가충당금은 설정하지 않고 직접 차감하는 방식을 채택하였다. 또한 평가손실은 원가성이 있으면 매출원가하고 원가성이 없으면 영업외비용을 회계처리하였다.

(2) 1990년도 이후 1996년 이전에는 취득원가를 원칙으로 하되 저가주의 평가가 강제규정이 아니라 임의규정이어서 시가가 취득원가보다 하락하여도 평가손실 계상을 기업 자의적으로 할 수도 있고 안할 수도 있었다. 이러한 임의규정은 결국 기업으로 하여금 이익조작 가능성을 열어주게 되어 1996년도부터는 저가주의 적용을 의무화하여 오늘에 이르고 있다. 따라서 시가가 취득원가 이하로 하락하면 반드시 평가손실을 계상하여야 한다. 평가충당금은 설정하여 재고자산에서 차감하며 평가손실은 매출원가에 가산하여 회계처리하는 방식을 취하고 있다.

차) 매출원가	×××	대) 재고자산평가충당금	×××

만일 가격이 회복되면 평가충당금 범위 내에서 환입을 시켜주는 회계처리를 하면 된다.

차) 재고자산평가충당금	×××	대) 재고자산평가충당금환입	×××

3) 원가흐름가정에 따른 취득원가 결정방법

(1) 개별법

개별법은 매출원가와 기말재고 모두 매입 당시 원가로 측정하는 방법으로 매입과 매출이 빈번하지 않는 귀금속, 고가가구 등의 상품에 적용되는 방법이다. 장점으로 수익-비용대응원칙에 가장 잘 부합되는 방법이라는 것이다. 그러나 매입과 매출이 빈번할 경우 취득원가를 결정할 출고단가 식별이 곤란하므로 현실적으로 적용이 불가능하며 원가가 낮은 상품을 먼저 매출하여 이익을 부풀리는 가능성이 존재하는 즉 이익조작가능이 있는 단점이 있다.

(2) 선입선출법

선입매입상품은 매출원가화하고 후입상품은 기말재고로 간주하는 방식이다. 물량흐름대로 원가가 결정되어 기말재고가 현행가치로 표시되는 장점이 있다. 그러나 매출원가가 현행가치를 반영하지 못하고, 물가상승시 기말재고가 과대계상되어 이익이 과대계상된다. 즉, 인플레이션손익(재고자산 보유손익)이 영업손익에 포함되는 단점을 지닌 평가방법이다.

(3) 후입선출법

후입선출법은 선입선출법과 정반대로 선입매입상품은 기말재고화하고 후입상품은 매출원가화하는 방식이다. 물량흐름과 원가흐름이 정반대가 되어 매출원가가 현행가치를 반영하여 수익비용대응원칙에 잘 부합되는 장점이 있다. 그러나 기말재고가 현행가치를 반영하지 못하는 단점이 있다. 그러나 물가상승시 과대이익계상를 방지함으로써 법인세절감효과를 누릴 수 있는 이점이 있는 평가방법이다.

(4) 평균법

평균법은 선입선출법과 후입선출법의 효과를 평균한 방법이다. 즉, 전기매입상품(기초재고자산)도 당기 매입으로 간주하여 평가하는 방법으로 가격변동으로 기말재고나 매출원가변동을 평균화시키는 방법이지만, 기초재고(전기매입상품)이 당기손익에 영향을 미치는 단점도 있다.

제 5 절 유형자산 회계처리

대차대조표 차변에 표시되는 자산은 크게 유동자산과 비유동자산으로 구분된다. 비유동자산은 다시 투자자산과 고정자산으로 분류되며 고정자산은 유형자산과 무형자산으로 구분된다. 즉, 비유동자산은 투자자산, 유형자산 및 무형자산으로 구분될 수 있다. 기업은 장기간에 걸쳐 영업활동에 지속적으로 사용되는 자산을 보유하게 되는데, 이 자산을 고정자산(Fixed Assets) 또는 비유동자산이라고 부른다. 일반적으로 고정자산을 형태의 유무에 따라 유형자산(Tangible Assets)과 무형자산(Intangible Assets)으로 구분될 수 있고, 상각 여부에 따라 상각자산(Depriciable Assets)과 비상각자산((Non-Depriciable Assets)으로 분류될 수 있다. 우리나라에서는 형태의 유무에 따른 분류방법을 채택하여 유형자산과 무형자산으로 구분하며 투자자산도 고정자산에 포함시키고 있다.

1) 유형자산

물리적 형태를 가지고 있는 실물자산으로 토지, 건물, 구축물, 기계장치, 선박, 차량운반구, 비품, 건설중인 자산 등이 속한다. 유형자산은 토지와 건설중인 자산을 제외하고는 감가상각대상이 된다. 즉, 영업활동을 통해 수익을 창출하는 과정에서 그 효익이 소멸되기 때문에 수익·비용대응의 원칙에 입각해서 매기간 감가상각을 통해 비용을 배분한다.

2) 투자자산

기업의 유휴자금을 장기적 투자이윤을 얻거나 타회사를 지배 및 통제하기 위해 보유하는 자산이다. 장기금융상품, 투자유가증권, 장기대여금, 장기성매출채권, 보증금 등이 포함된다.

1. 유형자산의 개념

첫째, 고정자산 중에서 유형자산은 유형적인 실체를 보유(Physical substance)하고 있고 무형자산은 유형적인 실제가 없는 고정자산이다. 이러한 고정자산은 판매나 처분목적이 아니라 영업활동에 사용할 목적(not for resale purpose)이 있는 자산으로 해운선사의 경우 선박이 가장 대표적인 유형자산이다. 유휴상태의 고정자산은 투자자산으로 분류되며, 판매목적인 자산은 재고자산이다.

기업회계기준 제18조에 명시된 유형자산으로는 토지, 건물, 구축물, 기계장치, 선박,[1] 차량운반구,[2] 건설중인 자산, 기타의 유형자산으로 분류하고 있다.

둘째, 유무형 고정자산은 장기적인 수익창출력(미래용역잠재력; future potentical power)을 보유한 자산이며 이러한 자산취득을 위한 자금원천이 장기성 자금이다.

셋째, 토지를 제외하고 모든 유무형 고정자산은 감가상각 대상자산이다. 기업회계기준 제19조에서 감가상각누계액은 그 자산과목에서 차감하는 형식으로 기재하거나 이를 일괄하여 유형자산의 합계액에서 차감하는 형식으로 기재할 수 있다.

넷째, 기업회계기준 제45조에서 고정자산의 내용연수를 연장하거나 가치를 실질적으로 증가시키는 지출은 자본적 지출로 하고 당해 고정자산의 원상을 회복시키거나 능률유지를 위한 지출은 수익적 지출로 한다.

이러한 유·무형 고정자산 회계처리의 목적은 기업이 영업활동을 수행하기 위하여 보유하고 있는 실물자원 중 당기뿐만 아니라 미래기간까지 내구적으로 사용할 수 있는 고정자산에 대해서 그 자산이 이익창출활동에 이용됨으로 인해 당기에 소모된 용역잠재력의 감소분인 감가상각비를 그 수익비용의 대응의 원칙에 따라 정확히 산출하여 기업의 재무상태와 경영성과의 올바른 측정을 통한 회계정보의 유용성의 제고에 그 목적이 있다. 즉, 재무상태표상의 유형고정자산에 대한 정확한 자산가액 산출과 손익계산서상의 감가상각비 산출을 통한 당기순이익을 측정하는 데 적용된다.

---

1) 선박은 선박과 기타의 수상운반구(예: 컨테이너, 컨테이너 섀시 등) 등으로 한다.
2) 차량운반구는 철도차량, 자동차 및 기타의 육상운반구 등으로 한다.

2. 고정자산취득원가 결정

1) 일반적 기준

기업회계기준 제55조에서 대차대조표에 기재하는 자산가액은 당해 자산의 취득원가를 기초로 하여 계상함을 원칙으로 한다. 교환·현물출자·증여 기타 무상으로 취득한 자산의 가액은 공정가액을 취득원가로 한다. 다만, 토지·건물을 제외한 동종의 유형자산간의 교환시 취득가액은 양도한 자산의 장부가액으로 할 수 있다. 유형자산 등의 취득과 관련하여 국·공채 등을 불가피하게 매입하는 경우 매입가액과 평가한 가액의 차액을 당해 유형자산 등의 취득원가에 산입한다.

자산을 사용할 수 있도록 준비하는 데 직접 관련된 다음의 지출항목들도 취득원가에 산입한다.

- 설치장소 준비를 위한 지출
- 외부 운송 및 취급비
- 설치비
- 설계와 관련하여 전문가에게 지급하는 수수료
- 자본화대상인 금융비용
- 취득세, 등록세 등 유형자산의 취득과 직접 관련된 제세공과금
- 해당 유형자산의 경제적 사용이 종료된 후에 원상회복을 위하여 그 자산을 제거, 해체하거나 또는 부지를 복원하는 데 소요될 것으로 추정되는 비용이 충당부채의 인식요건을 충족하는 경우 그 지출의 현재가치(복구비용)

유형자산 취득원가

- 매입 + 매입부대비용(고정자산취득으로 지출된 현금 또는 현금등가액)
- 교환거래로 취득한 고정자산의 공정시장가치 또는 교환된 자산의 공정시장가치
- 토지의 매입부대비용
  - 소유권이전비용, 중개인수수료

- 사용가능한 상태로 되는데 따르는 소요비용(부지정지비, 구건물철거비)
- 매입이전에 토지에 수반된 담보대여금 및 채무액
- 내용연수가 무한히 추가되는 토지개량물의 시설비(도로포장비, 가로등 설치비, 폐수처리시설비)

2) 자가제조자산의 자산원가화 방법

해당 자산과 직접 관련되고 추적이 가능한 제조직접원가(직접재료비와 직접노무비, 직접경비)는 자산원가화하고, 직접 추적이 불가능한 고정제조간접비의 자산화에 대해서는 다음과 같이 세 가지 이론이 존재한다.

(1) 직접원가법: 당기비용화

직접재료비, 직접노무비, 직접경비와 변동제조간접비와 같은 변동원가만 자산원가하고 직접적인 관련성을 식별할 수 없는 고정제조간접원가는 전부 당기비용화하는 방법이다. 이 방법은 원가통제에는 유용하지만 자산원가가 과소계상되어 외부보고목적에는 부적합하다.

(2) 전부원가법: 자산원가화

직접원가뿐만 아니라, 고정제조간접비도 발생된 원가이므로 자산원가화하는 방법이다. 이는 자가건조활동도 정상적인 영업활동으로 간주하여 제품원가계산과 동일한 방식으로 자산원가하는 것이다. 장점은 수익-비용대응원칙에 잘 부합되며 기업회계기준의 내용에서도 이 방법을 의미한다.

(3) 기회비용법

자가건조로 인하여 정상적인 제조활동에 사용할 수 없었던 것에 대한 기회비용에 해당되는 고정제조간접비만 자산원가화하는 방법이다. 이에 대한 근거는 외부취득대신에 자가건조함으로써 제조활동에 영향을 미친다고 보고 감소된 제품원가를 자산원가해야 한다는 것이다. 이론적으로는 우수하나 측정상 문제가 존재한다. 또한 유휴설비하에서는 기회비용이 없으므로 직접원가법과 동일하다.

3) 자가건조선박의 금융비용 산입 여부

자가제조한 자산에 대해 발생되는 이자비용에 대해서는 자본화대상인 금융비용만 취득원가로 한다고 규정되어 있다. 금융비용의 자본화에 대한 이론은 다음과 같이 기간비용법, 선택적 자본화법, 전부자본화법 등 세 가지가 있다.

첫째, 기간비용법은 선박건조기간 중 발생한 모든 이자비용을 기간비용화하고 자산화하지 않는 방법이다. 이에 대한 근거로는 이자는 재무의사결정에 따른 금융비용이므로 영업활동과는 무관하다는 것이다. 즉 재무의사결정에 의해 자산원가가 다르게 표시되면 기업간 비교가능성을 저해한다는 것이다. 그러나 내재자본비용으로 자본화하면 자산원가의 일관성을 유지하는 것이 가능하며, 건조기간중에는 수익이 발생하지 아니하므로 비용처리해서는 안되고 자본화하여 감가상각을 통하여 비용화하여야만 수익-비용원칙에 부합된다는 점에서 비판받고 있는 이론이다.

둘째, 선택적 자산원가화는 실재로 발생된 금융비용(차입금이자)만 자산원가화해야 한다는 이론이다. 이에 대한 근거로는 실제로 발생된 이자 등의 금융비용은 재료비 및 노무비와 마찬가지로 자산원가구성요소로서 이러한 항목을 자산원가화하는 것이 해당 자산의 취득원가금액을 적정하게 하는 것이며, 역사적 원가주의(교환거래개념)에도 부합된다는 것이다. 그러나 자산가치나 용역잠재력은 자금조달방법과는 무관한데 부채조달에 의한 자산원가가 자기자본에 의한 자산원가보다 크게 표시되는 모순점이 표출되는 자산가치 결정의 일관성이 결여된다는 점에서 비판받을 수 있다.

셋째, 전부자본화법은 실제 발생된 금융비용뿐만 아니라, 자기자본에 대한 내재이자도 고려한 모든 이자비용을 자산원가화하는 방법으로 일명 경제적 원가개념이다. 이에 대한 근거로는 자산원가는 취득하여 실제 사용할 수 있을 때까지 투입된 모든 금액과 동일해야 하며, 자금조달방법이 자산원가에 영향을 미치지 않음으로써 기업간 비교가능성을 제고할 수 있는 이론의 우수성이 있다. 그러나 자기자본에 대한 내재이자계산이 주관적이고 과대평가될 가능성이 게재하고 있고 자산취득시 수익을 인식하는 결과를 초래하여 실질적으로 실현된 것만 수익으로 보아야 한다는 수익실현원칙에 위배되는 이론이라고 점이다.

우리나라 기업회계기준(55조)에서는 자산의 제조, 매입 또는 건설에 사용된

차입금에 대하여 당해 자산의 제조, 매입 또는 건설완료시까지 발생된 이자비용과 기타 유사한 금융비용은 당해 자산의 취득원가에 산입한다고 규정하고 있어 선택적 자산원가법을 지지한다고 볼 수 있다.

취득원가 결정 사례 I — 주식발행으로 선박 취득

발행된 주식의 공정시장가액 〉 취득한 자산의 공정시장가액

(주)해경은 컨테이너선박을 취득하는 대가로 H중공업에 액면가 5,000원인 주식을 10,000주를 발행하여 주었으며 선박의 공정시장가치는 6천만원이다. 해당 주식의 시장가격이 7,000원일 때와 이를 알 수 없을 경우에 대해서 각각 회계처리하시오.

1) 주식의 시장가격을 알 수 있는 경우

차) 컨테이너선박	70,000,000	대) 자본금	50,000,000
		주식발행초과금	20,000,000

2) 주식의 시장가격을 알 수 없는 경우

차) 컨테이너선박	60,000,000	대) 자본금	50,000,000
		주식발행초과금	10,000,000

취득원가 결정 사례 II — 타인으로부터 증여로 선박 취득

수증거래는 일방적인 거래로 엄밀한 의미에서 교환거래가 아니므로 역사적 원가주의에서는 원가가 발생하지 아니하였으므로 회계처리를 하여서는 안된다. 그러나 회계처리를 하지 아니하였을 경우, 자산가치가 실질적으로 존재하는 자산을 표시하지 않음으로써(감가상각을 하지 아니하여 당기순이익을 과대계상함) 경제적 실질을 왜곡하여 정보이용자의 의사결정을 오도하게 된다. 따라서 증여일 현재 증여자산의 공정시장가치로 자산화하여야 하며, 증여자는 기부금(영업외비용, 증여자산을 시가로 판매하고 조달된 자금을 타인에게 기부; 이중거래)으로 회계처리하여야 한다.

대변과목 결정에 있어서는 두 가지 방식이 있다. 첫째, 증여로 실질적으로 자산이 증대되고 주주지분의 증대를 초래하므로 자본잉여금으로 처리하는 방식(Capital Approach)이며, 두 번째 방식의 증여는 기업이익의 증대이므로 당기수익항목으로 처리하는 방식(Immediate Recognition of Income Approach)이다. 그러나 자산취득시 수익을 인식하는 것은 수익실현원칙에 위배되는 모순점이 있는 방식이다. 우리나라 기업회계기준에서는 자본전보목적의 수증은 기타자본잉여금으로 처리하고, 자본전보 이외의 목적으로 수증되는 자산은 영업외수익으로 처리한다.

(주)아치는 벌크선박을 A 중공업으로부터 공정시장가치가 3천만원인 선박을 증여받았다. 이 벌크선박은 A 중공업의 장부에 2천만원으로 기록되어 있다. (주)아치와 A중공업에서의 회계처리를 각각 하시오.

1) (주)아치

차) 벌크선박	30,000,000	대)	자산수증이익 (영업외수익)	30,000,000

2) A 중공업

차) 기부금	30,000,000	대)	벌크선박 선박처분이익	20,000,000 10,000,000

취득원가 결정 사례 Ⅲ — 일괄구입(Lump-sum purchase)으로 선박 취득

> 구입된 자산의 공정시장가치기준으로 배부하여 취득원가를 결정한다.

(주) K 해운은 7천만원(미지급)에 다음의 자산을 일괄 취득하였다. 이를 회계처리하기 위한 구입당시 각 선박의 공정시장가치는 다음과 같다.

- 컨테이너 선박: 1억 2천만원, A벌크선박: 5천만원, B벌크선박: 3천만원
- 컨테이너 선박 취득원가 = 7천만원 × $\frac{\text{1억 2천만원}}{\text{2억원}}$ = 42,000,000원
- A벌크선박 취득원가 = 7천만원 × $\frac{\text{6천만원}}{\text{2억원}}$ = 21,000,000원
- B벌크선박 취득원가 = 7천만원 × $\frac{\text{2천만원}}{\text{2억원}}$ = 7,000,000원

차)	컨테이너선박	42,000,000	대) 미지급금	70,000,000
	A벌크선박	21,000,000		
	B벌크선박	7,000,000		

취득원가 결정 사례 Ⅳ — 이연지급계약(Deferred payment contract)으로 선박 취득

> 자산의 취득원가 = 공정시장가치, 미래지급총액의 현재가치,
> 지급어음 및 사채의 현재가치

(주) K 해운은 선박취득 대가로 액면가액 100,000천원의 사채(만기: 3년)를 발행하였다. 단, 사채이자의 지급은 없으며 할인율은 10%이다. 선박내용연수는 10년이고 정액법에 의해 상각하며 잔존가액은 무시한다. 이를 회계처리하면 다음과 같다.

사채의 현재가치 = 100,000천원 × 현가율(n=3, r=10%) = 75,130,000원

사채할인차금 = 24,870천원

취득시점

차)	선박	75,130,000	대) 사채	100,000,000
	사채할인차금	24,870,000		

결산시점

차)	이자비용 (사채할인차금상각)	7,513,000	대) 사채할인차금	7,513,000
차)	선박감가상각비	7,513,000	대) 선박감가상각누계액	7,513,000

취득원가 결정사례 V — 건조중인 선박 회계처리

> 건조중인 선박계정으로 처리하고 완성되면 선박계정으로 처리하고 감가상각한다.

(주) A 중공업에서 선박을 건조하기로 하고 2007년 5월에 건조자재비와 인건비로 1억원을 지급하였다. 또한 2008년 1월 1일에 선박이 완성되어 1천만원의 각종 세금을 납부하였다. 동 선박의 내용연수는 10년이고 정액법으로 상각하며 잔존가액은 무시한다. 이를 회계처리하면 다음과 같다.

건조자재비와 인건비 납부시점

차) 건조중인 선박	100,000,000	대) 현금	100,000,000

선박이 완성되어 각종세금 납부시점

차) 선박	110,000,000	대) 건조중인 선박	100,000,000
		조세공과	10,000,000

결산시점

차) 선박감가상각비	11,000,000	대) 선박감가상각누계액	11,000,000

취득원가 결정사례 Ⅵ — 자산교환 회계처리

동종자산의 교환은 취득한 자산의 취득원가를 교환된 자산의 장부가액으로 인식하여 처분(교환)손익을 인식하지 아니하고, 이종자산의 교환은 취득한 자산의 취득원가를 교환된 자산의 공정시장가치로 인식하여 처분(교환)손익을 인식한다. 다만, 동종자산의 교환이라도 현금수취를 하였을 경우에는 해당하는 비율만큼 처분(교환)손익을 인식한다. 교환된 자산의 공정시장가치를 알 수 없을 경우에는 취득된 자산의 공정시장가치로 본다.

(주)해경에서는 구형선박을 (주)아치에 주고 신형선박을 인수하였다. 구형선박의 장부가액은 70,000천원이고 신형선박의 공정시장가치은 80,000천원이며 현금수취액은 20,000천원이다. 이를 회계처리하면 다음과 같다.

- $\text{총처분손익} = \dfrac{(\text{구자산공정시장가치} + \text{현금수취액}) - \text{구자산장부가액}}{\text{현금수취액}}$

- $\text{처분손익인식액} = \text{총처분손익} \times \dfrac{\text{현금수취액}}{[\text{구(신)자산 공정시장가치} + \text{현금수취액}]}$

- 구자산장부가액 중 매각추정액

$$= \text{구자산장부가액} \times \frac{\text{현금수취액}}{\text{구(신)자산 공정시장가치} + \text{현금수취액}}$$

- 처분손익인식액 = 현금수취액 - 매각추정액
- 총이익 = (80,000 + 20,000) − 70,000 = 30,000천원
- 처분손익인식액 = $30{,}000 \times \frac{20{,}000}{(80{,}000+20{,}000)}$ = 6,000천원
- 구자산 매각추정액 = $70{,}000 \times \frac{20{,}000}{(80{,}000+20{,}000)}$ = 14,000천원
- 신자산 취득원가 = 70,000 − 14,000 = 56,000천원

차)			대)		
	신형선박	56,000,000		구형선박	70,000,000
	현 금	20,000,000		선박처분손익	6,000,000

취득원가 결정사례 Ⅶ — 투자세액공제(Investment Tax Credit) 혜택이 있는 자산취득 회계처리

투자세액공제는 투자촉진정책(주로 세법상 규정)으로 고정자산취득금액의 일정금액을 법인세 지급액에서 공제한다. 공제방법으로서 당기공제법(Flow-Through method)은 투자세액공제액을 자산이 구입된 당기에 전액 법인세에서 차감함으로써 공제효과가 전부 당기에 실현되는 방법(취득연도에 당기순이익이 증대되는 효과가 있음)이다. 반면 이연법(Deferred method)은 투자세액공제를 이연시켜 취득한 자산의 내용연수기간에 걸쳐 상각하여 공제효과가 배분되도록 하는 방법이다.

(주)아치는 선박을 현금 10,000,000원에 취득하였다. 내용연수는 10년이고 투자세액공제율이 10%이며 당기법인세가 2,000,000원일 때 당기공제법과 이연법에 의해 회계처리하시오.

당기공제법

차)	선 박	10,000,000	대)	현 금	10,000,000
	법인세	1,000,000		미지급법인세	1,000,000

이연법

차)	선 박	10,000,000	대)	현 금	10,000,000
	법인세	2,000,000		미지급법인세	1,000,000
				이연법인세	1,000,000
차)	이연법인세	100,000	대)	법인세	100,000

3. 유형자산취득 이후 발생한 원가(지출)

기업은 유형자산을 구입하여 사용하다 보면 성능이 우수한 자산이 나타나거나 최초구입시보다 유형자산의 기능이 저하된다. 이때 유형자산을 수선하거나 일부를 대체할 필요성이 생기는 경우가 있다. 이와 같이 구입당시의 취득원가로 계상된 금액 이외의 추가적 지출이 이루어지면 어떻게 회계처리를 할 것인지에 대한 문제가 발생한다. 이러한 유형자산의 취득 후 추가지출은 자본적 지출 또는 수익적 지출로 처리한다.

1) 자본적 지출과 수익적 지출의 개념

(1) 자본적 지출: 증설, 개량 및 대체로 자산의 내용연수를 연장시키고 실질적으로 자산가치를 증대(용역잠재력의 질과 양의 증대)시키는 지출은 자본화하여 자산원가하여야 한다. 다음 세 가지 조건 중의 하나를 충족시키면 자산의 미래효익을 증가시켰다고 보고 자본적 지출로 처리한다.

- 내용연수의 연장
- 생산능력의 증대
- 품질의 개선

(2) 수익적 지출: 지출효과가 당기에 그치고 미래기간에 효익을 제공하지 않는 지출은 수익비용원칙에 의거하여 당기비용화한다. 추가적 지출로 인하여 자산의 현상태를 유지하거나 원상회복하기 위한 경상적 지출이거나, 중요성의 원칙에 따라 그 효용이 상대적으로 매우 작은 소액지출인 경우 비용으로 처리한다. 아래에서는 세법에서 규정하고 있는 자본적 지출과 수익적 지출을 구분하고자 한다.

표 3-1 법인세법에서의 자본적 지출과 수익적 지출의 구분

자본적 지출	수익적 지출
• 본래의 용도를 변경하기 위한 개조 • 엘리베이터 또는 냉난방장치의 설치 • 빌딩 등에 있어서 피난시설 등의 설치 • 재해 등으로 인하여 건물, 기계, 설비 등이 멸실 또는 훼손되어 당해 자산의 본래의 용도에 이용가치가 없는 경우의 복구 • 기타 개량, 증설, 확장 등 이와 유사한 성질의 것	• 건물 또는 벽의 도장 • 파손된 유리나 기와의 대체 • 기계의 소모된 부속품의 대체와 벨트의 대체 • 자동차 타이어튜브의 대체 • 재해를 입은 자산에 대한 외장의 목구, 도장, 유리의 삽입 • 기타 조업가능상태의 유지 등 위와 유사한 성질의 것 • 3년 미만의 기간마다 주기적으로 수선을 위하여 지출하는 경우

2) 자본적 지출 회계처리방법 개량 및 대체의 회계처리

(1) 대체법

기존자산을 개량하거나 신규 자산으로 대체할 경우 자본화하는 방법이다.

기존자산은 처분거래로 기록함

차)	감가상각누계액	×××	대)	기존자산	×××
	처분손실	×××			

신규자산은 취득거래로 기록함

차)	신규자산	×××	대)	현금(미지급금)	×××

(2) 증분원가자본화방법

처분되는 기존자산은 회계처리하지 않고 신규자산의 원가만 기존자산의 원가에 가산시키는 방법이다. 이 방법은 많은 부품을 대체할 경우 간편하여 실무에서 자주 이용되는 방법이지만 감가상각비가 이중계산되어 바람직한 회계처리 방법이라고 볼 수 없다.

(3) 감가상각누계액차감법

새로 취득되는 신규자산의 원가만큼 감가상각누계액에서 차감하는 방법으로 내용연수를 연장시키는 효과가 있지만 비논리적인 처리방법이다.

차)	감가상각누계액 — 기존자산 (= 신규자산의 취득원가)	×××	대) 기존자산	×××

자본적 지출사례 I — 법적 의무가 있는 선박정기검사와 수리

모든 선박은 정기적으로 종합검사를 받고 필요한 수선을 해야 한다. 이 경우 소요되는 비용은 용광로의 내벽교체비용과 마찬가지로 부채성충당금이나 충당부채로 인식하지 않는다. 왜냐하면, 관련 법규에서 검사를 요구하더라도 과거 사건 결과로 현재 의무가 존재하는 것이 아니며, 기업의 의사결정(예: 선박의 처분)에 따라 검사를 회피할 수 있기 때문이다. 따라서 이러한 경우에는 충당부채로 인식하는 것이 아니라, 정기검사에 소요되는 비용을 자본적 지출로 회계처리하고 3년에 걸쳐 감가상각하는 것이 타당하다.

4. 감가상각

1) 감가상각의 의의

유형자산의 감가상각대상금액은 내용연수에 걸쳐 합리적이고 체계적인 방법으로 배분하여야 한다. 유형자산의 감가상각방법은 자산의 경제적 효익이 소멸되는 행태를 반영한 합리적인 방법이어야 한다. 각 기간의 감가상각비는 다른 자산의 제조와 관련된 경우에는 관련 자산의 제조원가로, 그 밖의 경우에는 판매비와관리비로 계상한다. 제조공정에서 사용된 유형자산의 감가상각비는 재고자산 원가를 구성한다. 해운기업의 경우, 선박의 감가상각비는 대표적인 운항원가로서 매출원가의 주요 부분을 구성한다.

2) 감가상각방법

유형자산의 감가상각방법에는 정액법, 체감잔액법(예: 정률법 등), 연수합계법, 생산량비례법 등이 있다. 정액법은 자산의 내용연수[3] 동안 일정액의 감가상각비를 계상하는 방법이다. 체감잔액법과 연수합계법은 자산의 내용연수 동안 감가상각비가 매기간 감소하는 방법이다. 생산량비례법은 자산의 예상조업도 혹은 예상생산량에 근거하여 감가상각비를 계상하는 방법이다. 감가상각비는 해당 자산으로부터 예상되는 미래 경제적 효익의 소멸형태에 따라 선택하고 소멸행태가 변하지 않는 한 매기 계속 적용해야 한다. 각 방법별로 아래의 사례를 통해 살펴보기로 한다.

사례 기본자료

비품 취득일: 2008년 1월 1일, 취득원가: 1,000,000원

잔존가액: 100,000원, 내용연수: 4년, 총생산가능단위: 1,000단위

(1) 정액법

$$감가상각비 = (취득원가 - 잔존가액) \times \frac{1}{내용연수} \times \frac{사용월수}{12}$$

연 도	감가상각비 계산	감가상각누계액	기말장부가액
2008	(1,000,000 - 100,000)×1/4	225,000	775,000
2009	(1,000,000 - 100,000)×1/4	225,000	550,000
2010	(1,000,000 - 100,000)×1/4	225,000	325,000
2011	(1,000,000 - 100,000)×1/4	225,000	100,000

3) 해운기업에서 적용하고 있는 주요 자산의 내용연수는 다음과 같다. 건물: 40년, 차량: 4년, 집기비품: 4년, 구축물: 40년, 기계장치: 20년, 선박: 25년, 컨테이너 및 섀시: 20년, 전산용품: 5년 등이다.

(2) 정률법

$$감가상각비 = (취득원가 - 기초감가상각누계액) \times \sqrt[n]{\frac{잔존가액}{취득원가}} \times \frac{사용월수}{12}$$

상기 식에서 상각률 = $\sqrt[n]{\frac{잔존가액}{취득원가}}$ 이 40%로 볼 경우,

연도	기초장부가액	상각률	연간감가상각비	감각상각누계액	기말장부금액
2008	1,000,000	0.4	400,000	400,000	600,000
2009	600,000	0.4	240,000	640,000	360,000
2010	360,000	0.4	144,000	784,000	116,000
2011	116,000	0.4	46,400		

(3) 연수합계법

$$감가상각비 = (취득원가 - 잔존가액) \times \frac{기초\ 현재의\ 잔존내용연수}{내용연수의\ 합계} \times \frac{사용월수}{12}$$

연도	감가상각 대상금액	상각률	연간 감가상각비	감가상각 누계액	기말 장부가액
2008	900,000	4/10	360,000	360,000	640,000
2009	900,000	3/10	270,000	630,000	370,000
2010	900,000	2/10	180,000	810,000	190,000
2011	900,000	1/10	90,000	900,000	100,000

(4) 생산량비례법

$$감가상각비 = (취득원가 - 잔존가액) \times \frac{당기\ 실제생산량}{추정\ 총생산가능량}$$

연도	생산단위	상각률	연간 감가상각비	감가상각 누계액	기말 장부가액
2008	400	4/10	360,000	360,000	640,000
2009	300	3/10	270,000	630,000	370,000
2010	200	2/10	180,000	810,000	190,000
2011	100	1/10	90,000	900,000	100,000

5. 유형자산의 감액손실 회계처리

유형자산의 진부화 또는 시장가치의 급격한 하락 등으로 인하여 유형자산의 미래 경제적 효익이 장부가액에 현저하게 미달할 가능성이 있는 다음과 같은 경우에는 감액손실의 인식 여부를 검토하여야 한다.

- 유형자산의 시장가치가 현저히 하락한 경우
- 유형자산의 사용강도나 사용방법에 현저한 변화가 있거나, 심각한 물리적 변형을 초래한 경우
- 법률이나 기업환경의 변화 혹은 규제 등의 영향으로 인하여 해당 유형자산의 효용이 현저하게 감소된 경우
- 해당 유형자산으로부터 영업손실이나 순현금의 유출이 발생하고 미래에도 지속될 것이라고 판단된 경우

기업회계기준서 문단 35 규정에 따라 유형자산의 감액가능성이 있다고 판단되고, 당해 유형자산의 사용 및 처분으로부터 기대되는, 미래현금흐름의 추정액이 장부가액에 미달하는 경우에는 장부가액을 회수가능가액으로 조정하고 그 차액을 감액손실로 처리한다. 다만, 차기 이후에 감액된 자산의 회수가능액이 장부가액을 초과하는 경우에는 그 자산이 감액되기 전의 장부가액의 감가상각 후 잔액을 한도로 하여 그 초과액을 감액손실환입으로 처리한다.

[사례: 감액손실 회계처리]

사례 기본자료

선박 취득원가: 100,000,000원, 취득일: 2007년 1월 1일, 내용연수: 10년
잔존가액: 무시함. 감가상각방법: 정액법

(1) 2차년도 말의 회계처리

2008년 말에 세계경제의 불황으로 선박의 회수가능가액이 56,000,000원인 경우, 선박의 회수가능가액과 감각상각비를 반영한 후의 장부가액을 비교하여 감

액손실을 인식한다. 따라서 연간 감가상각비 10,000,000원을 반영한 후의 장부가액 80,000,000원과 56,000,000원을 비교하여 감액손실 24,000,000원을 인식한다.

차) 감가상각비	10,000,000	대) 감가상각누계액	10,000,000
감액손실	24,000,000	감액손실누계액	24,000,000

(2) 감액손실 인식이후 감가상각비 계산

감액손실을 반영한 후의 장부가액에 대해 종전의 감가상각방법을 적용하여 잔존내용연수에 걸쳐 감가상각비를 계상한다.

차) 감가상각비	7,000,000*	대) 감가상각누계액	7,000,000

* (56,000,000 – 0) / 8년 = 7,000,000원

(3) 감액된 유형자산의 회수가능가액이 장부가액을 초과하는 경우

해당 자산을 감액하지 않았더라면 계상될 감가상각비를 차감한 후의 금액을 한도로 하여 그 초과액을 감액손실환입으로 처리한다.

4차년도말 결산시점에서 감액된 선박의 회수가능액이 75,000,000원으로 회복된 경우

- **감가상각비를 먼저 계상한 다음 장부가액을 산출한다.**

차) 감가상각비	7,000,000	대) 감가상각누계액	7,000,000

- **2010년 말 장부가액 = 56,000,000원 – 14,000,000원 = 42,000,000원임. 그러므로 정상적으로 감가상각될 경우 장부가액은 60,000,000원이므로 60,000,000원과 42,000,000원의 차이인 18,000,000원을 감액손실환입 처리한다.**

차) 감액손실누계액	18,000,000	대) 감액손실환입	18,000,000

6. 유형자산의 매각(처분) 회계처리

유형자산의 처분시 장부가액과 처분가액과 차액을 처분손익으로 인식한다. 즉, 처분시까지 감가상각누계액을 계산하여 처분시 취득원가에서 누계액을 공제한 장부가액과 처분가액과의 차이가 처분손익이 된다.

2007년 1월 1일에 취득한 선박을 2008년 7월 1일에 현금 6,000,000원에 처분하였다. 선박의 취득원가는 10,000,000원이며, 내용연수는 4년이고 잔존가액은 없는 것으로 본다. 결산일은 12월 31일이고 연수합계법에 의해 감각상각한다. 처분시 분개를 하시오.

- 감가상각비 계산

  2007년분: 10,000,000원 × 4/10 = 4,000,000원

  2008년 1월 1일부터 6월 30일분 = 10,000,000원 × 3/10 × 1/2 = 1,500,000원

  감가상각누계액 = 5,500,000원, 장부가액 = 4,500,000원

차)	감가상각비	1,500,000	대)	감가상각누계액—선박	1,500,000
	감가상각누계액—선박	5,500,000		선 박	10,000,000
	현 금	6,000,000		선박처분이익	1,500,000

제 6 절 무형자산 회계처리

1. 무형자산의 정의와 유형

기업회계기준서 제 3 호에 규정된 무형자산은 재화의 생산이나 용역의 제공, 타인에 대한 임대 또는 관리에 사용할 목적으로 기업이 보유하고 있으며, 물리적 형체는 없지만 식별가능하고, 기업이 통제하고 있으며, 미래 경제적 효익이 있는 비화폐성 자산을 말한다.

무형자산의 특징을 다섯 가지로 요약하면 다음과 같다.

- 용도: 재화의 생산이나 용역의 제공, 타인에 대한 임대 또는 관리에 사용할 목적에 적합할 것
- 물리적 형체가 없을 것
- 식별가능할 것, 즉 다른 자산과 분리할 수 있을 것
- 미래 경제적 효익을 가져올 것
- 통제가능할 것

무형자산의 정의에 대한 적용 사례를 예시하면 다음과 같다.

1) 물리적 형체는 없지만 판매용 자산은 무형자산이 아니라 재고자산으로 본다.
2) 교육훈련비, 영업비용은 미래 경제적 효익은 기대되지만 통제가능성이 없으므로 발생기간의 비용으로 본다.
3) 고정고객, 고객충성도, 시장점유율 등은 통제가능성이 없으므로 무형자산으로 인식하지 않는다.

무형자산의 인식조건에 대한 적용사례는 다음과 같다.

1) 매수기업결합으로 취득한 무형자산 중 공정가액을 신뢰성있게 측정할 수 없으면 개별 무형자산으로 인식하지 않고 영업권에 포함시킨다.
2) 내부창출 영업권은 취득원가를 신뢰성있게 측정할 수 없고 통제불능이므로 무형자산으로 인식하지 않는다.
3) 연구단계의 지출은 미래 경제적 효익의 유입가능성이 높지 않으므로 발생기간의 비용으로 인식한다.

위의 적용사례들을 다음과 같이 그림으로 나타낼 수 있다.

〈무형자산의 인식개념도〉

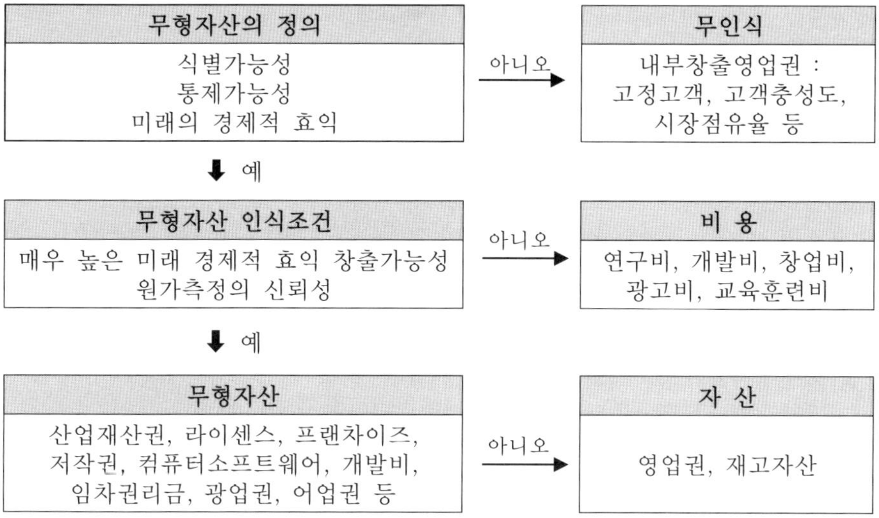

〈신제품개발과정에서의 원가구분〉

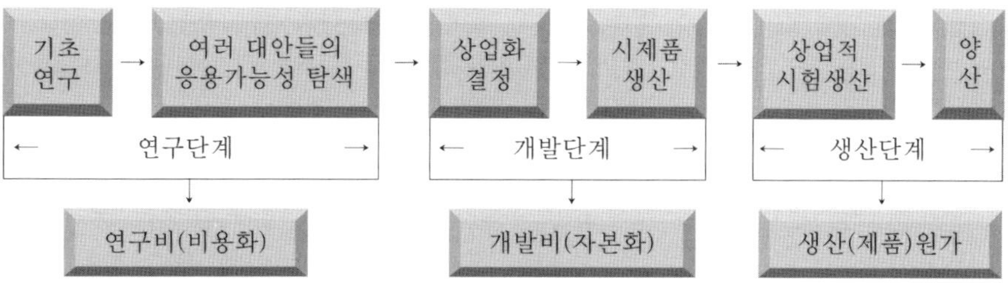

[사례: 영업권의 측정과 상각]

(1) 2008년 1월 1일에 (주)아치는 (주)해경을 합병하는 대가로 118,000원의 현금을 지급하였다. 합병 당시 (주)해경의 대차대조표는 다음과 같다.

대차대조표

매출채권	15,000	매입채무	22,000
재고자산	20,000	자 본 금	50,000
선 박	70,000	자본잉여금	33,000
	105,000		105,000

(주)아치가 (주)해경의 자산을 평가한 결과 선박만 공정시장가치가 85,000원이고 나머지는 장부금액과 같다. 영업권은 10년간 상각하고 두 회사의 결산일은 12월 31일이다. 합병분개와 결산일 분개를 하시오

합병분개

차)	매출채권	15,000	대)	매입채무	22,000
	재고자산	20,000		현 금	118,000
	선 박	85,000			
	영업권*	20,000			

* 영업권 가치 = 취득가액 – 피합병회사의 순자산의 공정가치

= 118,000원 – (83,000원 + 15,000원) = 20,000원

결산일 영업권상각분개

차)	영업권상각	2,000	대)	영업권	2,000

제 7 절 리스회계

1. 해운리스의 특징

해운기업의 주요 영업용 고정자산은 선박이다. 선사규모와 그 국가의 해운력을 나타내는 지표로 보유선박규모(선대규모)를 활용한다. 이러한 선박을 해운

기업이 보유하는 방법으로는 직접 건조하거나 또는 매입하는 방법이 있다. 하지만 이는 대규모의 자금을 필요로 하고 경기변동이 심하여 그 산업에 비하여 위험이 상대적으로 높은 해운산업 특성상 장기화물운송계약을 담보로 임차하는 형식[해운에서는 이를 용선(Charter)이라 칭함]으로 선박을 확보[4]하는 경우가 일반적이다.

가장 일반적으로 선박을 용선하는 형태가 나용선계약(裸傭船契約, BBC, bareboat charter, demise charter)이다. 이는 선주와 용선자가 선박만을 용선하는 임대차계약이다. 나용선자는 용선한 선박에 인적 및 물적 요소 일체를 장비하는 동시에 전체 운항을 관리한다. 즉, 나용선자는 본인이 임명한 선장을 통하여 선박을 점유하여 지배하고 일시적으로 선박소유자로서의 지위를 얻게 되지만, 실질적인 선박에 대한 소유권은 선박소유자에게 있다. 따라서 선주가 고용한 선장 및 선원이 용선된 선박에 딸려 있는 정기용선 계약과는 다르다.

선주는 단지 선박을 용선자(임차인)에게 대여할 뿐 선박의 사용수익에 관해서는 일체 용선자에게 일임하므로, 선박의 정비 및 수리의무도 당연히 임차인에 해당하는 용선자가 부담한다. 이러한 측면에서 볼 때, 수리의무의 일부를 임대인에게 부담하는 일반 임대차계약과는 다르다. 용선자는 선박을 일정기간 사용하여 스스로 운송행위의 주체가 되어 화주나 다른 용선에 대하여 감항능력 담보책임을 진다. 용선자는 선주가 부담하는 비용항목인 감가상각비외의 모든 비용(선박보험료 포함)을 부담하는 것이 원칙이다.

1960년대 우리나라 선사들은 일본의 선원비 상승으로 경쟁력을 상실한 일본선박을 할부구매조건으로 나용선(BBC with hire purchase option)하여 이를 매도한 일본 선주에게 다시 정기용선으로 임대하는 차터 백(chartering back) 방식으로 선박을 확보하였다. 그 후 1980년 중반 이후부터 우리나라 외항선사들이 가장 선호하는 선박확보제도는 국내 건조취득조건부 나용선(BBC with hire purchase option)자금을 활용해 왔다. 이 제도는 국내의 선사가 해외의 편의치적국(FOC)에 서류상의 현지법인을 만들어 그 현지법인으로 하여금 선박을 국내 조선소에서 신조하여 소유하도록 하고, 당해 선박을 모회사인 국내의 선사가 할부구매하는 방식으로 나용선하여 세금을 절감하는 운항방식을 많이 활용

4) 구체적인 내용은 한국해사문제연구소, 「해운·물류 큰사전」을 참조할 것. 2002년 4월, pp. 265~266.

하고 있다.

따라서 해운선사가 흔히 선박확보수단으로 많이 활용하는 임대차계약(리스) 형태는 금융리스와 차터 백(판매형) 리스 형태이다. 이에 관한 내용을 도해하면 [그림 3-2]와 같다.

그림 3-2 건조취득조건부 나용선제도(BBC)에 의한 선박금융절차

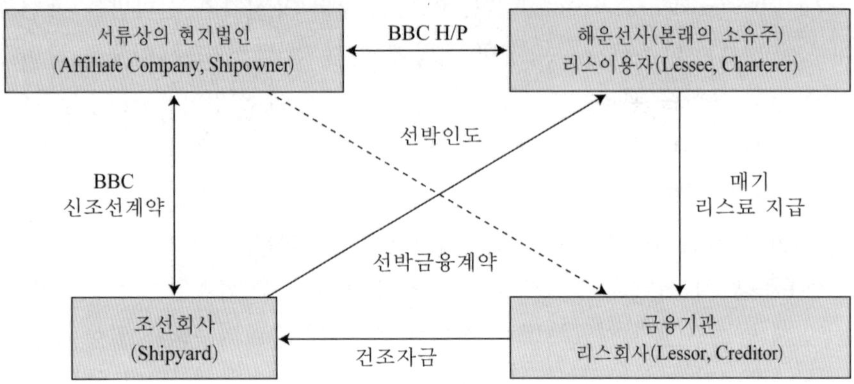

본 절에서는 이러한 리스유형의 회계처리기준을 담고 있는 우리나라 기업회계기준서를 중심으로 리스회계처리에 대해 설명하고자 한다. 우리나라의 리스회계기준은 1985년에 처음 제정되었다. 당시에는 리스산업의 육성을 위하여 많은 거래가 운용리스로 분류될 수 있도록 함으로써, 부외금융효과를 얻으려는 리스이용자의 요구에 부응하였다. 1998년에 증권선물위원회에서 리스회계처리준칙을 새로 제정하면서 국제적 수준의 리스회계기준을 적극 수용하여 리스회계가 리스거래의 실질을 반영할 수 있도록 하였으며, 기준의 형식도 설명식으로 변화시켰다. 한국회계기준원 회계기준위원회는 모든 회계기준의 기준서체제로의 전환의 일환으로 리스회계기준서를 제정하기로 하였으며, 국제적 정합성을 추구하면서 동시에 준칙의 미비점을 보완한 현행리스회계기준인 기업회계기준서 제19호를 2005년 3월 18일에 제정하게 되었다. 그 후 오늘날처럼 글로벌 환경하에서는 세계각국의 회계기준이 국제회계기준으로 일치되는 경향을 보이고 있어 리스회계처리와 공시에 관한 국제회계기준(IAS 제17호)을 수용한 기업회계기

준서 제1017호를 제정하게 되었다.[5)] 기업회계기준서 제19호와 제1017호는 거의 차이가 없다. 다만, 기업회계기준서 제1017호에서는 IAS 제17호의 적용범위를 그대로 수용하게 됨에 따라 두 기준서 사이에 적용범위에서의 차이와 용어상의 차이가 존재하고 있다.

2. 리스의 속성과 유용성

1) 리스의 속성

리스는 설비자산을 일정기간 동안 이용하는 대가로 매기마다 일정금액의 리스료를 지불하는 임대차계약으로서 계약적 속성과 자산양도적 속성을 지니고 있다. 특히, 해운기업은 막대한 취득자금이 투입되는 선박을 취득하는 것보다는 탄력적으로 자금을 운용하고 초기투자금액이 적게 들어가는 선박리스에 의하여 선박을 운용하는 경우가 많아 해운산업에서 리스회계는 매우 중요한 분야이다.

리스의 양면성
- 계약(contract)
- 자산양도(conveyancect)

따라서 리스의 속성 중 계약적 측면을 강조하면 임대차계약은 미이행계약으로서, 회계처리가 불가능하여 리스자산 및 리스부채로 회계처리할 수가 없다. 그러나 임대차계약은 다음과 같은 측면에서 실질적인 경제적 사상이 발생하고

5) 가장 최근에 개정된 리스회계기준은 한국회계기준원 회계기준위원회에서 2007년 11월 23일에 확정한 기업회계기준서 제1017호이다. 이 기준서는 모든 리스의 회계처리에 적용하되 다음에 대해서는 적용하지 아니한다. (1) 광물, 석유, 천연가스 및 유사한 비재생 천연자원의 탐사나 사용을 위한 리스, (2) 영화필름, 비디오 녹화물, 희곡, 원고, 특허권 및 저작권에 대한 라이선스 계약. 또한 이 기준서는 다음 항목들의 측정기준으로는 적용하지 아니한다. (1) 투자부동산으로 회계처리되는 리스이용자 보유 부동산, (2) 리스제공자가 운용리스로 제공하는 투자부동산, (3) 리스이용자가 금융리스로 보유하는 생물자산, (4) 리스제공자가 운용리스로 제공하는 생물자산.

할부매입과 같이 자산양도측면에서 회계사상이 발생한 것이므로 이를 회계처리함이 일반적으로 지지되는 입장이다.

- 계약체결과 동시에 실질적인 자산양도라는 회계적 사상이 발생함
- 리스료지급과 수취라는 현금거래가 발생하여 재무상태에 영향을 미침
- 재무상태에 미치는 영향이 객관적으로 측정가능함. 즉 지급되는 리스료의 현재가치로 자산화가 가능함

2) 리스의 유용성과 한계

리스가 해당자산의 직접 취득에 비하여 지니고 있는 장점 내지는 유용성은 첫째, 소규모자금으로 필요한 자산을 이용할 수 있으며, 둘째, 자산의 진부화위험을 회피가능하고, 셋째, 자금조달능력을 증대시키는 효과가 있으며, 마지막으로 리스료가 감가상각비보다 큰 것만큼 세금공제효과를 누릴 수 있다는 점이다. 반면에 리스의 단점 내지는 한계점은 높은 리스료를 매기 부담하여야 하고 중도해지가 사실상 불가능하며 해당자산의 처분과 용도변경 및 증설 등에 대한 제약이 따른다는 점이다.

3. 리스용어의 정의

(1) 리스약정일은 리스계약일과 리스의 주요 사항에 대한 계약당사자들의 합의일 중 이른 날을 말한다.

1) 리스는 리스약정일을 기준으로 운용리스나 금융리스로 분류한다.
2) 금융리스의 경우, 리스기간 개시일에 인식할 금액은 리스약정일 기준으로 결정한다.

(2) 리스기간개시일은 리스이용자가 리스자산의 사용권을 행사할 수 있는 날을 말한다. 리스기간개시일은 리스의 최초인식일(즉, 리스에 따른 자산, 부채, 수익 및 비용을 적절하게 인식하는 날)이 된다.

(3) 리스기간은 리스이용자가 자산을 리스하기로 약정을 맺은 해지불능기간을 말한다. 추가적인 대가의 지급 여부에 관계없이 리스이용자가 그 자산에

대하여 리스를 연장할 수 있는 선택권을 가지고 있으며, 리스실행일 현재 리스이용자가 그 선택권을 행사할 것이 확실한 경우 당해 추가기간을 포함한다.

(4) 최소리스료는 리스기간에 리스이용자가 리스제공자에게 지급해야 하는 금액을 말하며 다음 금액을 포함한다. 다만, 조정리스료와 리스제공자가 지급하고 리스이용자에게 청구할 수 있는 용역원가와 세금 등은 제외한다.

1) 리스이용자의 경우, 리스이용자나 리스이용자의 특수관계자가 보증한 금액
2) 리스제공자의 경우, 다음 중 하나가 보증한 잔존가치
   (a) 리스이용자
   (b) 리스이용자의 특수관계자
   (c) 리스제공자와 특수관계가 없고 재무적으로 이행할 능력이 있는 제 3 자

그러나 리스이용자가 선택권을 행사할 수 있는 시점의 공정가치보다 충분하게 낮을 것으로 예상되는 가격으로 리스자산을 매수할 수 있는 선택권을 가지고 있으며 그 선택권이 행사될 것이 리스약정일 현재 거의 확실한 경우, 최소리스료는 매수선택권의 기대행사일까지의 리스기간에 지급될 최소지급액과 선택권의 행사가격으로 구성된다.

(5) 공정가치는 합리적인 판단력과 거래의사가 있는 독립된 당사자 사이의 거래에서 자산이 교환되거나 부채가 결제될 수 있는 금액을 말한다.

(6) 경제적 내용연수는 다음의 경우 중 하나에 해당하는 것을 말한다.
1) 자산을 경제적으로 사용할 수 있는 예상기간
2) 자산에서 획득할 수 있을 것으로 기대되는 생산량이나 유사단위의 수량

내용연수는 리스기간에 한정되지 않고 리스기간개시일부터 자산에 내재된 경제적 효익을 기업이 소비할 것으로 예상되는 잔여기간을 말한다.

(7) 보증잔존가치는 리스이용자의 경우, 리스이용자나 리스이용자의 특수관계자가 보증한 잔존가치 부분(어떤 경우에나 보증금액은 지급될 수 있는 최대금액)을 말한다. 반면 리스제공자의 경우, 리스이용자가 보증한 잔존가치 부분 또는 리스제공자와 특수관계가 없고 재무적으로 이행할 능력이 있는 제 3 자가 보

증한 잔존가치 부분을 말한다.

(8) 무보증잔존가치는 리스제공자가 실현할 수 있을지 확실하지 않거나 리스제공자의 특수관계자만이 보증한 리스자산의 잔존가치 부분을 말한다.

(9) 리스개설직접원가는 리스의 협상 및 계약에 직접 관련하여 발생하는 증분원가를 말한다. 다만, 제조자나 판매자인 리스제공자에 의하여 발생하는 원가는 제외한다.

(10) 리스총투자는 금융리스에서 리스제공자가 수령할 최소리스료와 무보증잔존가치의 합계액을 의미한다. 또한 리스순투자는 리스총투자를 내재이자율로 할인한 금액이며, 미실현이자수익은 리스총투자와 리스순투자의 차이를 말한다.

(11) 리스에서 내재이자율은 리스약정일 현재 1) 최소리스료와 2) 무보증잔존가치의 현재가치 합계액을, (가) 리스자산의 공정가치와 (나) 리스제공자의 리스개설직접원가의 합계액과 일치시키는 할인율을 의미한다.

(12) 리스이용자의 증분차입이자율은 리스이용자가 유사한 리스에 대해 부담해야 할 이자율이다. 만약 그러한 이자율을 결정할 수 없는 경우에는 리스약정일에 리스이용자가 유사한 조건과 담보로 리스자산의 구입에 필요한 자금을 차입할 경우의 이자율로 본다.

(13) 조정리스료는 금액이 확정되지는 않았지만 기간경과 이외의 변동요소(예: 매출액의 일정비율, 사용량, 물가지수 및 시장이자율 등)의 미래발생분을 기초로 결정되는 리스료 부분을 말한다.

또한 리스의 계약내용이나 합의내용에는 리스약정일과 리스기간개시일 사이에 나타난 다음 사항의 변동에 따라 리스료를 조정하는 규정이 포함될 수 있다.

- 리스자산의 건설원가 또는 취득원가
- 일반물가지수와 같은 원가나 가치의 기타 측정치
- 리스제공자의 리스를 위한 금융원가

이 경우, 이 기준서의 목적상 이러한 변동의 효과는 리스약정일에 발생한 것으로 간주한다.

리스의 정의에는 합의된 조건이 충족될 때, 임차인에게 자산의 법적소유권을 획득할 수 있는 선택권을 부여하는 자산임차계약이 포함된다. 이러한 계약은 때로 할부구매계약이라고 한다. 건조취득조건부 나용선(BBC with hire purchase option)이 바로 이러한 유형의 리스계약이다.

4. 리스의 분류

기업회계기준서에서 리스의 분류는 리스자산의 소유에 따른 위험과 보상이 리스제공자와 리스이용자에게 귀속되는 정도에 따라 결정된다. 리스자산의 소유에 따른 실질적으로 모든 위험과 보상이 이전되는 리스는 금융리스[6]로 분류한다. 반면 리스자산의 소유에 따른 위험과 보상의 대부분을 이전되지 않는 리스는 운용리스로 분류한다. 해지불능리스가 있는데 기준서에 해지가 가능한 경우를 다음의 네 가지로 규정하고 있다. 즉 해지불능리스란 다음 각각의 경우를 제외하고는 해지할 수 없는 리스를 말한다.

- 발생할 가능성이 희박한 우발상황이 나타나는 경우
- 리스제공자가 허락하는 경우
- 리스이용자가 동일한 리스제공자와 해당 자산이나 동등한 자산에 대하여 새로운 리스를 체결하는 경우
- 리스약정일에 판단하였을 때, 당해 리스가 계속될 것이 거의 확실할 정도의 추가적인 금액을 리스이용자가 지급하는 경우

리스는 계약의 형식보다는 거래의 실질에 따라 금융리스나 운용리스로 분류한다. 다음에 예시한 경우 중 하나 또는 그 이상에 해당하면 일반적으로 금융리스로 분류한다.[7]

---

6) 법적소유권은 이전될 수도 있고 이전되지 않을 수도 있다. 위험은 자산의 운휴나 기술적 진부화로 인한 손실 및 경제 여건의 변화에 따른 이익의 변동가능성을 포함한다. 또한 보상이라 함은 경제적 내용연수 동안 자산의 수익성 있는 운용에 대한 기대 및 가치증대나 잔존가치의 실현에서 발생하는 이익 등에 대한 기대를 말한다.

7) 구체적인 내용은 기업회계기준해석서 제2027호 '법적 형식상의 리스를 포함하는 거래의 실

(1) 리스기간 종료시점까지 리스자산의 소유권이 리스이용자에게 이전되는 경우
(2) 리스이용자가 선택권을 행사할 수 있는 시점의 공정가치보다 충분하게 낮을 것으로 예상되는 가격으로 리스자산을 매수할 수 있는 선택권을 가지고 있으며, 그 선택권을 행사할 것이 리스약정일 현재 거의 확실한 경우
(3) 리스자산의 소유권이 이전되지 않더라도 리스기간이 리스자산의 경제적 내용연수의 상당부분을 차지하는 경우
(4) 리스약정일 현재 최소리스료의 현재가치가 적어도 리스자산 공정가치의 대부분에 상당하는 경우
(5) 리스이용자만이 중요한 변경 없이 사용할 수 있는 특수한 성격의 리스자산인 경우

또한 다음 경우 중 하나 또는 그 이상에 해당하면 금융리스로 분류될 가능성이 있다.

(1) 리스이용자가 리스를 해지할 경우 해지로 인한 리스제공자의 손실을 리스이용자가 부담하는 경우
(2) 잔존자산의 공정가치 변동에 따른 손익이 리스이용자에게 귀속되는 경우(예를 들어, 리스종료시점에 리스자산 매각 대가의 거의 대부분에 해당하는 금액이 리스료 환급의 형태로 리스이용자에게 귀속되는 경우)
(3) 리스이용자가 시장가격보다 현저하게 낮은 가격으로 리스를 갱신할 능력이 있는 경우

상기에서 열거한 경우에 해당되더라도 항상 금융리스로 분류하는 것은 아니다. 계약의 다른 특성들을 고려할 때 리스자산의 소유에 따른 위험과 보상의 대부분을 이전하지 않는다는 사실이 명백하다면 그 리스는 운용리스로 분류한다. 예를 들어 리스기간 종료시점에 리스자산의 소유권을 그 시점의 공정가치로 이전하거나 조정리스료가 있어서, 결과적으로 리스이용자가 리스자산의 소유에 따른 대부분의 위험과 보상을 가지고 있지 않은 경우이다.

질에 대한 평가' 참조할 것.

리스는 리스약정일에 분류된다. 만약 리스기간 중 리스의 양 당사자가 리스 재계약이 아닌 형태로 리스조건의 변경에 합의하였는데, 리스약정일에 변경된 조건으로 계약하였다면 리스의 분류가 최초의 분류와 다르게 분류되었을 경우도 있다. 이 때에는 변경된 계약을 잔여리스기간 동안 새로운 계약으로 본다. 그러나 추정의 변경(예: 리스자산의 경제적 내용연수 또는 잔존가치에 대한 추정의 변경)이나 상황의 변경(예: 리스이용자의 지급불능상황)은 회계목적상으로는 기존 리스의 분류 변경을 초래하지 않는다.

토지 또는 건물의 리스도 다른 자산의 리스와 동일한 방법으로 금융리스나 운용리스로 분류한다. 그러나 토지는 그 특성상 일반적으로 경제적 내용연수가 한정되지 않는다. 따라서 리스기간 종료시점까지 토지소유권의 이전이 기대되지 않는다면, 일반적으로 자산의 소유에 따른 위험과 보상의 대부분이 리스이용자에게 이전되는 경우로 볼 수 없다. 이 경우 토지의 리스는 운용리스가 될 것이다. 운용리스로 회계처리되는 임차계약의 체결 또는 임차권의 취득과정에서 지불된 금액은 선급리스료가 되며, 제공되는 효익의 형태에 따라 리스기간 동안 상각한다.

토지와 건물을 함께 리스하는 경우 각각 분리하여 리스를 분류한다. 만약 토지와 건물 모두에 대한 소유권이 리스기간 종료시점까지 리스이용자에게 이전된다면, 토지와 건물은 단일계약으로 분석하든 두 개의 계약으로 분석하든 하나의 금융리스로 분류한다. 다만 다른 특징들로 미루어 볼 때 리스자산 중 하나 또는 둘 모두의 소유에 따른 위험과 보상의 대부분이 이전되지 않는다는 사실이 명백하다면 그러하지 아니하다. 토지의 경제적 내용연수가 한정되지 않으며 리스기간 종료시점까지 토지 소유권의 이전이 기대되지 않는다면, 토지는 일반적으로 운용리스로 분류한다.

토지와 건물을 함께 리스하는 경우, 최소리스료(선지급액 포함)는 리스약정일 현재, 토지와 건물에 대한 임차권의 상대적인 공정가치에 비례하여 각각에 배분한다. 만약 최소리스료가 토지와 건물에 신뢰성 있게 배분될 수 없고, 토지와 건물 모두 운용리스라는 사실이 명백하지 않다면, 토지와 건물은 하나의 금융리스로 분류한다. 그러나 토지와 건물 모두 운용리스라는 사실이 명백하다면 하나의 운용리스로 분류한다.

토지와 건물을 함께 리스하는 경우, 최초로 인식될 토지분 금액이 중요하지 않다면, 토지와 건물을 하나의 단위로 취급하여 금융리스나 운용리스로 분류할 수 있다. 이 경우, 건물의 경제적 내용연수를 전체 리스자산의 경제적 내용연수로 본다.

리스이용자가 토지와 건물 모두에 대한 임차권을 기업회계기준서 제1040호에 따라 투자부동산으로 분류하고 공정가치로 평가한다면 토지와 건물부분을 분리하여 측정하지 아니할 수 있다. 토지와 건물 중 하나 또는 둘 모두가 투자부동산으로 분류되는지 명확하지 않은 경우에만 평가를 위한 상세한 계산이 필요하다.

리스이용자는 운용리스 부동산에 대한 권리를 기업회계기준서 제1040호에 따라 투자부동산으로 분류할 수 있다. 이 경우, 해당 부동산에 대한 권리에 대하여 금융리스인 경우와 같이 회계처리하고, 인식한 자산은 공정가치로 평가한다. 후속적인 사건으로 해당 부동산에 대한 권리의 성격이 달라져서 더 이상 투자부동산으로 분류할 수 없더라도 리스이용자는 계속하여 금융리스로 회계처리한다. 예를 들면, 다음과 같은 경우이다.

(1) 리스이용자가 당해 부동산을 직접 사용하는 경우. 리스이용자는 투자부동산을 자가사용 부동산으로 변경하며, 사용목적 변경일의 공정가치를 간주원가로 인식한다.

(2) 리스이용자가 당해 부동산에 대한 권리에 따른 위험과 보상의 대부분을 이전하는 전대리스를 특수관계가 없는 제 3 자에게 제공하는 경우. 당해 제 3 자가 그 전대리스를 운용리스로 회계처리하더라도 리스이용자는 금융리스로 회계처리한다. 금융리스와 운용리스를 도표로 요약하면 [그림 3-3]에서와 같다.

그림 3-3 금융리스와 운영리스의 구별

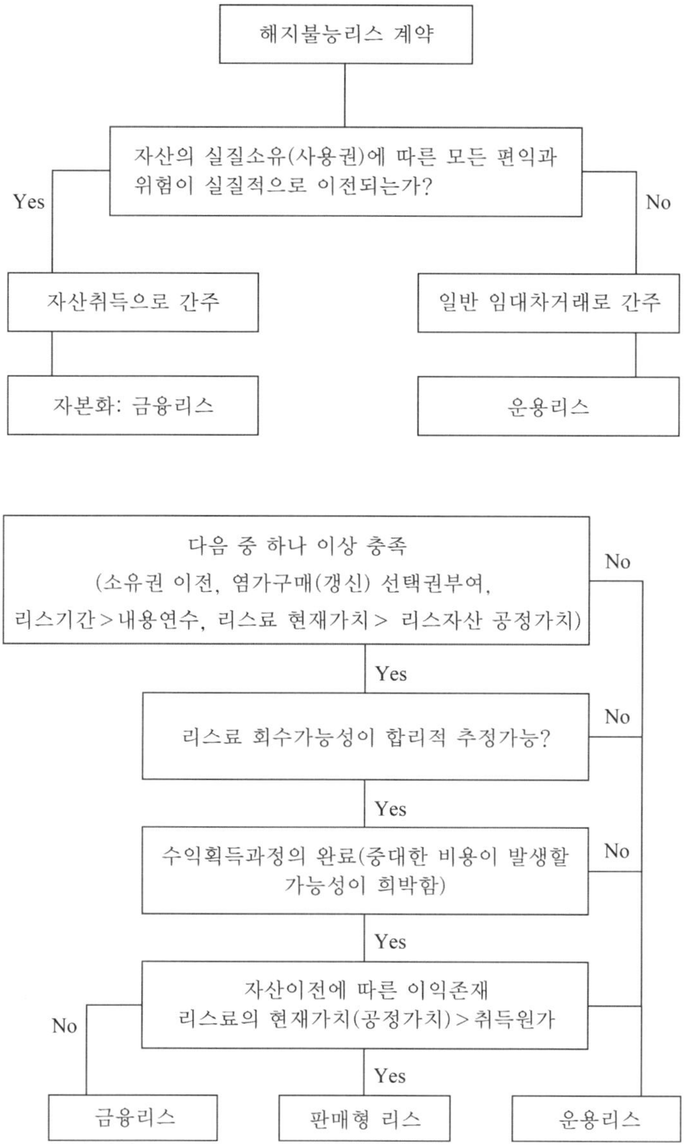

[금융리스 회계처리]

1) 리스이용자

리스계약시:

차)	리스선박	×××	대) 리스부채	×××

리스료 지급시:

차)	이자비용	×××	대) 현 금	×××
	리스부채	×××		

각종비용(보험료, 세금 등) 지급 및 발생시:

차)	각종비용	×××	대) 현 금 등	×××
	감가상각비	×××	감가상각누계액	×××

2) 리스제공자(리스회사)

리스계약시:

차)	금융리스채권	×××	대) 리스선박	×××
			선수수익	

리스료 수취시:

차)	현 금 등	×××	대) 금융리스채권	×××
	선수수익	×××	이자수익	

리스채권은 총투자액으로서 리스료총액(구체적으로는 최소리스료와 보증잔존가치의 합계액)을 의미하며, 리스자산은 순투자액으로서 리스료의 현재가치(구체적으로는 최소리스료의 현재가치와 보증잔존가치의 현재가치의 합계액)와 일치하며 이 금액이 리스자산으로서 자본화되고, 총투자액과 순투자액의 차이가 궁극적으로 임대인에 대한 이자수입으로서 계약당시는 선수이자로 회계처리한다.

[판매형 리스 회계처리]

1) 리스이용자(금융리스와 동일함)

2) 리스제공자(리스회사)

리스계약시:

차)	금융리스채권	×××	대) 매 출 선수수익	×××
차)	매출원가	×××	대) 리스선박	×××

리스료 수취시:

차)	현 금 등 선수수익	××× ×××	대) 금융리스채권 이자수익	×××

판매형 리스에서 매출수익은 순투자액(최소리스료의 현가 + 보증잔존가치의 현가)이며, 매출원가는 처분된 것으로 보는 리스선박의 취득원가(미보증잔존가치가 있으며 이는 공제한 금액)로서 이 두 금액의 차이가 있어야만 판매형 리스로 회계처리할 수가 있다.

매출수익인 순투자액계산시 보증잔존가치의 현가를 합하는 근거는 잔존가치가 보증된 경우 이는 리스기간 종료시에 리스이용자로부터 보증금액을 수취할 수가 있으므로 보증잔존가치는 판매된 것으로 간주되기 때문이다. 반대로 미보증잔존가치는 판매되었다고 볼 수가 없으므로 취득원가(매출원가)계산시 공제하여야 한다.

- 총이익 = 매출 - 매출원가
  = (리스료의 현가 + 보증잔존가치 현가) - (취득원가 - 미보증잔존가치)
  = 리스자산의 공정시장가치 - 리스자산의 취득원가

5. 리스이용자의 회계처리

금융리스에서 리스이용자는 리스약정일에 측정된 최소리스료의 현재가치와 리스자산의 공정가치 중 작은 금액을 리스기간개시일에 금융리스자산과 금융리스부채로 각각 인식한다. 이 경우, 최소리스료의 현재가치는 리스의 내재이자율을 적용하여 계산하며, 만약 이를 알 수 없다면 리스이용자의 증분차입이자율을 적용한다. 리스이용자의 리스개설직접원가는 금융리스자산으로 인식하는 금액에 포함한다. 리스거래와 기타 사건들은 단순히 법적 형태가 아니라 실질과 재무현실에 따라서 회계처리한다. 리스계약의 법적형태에 따르면 리스이용자가 리스자산에 대한 법적 소유권을 획득하지 못할 수도 있다. 그러나 금융리스의 실질과 재무현실은 리스이용자가 당해 자산 경제적 내용연수의 상당기간 동안 자산사용에 따른 경제적 효익을 획득하는 것이며, 그러한 권리에 대한 대가로 리스약정일의 자산의 공정가치 및 관련된 금융원가에 근사한 금액을 지급할 의무를 부담하는 것이다.[8)]

금융리스에서 매기 지급되는 최소리스료는 금융원가와 리스부채의 상환액으로 나눈다. 금융원가는 매기 부채의 기초잔액에 대하여 일정한 기간이자율이 산출되도록 리스기간에 배분한다. 조정리스료는 발생한 기간의 비용으로 회계처리한다.

금융리스자산의 감가상각은 리스이용자가 소유한 다른 유사자산의 감가상각과 일관성 있게 회계처리한다.[9)] 만약 리스이용자가 리스기간 종료시점까지 자산의 소유권을 획득할 것이 확실하지 않다면 리스기간과 자산의 내용연수 중 짧은 기간에 걸쳐 감가상각한다.

운용리스에서 보증잔존가치를 제외한 최소리스료는 리스이용자의 기간적 효익의 형태를 보다 잘 나타내는 다른 체계적인 인식기준이 없다면 리스기간에 걸쳐 정액기준으로 비용을 인식한다.

---

8) 만약 그러한 리스거래가 리스이용자의 재무상태표에 반영되지 않는다면 리스이용자의 경제적 자원과 의무의 정도가 과소 인식되어 재무비율이 왜곡된다. 따라서 금융리스는 리스이용자의 재무상태표에 자산과 부채 모두로 인식되는 것이 타당하다. 리스기간개시일에 금융리스자산과 금융리스부채는 재무상태표에 동일한 금액으로 인식한다. 다만, 리스이용자에게 리스개설직접원가가 발생한 경우에는(금융리스자산으로 인식하는 금액에 가산함) 동일한 금액으로 인식되지 아니한다.

9) 감가상각비는 기업회계기준서 제1016호 '유형자산'과 제1038호 '무형자산'에 따라 계산한다.

리스이용자는 금융리스와 관련하여 기업회계기준서 제1107호 '금융상품: 공시'의 요구사항과 함께 다음의 사항을 공시한다.

(1) 보고기간말 현재 자산유형별 금융리스자산의 순장부금액

(2) 보고기간말 현재 미래 지급할 최소리스료의 총합계와 현재가치의 조정내역, 그리고 보고기간말 현재 미래 지급할 각 기간[10]별 최소리스료의 총합계와 현재가치

(3) 당기의 비용으로 인식된 조정리스료

(4) 보고기간말 현재 해지불능전대리스에서 수령하게 될 것으로 기대되는 미래의 최소전대리스료의 합계

(5) 다음을 포함하여 리스계약의 중요한 사항에 대한 일반적인 설명

1) 조정리스료가 결정되는 기준

2) 리스갱신, 매수선택권 및 리스료 인상조항의 존재 여부와 그 조건

3) 배당, 추가채무 및 추가리스 등에 관한 리스계약상의 제약사항

추가적으로 기업회계기준서 제1016호, 제1036호, 제1038호, 제1040호 및 제1041호에서 요구하는 공시사항은 리스이용자의 금융리스자산에 적용한다.

6. 리스제공자(리스회사)의 회계처리

(1) 금융리스에서는 리스자산의 법적 소유에 따른 위험과 보상의 대부분이 리스이용자에게 이전되므로, 리스료는 리스제공자의 투자와 용역에 대한 회수와 보상으로서 채권의 원금회수액과 이자수익으로 구분하여 회계처리한다. 리스제공자는 금융리스의 리스순투자와 동일한 금액을 금융리스채권으로 인식한다.

(2) 리스제공자는 체계적이고 합리적인 방법으로 리스기간에 이자수익을 배분한다. 금융리스에서 이자수익은 리스제공자의 금융리스 순투자 미회수분에 대하여 일정한 기간이자율이 산출되는 방식을 적용하여 인식한다.

(3) 제조자나 판매자인 리스제공자는 일반판매에 대하여 채택하고 있는 회계정책에 따라 매출손익을 인식한다.[11] 만약 인위적으로 낮은 이자율이 적용되

---

10) 기간은 1년 이내, 1년 초과 5년 이내 그리고 5년 초과로 구분된다.

11) 제조자나 판매자는 자산을 구매하거나 리스할 수 있는 선택권을 고객에게 제공하는 경우

었다면 시장이자율을 적용하였을 경우의 금액을 한도로 매출이익을 인식한다. 제조자나 판매자인 리스제공자에 의하여 리스의 협상 및 계약단계에서 발생한 원가는 매출이익이 인식될 때 비용으로 인식한다. 제조자나 판매자인 리스제공자가 리스기간개시일에 인식할 매출액은 자산의 공정가치와 시장이자율로 할인한 최소리스료의 현재가치 중 작은 금액이 된다. 또한 매출원가는 리스자산의 취득원가에서 무보증잔존가치의 현재가치를 차감한 금액이 되는데, 만약 리스자산의 취득원가와 리스자산의 장부금액이 다를 경우에는 리스자산의 장부금액에서 무보증잔존가치의 현재가치를 차감한 금액을 매출원가로 한다. 이때 매출액과 매출원가의 차이는 리스제공자가 일반판매시 적용하는 회계정책에 따라 매출이익으로 인식한다

리스제공자는 금융리스와 관련하여 기업회계기준서 제1107호의 요구사항과 함께 다음의 사항을 공시한다.

1) 보고기간말 현재 리스총투자와 회수할 최소리스료의 현재가치의 조정내역, 그리고 보고기간말 현재 각 기간[12)]별 리스총투자와 최소리스료의 현재가치

2) 미실현이자수익

3) 리스제공자에게 귀속되는 무보증잔존가치

4) 회수가 불확실한 최소리스료채권에 대한 대손충당금

5) 당기 수익으로 인식된 조정리스료

6) 리스계약의 중요한 사항에 대한 일반적인 설명

(4) 운용리스에서 리스료수익은 리스자산의 기간적 효익의 형태를 보다 잘 나타내는 다른 체계적인 인식기준이 없다면 리스기간에 걸쳐 정액기준으로 인식한다.[13)] 리스료수익의 획득과정에서 발생하는 감가상각비를 포함한 원가는 비용으로 인식한다. 리스자산의 사용효익이 감소하는 기간적 형태를 잘 나타내는 다른 체계적인 인식기준이 없다면, 비록 리스료가 매기 정액으로 수취되지 않더라도 리스료수익(보험료나 수선비와 같은 용역제공에 대한 대가 수령액은 제외)은 리스기간에 걸쳐 정액기준으로 인식한다.

가 있다. 제조자나 판매자인 리스제공자의 금융리스는 다음 두 종류의 이익을 발생시킨다. 즉 적용가능한 수량할인이나 매매할인을 반영한 정상적인 판매가격으로 리스자산을 일반판매할 때 발생하는 매출손익과 리스기간의 이자수익이다.

12) 기간은 1년 이내, 1년 초과 5년 이내, 5년 초과로 구분된다.

13) 구체적인 내용은 기업회계기준해석서 제2015호 '운용리스: 인센티브' 참조할 것.

(5) 운용리스의 협상 및 계약단계에서 발생한 리스개설직접원가는 운용리스자산의 장부금액에 추가하고 리스료수익에 대응하여 리스기간 동안 비용으로 인식한다.

(6) 운용리스자산의 감가상각은 리스제공자가 소유한 다른 유사자산의 감가상각과 일관성 있게 회계처리하며, 감가상각비는 기업회계기준서 제1016호와 제1038호에 따라 계산한다.

(7) 제조자나 판매자인 리스제공자는 운용리스계약의 경우 리스자산의 판매로 볼 수 없으므로 운용리스계약으로 인한 매출이익을 인식하지 아니한다. 리스제공자는 운용리스와 관련하여 기업회계기준서 제1107호의 요구사항과 함께 다음의 사항을 공시한다.

1) 해지불능운용리스에 대한 다음의 각 기간(1년 이내, 1년 초과 5년 이내 그리고 5년 초과)별 미래 최소리스료 및 그의 총합계

2) 당기수익으로 인식된 조정리스료 총액

3) 리스계약의 중요한 사항에 대한 일반적인 설명

또한 추가적으로 기업회계기준서 제1016호, 제1036호, 제1038호, 제1040호 및 제1041호에서 요구하는 공시사항은 리스제공자의 운용리스자산에 적용한다.

7. 판매 후 리스거래

(1) 판매 후 리스거래란 리스이용자가 리스제공자에게 자산을 판매하고 다시 그 자산을 리스하는 거래를 말한다. 이 경우 리스료와 판매가격이 일괄적으로 협상되기 때문에 보통 리스료와 판매가격은 서로 관련이 있다. 판매 후 리스거래의 회계처리는 관련된 리스의 형태에 따라 결정된다. 판매 후 리스거래가 금융리스에 해당하는 경우에는 판매자-리스이용자의 판매에 따른 손익을 즉시 인식하지 아니하고 해당 리스자산의 리스기간에 이연하여 상각 또는 환입한다. 금융리스에 해당하는 판매 후 리스거래는 실질적으로 리스제공자가 리스이용자에게 자산을 담보로 금융을 제공하는 것이다. 따라서 판매수익이 판매금액을 초과하는 금액을 이익으로 인식하는 것은 적절하지 않다. 그러한 초과금액은 이연하여 리스기간에 상각 또는 환입한다.

(2) 판매 후 리스거래가 운용리스에 해당하는 경우 리스료와 판매가격이 공정가치에 따라 결정된 것이 확실하다면 판매에 따른 이익이나 손실은 즉시 인식한다. 판매가격이 공정가치에 미달하는 경우에도 판매에 따른 이익이나 손실은 즉시 인식한다. 다만, 판매에 따른 손실이 시장가격보다 낮은 미래의 리스료로 보상된다면 당해 손실을 이연하여 리스자산의 예상사용기간에 리스료에 비례하여 상각한다. 만약 판매가격이 공정가치를 초과한다면 판매가격이 공정가치를 초과하는 부분을 이연하여 리스자산의 예상사용기간에 환입한다.

(3) 운용리스로 분류된 판매 후 리스거래의 발생일 현재 자산의 공정가치가 장부금액보다 낮다면 장부금액과 공정가치의 차이에 해당하는 금액을 즉시 손실로 인식한다. 금융리스로 분류된 판매 후 리스거래에서는 손상차손이 발생하지 않았다면 손실의 인식은 불필요하다. 만약 손상차손이 발생하였다면 기업회계기준서 제1036호에 따라 장부금액을 회수가능액으로 감소시킨다. 리스와 관련하여 리스이용자와 리스제공자에게 요구되는 공시사항은 판매 후 리스거래에도 동일하게 적용한다. 판매 후 리스거래의 독특하거나 비경상적인 계약조항 또는 조건은 주석 중 리스계약의 중요한 사항에 대한 일반적인 설명 부분에 공시한다. 판매 후 리스거래에는 기업회계기준서 제1001호 '재무제표 표시'의 별도공시 기준이 적용될 수도 있다.

8. 리스회계처리 사례

리스회계처리에 대한 기본적인 사례와 기업회계기준서 제19조의 부록 2에 제시된 실무적용사례를 중심으로 리스회계처리 유형을 설명하고자 한다.

〈사 례 I〉

아치해운(주)는 경제적 내용연수가 8년(감가상각방법은 정액법)인 컨테이너 선박을 매년 리스료(운용비 제외)가 45,000천원인 리스계약을 체결하였다. 이 리스계약의 리스료 지급일은 매년 1월 1일이고 리스기간은 5년이다. 리스계약조건에 리스기간 종료 후 선박을 20,000천원에 취득할 수 있는 염가구매선택권이 있으며, 리스기간 종료 후 리스선박의 공정시장가치는 75,000천원으로 추정되고 있다. 이자율은 12%이며 계약일은 2000년 1월 1일이다.

1) 리스자산평가액(순투자액)

= 45,000천원[1 + 연금현가율(n = 4, r = 0.12)] + 20,000천원 × 현가율(n = 4, r = 0.12)

= 193,026천원

2) 리스상각표 작성

연도	기초잔액 (1)	리스료 (2)	기중부채 (3) = (1) - (2)	이자액 (4) = (3) × 0.12	상각액 (5) = (2) - (4)	기말잔액 (1) - (5)
00	193,026	45,000	148,026	17,763	27,237	165,789
01	165,789	45,000	120,789	14,495	30,505	135,284
02	135,284	45,000	90,284	10,834	34,166	101,118
03	101,118	45,000	56,118	6,734	38,266	62,852
04	62,855	45,000	17,852	2,148	42,855	20,000

3) 회계처리

(해운회사)리스이용자

2000년 1월 1일:

차) 리스선박	193,026		
		대) 리스부채	148,026
		현 금	45,000

2000년 12월 31일:

차) 이자비용	17,763		
		대) 리스부채	17,763
차) 감가상각비	24,128*		
		감가상각누계액	24,128

* 감가상각비 = 193,026천원 / 8년

2001년 1월 1일:

차) 리스부채	45,000		
		대) 현 금	45,000

2004년 12월 31일:

차) 리스부채	20,000		
		대) 현 금	20,000

리스회사(리스제공자)

(2000년 1월 1일)

차) 리스채권	200,000		
현 금	45,000		
		대) 선 박	193,026
		선수이자	51,974

(2000년 12월 31일)

차) 선수이자	17,763		
		대) 이자수익	17,763

(2001년 1월 1일)

차) 현 금	45,000		
		대) 리스채권	45,000

〈사 례 II〉 판매형 선박리스(차터백리스) 문제

아치해운(주)는 2008년도 1월 1일에 경제적 내용연수가 8년(감가상각방법은 정액법)인 컨테이너선박을 매년 리스료가 600,000천원인 리스계약을 체결하였다. 이 리스계약의 리스료 지급일은 매년 1월 1일이고 리스기간은 8년이다. 리스자산(선박)의 취득원가는 3,000,000천원이고 잔존가치는 없는 것으로 본다. 이자율은 10%이며 4년 후에 2,700,000천원에 취득하기로 하였다.

1) 매출(순투자액)

= 600,000천원 × (현가율(7, 0.1) + 1) = 3,521,040천원

2) 회계처리

(해운회사)리스이용자				리스회사(리스제공자)			
2008년 1월 1일:							
차) 리스선박	3,521,040			차) 리스채권	4,800,000		
		대) 리스부채	3,521,040			대) 매 출	3,521,040
						선수이자	1,278,960
차) 리스부채	600,000			차) 매출원가	3,000,000		
		대) 현 금	600,000			대) 선 박	3,000,000
2008년 12월 31일:							
차) 이자비용	73,026*			차) 선수이자	73,026		
		대) 리스부채	73,026			대) 이자수익	73,026
차) 감가상각비	110,032**						
		감가상각누계액	110,032				

* (3,521,040 − 600,000) × 0.1 × (1/4) = 73,026

** (3,521,040 / 8년) / 4 = 110,032

〈사 례 Ⅲ〉 잔존가치보증문제

부산해운(주)는 2009년도 1월 1일에 취득원가가 288,580천원이고 경제적 내용연수가 4년(감가상각방법은 정액법)인 벌크선박을 100,000천원의 매년 리스료로 3년간 리스계약을 체결하였다. 이 리스계약의 리스료 지급일은 매년 1월 1일이고 잔존가치는 20,000천원에 보증하는 것으로 보며 이자율은 10%이다.

1) 리스료 총액의 현가

= 100,000[1 + 현가율(n = 2, 0.1)] + 20,000 × 현가율(n = 3, 0.1) = 288,580천원

2) 리스상각표 작성

연도	기초잔액 (1)	리스료 (2)	기중부채 (3) = (1) - (2)	이자액 (4) = (3) × 0.1	상각액 (5) = (2) - (4)	기말잔액 (1) - (5)
2009	288,580	100,000	188,580	18,858	81,142	207,438
2010	288,580	100,000	107,438	10,744	89,256	118,182
2011	118,182	100,000	18,182	1,818	98,182	101,118
	101,118	300,000		31,420	268,580	20,000

3) 회계처리

(해운회사)리스이용자	리스회사(리스제공자)
2009년 1월 1일: 차) 리스선박 288,580 대) 리스부채 188,580 현 금 100,000	차) 리스채권 220,000 현 금 100,000 대) 선 박 288,580 선수이자 31,420
2009년 12월 31일: 차) 이자비용 18,858 대) 리스부채 18,858 차) 감가상각비 89,527* 대) 감가상각누계액 89,527 * 감가상각비 = (288,580 - 20,000) / 3년 = 89,527	차) 선수이자 18,858 대) 이자수익 18,858
2010년 1월 1일: 차) 리스부채 100,000 대) 현 금 100,000	차) 현 금 100,000 대) 리스채권 100,000
2010년 12월 31일: 차) 이자비용 10,744 대) 리스부채 10,744 차) 감가상각비 89,527* 대) 감가상각누계액 89,527	차) 선수이자 10,744 대) 이자수익 10,744
2011년 1월 1일: 차) 리스부채 100,000 대) 현 금 100,000	차) 현 금 100,000 대) 리스채권 100,000
2011년 12월 31일: 차) 이자비용 1,818 대) 리스부채 1,818 차) 감가상각비 89,527* 대) 감가상각누계액 89,527	차) 선수이자 1,818 대) 이자수익 1,818

4) 2011년 12월 1일 잔존가치에 의한 선박 반환시 회계처리

(해운회사)리스이용자			리스회사(리스제공자)		
차) 리스부채	20,000		차) 벌크선박	20,000	
감가상각충당금	268,580		대) 리스채권		20,000
대) 리스자산		288,580			

⇒ 실제잔존가치가 10,000천원이라면 회계처리는 다음과 같다.

(해운회사)리스이용자			리스회사(리스제공자)		
차) 리스부채	10,000		차) 벌크선박	10,000	
감가상각충당금	268,580		현 금	10,000	
잔존가치보증손실	10,000		대) 리스채권		20,000
대) 리스자산		288,580			

물류회계의 영역과 주요 내용 02

제 4 장

물류 개념과 기능

물류는 단순히 운송, 보관 , 하역기능뿐만 아니라 구매, 생산, 판매활동과 이를 지원하는 관리 및 정보활동도 포함하고 있다.

오늘날 기업 경쟁력에서 물류의 역할은 중요하며 특히 물류원가 절감 여부는 원가경쟁력 확보에 대단히 중요한 변수로 작용하고 있기 때문에 물류관리활동이 중요시되고 있다. 본장에서는 이러한 물류의 개념과 유형, 물류관리에서 공급사슬관리의 중요성과 유형에 대해서 정리하고자 한다.

- 물류의 개념과 유형
- 물류관리에서 공급사슬관리의 중요성
- 글로벌 공급사슬전략

제 1 절 물류 개념과 유형

1. 물류 개념과 발전과정

물류는 기업경영뿐만 아니라 국가경제활동 중에서 가장 중요한 서비스활동이다. 협의의 물류는 재화를 생산지점에서부터 소비지점까지 이동하고 취급하는 모든 물적 활동을 의미한다. 반면 광의의 물류는 원자재를 공급원으로부터 생산라인까지 이동(조달물류)시키거나, 생산라인으로부터 생산되는 완제품을 소비자에게까지 이동(판매물류)시키는 것을 포함하는 재화, 인력, 자본, 정보 등에 대한 관리활동을 나타낸다. 최근 IT 기술의 발전, 물류수요의 다양화 및 신속화 등으로 물류의 개념을 광의로 해석하는 경향을 보이고 있다.

따라서 물류활동에는 화물운송, 보관 및 재고관리, 양하역, 포장, 정보 등 5대 물류요소 외에 공장 및 창고의 입지선정, 발주 및 수주 처리, 대고객 서비스 등을 포함하게 된다.

[그림 4-1]에서 보는 바와 같이 물류 영역 및 범위의 확장은 물류 개념에 있어서 단순한 물적 유통관리(physical distribution management)에서 통합물류(integrated logistics)를 거쳐 최근 공급사슬망관리(Supply Chain Management; SCM)로 전환된 상황이다. 물적 유통관리는 단순히 물류의 핵심요소인 수송, 보관, 양·하역 등을 요소별로 최적화하는 것을 지향한다. 통합물류는 개별물류주체별, 즉 기업별 전체 물류활동요소의 최적화를 관리의 목표로 설정하여 운영된다. 이에

그림 4-1 물류 개념의 발전과정

물적 유통관리 (physical distribution management)	통합물류 (integrated Logistics)	SCM (Supply Chain Management)
-90년대 이전 물류부문의 최적화단계 -수송, 보관, 양·하역 -시스템의 기계화, 자동화	-90년대 기업별 물류 최적화단계 -조달, 생산, 판매 -기업내 통합물류시스템	-90년대 이후 공급사슬의 최적화단계 -공급자, 생산자, 판매자, 고객 -기업간 정보시스템 -ERP, SCM 구축

반해 공급사슬망관리(SCM)는 원재료·부품 공급자로부터 중간판매자, 최종소비자까지의 물자흐름에 관여하는 모든 주체가 구성하는 공급사슬의 최적화를 지향한다.[1)]

2. 물류의 정의와 중요성

물류란 공급사슬 내에서 고객주문활동, 조달활동, 제조활동 그리고 구매활동로 구성된 일련의 활동이다.[2)] 또는 원자재, 정보 및 사람의 조직화된 이동[3)]이라고 할 수 있다. 국토해양부에서 고시한 기업물류비계산의 지침의 제 2 조 1항에서 물류란 물자(원재료, 부품, 상품, 제품 등을 포함하며, 이하 같다)의 조달, 제조 또는 생산, 가공, 판매, 반품, 폐기, 회수 과정에서 수행되는 물자의 운송 보관활동과 이에 부대되는 활동 및 관련정보의 처리활동과 관리활동이라고 정의하고 있다.[4)]

이러한 물류활동이 효율적으로 이루어지기 위해서는 물류계획과 통제, 의사소통 그리고 관리와 책임이 제대로 수행되어야 하며, 기업물류관리자는 이러한 활동을 수행하게 된다. 특히 오늘날과 같이 정보관리의 복잡성이 증대되고 국제물류수요가 증대되는 시점에서는 상기와 같은 활동이 물류부문에서 점점

---

1) 정승주·서상범, 「국가 공급사슬망관리(SCM)모형 개발을 위한 기초연구」, 연구총서 2005년 12월, 한국교통개발원, pp. 7~9.
2) Gupta, Sunil and Peter Meindl(2001), Supply Chain Management: Strategy, Planning, and Operation, Upper Saddle Rever, NJ: Prentice-Hall, p. 8.
3) Donald F. Wood, Anthony P. Barone, Paul R.Murphy, and Daniel L. Wardlow(2002), International Logistics Functions and Intermediaries.
4) 국토해양부 고시, 「기업물류비산정 지침」. 이 지침에서 사용되는 물류의 개념 정의는 물류의 대상인 물자의 범위, 물류의 영역 및 물류의 기능에 대해 광범위하게 내리고 있는데, 이들 개념을 우선적으로 보면 다음과 같다. 우선 물자(物資)의 범위로서는 원재료, 부품, 상품, 제품 등을 포함하여, 단순히 완성된 제품이나 상품만을 나타내는 좁은 개념이 아닌 원재료나 부품, 가공품 등을 포함한 넓은 개념임을 명시하고 있다. 물류의 영역은 조달에서부터 제조 또는 생산, 가공, 판매, 반품, 폐기, 회수의 6가지 과정에 의해 구분되고 있다.
   상기 6과정에 의해 물류의 3영역을 설명하면 다음과 같다. — 조달물류: 물자의 조달 또는 구매과정에 발생하는 운송, 조달, 보관, 하역 등의 물류활동이다. 사내물류: 물자를 이용하여 제조 또는 생산, 그리고 필요에 따라서는 가공(제조과정 외의)과정에서 발생하는 공장 내 또는 공장간 운송, 보관, 하역 등의 물류활동이다. 판매물류: 물자의 판매를 위해 발생하는 운송, 보관, 하역 등의 물류활동 이외에도 판매물류 이후에 발생하는 반품, 폐기, 회수과정에서 발생하는 모든 물류관련활동을 말한다. 이러한 물류의 기능은 물자의 운송, 보관활동과 이에 부대되는 활동 및 관련정보의 처리활동과 관리활동을 포함하고 있다.

증대되고 있다.

1970년 오일쇼크 이후 경영환경이 악화되어 기업경영이 어려워졌을 무렵 화물유통비의 절감을 통한 경영혁신을 새로운 시각으로 대하게 되었으며 이후 물류(Logistics)는 마케팅 및 기업 경영관리의 중요한 부분으로 정착하게 되었다. 미국, 구주, 일본 등 선진국에서는 물류(Logistics)체제의 합리화를 통한 생산성향상을 제조기술의 혁신, 판매전략의 다양화에 이어 부가가치를 새롭게 추가할 수 있는 제 3 의 이윤원[5]이라고 말하고 있으며 기업이 경영혁신을 위해 마지막으로 도전할 수 있는 대상으로 간주하게 되었다.

화물유통활동은 기업 내부에서 주로 추진되고 있으며 화물유통활동의 범위와 기능은 기업경영 영역의 확장에 따라 점차 확대되고 있다. 즉 장소의 효용을 창출하는 수송, 형태의 효용을 창출하는 포장, 수송수단 간의 연결지점에서 발생하는 양·하역 이외에도 재고관리, 주문처리, 창고보관도 포함된다. 그뿐만 아니라 이러한 기본활동을 지원하는 정보, 금융, 보험업무도 필수적으로 포함되며 국제간 거래의 경우에는 통관도 포함된다. 최근에는 마케팅분야에 속해 있던 대고객서비스의 개선, 도매 및 소비자가격 결정, 도·소매시장의 위치결정 그리고 생산관리 부문에 속해 있던 제품생산 계획, 공장입지, 원료의 구매 등도 종합화물유통 시스템에 포함시키고 있다.

3. 물류의 가치과정 개념화

물류가치는 수행한 물류서비스와 제공받는 서비스 간의 관계를 고객이 지각하는 정도에 기초한 물류서비스에 의해 창출된다. 이러한 고객서비스와 물류품질 그리고 물류가치의 관련성에 대한 개념적 모형[6]은 다음의 [그림 5-2]와 같다.

물류관리자가 제공하는 물류기능(수송, 보관, 양·하역 등)의 품질수준에 따라 물류서비스의 가치가 결정되고 고객만족도에 영향을 미친다. 고객은 물류서비스품질에 대한 총체적인 지각수준에 따라 물류서비스에 대한 자신의 태도와

5) 안태호, 「현대물류론」, 도서출판 범한, 1996. 10, p. 3.

6) A. Parasuraman, Valerie A. Zeithaml, and Leonard L. Wells, "A Conceptual Model of Service Quality and Its Implications for Future Research," Journal of Marketing 49(Fall 1985), pp. 41~50.

그림 4-2 물류서비스 품질에 대한 물류관리자의 지각과
서비스제공에 대한 고객의 태도 간의 관련성 모형

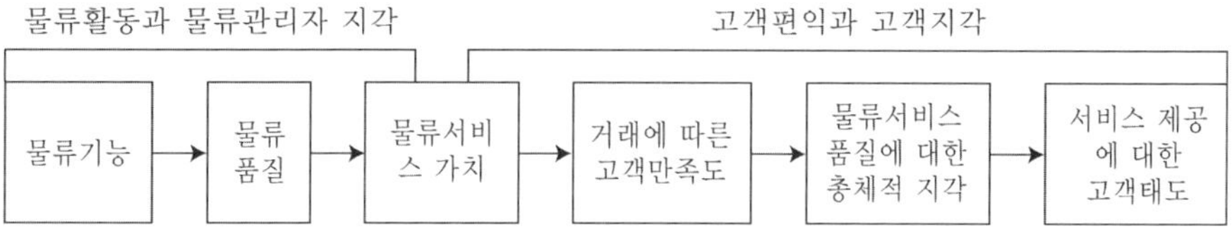

행동을 취하게 되며, 이러한 고객의 태도와 행동에 따라 물류관리자는 물류조직의 통제메커니즘을 변경해야 한다. 이를 도해하면 다음과 같다.

> 물류관리자가 제공하는 물류서비스 ⇒ 고객만족도 ⇒ 물류서비스 변경 ⇒ 물류조직의 통제메커니즘(Control Mechanisim) 변경

4. 물류의 유형

1) 기업물류(Business Logistics)

고객요구조건을 충족시키기 위하여 생산부터 소비시까지 관련된 정보, 서비스 등 보다 효율적이고 효과적으로 물류흐름을 관리하기 위해 물류계획, 물류실행 및 물류통제를 총칭하는 공급사슬과정이다.

2) 사건물류(Event Logistics)

특정한 사건의 발생으로 단속적으로 이루어지는 특수한 형태의 물류형태를 말한다. 즉, 특정한 사건이 발생하고 사건 후 효율적으로 철회하는 데 필요한 자원을 활용하고 조직화하며 계획화하는 데 필요한 인력과 시설을 활용하는 네트워크를 의미한다(예: 군사작전물류).

3) 서비스물류(Service Logistics)

예상되는 고객의 요구조건을 충족시키는 과정으로서의 물류로서 고객의 요구와 욕구를 충족시키기 위하여 필요한 자본, 원재료, 노동력, 기술 및 정보를 획득하는 과정이다. 즉, 고객요구조건을 충족시키기 위하여 제품 또는 서비스 창출 네트워크의 최적화 과정을 말하며, 이 네트워크를 적절히 활용하는 과정을 일컫는다.

5. 물류의 부가가치 창출활동

기업활동 중에서 전통적인 부가가치를 창출하는 생산활동은 제품이나 서비스와 같은 형태적 효용(Form Utility)을 창출하며, 마케팅활동은 판매촉진 등으로 구매를 유인하여 소유효용(Possession Utility)을 창출하고 있다. 이에 대하여 물류활동은 크게 장소적 효용과 시간적 효용을 창출하는 기업의 중요한 부가가치 활동이다.

1) 장소적 효용 — 생산지에서 수요지로 이동시킴으로써 효용을 창출한다. 물류는 시장영역의 물리적 경계를 확장하면서, 수송을 통하여 제품의 경제적 부가가치를 창출하고 있다.

2) 시간적 효용 — 고객이 필요한 시점에 제품과 서비스를 제공함으로써 부가가치를 창출하고 있다. 또한 적시에 제공하기 위해 재고관리, 보관 등의 제품과 서비스의 전략적 위치화(Strategic Location)로 부가가치를 창출하는 것도 시간적 효용의 범주에 속한다. 이러한 장소적 및 시간적 효용은 제품과 서비스의 수요가 존재할 때만 가능하며, 해운항만물류도 화물이 존재할 때 효용 창출이 가능하다.

6. 물류의 기능과 범위

일반적으로 기업 물류활동의 범위는 크게 수송활동(Transportation)과 보관활동(Inventory Management, Warehousing)으로 구분할 수 있는데, 일반적으로 두 관계는 상충관계(Trade-off)을 보이고 있다. 국제물류는 대부분 기업물류형태를 띠고 있는데, 크게 판매 또는 수출물류(Outbound Logistics)와 구매 또는 수입물류

(Inbound Logistics)로 구분되지만 광의의 물류개념에는 재고관리, 운송관리, 원부자재관리, 창고 및 유통관리, 폐기물관리, 공장내부물류관리, 공장입지선정, 인력이동관리 등이 전부 포함된다. 아웃바운드물류인 판매물류나 수출물류의 주요 기능은 제품 및 서비스의 수요예측, 주문관리, 포장과 라벨화, 선적문서관리, 고객서비스관리 등이 있으며, 인바운드물류인 조달물류나 수입물류는 생산계획, 원부자재 조달과 구매, 반품관리 등이 있다.

1) 판매 또는 수출물류기능

(1) 수요예측기능
(2) 주문관리
(3) 포장 및 라벨화 기능
(4) 선적문서관리(Documentation)
(5) 고객서비스

2) 구매 또는 수입물류기능

(1) 생산계획
(2) 조달기능(Procurement)
(3) 반품물류

3) 항만물류기능

수출입물류는 항만을 반드시 경유하게 되는데 이러한 항만물류의 기능이 오늘날 국가경쟁력과 밀접하게 관련되어 중요시되고 있다. 이러한 항만물류의 주요 기능은 크게, 수송활동, 보관활동, 포장활동 그리고 양·하역활동으로 구분할 수 있는데, 보관의 기능을 보다 구체적으로 살펴보면 다음과 같다.

(1) 수급조절기능: 계절적으로 대량생산된 농수산물, 일시에 대량수입된 원재료, 계절성이 강한 냉난방기구, 식료 등의 보관과 관련하여, 창고가 생산과 소비와의 시간적 격차를 조정하는 기능(시간적 조정기능)을 담당한다. 또한 수요와 공급의 균형을 유지하는 역할(가격조정기능)을 갖고 있다.

(2) 수송조정기능: 선박 등에 의해 대량 수송된 화물을 육상의 수송기관에 의해 일시에 양하, 수송하는 데는 많은 어려움이 따르기 마련이다. 창고는 수송

기관의 결절점으로서 화물을 일시보관하여 수송기관 상호간의 능력차를 조절하는 기능을 담당한다.

(3) 신용공여기능: 상품소유자는 상품이 판매되기까지는 자금의 운용상 많은 부담을 지게 된다. 또한 상품의 판매에 있어서도 대량의 화물을 그때마다 이동하는 것은 비경제적이다. 이러한 경우 창고업자가 발행하는 창고증권을 담보로 금융적 조치를 강구할 수 있으며, 화물의 이동을 수반하지 않고도 판매가 가능하다. 이는 창고업자의 신용에 의거한 신용부여기능이라 할 수 있다.

(4) 화물유통의 거점기능: 수요자에 대한 판매촉진과 서비스의 강화를 지원하기 위해 보관은 물론 포장, 가공 등의 유통가공과 배송 등 유통부대업무를 보충하는 등 화물유통 거점으로서의 기능이 강화되고 있다.

보관은 ① 저장에 관련된 설비기구와 ② 보관방법에 관련된 재고관리, ③ 보관 전체를 유기적으로 작동시키는 시스템의 3가지 측면에서 분석할 수 있다. 우선 저장에 관련된 설비기기란 보관관련 하드웨어의 측면을 지칭하며, 재고관리란 보관관련 소프트웨어의 측면으로서 관리의 기법에 해당된다. 보관물류시스템이란 이러한 하드웨어와 소프트웨어를 유기적으로 결합하여 하나의 물류체제로서 기능하도록 하는 통합적 기능을 의미한다.

이처럼 보관기능은 종합화물유통시스템기능의 일부로서 그리고 기업의 마케팅 지원활동으로서의 기능을 담당하는바, 이를 보다 구체적으로 정리하면 다음과 같다.

- 고객서비스의 최전선에 위치
- 수송과 배송의 연결고리기능을 담당
- 생산과 판매와의 조정 또는 완충기능을 담당
- 집화, 분류, 조회, 검사의 장소 제공

창고의 기능이 강조되면서 창고의 구조 역시 종래 창고용적의 효율적 이용추세에서 유통창고로서의 기능이 중시되고 있다. 이에 따라 팔레트, 지게차를 이용한 기계화 및 엘리베이터, 컨베이어벨트, 컴퓨터 등을 이용한 첨단창고의 출현이 가속화되고 있다.

제 2 절 물류관리에서 공급사슬관리의 중요성

공급사슬관리(Supply Chain Management, 약어로 흔히 SCM이라 일컬음)는 21세기의 글로벌 경쟁환경하에서 기업경영의 효율성과 효과성을 증진시키는 가장 대표적이고 기본적인 개념이다.[7] 이와 같이 변화하는 환경 속에서 기업이 어떻게 공급사슬관리를 성공적으로 수행할 수 있는지의 여부는 현대기업경영의 초점이 되고 있다. 공급사슬관리는 1990년대에 CEO, CFO, CIO COO의 일부가 될 정도로 최고경영층의 중요한 관심분야로서 지속적인 개선, 유인배분시스템(Pull Distribution System), 생산공정시간의 감소 등의 도구 내지는 전략개념으로 활용되고 있다. 특히 국제물류는 글로벌 기업들에게 글로벌 공급사슬을 전략적으로 통합시키는 수단으로 활용하고 있으며 10년 전에 비해 기업과 고객 모두에게 공급사슬의 중요성을 인식하고 있다.

1. 공급사슬관리가 중요한 이유

1) 변화하는 경영관점: 고객압력(소비자파워)의 증대로 고객유인 내지는 고객창출능력이 기업경영의 핵심으로 부각

최근의 기업경영에서 고객의 행태를 이해하는 것이 시장분석과 전략측면에서 가장 중요하고 핵심적인 사항으로 부각되고 있다. 생산된 제품과 서비스에 대한 소비자들의 반응과 고객 요구사항을 정확히 이해하기 위해 고객을 총체적(Total) 측면에서 또는 집단별로 시장분석하는 것이 필수적이다. 이러한 시장분석은 물류와 공급사슬관리 측면에 여러모로 시사점을 제시하지만 과거에는 주로 간접적인 영향만을 고려하였다. 오늘날에는 물류와 공급사슬관리에 고객의 영향은 보다 직접적이다.

즉, 정보에 민감한 고객군과 변화하는 소비패턴에 적절히 대응하기 위해 물류와 공급사슬관리가 오늘날 중요시되고 있다. 대규모 소매상점(예: 마트 등)이 일반화됨으로써, 총원가에서 유통원가(Distribution Cost)의 비중이 커짐에 따라

7) John J. Coyle, Edward J. Bardi and C. John Langley Jr., "The Management of Business Logistics," A Supply Chain Perspective, 7th Edition, 2003.

이러한 유통원가의 절감이 보다 중요해지고 있다.

2) 국제경쟁력 강화를 위한 규제완화(Deregulation) 추이

(1) 변화하는 경제통제방식

국민경제 내에서 기업의 주요 인프라구조는 수송시스템, 정보통신 채널과 같은 커뮤니케이션, 전력, 가스 등의 에너지시스템 그리고 필요한 자금을 조달할 수 있는 금융시스템이다. 이러한 주요 4대 인프라는 과거에는 독과점체제로 운영되어 왔으나, 개방경제체제 속에서 오늘날에는 이러한 주요 인프라들이 민영화되어 점차 시장경쟁체제로 변화하고 있다.

(2) 수송시스템의 변화

70년대~80년대에 서비스분야로 점차 규제완화되어 시장경쟁체제하에서 수요공급원칙에 따라 물류서비스를 제공하고 있다. 이러한 수송시스템에서는 보다 양질의 물류서비스를 제공하기 위해 적절한 재고관리, 창고관리, 주문관리 기법들의 필요성이 증대되기 시작하였다.

3) 세계화흐름(글로벌라이제이션)과 기술혁신의 가속화

세계화흐름은 글로벌 공급사슬의 필요성을 보다 더 강조하고 있다. 글로벌 시장의 출현으로 제품의 사이클시간의 감소와 신뢰성 증대가 더욱더 요구되고 있으며, 글로벌 네트워크의 구축은 원료공급지에서 제조장소, 시장으로 유통과 글로벌 수송전략의 필요성을 증대시키고 있다. 또한 글로벌 공급대안의 다양화와 전세계적으로 지리적인 장벽이 없어지는 경향은 공급사슬관리와 물류전략의 중요성을 더욱더 증대시키고 있다. 동시에 하드웨어 및 소프트웨어 기술의 비약적인 발전으로 정보화시대에 맞고 있는 오늘날의 소비자들은 더 이상 상점에 가지 않고 제품을 구입할 있으며 보관 및 재고유지기술도 급속히 발전하고 있다.

2. 공급사슬관리(SCM)의 개념과 특성

1990년 이후 글로벌시대에 수많은 경영자들은 기업가치 극대화를 위해 시장점유율을 제고시키기 위한 전략도구로 SCM에 관심을 집중하고 있다.

1) 공급사슬 개념의 발전

(1) 전사적 원가(Total System Cost) 개념

1960년대에는 물류란 단순히 원재료를 공급받는 조달물류(Inbound Logistics)와 완성된 제품을 시장에 출하하는 판매물류(Outbound Logistics)인 기업 외부의 운송시스템으로서 주로 물적 유통(Physical Distribution) 개념으로 취급되어 왔다.

그러나 1980년대 이후부터는 기업내부의 여타 기능을 포괄하는 통합물류시스템으로 간주하는 사고의 전환이 이루어졌다. 즉, 수요예측, 자재구매, 자재소요계획, 생산계획, 창고 및 보관관리, 포장, 유통계획, 수송 및 고객서비스에 이르기까지 모든 기능들을 원부재료 조달물류와 제품 출하물류로 통합하는 물류공급사슬(Logistics Supply Chain)이라는 전사적 통합물류시스템(Total Integrated Logistics System)으로 인식하여 기업의 전략적 도구로 활용하기 시작하였다.

[그림 4-3]에 나타난 가치사슬과정은 총원가개념이며 시스템개념이다. 가치사슬은 경쟁분석 및 전략도구이다. 공급사슬관리는 원재료/제품, 서비스, 정보의 흐름을 보다 효율적이고 효과적으로 유인하는 파이프라인이며, 여러 중간 조직(기업)을 매개로 공급자로부터 최종소비자에 이루기까지 연결된 흐름인 물류네트워크 시스템이다.

이러한 공급사슬관리는 수요사슬관리(DCM), 수요흐름관리(DFM), 가치사슬관리(VCM), 가치네트워크(VN) 등으로도 불리어지는 이유도 이 때문이다.

(2) 물류공급사슬(Logistics Supply Chain)

물류부문에서의 공급사슬과정은 부품공급업자로부터 원재료나 부품구매가 공급물류에 의해 이루어지고 기업내부에서는 생산과정에서 조립, 가공, 설비배치, 재고배치 및 관리 등의 생산물류가 수행되며, 완성된 제품은 소비자에게 출하됨으로써 물류흐름이 완결되게 된다.

그림 4-3 물류공급사슬(Logistics Supply Chain)과정

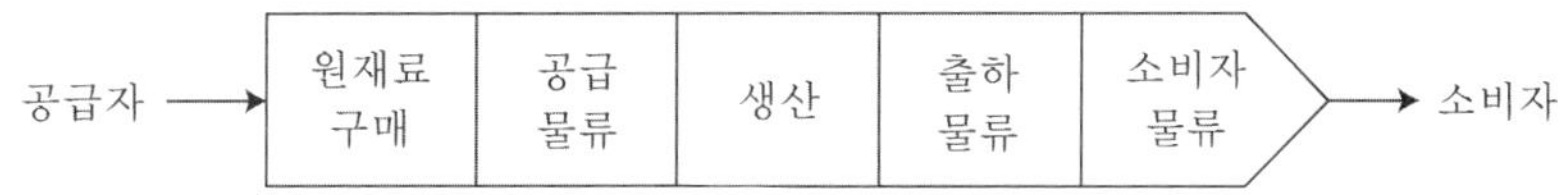

이러한 물류공급사슬과정은 전략적이고 효과적으로 수행되어야만 고객가치를 제고화(Enhancing Consumer Value, ECR)시킬 수가 있어 궁극적으로 부가가치를 지속적으로 창출할 수 있는 것이다.

2) 공급사슬관리의 특징

(1) 재고자산(제품 등) 측면: 오늘날 재고관리는 비용을 최소화하고 고품질을 유지하는 전략방향으로 흐르고 있다. 이러한 측면에서 제품의 흐름과 재고수준에 대한 관리는 SCM의 핵심적인 사항이다.

(2) 원가 측면: 공급사슬과정에서 발생되는 원가는 전부 연결되어 있는 일종의 관련원가(Landed Cost)이다. 따라서 특정 부문에서의 원가관리는 무의미하므로 공급사슬 전 과정에서 발생되는 총원가가 관리되어야 한다. 따라서 공급사슬관리에 있어서 원가개념은 총원가개념이다.[8)]

(3) 정보측면: 정보흐름관리는 공급사슬의 효율성과 효과성 증진의 핵심요소이다(예: 실시간 정보공유).

(4) 고객서비스 측면: 현재 및 잠재적 고객 유지와 창출을 위한 물류활동의 신뢰성, 적시배송, 정확성이 오늘날 핵심요인으로 부각되고 있다.

(5) 공급사슬 파트너 간의 협력관계 유지(Collaborative Planning, Forcasting, Replenishing, CPFR): 공급사슬과정에서 관련업체 간의 유기적인 협력관계는 대단히 중요한 요소이다. 예전에는 공급업체를 별개의 기업으로 취급관리하여 공급업체의 경영애로사항이나 문제점에 등한시하였지만 오늘날은 공급업체를 자회사 또는 기업의 중요한 활동을 맡고 있는 한 조직체(부서)로 간주하여 협력업체의 경영문제에 대해 자문 및 조정뿐만 아니라 적극적으로 지원하는 추세이다. 이는 세계적으로 수직적 분업이나 전략적 제휴 등으로 기업의 경쟁력을 강화하려는 글로벌경영시대에 협력업체 간의 긴밀한 협력체계 구축은 필요불가결한 핵심요인임을 인식하는 것이다. 해운선사들 간에도 전략적 제휴뿐만 아니라 물류공급사슬과정상에 있는 연계수송 관련업체나 항만운영사와도 유기적인 전략

8) 60년대 이전의 원가개념은 제조원가이다. 그러나 60년 이후 고객요구에 부응하기 위해 신제품 개발을 위한 시장조사비, 연구개발비, 시험성능비 등의 제조 이전에 발생되는 사전원가와 판매 이후에 발생되는 사후원가관리가 중요시되고 있어 도요타 자동차회사에서는 제품수명주기에 따른 수명원가(life-cycle cost)관리가 경쟁력제고수단으로 간주하였다. 오늘날과 같은 무한경쟁시대에는 기업내부에서 발생되는 수명원가뿐만 아니라 공급망 전체에서 발생되는 연계된 총원가관리가 경쟁력수단이 되고 있다.

적 협력체제 구축이 중요한 요소로 부각되고 있다. 또한 글로벌 선사와 항만운영사 간의 글로벌 전략적 제휴도 빈번하게 이루어지고 있다

3. 국제공급사슬관리에서 물류의 역할

수출입물류, 환적물류 등으로 구성되는 국제물류에 있어서 글로벌 기업들은 오늘날 부가가치 창출의 핵심기능인 물류기능 활용의 극대화를 위해 글로벌 공급사슬을 전략적으로 통합시키는 수단으로 활용하고 있다.

1) 글로벌 경영환경과 국제물류 및 공급사슬관리

오늘날 글로벌 경영환경은 글로벌 기업들에게 공급사슬관리에 의한 국제물류관리의 중요성이 더해지고 있다. 이러한 중요성이 더해지는 글로벌 경영환경의 특성을 소개하면 다음과 같다.

(1) 시장집중화 증대

미국의 월마트, 타게트 그리고 우리나라의 E마트, 메가마트 등 대형 할인마트의 출현은 고객시장을 집중화시켜 적시에 제품을 공급하기 위한 국제공급사슬을 촉진시키고 있다.

(2) 지역별로 생산비 등 생산격차의 증대

지역별 또는 국제 간의 생산요소(토지, 자본, 노동)의 원가가 차이로 말미암아 글로벌기업들은 보다 저렴한 원가가 발생하는 곳으로 생산시설을 이전하고자 한다. 특히 물류비용을 절감하기 위해 시장에 인접한 곳으로 생산시설을 이전하는 경향이 있다. 이러한 추세는 물류체제를 보다 다양하게 하는 요인으로서 보다 효율적인 정보관리를 필요로 한다. 무엇보다 국제 간의 생산설비 이전은 국제공급사슬관리를 더욱더 필요로 한다.

(3) 제품의 다양성 증대

소비자 요구수준의 다양성과 복잡성 및 정보통신 기술발전은 제품수명주기를 단축시킴으로써, 기업으로 하여금 고객지향 및 시장지향적인 전략을 필요로 한다. 이러한 추세로 말미암아 국제물류와 소비자의 요구수준을 적시에 반영하

는 제품의 개발을 위한 공급사슬관리의 중요성이 더해지고 있다.

2) 글로벌 공급사슬관리의 두 가지 전략유형

일반적으로 기업의 경쟁전략이란, 제품과 서비스를 통하여 만족을 얻고자 하는 고객수요들의 집합을 극대화하는 데에 있으며, 기업의 가치사슬(VC)과정에서 공급사슬전략(SCS)이란, 원자재 조달부터, 물류(운송), 생산, 서비스제공 등의 활동을 최적화하는 것이다. 따라서 전략적 적합성(Strategic Fit)이란 경쟁전략과 공급사슬전략을 일치시키는[9] 데에 있으며, 전략이 적절히 수행될 수 있도록 물류기능은 프로세스와 자원을 적절히 구조화하여야 한다. 이러한 전략적 적합성이 달성되기 위한 조건은 다음과 같다.

첫 번째 조건은 고객에 대한 이해 즉 고객의 요구조건을 파악하는 것이며, 두 번째 조건은 수요의 불확실성 정도에 따른 공급사슬의 대응도(supply chain responsiveness)를 최적화(적합화)하는 것이다.

그림 4-4 전략적 적합성 도표

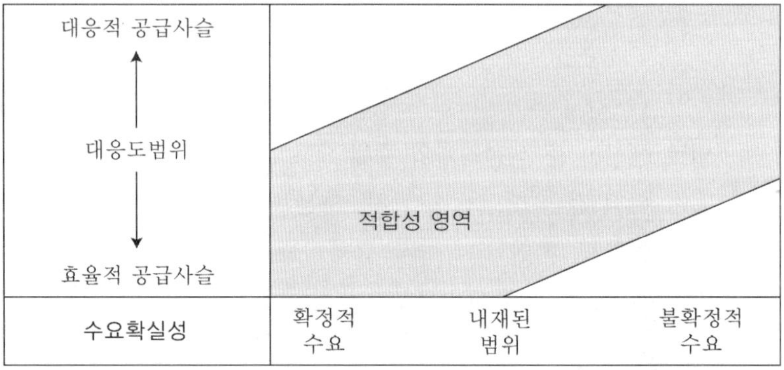

그림에서 보는 바와 같이 확정적인 수요에 대해서는 효율적인 공급사슬전략이 적합하고 불확정적인 수요에 대해서는 보다 유연한 대응적인 공급사슬전략이 적합하다. 이러한 두 유형 전략의 특징을 비교하면 다음 표에 나타난 바와

9) David M. Bover and David G. Frentzel, "The Value Net: Connecting for Profitable Growth," Supply Chain Management Review, 1999, pp. 96~104.

표 4-1 효율적 공급사슬과 대응적 공급사슬의 비교

구 분	효율적 공급사슬	대응적 공급사슬
목 표	최저가의 수요공급	수요에 대한 신속한 대응
제품설계전략	최저제품원가에서의 최대성과	모듈방식에 의한 제품의 다양성 확보
가격전략	저가격에 의한 낮은 이윤	다양한 부가가치활동을 통한 최적 서비스로 적정이윤 확보
생산전략	높은 가동률, 저비용으로 낮은 비용하의 운영시스템	불확정 수요에 대응한 적정 생산능력 유지
재고전략	저비용을 위한 최소재고	불확정수요에 대응한 여유재고
리드타임전략	비용증가 없이 감소	어느 정도 비용발생해도 감소
공급자전략	비용과 품질에 의한 선택	속도, 유연성, 품질에 근거한 선택
수송 전략	최저비용 유지	대응성 높은 상태 유지

같다.[10)]

상기 표에 나타난 바와 같이 효율적 공급사슬관리 전략은 보다 확정적이고 계획적인 수요에 적합한 전략이며, 대응적 공급사슬관리 전략은 불확정적이고 예상할 수 없는 수요변화에 적합한 전략임을 알 수가 있다.

4. 물류공급사슬(LSC)의 물류원가분석과 물류전략의 중요성

공급사슬관리는 물류시스템의 네트워크 또는 파이프라인이다. 따라서 공급사슬 모든 과정에서 총원가를 극소화하기 위해서는 물류시스템의 통합과 협력과정은 매우 중요할 뿐만 아니라, 체계적인 물류원가 시스템분석이 필요하다.[11)] 기업물류에서는 공급자로부터 원재료나 부품을 조달하는 물류로 시작하여 기업내에서 물류를 중심으로 재무, 마케팅, 생산 등 여러 기능이 유기적으로 연계되어 제품을 생산하고 이를 고객에게 전달되는 전 과정의 최적화되어야만 실질적으로 원가절감을 실현하여 기업경쟁력을 제고시킬 수가 있다.

10) Sunil Chopra and Peter Meindl, Supply Chain Management, Strategy, Planning and Operation, Prentice-Hall, INC., 2001.

11) 미국의 물류비는 체계적인 물류비 분석과 절감노력에 힘입어 80년에 GDP의 15.7%에서 99년도에는 9.9%로 감소함(9,210억$).

1) 물류원가분석의 중요성

일반적으로 기업에서 발생하는 총물류원가의 구성을 보면, 첫째로 공장 자체의 물류흐름에서 발생하는 공장물류비[포장비 + 저장, 분류(Handling) + 재고유지비 + 관리비 + 고정비]와 운송비[시장보관비 + 수송비] 그리고 창고비[포장비 + 저장, 분류(Handling) + 재고유지비 + 관리비 + 고정비]로 구성되어 있다. 기업에서 특정 물류시스템을 선택할 경우에는 이렇게 세 가지로 구성되는 총물류원가가 낮은 시스템을 선택하는 것이 유리하다.

또한 기업에서 판매하는 제품의 판매수량(수송수량)을 어느 정도 하여야만 최적 판매량(수송량)인지를 결정할 경우에는 수송원가와 상충관계가 있는 판매기회 감소원가를 동시에 고려했을 때만이 최적의 수송수량을 결정할 수 있다. 즉, 수송원가나 재고유지비는 수송량이 증대될수록 증대되지만, 기회원가개념인 판매기회 감소원가는 이와 반대로 낮아진다. 총물류원가는 이들의 합으로 결정되므로 [그림 4-5]에서 보는 바와 같이 최적판매량 내지는 최적수송량은 Q*에서 결정되고 총물류효과는 제품판매에 의한 재고효과(Inventory Effect)와 제품수송에 의한 수송효과(Transportation Effect)의 합으로 구성된다.

그림 4-5 물류원가와 수송량 간의 관계

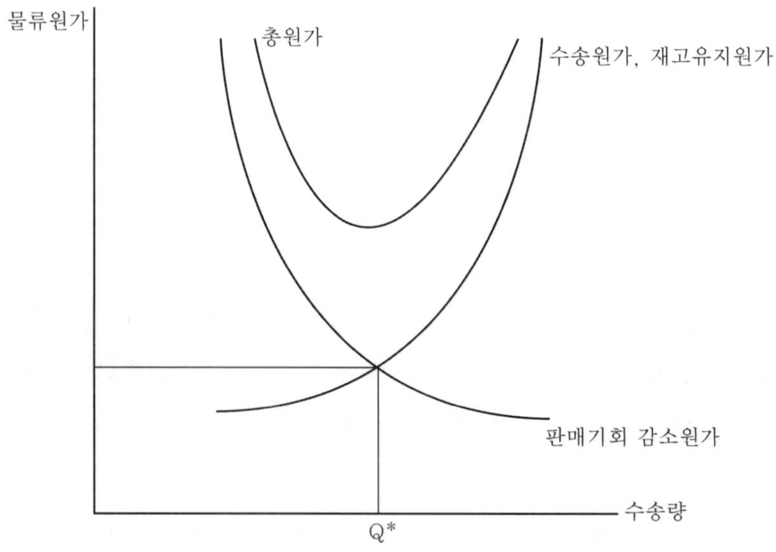

2) 물류시스템과 물류전략의 중요성

제품의 수요를 창출하고 고객서비스를 극대화하기 위한 대표적인 마케팅 믹스수단으로는 [그림 4-6]에서 보는 바와 같이 크게 4P[제품(Product), 가격(Price), 판매촉진(Promotion), 유통 또는 물류시스템(Place)]를 들 수가 있다. 이 중에서 Place는 지속적으로 가치를 개선하고 창출할 수 있는 고객서비스 제공을 위한 물류시스템으로서 제품수요관리의 중요한 한 축을 담당하고 있다. 기업이 제품수요를 증대시키기 위한 대표적인 수요관리전략은 다음과 같이 구분할 수 있다.

(1) 성장전략: 외부적 확대(M&A) 등으로 매출증대전략이다.
(2) 포트폴리오전략: 수명주기가 상이한 제품을 중첩(Mix)시키는 전략이다.
(3) 위치화전략: 제품수요 및 제품수익성을 근거로 경로와 물류센터 등을 조정하여 매출규모를 관리하고 적정 시장점유율을 유지하는 전략이다.
(4) 투자전략: 공장시설 증설, R&D 투자 등으로 매출증대를 꾀하는 전략이다.

그림 4-6 마케팅믹스 수단에서의 물류시스템의 역할

Product	
목표	측정지표
목표품질·성능·디자인	현행제품 품질·성능·디자인

고객 요구조건을 충족시키는 제품은?

고객들이 원하는 적정 가격은?

Price	
목표	측정지표
목표가격	현행가격

고객유인전략은?

Promotion	
목표	측정지표
목표판매량	현행판매량

Place-물류시스템	
목표	측정지표
적시배송, 적정물류비 등	수송비, 재고비, 주문비, 정보비 등

지속적으로 가치를 개선하고 창출할 수 있는 고객서비스 제공을 위한 물류시스템은?

상기의 네 가지 전략 중에서 위치화전략(Position Strategy)은 유통경로나 물류센터 등과 같이 물류시스템을 조정하고 구축함으로써 제품수요를 관리하고 창출하는 전략이다. 오늘날 기업에서는 대표적인 수요관리전략 내지는 경쟁력 증대수단으로 활용하고 있다.

한편 대한상의에서 매년 조사하는 기업물류비 실태조사에서 물류비감소의 주요 원인으로 꼽히는 요인은 물류부문의 아웃소싱이다. 이러한 아웃소싱 지출은 전체 물류비의 약 60%에 달하고 있으며, 기업들은 주로 운송, 하역, 유통가공을 외부에 아웃소싱하고 보관 및 재고관리, 포장, 물류정보·관리는 직접 수행하는 것으로 나타났다.

제 5 장

물류회계의 영역·목적 및 구조

물류회계는 기업의 물류관련 의사결정을 지원하기 위한 정보를 창출하고 제공하는 것을 목적으로 한다.

물류회계도 물류재무회계와 물류관리회계로 구분할 수 있다. 특히 기업 경쟁력 강화를 위한 물류의사결정을 지원하는 물류관리회계가 특히 중요하다. 본장에서는 이러한 물류회계의 주요 영역 구분과 목적 그리고 구조에 대해서 정리하고자 한다.

- 물류회계의 영역
- 물류회계의 목적과 기능
- 물류회계의 구조

제 1 절 물류회계의 영역

전장에서 이미 설명한 바와 같이 물류란 단순히 화물의 운송과 보관기능을 중심으로 한 단순한 물적 유통 개념이 아니라, 완제품의 유통뿐 아니라 원·부자재의 조달과정 그리고 제조과정까지를 포함한 포괄적인 개념이다. 이는 기업의 총생산성(Total Productivity) 향상을 통한 대고객서비스의 향상을 활동의 목표로 하고 있다. 물류는 운송과 보관을 주로 사업영역으로 하는 전문 물류업체뿐만 아니라, 조달·판매 및 유통가공을 전문으로 하는 유통업과 제조업에서 매우 중요한 기능을 담당하고 있다. 물류회계(Logistics Accounting)의 영역도 광의의 개념에서는 전문물류업체뿐만 아니라, 조달·판매 및 유통가공을 전문으로 하는 유통업과 제조업의 물류에도 적용되고 있으며, 협의의 개념에서 물류회계의 영역은 운송과 보관을 주로 담당하고 있는 전문물류업체의 물류기능이다.

다음의 [그림 5-1]은 기업물류비 산정·활용 매뉴얼[1]에서 예시한 물류회계의 영역이다.

그림 5-1 기업물류비 산정·활용 매뉴얼에서의 물류회계 적용대상

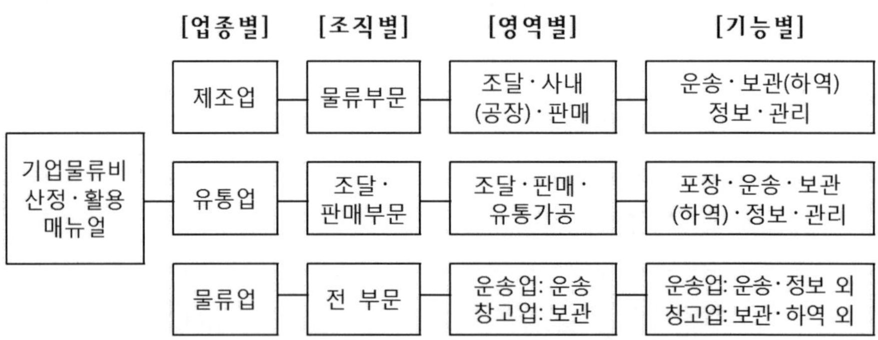

1) 대한상공회의소, 「기업물류비 산정·활용 매뉴얼」, 1995년, p. 41.

1. 제조업 물류

제조업 물류관리의 목적은 생산성향상을 통한 원가절감에 있기 때문에 물류활동을 제조활동과 판매활동을 연결시키기 있어서 발생하는 모든 비용을 대상으로 하고 있다. 따라서 물류회계가 적용되는 부문은 조달·사내공장 및 판매부문을 연결하는 물류부문이고, 이들 부문에서 주로 수행되는 운송·보관 및 정보관리 기능이 주요 대상이다.

2. 유통업 물류

유통업은 주로 생산과 소비를 연결시키는 기능을 수행하는 업종으로서 물류회계가 적용되는 부문은 조달과 판매부문으로 이들 부문에서 주로 수행되는 포장·운송·보관(하역) 및 정보관리 기능이 주요 대상이다. 유통업의 물류관리는 주로 고객가치 극대화 관점에서 이루어지고 있기 때문에 물류비관리가 다른 업종에 비하여 비교적 더욱더 중요시되고 있다.

3. 물류업

물류업은 전 부문의 물류활동 자체가 기업의 수익과 비용발생의 원천이 되기 때문에 물류비 관리가 전사적 차원에서 수행되고 있다. 육상운수 업체나 해운선사와 같이 전문 운송업체의 경우 유통업은 주로 생산과 소비를 연결시키는 기능을 수행하는 업종으로서 물류회계가 적용되는 부문은 조달과 판매부문으로 이들 부문에서 주로 수행되는 포장·운송·보관(하역) 및 정보관리 기능이 주요 대상이다. 물류업의 물류관리도 유통업물류와 마찬가지로 주로 고객가치 극대화 관점에서 이루어지고 있기 때문에 물류비관리가 다른 업종에 비하여 매우 중요시되고 있다.

제 2 절 물류회계의 목적과 기능

1. 물류회계 목적과 기능

오늘날 물류는 단순한 물류적 유통개념이 아니고 조달·생산·판매 등 기업의 모든 활동을 최적화하는 활동뿐만 아니라 기업외부와 연계된 활동까지도 최적화하여 기업가치를 창출하는 일련의 과정을 원활하게 하는 모든 활동을 의미한다. 따라서 물류관련 의사결정이 적시에 효율적이고 효과적으로 수행되어야만 궁극적으로 기업가치를 창출할 수 있기 때문에 이를 위한 유용한 정보제공이 물류회계의 목적이다.

1) 물류기업의 의사결정에 필요한 정보를 제공: 적시성, 정확성

가령, 물류서비스활동과 물류원가에 대한 정보, 불경기 시와 경쟁 정도에 따른 유휴물류시설의 원가계산과 의사결정에 유용하 정보 및 수송경로(Mode), 수송수단 간의 비교 정보를 보다 적시에 산출하여 물류의사결정이 효율적이고 효과적으로 수행되게 하며 물류경쟁력을 극대화하는 것이 또한 물류회계의 목적이다.

2) 물류관리회계의 도구(수단)의 필요성

물류의사결정을 수행하는 물류경영자에게 필요한 정보를 창출하여 제공하는 회계분야가 물류관리회계이다. 이러한 물류관리회계분야의 주요 내용은 물류원가계산, 물류계획, 물류예산편성, 재고관리, 책임회계, 성과보고 시스템 등이다.

3) 물류의사결정지원을 위한 물류정보시스템의 설계와 개발

물류의사결정이 원활히 수행되기 위해서는 급격하게 변화하는 물류환경에 적절히 대처할 수 있는 물류정보시스템의 개발이 필요하며 중요한 물류회계의 부분이다. 물류부문의 효과성 증진뿐만 아니라 물류활동, 물류원가, 물류서비스에 관한 정보가 적시에 제공되어야만 물류의사결정이 효율적으로 수행될 수가

그림 5-2 물류정보시스템 개발을 위한 주요 고려요인

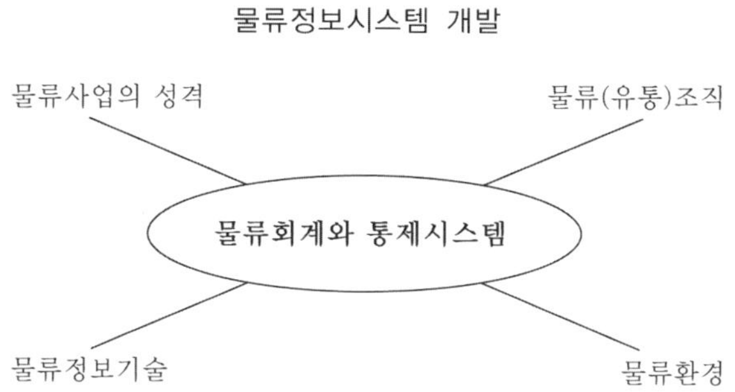

있다. [그림 5-2]에서 보는 바와 같이 최적의 물류정보시스템이 구축되기 위한 고려 요인으로는 물류사업의 성격, 물류사업을 운영하는 물류조직, 물류환경 그리고 이러한 관련요인을 적절히 규명하여 시스템화할 수 있는 제반 물류이론 및 물류정보기술이다.

요즈음과 같이 물류환경이 변화가 불확실할 경우 물류정보시스템에서는 다음과 같은 정보가 적시에 제공되어야만 물류의사결정을 제대로 수행할 수가 있다.

- 운송원가(연료원가)의 변화추이
- 인플레이션과 같은 경기변동추이
- 운송수단의 가격(선박가격 등)에 중요한 영향을 미치는 금리·환율 등의 주요 경제지표 변화추이
- 불경기나 경쟁 정도에 따른 유휴물류시설의 원가수준
- 현 수송수단과 대체 수송수단 간의 정확하고 적시성있는 원가·서비스에 대한 비교정보
- 원가와 물류서비스 간의 불규칙적인 함수관계에 대한 보다 효과적인 정보

2. 주요 해운경영의사결정 내용

전문물류업체 중에서 우리나라 수출입화물의 대부분을 운송하는 물류업체는 해운선사들이다. 해운물류는 특성상 국제물류가 대부분으로서 국제물류환경

의 변화에 민감하게 경영하여야 할 뿐만 아니라, 중요한 물류수단이 고가의 선박으로서 자산관리 또한 전략적으로 운영하여야 하는 대표적인 전문물류산업이다. 이러한 해운물류업체의 주요 경영의사결정 내용은 다음과 같다.

1) 자산관리(Asset Management)

선박에 투자된 자본가치의 증대(선박매매와 신조선 발주)를 창출하는 경영관리이다. 특히, 선박에 대한 투하자본의 원리금을 상환하는 데 충분한 운임과 용선료를 고려한다. 그러나 선박운항에서 충분한 이익을 내지 못할 때에는 이익을 창출할 수 있는 기업에게 매도하거나 또는 해체하게 된다. 선박매매가격이 적정하거나 이익을 내는 운항형태에 있다면, 해체시기가 도래하기 전에 매매함으로써, 상당한 자본차익을 창출할 수 있다. 많은 선사들이 이러한 방법으로 이익을 거두는 경우가 많다.

2) 선대관리(Fleet Management)

선대관리는 누가 선박을 소유하는가 또는 용선하는가와는 상관없이 선박을 효율적, 경제적으로 보전 운용함으로써 이익을 창출하는 경영관리이다. 선대관리에 대한 보상은 주 수입원인 정기용선운임수입과 선주에게 지불하는 나용선운임과의 차이에 의해 결정된다. 따라서 용선일수는 선대관리수익에 지대한 영향을 미친다. 선원관리, 선박보전과 수리, 화물취급, 항해안전 등의 관련된 선대관리는 상당히 어려운 경영영역이다. 선박생산성은 연간 용선일수와 운항원가(Running Cost)로 측정되며 경영능력에 따라 크게 좌우된다.

3) 운항과 용선(Operations & Chartering)

선박을 보유하지 않은 선사도 선박을 용선하여 운항비와 용선료를 공제한 후 이익을 낼 수 있는 충분한 운임을 받아내야 한다. 용선비는 해운시황과 시장운임률과 항상 연계되어 있어 운항과 용선활동은 예측이 상당히 중요한 해운경영관리분야이다. 해운산업에서 적절한 자산관리, 선대관리 및 용선활동이 효율적으로 이루어지기 위해서는 이에 적절한 정보의 적시제공과 의사결정이 합리적으로 이루어질 수 있는 해운관리회계시스템이 중요한 역할을 수행한다.

3. 해운관리회계의 의의와 목적

상기와 같은 특성을 지닌 해운의사결정이 적절하게 수행되기 위해서는 해운물류활동을 올바르게 파악하고 지원할 수 있는 해운관리회계 시스템이 효율적으로 구축되어야 한다. 이러한 해운물류에서 경영의사결정 지원을 목적으로 하는 해운관리회계의 주요 목적은 다음과 같다.

(1) 전반적인 해운경영전략과 장기계획 수립의 지원목적

- 선박취득 또는 용선의사결정, 최적항로 및 선대배분결정
- 특별운임결정, 비일상적 비정형적인 문제 등 지원

(2) 해운서비스와 고객(하주) 등에 자원배분 의사결정과 운임결정

- 해상운송서비스 및 선박의 수익성, 정기선 및 부정기선 간의 자원배분, 하주와 화물, 항로 등에 대한 보고서

(3) 해운영업활동에 대한 원가계획과 통제

- 기업조직(부서)별, 선박별, 지사별로 수익, 원가, 자산 및 부채에 대한 보고서 작성과 보고시스템 등

(4) 해운물류 성과측정과 지식자산의 평가

- 재무적(재무제표 수치) 및 비재무적(비계량적 수치) 측정치들을 근거하여 실제 결과와 계획된 결과를 비교하여 보고서 작성
- 부서별, 사업부별뿐만 아니라 항로별, 선박별 성과측정과 평가가 중요함.

(5) 외부적 규제 및 법규 공시 그리고 보고요구에 대응

- 재무제표 작성, 주주 및 채권자에 대한 기업 신뢰성 제고
- 자본시장과 금융시장에서 기업가치 유지 및 제고 노력 등

제 3 절 물류회계의 구조

1. 물류회계의 구조

상기와 같은 물류회계의 목적을 달성하기 위한 물류회계시스템의 구조는 일반적인 회계구조와 마찬가지로 외부공시 및 보고목적인 물류재무회계와 물류경영의사결정 지원을 위한 내부보고목적인 물류관리회계 그리고 이들의 기반이 되는 물류원가의 측정과 평가를 위주로 하는 물류원가회계로 구성된다고 할 수 있다.

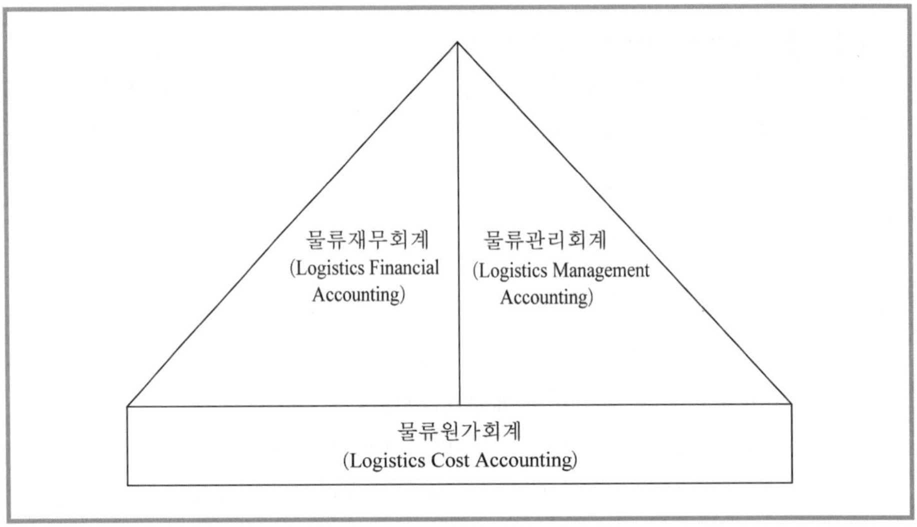

(1) 물류재무회계(L.F.A.)

외부정보이용자(예: 투자자, 채권자, 정부, 거래처, 소비자 등)의 의사결정에 유용한 정보를 제공하는 물류부문 F/S 작성 및 보고시스템을 다루는 분야이다.

(2) 물류관리회계(L.M.A.)

내부정보이용자(경영자)의 의사결정(물류경영계획 편성과 물류통제 그리고 각종 물류관련 특수의사결정; Panning & Contol , Special decision)에 유용한 정보를 창출하여 제공하는 물류의사결정 지원시스템으로서 일반적으로 인정된 회계원칙(GAAP 또는 K-IFRS)과는 상관없는 분야이다.

(3) 물류원가회계(L.C.A.)

물류경영관리를 위한 물류원가(또는 물류비)정보를 제공하는 분야로서, 물류원가개념과 분류 및 예측, 물류원가배분절차 그리고 각종 물류원가계산방법과 물류원가통제방안을 주로 다루는 분야로 볼 수 있다.

제 6 장

물류원가계산과 의사결정

물류경쟁력 제고의 핵심은 물류원가를 절감하는 것이다.

의사결정 목적에 따라 활용되는 원가의 개념은 다양하다. 물류의사결정이 올바르게 수행되기 위해서는 무엇보다도 먼저 물류의사결정과 관련되는 물류원가의 개념을 파악하는 것이 중요하다. 본 장에서는 이러한 물류원가의 개념과 다양한 분류 내용에 대해서 정리하고자 한다.

- 물류원가의 정의와 대상
- 물류원가의 분류
- 물류원가의 분석과 의사결정
- 물류원가의 배부

제 1 절 물류원가의 정의와 대상

1. 물류원가의 개념

일반적으로 원가(cost)란 화폐가치로 측정된 특정목적을 위해 소비된 경제적 가치 내지는 자원(A sacrifice or giving up of resource for a particular purpose)으로 정의된다. 따라서 원가가 되기 위해서는 첫째로 경제적 가치(economic value), 둘째로 특정 목적을 위해(particular purpose), 셋째로 소비되고(consumed) 화폐가치로 측정(measured by monetary value)되어야 한다. 회계분야에서 특정목적이란 크게 자산취득목적(acquisition purpose)과 제품제조목적(production purpose)으로 구분된다. 즉 자산취득목적을 위해 소비된 경제적 가치는 취득원가(acquisition cost)로서 회계에서 취득된 자산은 대부분 취득원가로 측성뇌어 재무제표에 보고된다. 제품제조목적을 위해 소비된 경제적 가치는 제조원가(Manufactured cost)로 제품원가를 구성하는 것으로 크게 재료비, 노무비 그리고 제조경비로 구성되어 있다. 물류원가란 기업의 물류활동목적(Logistics Purpose)을 위해 소비된 경제적 가치로 화폐가치로 측정된 것을 말한다. 「기업물류비계산준칙」[1]에서 정의하고 있는 제조업자와 유통업자의 물류비 개념은 다음과 같다.

1) 제조업자의 물류비 정의

「기업물류비계산준칙」 제 4 조에 규정된 제조업자의 물류비란 특정 제조업자의 제조와 판매활동에 수반되는 물류를 위하여 자사 혹은 타사가 소비된 경제가치이다. 세부규정을 살펴보면 다음과 같다.

첫째로, 제조업자의 물류비는 제조업 활동에 관련된 물류비를 포함하며, 비제조업 활동에 관련된 비용은 분리하여 계산한다. 다만, 제조업 활동의 일부를 자회사에 위탁하여 행하는 경우에는 이를 포함하여 계산한다.

둘째로, 제조업자의 제조 및 판매활동에 수반되는 물류는 조달물류, 생산물류, 사내물류, 판매물류, 반품물류, 폐기물물류로 구분한다. 단, 생산물류는 본

1) 한국생산성본부, 「물류비의 이해와 활용」 — 기업물류비계산준칙을 중심으로, 1991년 12월, pp. 27~30.

계산준칙의 대상에서 제외된다.[2)]

셋째로, 자사가 소비한다 함은 제조업자 자신이 직접 소비하는 것을 말하며, 이에 관련된 비용을 자사지불물류비라고 한다. 자사지불물류비는 자사 내의 물류활동에서 소비되는 자가물류비와 물류활동의 일부를 사외의 물류 관련업자에게 위탁하고 그 대가로서 지불하는 위탁물류비로 구분한다.

넷째로, 타사가 소비한다 함은 자사를 대신하여 물류활동의 일부를 담당하는 거래 기업 혹은 고객이 지불 혹은 소비하는 것이지만, 실질적으로는 제조업자 자신이 담당하는 것을 말하며, 이에 관련된 비용을 타사지불물류비라고 한다.

다섯째, 소비한 경제가치라 함은 물류활동에 필요한 재화 혹은 서비스의 소비를 화폐가치로 표시한 것을 말하며, 원가 혹은 비용이라고 한다.

참고로 국토해양부에서 고시한, 「기업물류비산정 지침」에서의 물류비(物流費)[3)]란 물류활동을 수행하기 위하여 발생하거나 소비한 경제가치라고 정의되고 있는데, 이 정의는 물류활동에 사용된 재화나 서비스를 원가 또는 비용으로 파악하는 것을 의미하고 있다. 따라서 물류비는 재무제표 작성시 제조원가, 판매비와 관리비 또는 매입원가 등 계정과목에 관계없이 물류활동을 수행하기 위하여 발생하거나 소비한 경제가치는 전부 대상이 된다는 점에서 기업회계기준과는 상이점이 있다.

한국생산성본부(KPC) 계산준칙에 의한 물류비 정의에 비해 다른 것은 물류비를 누가 지불하는가에 대한 비용의 지불 주체에 있어서 자사 또는 타사와 같은 구분이 없는 점이다. 따라서 이 지침에서는 명시되어 있지 않지만 물류비의 지불 주체를 자사(自社)만으로 인식하고 있다. 한편, 기업물류비에 대한 실무적인 정의로는 미국관리회계사협회(IMA)의 관리회계지침서 4P「물류의 원가관리」의 용어 정의에 의하면, "물류비(logistics costs)란 원산지로부터 소비자까지의 조달, 사내 및 판매, 재고의 전 과정을 계획, 실행, 통제하는 데 소요되는 비용을 말한다. 물류는 고객의 니즈에 대응하기 위해 비용효과가 가장 높은 방식으로 원재료 및 제품의 효율적인 흐름을 제공할 수 있도록 구입, 운송 및 보관 기능을 통합한다"라고 정의하고 있다.

---

2) 제조업자의 생산물류는 제조과정흐름을 말하는 것으로 여기에서 발생되는 원가는 제조원가 내지는 생산원가로 측정되어 제품제조원가로 자산화되기 때문이다.
3) 국토해양부, 「기업물류비산정 지침」, 2008.

2) 유통업자의 물류비

「기업물류비계산준칙」 제18조에 규정된 유통업자의 물류비란 특정 유통업자의 유통과 판매활동에 수반되는 물류를 위하여 자사 혹은 타사가 소비된 경제가치이다. 세부규정에서도 제조업이 유통업 또는 유통업자로 표시된 점과 2항의 생산물류가 제외되어 있는 점을 제외하고는 제조 물류의 세부규정과 동일하게 규정되어 있다.

2. 물류원가의 대상

원가대상(Cost Objective)이란 원가발생에 책임이 되는 장소 내지는 부문(제품, 생산 및 제조부문)으로서 발생된 원가가 적절하게 측정될 수 있는 원가발생활동(any activity for which a separate measurement of costs is desired)으로 규정되며 원가 중심점(cost center)이라고도 한다. 기업 활동을 수행하는 데 있어서 경영자가 반드시 확인하여할 중요한 활동 내지는 책임 중심점(Responsibility Center)은 크게 세 가지를 들 수가 있다. 즉, 재화 생산이나 서비스 창출을 위해 소비된 경제적 가치인 원가가 발생되는 장소인 원가 중심점(cost center)과 수익발생의 원천이 되는 이익 중심점(profit center) 그리고 투자 중심점(investment center)이다. 이러한 책임 중심점이 적절하게 통제 및 관리되어야만 원가절감, 수익창출 및 적절한 투자활동이 원활하게 되어 기업이 성장되고 발전될 수가 있는 것이다.

이러한 관점에서 볼 경우, 물류원가대상(Cost Objective)이란 물류원가발생에 책임이 되는 장소 내지는 부문(물류서비스, 운송 및 보관부문)으로서 발생된 원가가 적절하게 측정될 수 있는 물류원가발생활동(any logistics activity for which a separate measurement of costs is desired)으로 규정되며 물류원가 중심점(logistics cost center)로 규정할 수가 있다.

따라서 물류원가회계시스템(logistics cost accounting system)은 적절한 물류원가 분류방식(cost classification)에 의거하여 물류원가를 집계하고 집계된 물류원가를 물류원가대상 내지는 물류원가 중심점에 적절히 배부(allocate cost to cost objective)하는 과정으로 정의할 수가 있다.

그림 6-1 물류원가회계시스템 또는 물류흐름

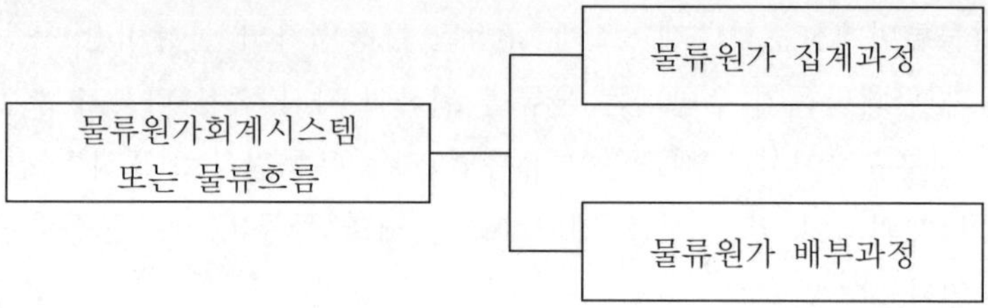

[그림 6-1]에서 보는 바와 같이 이러한 물류원가의 집계 및 배부과정을 거쳐 물류활동으로부터 발생된 원가를 측정하는 과정이 바로 물류원가흐름이며 물류원가회계시스템이라고 볼 수 있다.

3. 해운원가 개념

선박에 의해 해운 서비스를 생산하는 해운기업은 그 생산원가라 할 수 있는 운송비용의 최소화(cost minimizing)를 추구해야 함과 동시에 운임수취에 의한 수익의 극대화(revenue maximizing)를 도모해야 한다. 특히 오늘날의 해운환경의 변화, 즉 인건비와 연료비가 선박비용에서 차지하는 비중이 중대해지고, 또 세계 무역구조의 변화와 함께 선복수요의 불균형 등으로 인한 장기적인 해운경의 침체는 선박운항에 있어서 경제성의 추구를 최우선의 과제로 안게 되었다. 따라서 선박의 비용(cost) 문제는 해운경영에 있어서 가장 중요한 관심사로 대두되게 되었다.

선박의 운항에 앞서 결정해야 할 문제는 가장 유리한 항로를 선정해서 최적의 선복을 배선하는 것이라 할 수 있는데, 이를 위해서는 운항채산의 과정을 필요로 하고, 또 운항채산에 있어서는 운항원가계산(voyage accounting)이 선행되어야 한다.

선박의 운항채산이나 운송원가계산에서는 다같이 1항차(왕복항해)를 그 계산단위의 기준으로 삼고 있다. 해운의 운송원가라 할 수 있는 선박의 총비용(ship's total cost)은 일반적으로 자본비(capital cost), 관리비(operating cost) 그리고 운항비(voyage cost) 등으로 구성된다.

1) 자본비(capital cost)

선박을 취득 또는 보유하는 데 필요한 자본비는 감가상각비와 이자 등을 포함하여 일종의 고정비(fixed cost)에 속한다. 자본비가 총선박비용에서 차지하는 비율은 대략 40~60%에 이르며, 이는 각국의 정부지원정책 및 금융조건 등에 따라서 영향을 받는다.

① **감가상각비**(depreciation): 감가상각이란 고정자산의 경제적 효익의 감모분을 합리적이고 체계적으로 기간에 배분하여 당기비용으로 처리하는 원가배분 절차(cost allocation)이다. 선박의 감가상각은 취득원가(intial value or purchase value)에서 잔존가액(scrap value: 통상 신조선가의 10%)을 뺀 금액을 내용연수의 전 기간에 걸쳐 배분한다. 즉, 선박은 시간이 지나면 그 가치와 기능이 감소되기 때문에 이를 매기에 걸쳐 고정자산에서 공제하는 것이다. 여기서 취득선가는 신조선의 경우는 건조선가를, 그리고 중고선에 있어서는 구입가격이 된다. 선박의 내용연수는 각국의 법률에 따라 여러 가지로 다르게 적용하고 있는데, 우리나라에서는 일반화물선 18년, 탱커 15년으로 상각연한을 규정하고 있고, 중고선의 경우는 경과년수의 40%를 잔존년수에 가산하여 내용연수로 인정하고 있다.

상각의 방법에는 정액법과 정률법이 있는데, 현재 우리나라 세법에서는 어느 방법이든 선주가 자유로이 선택하는 것을 허용하고 있다.

정액법은 취득선가에서 잔존가액을 뺀 금액을 내용연수로 나누어 산출된 금액을 매년 균등하게 장부가격에서 공제하는 방법이다.

② **이자**(interest): 선박의 건조나 구입 또는 개선 등을 위해 설비자본을 차입했을 때 그에 대해 지불하는 이자부담이다. 이자는 선주의 타인자본율을 비롯한 재무구조와 정부의 금융지원 정책 등에 따라 달라진다.

2) 관리비(operating cost or running cost)

선박을 유지·관리하는 데 드는 비용으로서 거의 일정하게 발생하므로 고정비용(fixed cost)이라고도 한다. 관리비가 총선박 비용에서 차지하는 비율은 18~23% 정도이며, 여기에는 일반관리비(2~3%)·보험료(2~3%)·수선유지비(3~4%)·선원비(3~18%) 등을 포함한다. 이 중에서 다른 비용들은 국제적으로 거의 동일한 수준을 갖는 데 비하여 선원비는 특히 선박 및 선원의 국적에 따라 크게 차이가 난다.

① **선원비**(crew expenses): 선원의 급료 및 제 수당을 비롯하여 식료품비, 복리후생비, 선원보험료의 회사부담분, 여비, 교통비, 퇴직금 등 선원에 관하여 지출되는 모든 비용을 포함한다. 선박의 주된 인건비가 되는 선원비는 각국의 임금수준 및 노동협정 등과 관계되어 있으므로 선박의 국적(예컨대 편의치적선과 정상치적선)에 따른 선원의 비조건 그리고 선박의 조직형태(예컨대 선박자동화에 따른 소수정원선) 등에 의하여 크게 차이가 날 수 있다.

② **수선유지비**(maintenance and repairs): 선박은 감항능력을 유지하기 위해 항상 수선유지를 필요로 한다. 또한 해상인명안전협정(SOLAS) 및 각국의 선박안전법에서도 이를 규정하고 있고, 선급유지면에서도 검사 및 수리가 의무화되어 있다. 보통 선박은 선령이 많아질수록 연간 수리비가 증가하지만 건조기술에 우세, 평상시에 정비상태, 항해사 및 기관사의 관리능력 그리고 취항항로에 따라서도 달라질 수 있다. 또 예기치 못한 해난사고에 발생에 의해서도 여러 유형의 수리비가 드는 수가 있다.

③ **선용품비**(ship's stores and supplies): 선용품은 비품과 소모품으로 구분된다. 소모품은 1회의 사용으로 그 가치가 소멸하는 것으로서 페인트, 일용품, 음료수 등이 여기에 속하고, 비품은 사용내구성이 오래가는 것으로서 로프나 각종 도구 및 용구를 포함한다.

④ **일반관리비**(general administrations): 육상의 관리직원 및 종업원의 보수와 급여 사무실에 임차료 등을 포함한 육상시설의 관리 유지 및 임대료, 조세공과, 기타 각종 잡비를 포함한다.

⑤ **선박보험료**(ship insurance premium): 해상위험(maritime perils)에 의해 선박이 입는 손해를 보전받기 위해 선주는 해상보험업자에게 보험계약을 체결하고 일정한 보험료(premium)를 지불하게 된다. 여기에는 선체·기관 및 도구 등을 피보험이익(insurable interest)으로 선박보험(hull insurance)계약과 이에 대해 보충적 의미를 갖는 것으로 선박의 운항에 필요한 연료, 소모품, 식품, 의장비, 항비 등을 피보험으로 하는 선비보험(disbursement insurance)계약이 있다. 선주가 보험요율을 결정하는 요인으로서는 기본적으로 선형과 선령, 보험금액, 예상되는 위험도, 선박의 관리상황과 선박회사 및 선대의 과거 보험성적 그리고 해난구조 및 수리비의 동향과 보험요율의 국제수준 등이다.

3) 운항비(voyage cost)

선박의 화물수송업무에 직접드는 비용으로서 연료비, 항비, 화물취급비 등을 포함한다. 수송비의 증감에 따라 변동되므로 변동비(variable cost)라고도 하며 총비용에서 운항비가 차지하는 비율은 20~40%이다.

① **연료비**(bunker cost): 선박의 항해중은 물론 정박중에도 소모되는 연료유(fuel)에 대한 비용이다. 70년의 석유파동 이후 원유가의 상승으로 연료비는 운송원가 중에서 가장 중요한 항목의 하나가 되었다. 연료비는 연료소모량에 따라 달라지는데 연료소비량은 기관, 엔진의 종류와 출력, 그리고 항해시간 및 기상상황 등에 관계된다.

② **항비**(port charges): 화물의 적·양화를 위해서 항구의 입출항 내지는 정박하는 드는 비용으로서 다음과 같은 항목들을 포함한다. 도선료(pilotage), 예선료(tug charges), 부두사용료(wharfage), 부표사용류(buoyage), 입항세(port dues), 계류탐취거료(line handling charges), 통선료(sampan hire), 관세 제 비용(custom's fees), 대리점료(agency fees), 항내소독비(fumigation expenses), 오물선료(garbage boat charges), 톤세(tonnage dues), 항로표지세(light dues) 등이다.

③ **화물취급비**(cargo handling charges): 운송화물의 적양하에 관련된 일체의 비용을 말한다.

이와 같은 화물의 수준은 화물의 형태, 산적화물인가 아닌가에 따라 그리고 단위화물인가 잡화화물인가에 따라 달라진다. 또한 화물의 수송량과 각 항구의 하역수준 및 운송절차상의 하역비 부담조건 등에 의하여 영향을 받는다.

제 2 절 물류원가의 분류

1. 일반적인 원가분류

원가를 구성하는 기본요소를 원가요소(cost elements)라고 한다. [표 6-1]에 나타난 바와 같이 기본원가요소는 크게 재료비, 노무비 그리고 제조경비로 구성되어 있는데, 일반적인 원가분류방식은 구성형태 분류, 원가중심점과 관련성, 원가행태별, 경영활동(원가기능), 수익과 대응성, 의사결정과 관련성, 통제(관리)가능성, 자산과의 관련성 그리고 측정시기에 따라 분류한다.

표 6-1 원가분류방식

분 류 기 준	원 가 분 류
1) 원가구성형태	재료비, 노무비, 경비(기타 경비)
2) 원가중심점과 관련성 (추적가능성)	직접원가, 간접원가(제조간접비, 물류간접비)
3) 원가행태	변동원가, 고정원가, 혼합원가
4) 경영활동(원가기능)	제조원가, 판매원가, 일반관리비 등
5) 수익과 대응성	매출원가, 기간원가(영업비용, 영업외비용, 특별비용)
6) 의사결정과 관련성	관련원가, 무관련원가(매몰원가)
7) 통제(관리)가능성	통제가능원가, 통제불능원가
8) 자산과의 관련성	소멸원가, 미소멸원가
9) 측정시기	사후원가(실제원가), 사전원가(예정원가, 표준원가)

주: 안일준·유희경, 「관리회계원론」, 2004년 7월, pp. 46~55 참조하여 재구성함.

1) 원가구성형태별 분류

원가구성 형태별 분류방식은 원가의 발생형태에 따라 분류하는 방식으로 크게 재료원가, 노무원가 그리고 기타 경비로서 이를 원가의 3대 요소라고도 한다. 이러한 분류는 재무제표작성을 위한 원가계산의 가장 기본적인 분류방식이다. 물류활동과 관련하여 발생되는 물류원가는 물류재료비, 물류노무비(인건비) 그리고 물류경비로 분류할 수 있다. 해운원가는 주요 영업용 고정자산인 선박 취득과 관련되어 발생하는 자본비(선박감가상각비와 이자비용 등)와 노무비인 선원비 그리고 선비로 분류될 수 있다.

2) 원가중심점과 관련성(추적가능성)에 따른 분류

발생된 원가가 특정 원가중심점(원가대상으로 제품 또는 원가가 발생되는 부문과 활동)과 직접 관련(소비)되어 발생된 원가로서 직접원가(direct cost)라고 하며, 간접 관련(소비)되어 발생된 원가는 간접원가(indirect cost)라고 한다. 직접원가는 특정 제품 또는 특정 서비스 제공(활동)과 관련하여 직접 추적계산이 가능하므로 별도의 배부과정이 필요 없다. 반면에 간접원가는 여러 제품 또는 여러 활동(부문)에 공통적으로 발생하기 때문에 인위적인 원가배부과정이 필요하다. 즉, 원가계산시 직접원가는 제품원가 또는 특정 활동원가에 직접 산입하지만 공통적으로 발생된 간접원가는 일단 제조간접비 계정에 집계하여 적절한 배부기준에 의거하여 배부하여야만 원가계산이 적절하게 할 수 있다. 따라서 이러한 원가분류방식은 원가 집계절차상 분류방식이라고도 한다.

(1) 제조직접원가(direct cost): 제품제조에 직접 소비된 원가,
제조직접원가 = f(원가중심점)
(2) 제조간접원가(indirect cost): 제품제조에 간접 소비된 원가,
제조간접원가 ≠ f(원가중심점)

이러한 원가집계절차상 분류방식을 기업의 물류활동(부문)과 관련되어 발생되는 물류원가 계산에 적용하면 다음과 같다.

(1) 물류직접원가(direct cost): 물류활동(부문)에 직접 소비된 원가,
물류직접원가 = f(물류활동, 물류부문)
(2) 물류간접원가(indirect cost): 물류활동(부문)에 간접 소비된 원가,
물류간접원가 ≠ f(물류활동, 물류부문)

그림 6-2 물류원가의 집계절차상(일반적인) 분류

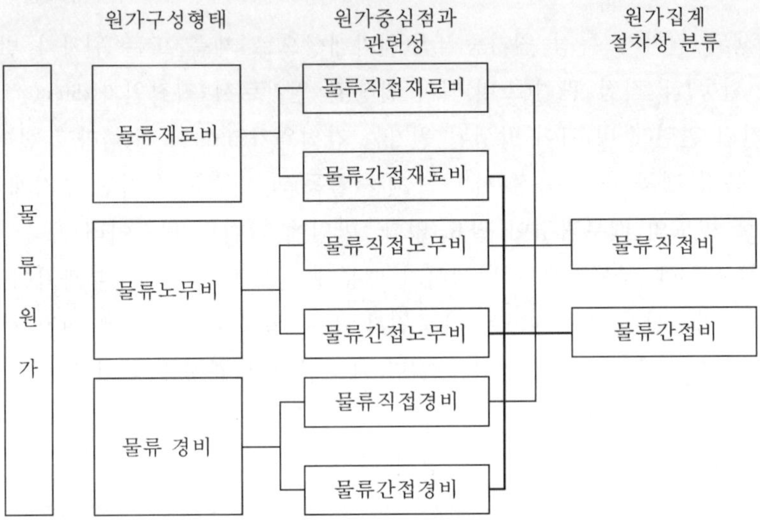

추적가능한 직접원가 중 경비는 하청에 의한 외주비를 제외하고는 거의 발생하지 않기 때문에 직접원가의 대부분은 직접재료비(주요재료비)와 직접노무비(제품제조에 직접 기여하는 직접공에 대한 임금)로 구성되며 이들의 합을 기초원가(prime cost)라 한다. 원가중심점(원가대상)에 공통적으로 발생하는 간접재료비(주로 보조재료비), 간접노무비(공장장, 공장관리자, 공장 경비원 등에 대한 급여) 및 간접경비(기계와 공장건물의 감가상각비, 동력비, 수선비, 공장관리비 등으로 경비의 대부분은 간접경비임)로 구성되는 제조간접비(overhead cost)와 직접노무비의 합을 가공원가(conversion cost)라 불린다. 이는 일반적으로 제조원가를 적절히 집계하기 위한 원가분류방식으로서 제조원가는 직접원가(기초원가)와 제조간접비 또는 재료비와 가공원가로 구성된다.

물류활동과 관련하여 발생되는 물류원가는 상기 [그림 6-2]에 나타난 바와 같이 물류직접재료비, 물류직접노무비 그리고 물류직접경비로 구성되는 물류직접비와 물류간접재료비, 물류간접노무비 및 물류간접경비로 구성되는 물류간접비로 분류할 수 있다.

3) 원가행태별 분류

원가행태(cost behavior)란 조업도(volume, 생산수량, 작업시간, 기계운전시간, 투입된 노동량 등)에 따라 원가가 어떻게 변하는지 원가와 조업도 간의 함수관계를 의미한다. 변동원가(variable cost)는 조업도에 따라 변하는 원가로서 주로 직접재료비와 직접노무비와 같은 직접원가가 여기에 해당하며, 고정원가(fixed cost)란 조업도와 상관없이 일정하게 발생되는 원가로 주로 감가상각비가 여기에 해당한다. 혼합원가(mixed cost)는 변동원가와 고정원가가 혼합된 원가로서 수선유지비가 대표적인 경우이다. 즉 수선유지비항목에서 수리공에 대한 급여는 변동원가 성격을 띠지만, 수리에 들어가는 각종 부품비는 제조간접비로서 고정원가 속성을 띠는 것이 대부분이다. 이러한 혼합원가는 적절한 분류방식에 의거하여 구분되어야만 발생된 원가행태를 정확히 구분될 수 있다. 가령, 물류활동 중에서 가장 대표적인 활동인 운송활동에 적용할 경우, 즉 운송시간을 조업도로 볼 경우 운송시간에 비례하여 발생하는 원가를 변동원가라 하며 운송시간과 상관없이 발생되는 원가를 고정원가라 한다. 구체적으로 살펴보면 다음과 같다.

물류변동원가:

원가 = f(운송시간 등 물류원가 유발요인)

주로 운항비항목으로 유류비 등

물류고정원가:

원가 ≠ f(운송시간 등 물류원가 유발요인)

주로 자본비, 선비, 선원비 등

4) 의사결정과의 관련성에 따른 분류

이 분류방식은 원가분석을 통하여 경영의사결정(예: 투자 여부, 설비대체, 특별주문 수락 여부 등)과 관련성 여부에 따라 분류하는 개념으로 경영의사결정에서 반드시 고려되어야 하는 원가는 관련원가이고 관련이 없으면 매몰원가라 한다. 따라서 물류원가 산출시에는 물류의사결정과 관련하여 발생되는 원가는 물류관련원가(logistic relevance cost)라고 하며 물류의사결정과 관련없이 발생되는 원가는 물류매몰원가(logistic sunk cost)라 한다.

(1) 무관련원가(irrelevant cost): 매몰원가(sunk cost)

매몰원가는 회수불가능한 역사적 원가(과거에 취득한 선박취득원가)로 미래의 의사결정과는 관련이 없는 과거에 소비한 원가개념이다. 따라서 미래에 행하는 의사결정에서 이러한 매몰원가에 연연하여 의사결정하면 의사결정이 왜곡되어 버린다. 그러나 의사결정대안에 따라서 역사적원가가 현재 지출될 금액이나 미래세금에 영향을 미칠 경우, 역사적 원가분석은 미래원가예측에 도움을 줄 수도 있다. 이럴 경우에는 역사적 원가도 관련원가가 된다고 보아야 한다. 가령, 처분될 고정자산의 잔존가치(salvage value)는 현재 회수될 수도 있으며, 법인세에도 영향을 미칠 수도 있으므로 새로운 자산으로 대체하는 의사결정시 반드시 고려되어야 한다.

(2) 물류관련원가(logistic relevant cost)

① 물류현금지출원가(logistic out-of pocket cost)

현재 물류의사결정으로 유출되는 현금유출액으로 새로 선박을 취득하기로 의사결정하였을 경우 현재 당장 지출되는 선박취득비용이 이에 해당한다.

② 물류증분원가(logistic differential cost, incremental cost)

이는 물류차액원가라고도 하며 주로 물류시설에 대한 투자분석시 최적투자안을 선정하기 위해 대안간 원가차이를 의미한다. 이 원가개념은 대안간의 총원가 차이로서 총원가(total cost) 개념이며 경제학적 단위원가개념인 한계원가(marginal cost)가 아니다.

③ 물류기회원가(opportunity cost)

일반적으로 기회원가는 투자분석시 최적투자안을 선정하기 위해 포기되는 대안의 최대의 이익으로 정의할 수 있으며 일반적으로 가치를 계산하는 원가개념이 아니다. 물류의사결정시 포기되는 여타 대안들의 이익 중에서 최대이익이 바로 선정되는 대안의 기회원가가 된다.

다음의 투자대안을 사례로 설명하기로 하자. A 신형선박을 취득할 경우 운항기간 동안 추정수입은 9,000억원이고 추정비용은 자본비가 4,000억원이고 선원비가 1,000억원, 유류비와 기타비용이 각각 1,500억원과 500억원으로서 총 7,000억원으로 예상되어 운항기간동안 예상되는 이익은 2,000억원으로 추정된다. B 중고선박을 취득할 경우 운항기간 동안 추정수입은 5,000억원이고 추정비용은 자본비가 2,000억원이고 선원비가 600억원, 유류비와 기타비용이 각각 1,000억원과 500억원으로서 총 4,100억원으로 예상되어 운항기간 동안 예상되는 이익은 900억원으로 추정된다.

그리고 용선할 경우에는 추정수입은 8,000억원이고 추정비용은 용선료가 4,500억원이고 선원비가 800억원, 유류비와 기타비용이 각각 1,000억원과 500억원으로서 총 6,800억원으로 예상되어 운항기간 동안 예상되는 이익은 1,200억원으로 추정된다. 이러한 이익이 예상되는 세 대안을 비교해 보면 A 신형선박 취득대안이 예상이익이 가장 크기 때문에 최적투자대안이 될 것이다. A 신형선박 취득대안을 선택할 경우에는 B 중고선박 취득대안과 용선대안은 포기되므로 이 중 최대이익인 1,200억원이 A 신형선박 취득대안의 선택에 대한 기회원가가 된다. B 중고선박 취득대안을 선택할 경우에는 A 신형선박 취득대안과 용선대안은 포기되므로 2,000억원이 기회원가가 되고 용선대안을 선택할 경우에도 기회원가는 2,000억원이 된다. 따라서 기회원가가 A 신형선박 취득대안 선택시 가장 낮으므로 A 신형선박 취득대안이 최적대안이 된다.

(단위: 억원)

대 안 / 항 목	A 신형선박 취득	B 중고선박 취득	용 선
1. 추정수입	9,000	5,000	8,000
2. 추정비용	(7,000)	(4,100)	(6,800)
1) 자본비 (감가상각비+이자비용)	4,000	2,000	
2) 용선료			4,500
3) 선원비	1,000	600	800
4) 유류비	1,500	1,000	1,000
5) 기타비용	500	500	500
3. 추정이익	2,000	900	1,200
4. 기회원가	1,200	2,000	2,000

기회원가와 유사한 원가개념으로 암묵적 원가가 있다. 암묵적 원가(imputed cost)는 시장거래없이 주관적으로 예측된 원가로 현금지출이 없어 회계처리되지 않는 점에서 기회원가와 유사하지만 가치소비를 계산할 수 있는 추정원가(예: 자기자본의 이자비용)이다. 따라서 암묵적 원가는 기회원가가 되지만 기회원가는 모두가 암묵적 원가는 아니다.

암묵적 원가 ⇄(≠) 기회원가

④ **회피가능원가**(avoidable cost)

대안을 선택하지 않음으로써 회피되는 원가로서 대부분이 변동원가이다.

이에 반하여 회피불능원가는 의사결정과 관련없이 발생하는 원가로서 대부분이 고정원가이다.

⑤ **연기가능원가**(postponable cost)

현재의 영업활동에 미치는 영향이 거의 적어 의사결정에 따라 연기가능한 원가이지만 궁극적으로는 회피할 수 없는 원가로 반드시 발생하는 원가로서 선박수선유지비가 여기에 속한다. 반면에 연기불능원가는 의사결정과 관련없이 반드시 발생되는 고정비 성격의 원가이다.

5) 수익과의 대응성에 따른 분류

비용이란 수익발생의 대가로 소멸된 경제적 가치이다. 따라서 비용의 구분을 수익과의 대응성 여부에 따라 분류하는 방식으로서 이를 수익비용 대응의 원칙(matching principle)이라 한다. 이러한 분류방식에 따라 비용은 다음과 같이 세 가지로 분류될 수 있다.

(1) **수익에 직접 대응하여 발생된 비용**(direct-matching expense): 매출원가(cost of goods sold)로서 매출액을 실현하게 위해 기업에서 생산된 제품이 판매되면서 발생하는 것으로 제품원가가 매출원가라는 비용으로 전환된 것이다. 해운에서는 운임수입을 발생시키기 위하여 직접 대응하여 발생되는 운항원가가 여기에 해당한다.

(2) **수익에 간접 대응하여 발생된 비용**(indirect-matching expense): 매출원가

이외에 발생되는 비용은 거의 여기에 속한다. 즉, 판매비와 일반관리비인 영업비는 매출실현을 위해 소비된 원가이지만, 매출액에 직접 대응하여 발생된 것이 아니라 기간적으로 측정된 비용이다. 가령 종업원에 대한 급여, 판매원 급여, 각종 감가상각비, 보험료 등이다. 간접대응 정도에 따라 다시 영업비용(판매비 및 일반관리비)와 영업외비용(금융비용)으로 구분할 수 있는데, 영업비용이 영업외비용보다는 대응정도가 보다 강한 비용이다.

(3) **수익과는 무관하게 발생된 비용**(no-matching expense): 매출실현과는 전혀 무관하게 자산가치가 소비된 비용으로서 화재손실, 도난손실 등이 여기에 속하는 비용이다.

6) 자산과의 관련성에 따른 분류

광의의 원가 개념에는 크게 미소멸원가와 소멸원가로 구성된다. 미소멸원가는 경제적 가치를 그대로 유지한 원가(원가성 또는 자산가치를 유지한 원가)로 자산(asset)으로 분류되며, 소멸원가는 경제적 가치를 소비한 원가(원가성 또는 자산가치가 소비된 원가)로 비용(expense)으로 분류된다. 원가성(자산성)이 소멸되는 과정은 크게 판매과정(sales process)과 기간경과(period expire)가 있는데, 판매과정으로 비용화된 소멸원가가 매출원가이고 기간경과로 비용화된 소멸원가가 기간비용(period expense)이다.

7) 경영활동과의 관련성에 따른 분류

기업의 경영활동은 크게 구매활동, 제조활동, 판매활동 및 일반관리활동으로 구분할 수 있다. 이러한 기업경영활동유형에 따라 분류하는 방식으로 구매원가, 제조원가, 판매원가 및 일반관리원가로 구분하는 분류방식이다. 기업의 경영활동이 물류활동인 경우 이로부터 발생된 원가는 물류원가라고 하며 해운활동에서 발생된 원가는 해운원가라고 한다.

8) 통제(관리)가능성에 따른 분류

경영자의 통제가능 여부에 따른 분류방식으로 통제가능원가는 주로 변동원가이며, 통제 불능원가는 고정원가 요소가 대부분이다.

9) 측정시기에 따른 분류

원가가 이미 발생된 후에 측정 및 집계한 원가를 사후원가로 실제원가(actual cost)라 하며, 미래에 적절한 원가관리목적을 위해 사전에 측정 및 집계한 원가를 사전원가 또는 미래원가로 여기에는 예정원가와 표준원가개념이 대표적이다.

2. 기업물류비계산 지침과 준칙에 의한 물류원가분류

우리나라에서 물류원가의 분류기준은 국토해양부 고시에 의한 기업물류비산정 지침에서 일반기준과 간이기준으로 구분하여 제시[4]되어 있고 한국생산성본부(KPC)의 기업물류계산준칙에서는 제 5 조에 분류기준을 제시하고 있다.

지침에서 물류비 계산의 일반기준(一般基準)은 물류비를 상세하게 원천적으로 계산하는 방식으로서, 물류원가계산의 관점에서 보면 관리회계방식에 의한 물류비 계산기준을 말한다. 일반기준은 기업에서 물류비 관리에 필요한 정보, 예를 들어 제품별, 지역별, 고객별로 운송비나 보관비 등과 같은 상세한 물류비 정보를 입수하기 위해 사용되는 기준이므로 일정 이상의 물류비 관리수준을 가지고 있는 기업에서 활용할 수 있다. 일반기준과 간이기준을 비교하면 다음의 [표 6-2]에서와 같다.

간이기준(簡易基準)은 회계장부와 재무제표(주로 손익계산서와 대차대조표)로부터 간단하게 추산하는 방식으로서, 물류원가계산의 관점에서 보면 재무회계방식에 의한 물류비 계산기준을 말한다. 간이기준은 일반기준과는 반대로 상세한 물류비 정보보다는 개략적인 물류비 정보나 자료 정도로도 만족하는 중소기업 등 비교적 물류비 관리수준이 낮거나 물류비 산정의 초기단계의 기업에서 사용하는 기준이다. 이 기준을 사용하면 필요로 하는 상세한 물류비 정보의 입수는 곤란하지만 해당 기업의 회계부문에서 작성하는 회계자료를 통해 물류비 실적을 산출해 낼 수 있으며, 이 과정에 소요되는 비용이나 노력이 상대적으로 덜 들 수 있기 때문에 유용하다.

4) 국토해양부, 「기업물류비산정 지침」, 2008.

표 6-2 일반기준과 간이기준의 특질 비교

기준 / 항목	일반기준 (관리회계방식)	간이기준 (재무회계방식)
계산의 기본적인 관점	물류목표를 효과적으로 달성하기 위한 활동에 관여하는 인력, 자금, 시설 등의 계획 및 통제에 유용한 회계정보의 작성 목적 기능별, 관리항목별의 업적평가나 계획수립 가능	기업활동의 손익상태(손익계산서)과 재무상태(대차대조표)를 중심으로 회계제도의 범주에서 물류활동에 소비된 비용항목을 대상으로 1회계기간의 물류비 총액 추정
계산 방식	물류활동의 관리 및 의사결정에 필요한 회계정보를 입수하기 위해 영역별, 기능별, 관리항목별로 구분하여 발생 비용을 집계	재무회계의 발생형태별 비용항목 중에 물류활동에 소비된 비용을 항목별로 배부기준을 근거로 해당 회계기간의 물류비로 추산
계산 방식의 장점	영역별, 기능별, 관리항목별 물류비 계산을 필요한 시기, 장소에 따라 실시 가능 물류활동의 개선안과 개선항목을 보다 명확하게 파악가능	개략적인 물류비 총액계산에 있어서 별도의 물류비 분류, 계산절차 등이 필요하지 않고, 전담 조직이나 전문 지식이 부족해도 계산가능
계산 방법의 단점	상세한 물류비의 분류 및 계산을 위한 복잡한 사무절차 작업량이 많기 때문에 정보시스템 구축이 전제	상세한 물류비의 파악이 곤란하기 때문에 구체적인 업무평가나 개선목표의 수립이 곤란하며 물류비 절감효과 측정에 한계

대한상의 매뉴얼에서는 물류비 계산기준을 일반모델과 간이모델로 구분하고 있으며, 일반모델은 일반기준에 그리고 간이모델은 간이기준에 해당한다. 한국생산성본부의 물류비계산준칙의 경우는 물류비 계산기준에 대한 구분이 없고 일반기준에 준하는 관리회계방식의 물류비 계산의 방식과 절차가 규정되어 있다.

일반기준과 간이기준에 의한 물류비 계산절차를 회계의 결산절차와 대비하여 나타내면 [그림 6-3]과 같다.

이 지침을 적용하고자 하는 대상기업은 상술한 두 가지의 물류비 계산기준 중에서 일반기준 또는 간이기준을 임의로 선택 적용할 수 있도록 하고 있다.[5)] 적용기준(適用基準)은 적용범위에서도 설명한 것과 같이, 기업의 물류비 관리목적이나 방식 등과 같은 내부사정에 따라 적용 여부를 선택할 수 있음은 물론, 지침을 적용할 경우에도 두 가지의 물류비 계산기준 중에서 해당 기업의 요구에

5) 제 5 조(적용기준)에서 이 지침을 적용하고자 하는 기업은 일반기준 또는 간이기준을 선택 적용할 수 있다고 규정하고 있다.

그림 6-3 일반기준과 간이기준에 의한 물류비 계산절차의 비교

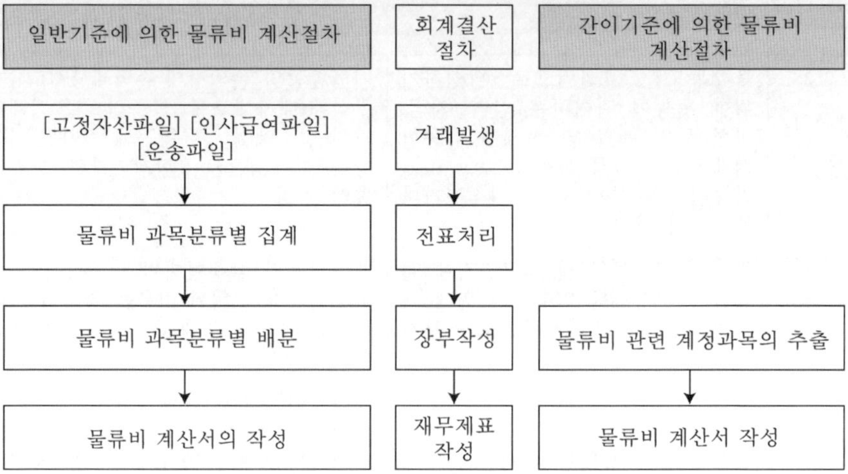

따라 임의로 선택하여 자율적으로 적용할 수 있도록 하고 있다. 그 배경에는 이 지침의 강제적인 적용이 물류비 계산 및 관리에 있어서 효율성 내지는 탄력성을 저해할 수도 있음을 고려하여 이 지침의 적용대상 기업으로 하여금 물류비 계산에 있어서 자율성을 부여하고 있다.

물류비 계산의 일반기준은 본 지침의 적용기준 중에서 일반기준에 의한 물류비 계산목적, 물류비의 과목분류, 인식기준, 계산방법 및 계산서에 대해 제 6 조에서 제10조에 규정되어 있다.

일반기준에 의한 물류비 계산목적을 물류비에 대한 실태파악을 상세히 하는 것으로 규정하고 있는 것은 이 지침의 목적인 개별기업의 물류비 계산의 정확성을 달성하기 위해서이다. 즉, 물류비에 대한 정확한 정보를 산출해 내기 위해서는 물류비를 상세하게 개념 정의를 한 후, 분류하고 계산해 나가야 함을 의미하고 있다.[6)] 이를 위해 물류비 계산을 위한 원가의 종류로는 실적물류비만을 대상으로 하고 있다. 여기서 실적물류비(實績物流費)란 과거의 물류활동을 위해 발생한 비용을 말하는 것으로써, 미래에 발생할 수 있는 예상물류비와는 상대적

6) 제 6 조(일반기준에 의한 물류비 계산목적) 물류비에 대한 실태파악을 상세히 하기 위하여 실적물류비를 발생요인별로 계산함에 목적이 있다.

인 개념이다. 실적물류비는 발생요인별(發生要因別)로 계산하도록 하고 있는데, 이 지침에서는 발생요인으로는 제 7 조의 물류비의 과목분류에서 제시하고 있는 영역별, 기능별, 자가·위탁별, 세목별, 관리항목별로 구분하고 있다.[7] 그리고 필요에 따라서는 이러한 분류를 더욱 세분화하거나 구체화하여 요인별로 물류비를 계산할 수도 있다.

이들 물류비 분류체계를 요약한 것이 [표 6-3]과 [표 6-4]이다.

표 6-3 물류비의 분류체계

<table>
<tr><th rowspan="2">과목분류</th><th rowspan="2">영역별</th><th rowspan="2">기능별</th><th rowspan="2">자가·위탁별</th><th colspan="2">세목별</th><th rowspan="2">관리항목별</th></tr>
<tr><th>항목</th><th>구분</th></tr>
<tr><td>비목</td><td>조달물류비
사내물류비
판매물류비</td><td>운송비
보관 및 재고관리비
포장비
하역비
유통가공비
물류정보·관리비</td><td>자가물류비
위탁물류비</td><td>재료비
노무비
경비
이자
•시설부담이자
•재고부담이자</td><td>(계정 과목 체계 준용)</td><td>조직별
제품별
지역별
고객별
운송수단별 등</td></tr>
</table>

이러한 물류비의 분류체계는, 대한상의 매뉴얼 및 KPC 계산준칙의 물류비 분류체계인 발생형태별, 영역별, 기능별, 관리목적별 4대 분류체계와 다소 상이하다. 이 표에 의하면, 종래로부터 사용되고 있는 물류비 과목과 상이한 것은 발생형태별 분류를 자가·위탁별 및 세목별로 구분시키고 있는 것과 관리목적별 분류를 관리항목별 분류라는 용어의 변경을 들 수 있다.

표 6-4 물류비 과목분류의 비교

<table>
<tr><th>산정기준</th><th colspan="5">분류체계</th></tr>
<tr><td>건교부 계산지침</td><td>영역별</td><td>기능별</td><td>자가·위탁별</td><td>세목별</td><td>관리항목별</td></tr>
<tr><td>대한상의 매뉴얼</td><td>영역별</td><td>기능별</td><td colspan="2">발생형태별</td><td>관리목적별</td></tr>
<tr><td>KPC 계산준칙</td><td>영역별</td><td>기능별</td><td colspan="2">발생형태별</td><td>관리목적별</td></tr>
</table>

7) 제 7 조(물류비의 과목분류) 물류비 계산목적을 달성하기 위해 영역별, 기능별, 자가·위탁별, 세목별, 관리항목별로 구분한다.

이 지침에서 물류비 과목을 영역별→기능별→자가·위탁별→세목별→관리항목별의 순서로 분류하고 있는 것은 후술하는 물류비의 계산방법이나 양식 등과의 통일성을 갖도록 하기 위해서이다. 그리고 물류비의 분류에 있어서 과목, 비목, 세목의 용어가 사용되고 있는데, 이들 용어의 구분은 다음과 같이 사용하도록 한다.

과목(科目)은 물류비에 대한 비용항목을 나타내는 것이 아니고 분류체계를 나타내는 용어로서, 영역별, 기능별, 자가·위탁별, 세목별, 관리항목별 물류비를 말한다. 비목(費目)은 물류비에 대한 비용항목을 나타내는 약어로서, 모든 물류활동을 수행하는 데 발생하는 비용항목을 나타내는 포괄적인 의미이다. 다만, 여기서는 전술한 과목별 분류체계에 속하는 영역별, 기능별, 자가·위탁별의 구분에 의한 물류비 항목, 예를 들어 조달물류비, 운송비, 자가물류비 등이 여기에 속한다. 세목(細目)은 〈별표 1〉이나 〈별지 제 1 호〉의 세목별 분류에 해당하는 물류비목을 나타내는 용어를 말한다. 이 지침에서는 재료비, 노무비, 경비, 이자의 기본적인 4개의 비목 군이 있으며, 연료비, 급료와 수당, 복리후생비, 시설부담이자 등과 같은 기업의 회계부문의 계정과목별 비목들이 여기에 속한다. 다만, 이러한 물류비 분류상의 용어 구분은 기업이나 부문 등의 회계실무나 물류비 관리 관행에 따라 상이하게 사용할 수도 있으며, 이와 같이 상세하게 분류하지 않을 수도 있다.

1) 발생형태별 분류

생산성본부(KPC)의 물류비 분류기준인 기업물류계산준칙 제 5 조를 중심으로 물류비 분류를 설명하고자 한다. 이 준칙에 의하면, 물류비의 분류는 발생형태별, 영역별, 기능별, 원가중심점과의 관련성, 조업도와의 관련성 및 비용의 관리가능성에 의하여 구분하고 있다. 발생형태별 분류는 원가의 구성형태별 분류방식으로 기업물류계산준칙 제 6 조에 규정되어 있으며, 분류체계는 [그림 6-4]와 같다.

그림 6-4 발생형태별 물류비 분류체계

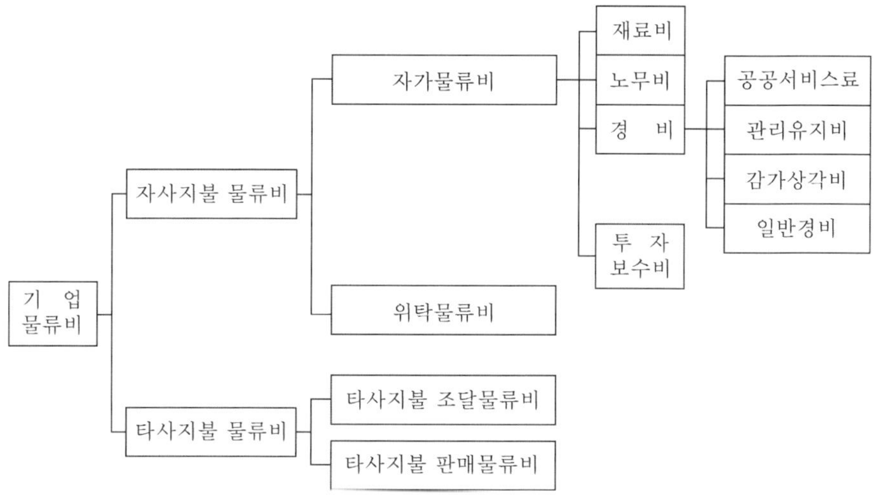

2) 영역별 물류비 분류

물류영역은 기업 경영활동의 주요 영역 중 어느 영역에서 발생한 물류비인가를 식별하기 위해 구분한다. 또한 많은 기업에서 영역별로 담당부문이 다르기 때문에 물류비를 계산하고 관리할 주체를 명확히 하기 위한 목적으로도 구분하게 된다. 물류활동의 영역을 구분할 때 검토해야 하는 점은 다음과 같은 두 가지이다. 첫째, 사내물류와 생산물류와의 영역을 어느 정도까지 영역에 포함시킬 것인가? 이에 대해서 일본이나 국내의 산정기준에서는 개괄적으로만 명시되어 있다. 그러나 국내의 많은 기업에서는 사내물류에 생산물류를 포함시키고 있다. 생산물류비가 생산원가 또는 제조원가에 포함되고 있지만 생산원가 중 물류활동에 대한 비용을 별도로 계산이나 관리하고 있지 않기 때문에 물류비 계산목적을 충분히 달성하지 못하고 있다고 판단된다. 이러한 이유로 국내 대부분의 기업들은 관행적으로 물류비 계산의 범위에 포함시키고 있다.

둘째, 물류영역을 몇 가지로 구분할 것인가. 이에 대해서 폐기물류, 회수물류, 반품물류활동은 발생되는 금액이 크지 않으므로 별도로 구분하는 것보다는 판매물류활동에 포함하여 계산하는 것이 유용할 수 있다. 그러나 세부적인 관리

그림 6-5 영역별 물류비의 분류체계

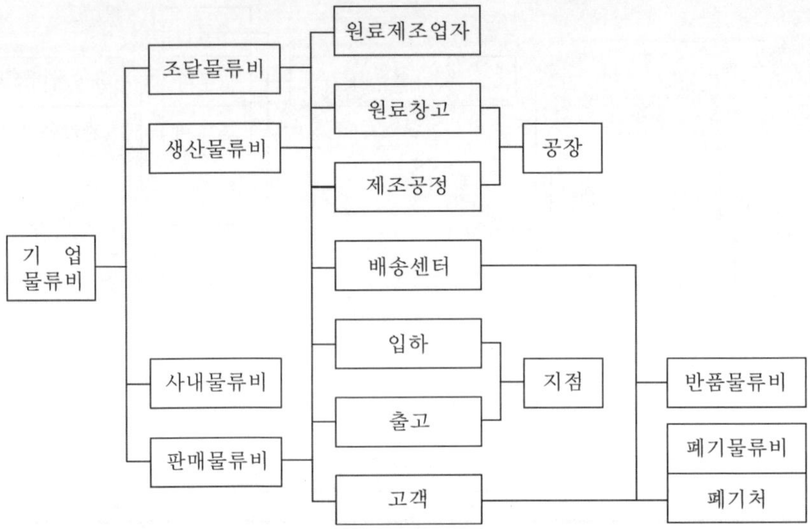

를 위해서는 세부활동 또는 관리항목별로 구분을 하도록 되어 있으므로 필요에 따라서는 판매물류비 내에서 상세하게 분류를 할 수 있다. 영역별 물류비 분류는 다음 [표 6-5]에 나타난 바와 같이 대한상의 매뉴얼에서는 조달과 판매(사내물류의 영역을 포함한 광의의 판매물류)로 2대 영역으로 구분하고 있으며, KPC 계산준칙에서는 물류영역을 조달, 사내, 판매, 반품, 폐기의 5대 영역으로 구분하고 있다.

표 6-5 영역별 물류비 분류의 비교

산정기준	영역별 분류				
건교부 계산지침	조달물류비	사내물류비	판매물류비(반품, 회수, 폐기 포함)		
대한상의 매뉴얼	조달물류비	판매물류비(사내, 반품, 폐기 포함)			
KPC 계산준칙	조달물류비	사내물류비	판매물류비	반품물류비	폐기물류비

KPC의 준칙이 보다 세부적으로 규정되어 있으므로 이에 따른 분류체계를 소개하고자 한다.

영역별 물류비분류는 물류활동이 발생되는 영역에 따른 분류방식으로 기업물류계산준칙 제 7 조에 규정되어 있으며, 분류체계는 [그림 6-5]에서와 같다.

제 7 조(영역별 분류) 영역별 분류는 물품, 제품, 반품, 폐기물 등의 물리적 이동에 따른 분류로서 조달물류비, 사내물류비, 판매물류비, 반품물류비, 폐기물류비로 구분한다.

1. 조달물류비는 물품이 조달처에서 매입자인 제조업자에게 납입된 후 공정에 투입되기 전까지의 물류에 소비되는 비용을 말하며, 운송, 하역, 검수, 보관, 재고 등에 관련된 비용을 포함한다.

2. 사내물류비란 제품의 운송 및 보관을 위한 포장에서 고객에로의 판매가 최종적으로 확정되어 출고되기까지의 물류에 소비되는 비용을 포함한다.

3. 판매물류비는 제품의 판매가 확정된 후 고객에로의 출고에서 인도까지의 물류에 소비되는 비용을 말하며, 포장, 출고, 운송 등에 관련된 비용을 포함한다. 공장 등의 제품창고에서 고객에게 직송되는 경우에도 고객으로 출고 이후의 비용을 판매물류비로 한다.

4. 반품물류비는 판매된 제품의 반품에 따른 물류에 소비되는 비용을 말하며 운송, 검수, 분류, 보관, 하역 등에 관련된 비용을 포함한다.

5. 폐기물류비는 물품과 제품 등의 폐기물을 처분하기 위한 물류에 소비되는 비용을 말하며, 검수, 보관, 하역, 운송 등에 관한 비용을 포함한다. 단 폐기자체의 비용과 공해방지 처리비용 등은 제외한다.

3) 기능별 물류비분류

물류기능이란 기업이 가치를 창출하기 위해 꼭 필요한 부가가치가 높은 활동을 의미하는데 물자를 이동, 보관하는 일련의 부대활동이 해당된다. 이 지침에서는 기능별 물류비 분류를 운송비, 보관 및 재고관리비, 포장비, 하역비, 유통가공비, 물류정보·관리비로 구분하고 있다.

유용한 물류비 정보의 산출과 관리를 위해서는 더 상세한 활동수준까지 분해하여 물류비계산이 되는 것이 바람직하며, 하역비는 별도로 분류하지 않을 수 있다. 그 이유는 다음과 같다. 우선 하역활동의 속성상 선박이나 기차를 이용한 운송에 부대되어 발생하는 하역과 육송차량에 부대되어 발생하는 하역 등으로 구분할 수 있다. 그러나 후자의 경우 운송활동이 범주에 포함되며 그 발생금액이 크지 않는 경우 별도로 하역비계산을 하는 것이 곤란하기 때문이다. 하지만 전자의 경우에는 별도로 구분하는 것이 정보활용의 측면에서 유용하다.

기능별 물류비 분류는 다음 [표 6-6]에 나타난 바와 같이, 대한상의 매뉴얼에서는 운송, 보관(하역 포함), 포장, 기타 물류(유통가공, 물류정보, 물류관리를 포함)로 4대 기능으로 구분하고 있으며, KPC 계산준칙에서는 물류기능을 포장, 운송(수송과 배송), 보관(창고 및 재고투자), 하역, 유통가공, 물류정보, 물류일반관리의 7대 기능으로 구분하고 있다.

표 6-6 기능별 물류비 분류의 비교

<table>
<tr><th>산정기준</th><th colspan="9">기능별 분류</th></tr>
<tr><td>건교부
계산지침</td><td colspan="2">운송비</td><td colspan="2">보관 및
재고관리비</td><td>하역비</td><td>포장비</td><td>유통
가공비</td><td colspan="2">물류정보·
관리비</td></tr>
<tr><td>대한상의
매뉴얼</td><td colspan="2">운송비</td><td colspan="3">보관비(하역 포함)</td><td>포장비</td><td colspan="3">기타물류비
(유통가공, 물류정보,
물류관리 포함)</td></tr>
<tr><td rowspan="2">KPC
계산준칙</td><td colspan="2">운송비</td><td colspan="2">보관비</td><td rowspan="2">하역비</td><td rowspan="2">포장비</td><td rowspan="2">유통
가공비</td><td rowspan="2">물류
정보비</td><td rowspan="2">물류일반
관리비</td></tr>
<tr><td>수송비</td><td>배송비</td><td>창고비</td><td>재고
투자비</td></tr>
</table>

아래에서는 KPC 기업물류계산준칙 제 8 조에 규정되어 있는 분류체계에 따라 기능별 물류분류의 개념을 설명하고 있으며, 이를 총체적으로 [그림 6-6]에서 보여주고 있다.

제 8 조(기능별 분류) 기능별 분류는 물류활동에 의하여 발생된 비용의 물류기능에 따른 분류로서 물류자유통비, 물류정보비, 물류일반관리비로 구분한다.

1. 물류자유통비는 물품, 제품, 폐기물을 물리적으로 유통시키기 위하여 소비되는 비용을 말하며, 포장비, 운송비, 보관비, 하역비 및 유통가공비로 구분한다.

가. 포장비는 물품, 제품, 폐기물을 운송, 하역, 보관하기 위한 포장에 소비되는 비용을 말한다. 단 제품이 생산되는 과정인 생산물류에서 소비된 비용은 제외된다.

나. 운송비는 수송비와 배송비로 나눈다.

1) 수송비는 물품, 제품, 폐기물을 물류거점 간에 이동시키는 데 소비되는 비용을 말한다.

2) 배송비는 물품, 제품, 폐기물을 물류거점에서 고객 혹은 폐기장소로 이동시키는 데 소비되는 비용을 말한다.

다. 보관비는 창고비와 재고투자비로 나눈다.

1) 창고비는 물품, 제품, 폐기물을 일정기간 동안 보관하는 데 소비되는 비용을 말한다.

2) 재고투자비는 물품, 제품을 일정기간 동안 보관함으로써 발생하는 자본비용을 말한다.

라. 하역비는 물품, 제품, 폐기물의 포장, 운송, 보관, 유통가공에 수반되어 이들을 동일 시설 및 설비 내에서 상하좌우로 이동시키는 데 소비되는 비용을 말한다.

그림 6-6 기능별 물류비의 분류체계

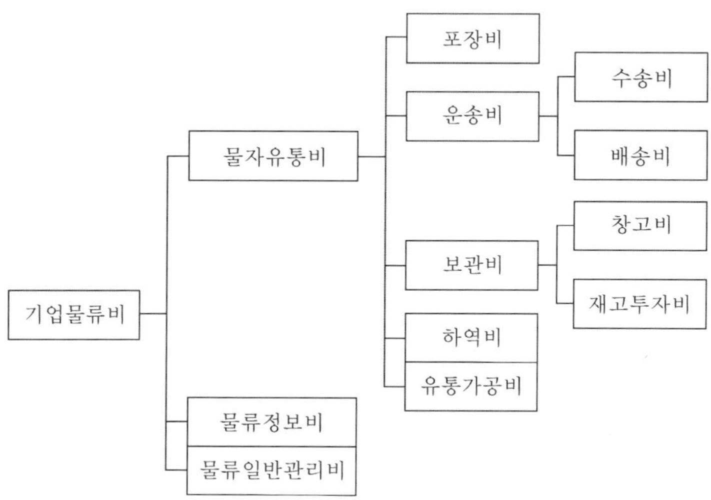

마. 유통가공비는 물품, 제품, 폐기물의 유통과정에서의 물류효율을 향상 시키기 위하여 이들을 가공하는 데 소비되는 비용을 말한다.

2. 물류정보비는 물류에 관한 정보를 수집, 전달, 처리하기 위하여 소비되는 비용을 말하며, 조달, 보관, 재고, 운송, 수주, 고객서비스 등에 관련되는 정보의 처리 및 관리비용을 포함한다.
3. 물류일반관리비는 물자유통과 정보유통을 포함한 전반적인 물류활동을 계획, 조정, 통제하기 위하여 소비되는 비용을 말한다.

4) 관리목적별 물류비분류

관리목적별 물류비 분류란 물류비를 적절하게 통제 및 관리하기 위한 분류방식으로 기업물류계산준칙 제 9 조에 원가중심점과의 관련성에 의한 분류, 제10조에 원가행태별 분류인 조업도와의 관련에 의한 분류 그리고 제11조에는 통제가능성에 의한 분류 규정을 두고 있으며, 분류체계는 다음 [그림 6-7]에서 보여주고 있다.

제 9 조(원가중심점과의 관련에 의한 분류) 원가중심점과의 관련에 의한 분류는 물류활동의 원가중심점, 즉 조직, 제품, 판매지역, 고객, 물류경로, 주문규모, 서비스수준, 운송수단 등에 의한 분류로서 비용 발생의 형태에 따라 직접물류비와 간접물류비로 구분한다.

1. 직접물류비는 원가중심점에 직접 부과시킬 수 있는 비용을 말하며, 직접재료비, 직접노무비 및 직접경비로 구분한다.
2. 간접물류비는 원가중심점에 직접부과할 수 없기 때문에 적절한 기준에 의하여 배부하는 비용을 말하며, 간접재료비, 간접노무비 및 간접경비로 구분한다.

제10조(조업도와의 관련에 의한 분류) 조업도와의 관련에 의한 분류는 비용요소를 조업도와의 관련에 따라 분류한 것으로서 고정물류비와 변동물류비로 구분한다. 다만 그 성격이 준고정물류비 및 준물류변동비로 분류되는 것은 각각 고정비와 변동비에 귀속시킬 수 있다.

1. 고정물류비는 일정한 기간과 일정한 조업도와의 관련범위 내에서 고정된 비용을 말한다.
2. 변동물류비는 조업도의 증감에 비례하는 비용을 말한다.

제11조(비용의 관리가능성에 의한 분류) 비용의 관리가능성에 의한 분류는 비용발생에 대한 특정 계층 경영관리자의 관리, 통제가능 여부에 따른 분류로서 관리가능 물류비와 관리 불가능 물류비로 구분한다.

그림 6-7 관리목적별 물류비의 분류체계

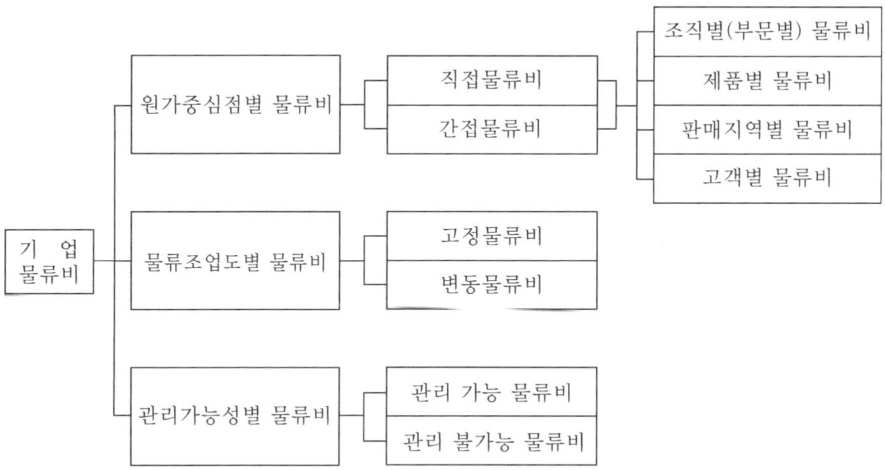

제 3 절 물류원가분석과 의사결정

상기와 같이 물류원가를 다양한 개념에 의거하여 분류하는 목적은 물류의사결정에 적합한 원가개념을 적용하기 위한 것이다. 발생형태별 분류, 영역별 분류 및 기능별 분류체계는 주로 보다 정확한 물류비 계산을 위한 목적으로 분류하는 체계이고 관리목적별 물류비 분류는 물류의사결정에 필요한 정보를 산출하기 위해 분류하는 체계이다.

1. 운임과 물류비

운송화물에 대한 운임결정은 전문물류기업에 있어서 가장 중요한 경영의사

그림 6-8 원가중심점별 물류비 분류에 따른 운임결정

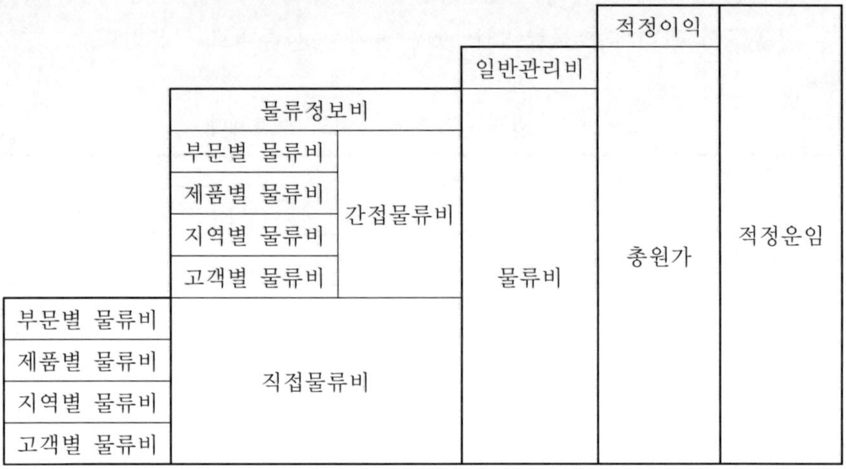

결정이다. 기업 스스로 운임을 결정할 권리가 있을 경우에는 발생된 총원가에 적정한 이익을 합하여 결정하는 것이 일반적이다. 총원가는 물류비에 일반관리비를 합한 금액이며, 물류비는 물류활동과 관련 직접 추적이 가능한 직접물류비와 공통적으로 발생되는 간접물류비뿐만 아니라 물류정보활동과 관련하여 발생되는 물류정보비를 포함한 금액이다. [그림 6-8]에서 이의 내용을 요약하여 보여주고 있다.

그러나 실제 운임결정은 원가요소 이외에 물류시장의 여건, 고객 및 경쟁기업의 여건 등에 따라 많은 영향을 받고 있다. 운임결정에 영향을 미치는 주요 요인은 다음과 같다.

첫째, 고객(Customer, 화주)의 요구조건으로서 화물시장 여건, 운송수요탄력성 등이 있고, 둘째로 경쟁기업(Competitor) 여건으로서 경쟁기업의 운임수준, 선복량, 운송조건, 경영전략 등이 있으며, 셋째로 원가(Cost)적 요소로 전부원가법 또는 공헌이익법에 의한 원가계산방식이 있다. 전부원가법은 [표 6-8]에 나타난 바와 같이 정상적인 운임시장에서의 운임결정방식이며 공헌이익법은 시장 여건에 적절히 대응하기 위해 특별한 화물운송 여부를 결정하기 위해 원가계산하는 특별한 방식이다.

2. 특별운송화물 주문(special order) 의사결정

정상적인 운임(가격)은 [그림 6-8]에 나타난 바와 같이 총원가에 적정운임을 가산하여 결정되지만 상황에 따라서 물류기업은 정상가격 이하로 특별주문에 응해야 하는 경우가 종종 발생한다. 이 때 총원가기준에 의해 의사결정할 경우 기업에 보탬이 되는 특별주문을 기각하는 오류를 범하기 때문에 물류원가를 변동원가와 고정원가를 구분하는 공헌이익법에 의거하여 원가분석하여야만 의사결정의 오류를 방지할 수가 있다. 즉, 특별운송시 유휴운송설비(Idle Capacity, 선복량)가 존재할 경우에는 추가 운송설비가 필요하지 않기 때문에 발생되는 고정원가(감가상각비 등 자본비)는 특별주문을 받더라도 증대되지 않다. 따라서 특별운송으로 추가로 발생하는 인건비나 유류비와 같은 변동원가가 특별운임이 보상한다면 이익에 공헌하기 때문에 특별운임을 수락하는 것이 기업전체에 이익이 된다. 그러나 유휴운송설비가 존재하지 않을 경우에는 특별주문에 대한 추가 운송설비가 필요하기 때문에 추가로 발생되는 고정물류비까지 보상되어야만 특별운임을 수락할 수가 있는 것이다. 이를 정리하면 다음과 같다.

1) 유휴선복량(Idle Capacity)이 존재할 경우: 총공헌이익이 정(+)이어야만 주문을 수락할 수가 있다.

주문수락:
총공헌이익 = (특별운임 – 단위당 변동원가) × 특별화물 주문수량 > 0
주문기각:
총공헌이익 = (특별운임 – 단위당 변동원가) × 특별화물 주문수량 < 0

2) 유휴선복량(Idle Capacity)이 없는 경우: 다음과 같이 계산된 총공헌이익이 정(+)이어야만 주문을 수락할 수가 있다.

주문수락:

총공헌이익 = (특별운임 - 단위당 변동운임) × 특별화물 주문수량
- 추가고정비(추가 설비감가상각비, 용선비 등) > 0

주문기각:

총공헌이익 = (특별운임 - 단위당변동운임) × 특별화물 주문수량
- 추가고정비(추가 설비감가상각비, 용선비 등) < 0

3. 물류수단의 선택에 관한 의사결정

어떠한 운송수단을 어떻게 선택하는 것이 가장 효율적인가 하는 문제는 대단히 중요한 물류의사결정문제이다. 이러한 유형의 의사결정문제를 해결하는 데 도움을 주는 원가개념은 관련원가로서 차액원가 내지는 증분원가이다. 즉 대안 간의 미래원가차이(차액원가)에 의하여 결정할 경우 대부분 대안 간의 선택을 올바르게 할 수 있다. 해운선사의 경우에는 중요한 물류수단인 선박취득(Acquisition) 또는 용선(Chartering)에 관한 의사결정이 이에 해당한다고 볼 수 있다.

4. 물류수단의 유지, 폐기 및 대체의사결정

현재 사용중인 운송수단을 그대로 유지할 것인가 아니면, 폐기하고 보다 성능이 우수한 운송수단으로 대체할 것인가를 결정하는 것 또한 중요한 물류의사결정 문제이다. 가령 해운선사의 경우, 현재의 선대라인을 그대로 유지할 것인가 아니면 폐지 또는 대체 여부를 결정할 때에는 분석대상이 되는 선대라인의 단위당 공헌이익(UCM)이 큰 선대유지가 유리하다.

5. 물류수단의 배합문제

가령 중요한 전문물류업체인 해운선사에서는 선대배합(Fleet MIX) 문제가 매우 중요한 의사결정문제이다. 최적의 선대배합이 이루어져야 선사이익과 물

류서비스를 극대화할 수 있다. 이러한 의사결정문제는 다음과 같이 해결하면 왜곡되지 않고 올바르게 할 수가 있다.

- 선복량상의 제약이 없을 때: 선박단위당 공헌이익이 큰 화물운송이 유리하다.
- 선복량상의 제약이 있을 때: 제약요인(가용자원< 화물적재능력, 수송거리, 수송시간, 운항비, 운항조건) 단위당 공헌이익이 큰 화물운송이 유리하다.

선복량 제약이 있을 경우에는 제약조건을 충족시키는 범위 내에서 이익을 극대화해야 하는 문제이므로 선형계획법이나 수송계획법인 경영과학(Management Science)적 해결방법으로 해결해야 한다.

[사례문제 1] 매몰원가와 기회원가개념에 의한 원가분석문제

한바다 씨는 해운사업계획을 추진중이다. 해운전망을 알아보기 위해 해운시장조사비로 이미 100,000원을 지출했고 조사결과, 시황전망이 밝아 150,000원을 선박을 취득하는 데 지출했으며, 한바다 씨가 향후 3년간 전망한 추정손익계산서는 다음과 같다.

추정손익계산서	(단위: 원)
매 출 액	560,000
운 항 비	200,000
관 리 비	50,000
선박감가상각누계액(3년간)	50,000
순 이 익	260,000

그러나 한씨는 유망한 SK해운회사로부터 입사제의을 받았는데, 연봉이 280,000원으로 본 사업보다는 이익이 높지만 이미 투자한 선박을 해운시장에 팔 경우 80,000원밖에 받을 수가 없어 망설이고 있다.

문 1) 한바다 씨가 최적의사결정을 하기 위한 근거를 매몰원가와 기회원가 개념을 이용하여 제시하라.

문 2) 만일 한씨가 사업하기로 결정한다면 본 사업의 가치를 부여할 최저금액은 얼마인가?

[사례문제 해답]

문 1) 매몰원가: 시장조사비와 설비취득비는 이미 지출된 것임
관련원가: 선박 처분가치(80,000원)와 기회비용임
기회비용: 280.000원(입사시 연봉)

증분분석내역 (단위: 원)	
매 출 액	560,000
운 항 비	200,000
관 리 비	50,000
관 련 원 가	360,000
순 손 실	50,000

사업계획안		SK 회사 입사안	
수 익	560,000	연 봉	280,000
운 항 비	200,000	선박처분가치	80,000
관 리 비	50,000		
순현금흐름	310,000	순현금흐름	360,000

문 2) 사업계획의 내재가치는 사업에 대한 일종의 영업권으로서 입사안에 비하여 50,000원이 낮은 데에도 불구하고 사업을 수행하는 것이 낫다고 판단될 경우이므로 사업의 내재가치는 50,000원이다.

[사례문제 2] 관련원가분석에 의한 원가분석문제

아치해운회사는 A 선박을 2009년 1월 1일에 1천억원에 취득하였다. 이 선박은 연간 30억원의 운항비용을 절감시키며 운항연수는 20년이다. 취득하자마자 경기불황으로 운항성능이 A 선박보다 우수하고 운항비용을 절감할 수 있는 B 선박이 시장에 매물로 나왔다. B 선박도 운항연수는 20년이지만 취득가격이 2천억원으로 두 배이고 절감되는 운항비용은 연간 50억원이며 연간 수익증가액도 50

억원으로 추정된다. 만일 B 선박을 취득하게 되면 A 선박은 쓸모가 없어 처분해야 하는데 처분가격은 800억원이다. 화폐의 시간적 가치는 무시하고 B 선박으로 대체 여부를 결정하기 위한 관련원가와 매몰원가를 계산하시오.

[사례문제 해답]

1) 매몰원가는 과거의 의사결정으로 이미 지출된 원가로서 A 선박 취득원가인 1,000억원으로서 이는 대체 여부를 결정하는 데 고려할 필요가 없다. B 선박을 새로 취득할 경우에 관련원가는 현재 당장 현금 지출되는 금액으로서 B 선박 취득원가에서 A 선박 처분가격을 공제한 금액과 B 선박 취득으로 인한 기회원가인 A 선박의 운항원가 절감액과 수익증가분이다.

① 추가적 현금지출원가 = 2,000억원 – 800억원 = 1,200억원
② 기회원가: A 선박 운항원가절감액 연간 30억원 × 20년 = 600억원
③ 관련원가: 추가적 현금지출원가 + 기회원가 = 1,800억원

2) 증분분석과 관련원가분석에 의거하여 B 선박 취득 여부를 결정하면 다음과 같다.

증분분석			관련원가분석	
증분수익(A)			관련원가	
1) 수익증가액	50억원×20년	1,000억원		
2) 비용절감액	50억원×20년	1,000억원		
	소계	2,000억원		
증분원가(B)				
1) 추가현금지출원가		1,200억원	1) 추가현금지출원가	1,200억원
2) 기회원가		600억원	2) 추가현금절감액	
	소계	1,800억원	(100억원 – 30억원)×20년	1,400억원
증분이익(A – B)		200억원	추가이익(1 – 2)	200억원

B선박 취득에 관한 증분분석과 관련원가분석에 의하면 B선박 취득으로 200억원만큼 이익이 증가하게 된다. 따라서 B선박을 취득하는 것이 아치해운회사에 도움이 된다.

제 4 절 물류원가배부

1. 물류원가배부의 의의

물류활동에서 발생되는 물류원가(주로 운송원가)를 경영자가 확인하고 물류활동별로 발생된 원가를 적정하게 배부하는 것은 물류활동을 관리하고 통제할 뿐만 아니라, 물류활동에 대한 수익성분석을 하는 데 매우 중요하다. 보다 정확하고 신속히 이용 가능한 물류원가정보의 미비와 집계부족은 적절한 원가배분이 곤란해져 정확한 물류원가계산을 힘들게 한다.

제조간접비 또는 물류간접비(Overhead Cost)는 특정제품 및 물류서비스에 바로 부담시킬 수 없기 때문에 이를 따로 모아 인위적인 절차에 의해 각각의 제품·서비스활동에 할당하게 된다. 이렇듯 간접비를 인위적인 절차에 의해 제품 또는 물류서비스활동에 할당하는 과정을 간접비의 배부 또는 물류원가의 배부라 한다.

간접비를 배부하기 위해서는 우선 배부기준을 마련해야 하는데, 이 배부기준이란 각각의 제품이 차지하는 비율에 따라 간접비를 나눠주기 위한 근거를 말한다. 이는 직접물류원가(직접운항비) 등의 금액기준과 운송(운항)시간 및 물류서비스 제공시간과 같은 시간기준 등이 주로 이용된다. 가령 운송시간을 배부기준으로 두 가지의 운송활동(제품)에 물류간접비를 배분한다면 총운항시간 중에서 각각의 운송활동에 소요된 운항시간시간의 비율에 따라 각각의 운송서비스에 물류간접비를 배부하게 되는 것이다.

2. 원가배분의 유형

(유형 1) 자산원가의 기간별 배부(감가상각)
(유형 2) 공통적으로 발생된 간접비의 원가중심점(원가 발생장소)에의 배부
(유형 3) 결합원가(여러 제품·물류서비스에 공통적으로 발생된 원가)의 제품·물류서비스별 배부(결합원가계산)

관리회계 또는 원가회계상의 원가배분은 일반적으로 유형 2의 원가배분으로서, 기업활동 수행중에 발생된 원가를 적절한 원가분류방법에 의해 집계하고, 이렇게 집계된 원가(원가 집합)를 일정한 기준에 따라 원가대상(cost object) 또는 원가중심점에 대응시키는 과정을 말한다. 이러한 유형의 원가배분은 원가관리회계 전반에 걸쳐 생산한 제품 또는 제공한 (물류)서비스에 대한 적정한 원가계산, 경영계획의사결정 및 원가통제와 성과평가목적으로 수행된다.

3. 원가배분의 특징

(1) 원가통제목적보다는 주로 재고자산평가(제품·물류서비스원가계산) 목적임
(2) 인위적이고 자의적인 배분임: 원가통제상의 문제를 유발시킴

인위적이고 자의적인 배분으로 인한 원가배분상의 오류와 이로 인한 원가분석과 경영의사결정의 오류를 최소화하기 위해 등장한 개념이 활동기준 원가계산방식(Activity Based Costing)이다.

4. 물류간접비의 배부

1) 의 의

물류예산 편성과 원가분석이 제대로 되기 위해서는 각 부서별 및 원가활동별로 적정한 원가배분이 가장 중요하다. 원가배분이 자의적으로 이루어지거나 실제로 소비되는 자원을 제대로 반영하지 못할 경우에는 회사에 공헌하는 물류활동이나 부서를 폐기하는 의사결정의 오류를 범하게 된다. 원가배분과정은 적정한 가격(운임)결정뿐만 아니라, 부서 또는 활동별 성과평가 및 특별의사결정과 같은 각종 의사결정에서 중요한 역할을 한다. 물류간접비 배부의 역할과 중요성을 정리하면 다음과 같다.

- 적정한 물류예산편성과 원가분석
- 물류사업부간 내부거래 및 서비스이동의 대체가격(Transfer Price) 책정
- 특별운송서비스의 원가와 운임결정
- 각 책임중심점 또는 부서별로 원가관리와 통제

2) 배부기준 선정시 고려요인

- 관찰 가능한 물리적 관계(물류적인 관련성 유무)
- 물류원가와 논리적 관계
- 계약당사자 간의 합의에 기준한 임의적 할당 내지는 통계적 관련성

5. 배부절차

1) A운송활동 물류간접비 배부액

물류간접비 배부액은 다음과 같이 계산한다.

A운송활동 물류간접비 배부액 =

$$\text{총물류간접비} \times \frac{A\text{운송활동과 관련된 배부기준수}}{\text{운송활동 전체의 배부기준합계}}$$

그러나 제품(물류서비스활동)의 종류가 많은 경우에는 위와 같은 절차를 따르기가 번거롭기 때문에 일반적으로는 다음의 절차를 따르게 된다.

A 운송활동 물류간접비 배부액 =

물류간접비 배부율 × A 운송활동과 관련된 배부기준수

$$\text{물류간접비 배부율} = \frac{\text{총물류간접비}}{\text{물류활동 전체의 배부기준합계}}$$

2) 배부액 계산절차

(1) 배부액 = 배부율 × 각 부문(특정 물류활동)의 배부기준

(2) $\text{배부율} = \dfrac{\text{물류간접비}}{\text{배부기준(조업도: } Volume\text{)} - \text{금액, 시간, 수량}}$

간접물류비를 배부하기 위한 기준으로 금액이나 시간 및 물량(수량)을 사용할 수 있는데, 물류서비스를 제공한 총량에 비례하여 하는 것이 타당하므로 수량기준이 보다 바람직하다. 운송비와 창고비의 세부적인 배부기준은 다음과 같다.

- 운송비의 배부기준: 주행거리(km), 적재량(ton), 출고량(ton·km), 운송량(개), 운송용적(m^3), 운송제품가치 등
- 창고비의 배부기준: 면적(m^2), 용적(m^3), 보관량(개), 보관기간, 보관제품가치 등

3) 배부율 유형

물류간접비를 적절하게 배부하기 위해 활용되는 배부율의 유형은 물류활동 전체 배부율, 부문(선박별, 항로별, 운송수단별)배부율, 실제배부율 그리고 예정배부율(또는 정상배부율)을 들 수 있다. 전체 배부율은 기업 전체에서 발생된 물류간접비를 모든 원가중심점에 배부하는 1차배부에 사용되는 배부율이며, 부문배부율은 선박별, 항로별, 운송수단별로 배부하는 기준이다. 실제배부율은 실제 발생된 물류간접비를 배부할 때 사용되는 배부율이며, 예정배부율은 물류간접비를 원가관리하기 위해 사전에 전망한 물류간접비예산에 의거하여 계산된 배부율이다. 이를 정리하면 다음과 같다.

- $\text{전체 배부율} = \dfrac{\text{물류간접비총액}}{\text{실제총배부기준}}$
- $\text{부문배부율} = \dfrac{\text{부문물류간접비}}{\text{부문배부기준}}$
- $\text{실제배부율} = \dfrac{\text{실제물류간접비}}{\text{실제배부기준}}$
- $\text{예정배부율} = \dfrac{\text{물류간접비예산}}{\text{예정배부기준}}$

4) 조업도유형

(1) 실제조업도[Actual Activity(volume), 실제운송수량]

실제로 조업 또는 생산한 수량으로서 해운선사의 경우에는 실제로 운송한 수량이다. 이 조업도는 매년 변하기 때문에 주로 변동원가를 배부할 때 배부기준으로 사용하는 것이 타당한 조업도이다.

(2) 최대생산능력[Maximum Activity(volume), Capacity, 최대운송수량]

기업이 보유하고 있는 생산설비를 최대로 가동하였을 경우의 조업도를 말하며 해운선사의 경우는 가용가능한 선복량으로 운송할 수 있는 최대운송수량이다. 이 조업도 개념은 연도별 상황변화에 따라 변하는 것이 아니고 보유하고 있는 생산설비용량이 선복량수준에 의해 결정되기 때문에 단기에 변하지 않고 생산설비규모나 선복규모에 따라 일정하게 발생되는 고정원가의 배부기준으로 합당한 배부기준이다.

(3) 연간기대조업도[Annual Expected Activity(volume), 예상운송수량]

이 개념은 실제로 생산한 수량이나 실제로 운송한 수량이 아니라 전년도 말에 차년도의 예상되는 여러 시장상황이나 경영 여건을 고려하여 추정한 조업도이다. 따라서 실제원가계산보다는 사전에 예정원가를 계산할 때 활용되는 조업도개념이다

(4) 정상조업도[Normal Activity(volume), 평균운송수량]

이 개념은 계절적 변동이나 경기변동과 같은 추세변동을 제거한 평균조업도 개념으로서 원가계산을 균등히 하고 신속하게 할 목적으로 기업에서 간접비 배부기준으로 많이 활용하고 있다. 해운선사의 경우는 과거의 3년 내지는 5년분의 운송물량의 평균치를 정상조업도로 볼 수가 있다.

5) 이론상 간접비 배부절차

(1) 1차 배부(distribution)

발생된 간접비를 원가소비와 관련이 있는 모든 활동 또는 부문(운송수단별, 항로별, 선박별)에 배부하는 절차이다. 기능적 원가분류에 의해 물류간접비를 집계하여 운송시간(hours), 화물(Cargo), 거리(miles)의 배분기초를 사용하여 부문

별로 배분하는 것을 의미한다.

(2) 2차 배부(allocation)

직접적인 물류활동이 아니고 운송활동과 같은 직접적인 운송활동을 지원 또는 보조하는 운송서비스활동 또는 부문(물류지원활동 내지는 부문으로서 선박수선부, 선박관리부 등이 이에 해당함)에서 발생된 각종 원가를 물류원가 집계대상이 되는 부문(선박, 항로, 운송수단)으로 배부하는 절차이다. 주요 배부방법으로는 직접배부법(direct method), 계단식 배부법(step method) 그리고 가장 합리적인 배부방법인 상호배부법(reciprocal method)이 있다.

(3) 3차 배부(absoption)

물류활동을 수행하는 원가중심점인 원가대상(운송수단, 항로, 선박)단위에서 제공한 최종 물류서비스 내지는 제품(운송된 제품 및 화주 기준: 선적중량 * 운행거리)별 배부로서 최종배부절차이다.

(4) 부문별로 집계된 물류간접비의 배부

물류간접비는 부문별로 집계될 수도 있다. 이는 운송회사의 부문이 많고 운송규모가 큰 경우 원가계산단위를 세분화하여 원가계산절차를 체계화하고 부문별로 적절한 배부기준을 적용하고, 각 부문별 원가발생액을 파악함으로써 원가관리를 효율적으로 하려는 데 그 목적이 있다.

(a) 물류간접비의 부문별 집계

① 물류간접비를 부문개별비와 부문공통비로 분류한다.
- 부문개별비: 물류간접비 중 특정부문에서 발생한 것임을 뚜렷하게 알 수 있는 비용
- 부문공통비: 물류간접비 중 특정부문에서 발생한 것이 아니라 기업(운송회사)의 물류활동 전체적으로 발생한 것으로 특정부문에 바로 귀속시키기 어려운 비용

② 부문공통비를 적절한 배분기준을 적용하여 각 부문에 배분한다.

물류간접비의 배부기준과 배부방법을 살펴보면 [표 6-7]과 같다. 배부기준의 유형은 크게 물량기준과 금액기준으로 구분되고 사용되는 배부기준 수에 따라

표 6-7 물류비의 배부기준과 배부방법 예시

배부기준과 배부방법		예 시
배부기준의 종류	물량(수량) 기준	물류서비스의 제공 정도에 따라 적절히 배부 - 운송비: 운송량(ton·km), 운송품개수, 운송시간 등 - 보관비: 보관면적(m2), 보관량(m3·일수), 보관품개수 등 - 하역비: 종업원수(명), 작업시간(시간), 하역건수·품수 등 - 포장비: 포장개수, 포장건수, 포장시간 등 - 기타 물류비 : 인력수, 입출고수, 전표발행수 등
	금액기준	물류서비스의 제공 정도에 관계없이 일정액을 배부
복수기준의 사용 여부	단일기준	물류비 배부기준 중에서 1개 기준만 사용
	복수기준	물류비 배부기준 중에서 여러 기준을 사용
배부방법의 종류	개별배부	물류활동의 특성에 따라 물류비를 개별적 배부
	일괄배부	물류활동의 특성에 관계없이 물류비를 일괄적 배부

단일기준과 복수기준 그리고 배부방법으로는 개별배부와 일괄배부방법이 있다. 물량기준에서는 제공되는 물류서비스의 유형별 운송비, 보관비, 하역비, 포장비의 배부기준은 적절한 배부기준으로 상이하게 적용하고 있다.

(b) 서비스부문비의 운송된 제품, 운송활동별로 배분

간접비가 집계되는 부문에는 직접 운송활동을 담당하지 않는 부문들이 있다. 그러나 이러한 부문들의 비용도 운송활동과 관련되어 있다면 운송원가에 포함되어야 하므로 운송활동 관련된 물류부문비로 일단 집계하여 해당 부문 고유의 비용과 함께 각 운송활동(운송수단)에 배부된다. 서비스부문비를 운송활동(수단)부문에 배분하는 데 사용되는 배분기준은 위의 부문공통비의 배분기준과 유사하다.

• 물류간접비의 2차 배부

각 부문에서 공통적으로 발생되는 물류간접비의 2차 배부는 물류서비스(보조)부문에서 직접적으로 물류활동을 수행하는 운송부문으로 배부하는 과정으로서 직접배부법(direct method), 계단식배부법(step method), 상호배부법(reciprocal method)이 있다. 이 배부방법을 사례로 설명하면 다음과 같다.

물류간접비 2차 배부사례

H 해운회사는 컨테이너운송팀(T1)과 벌크운송팀(T2)인 두 사업부와 이 사업부를 지원하는 운항관리팀(S1), 선원관리팀(S2), 영업관리팀(S3)으로 구성된 관리부서(서비스보조부문)로 구성되어 있다. 2009년도에 다음과 같은 물류간접비가 발생하였다.

부문	컨테이너운송	벌크운송	운항관리(S1)	선원관리(S2)	영업관리(S3)
물류간접비	2,500,000원	1,200,000원	1,000,000원	500,000원	600,000원

서비스보조부문에서 각 부문(팀)에 용역제공 비율(%)

부문	컨테이너운송	벌크운송	운항관리(S1)	선원관리(S2)	영업관리(S3)
운항관리(S1)	20	30		40	10
선원관리(S2)	40	50			10
영업관리(S3)	50	50			

회사는 운항원가계산을 정상조업도에 의한 예정배부율에 의하므로, 실제발생액과 예정배부액 간의 차이를 영업외손익으로 처리하고 있다.

	실제운항시간	정상조업도운항시간	물류간접비예산
컨테이너운송	4,800	5,000	3,500,000원
벌크운송	4,500	5,500	2,200,000원

(가) **직접배부법**(Direct method)에 의하여 보조부문원가를 사업부서(컨테이너운송팀과 벌크운송팀)에 배부하는 경우는 [표 6-8]에 나타난 바와 같다.

① 3팀인 보조부문 상호 간의 용역제공은 무시하고 직접 사업부서에 배부하므로 운항관리부에서 발생된 1,000,000원은 컨테이너운송사업부와 벌크운송사업부에 각각 40%(2/5)와 60%(3/5)만큼 배부되어 컨테이너운송사업부에는 400,000원이 배부되고 벌크운송사업부에는 600,000원이 배부된다.

선원관리부에서 발생된 500,000원은 컨테이너운송사업부와 벌크운송사업부에 각각 4/9와 5/9만큼 배부되어 컨테이너운송사업부에는 222,222원이 배부되고 벌크운송사업부에는 277,778원이 배부된다.

영업관리부에서 발생된 600,000원은 컨테이너운송팀과 벌크운송팀에 절반씩인 300,000원이 각각 배부된다. 배부된 물류간접비를 전부 집계하면 컨테이너운송사업부에서 집계된 총운항원가는 3,422,222원이고 벌크운송사업부의 총운항원가는 2,377,778원이 된다.

이를 간략하게 도식하면 다음의 [표 6-8]과 같다.

표 6-8 직접배부법에 의한 물류간접비 배부과정 (단위: 원)

부문	컨테이너운송	벌크운송	운항관리(S1)	선원관리(S2)	영업관리(S3)
물류간접비	2,500,000	1,200,000	1,000,000	500,000	600,000
운항관리(S1)	400,000	600,000	(1,000,000)		
선원관리(S2)	222,222	277,778		(500,000)	
영업관리(S3)	300,000	300,000			(600,000)
총운항원가	**3,422,222**	**2,377,778**			

② 운항원가를 관리하기 위해 H해운회사에서는 정상조업도기준에 의해 예정원가를 계산하여 원가계산하고 있기 때문에 예정원가와 상기에서 도출된 실제원가와의 차이를 계산하면 다음과 같다.

컨테이너운송사업부:

$$예정배부율 = \frac{물류간접비예산}{정상조업도} = \frac{3,500,000원}{5,000시간} = \mathbf{700원/운항시간}$$

예정배부액 = 700원/시간 × 4,800시간 = **3,360,000원**

배부차이 = 실제발생원가 − 예정배부액 = 3,422,222원 − 3,360,000원

= **62,222원**(불리한 차이)

벌크운송사업부:

$$예정배부율 = \frac{물류간접비예산}{정상조업도} = \frac{2,200,000원}{5,500시간} = \mathbf{400원/운항시간}$$

예정배부액 = 400원/시간 × 4,500시간 = **1,800,000원**

배부차이 = 2,377,778원 − 1,800,000원 = **577,778원**(불리한 차이)

(나) **계단식배부법**(Step method)에 의하여 보조부문원가를 사업부서(컨테이너운송팀과 벌크운송팀)에 배부하는 경우는 [표 6-9]에 나타난 바와 같다.

① 계단식배부법은 3팀인 보조부문 상호 간의 용역제공은 부분적으로 인식하면서 사업부서에 배부하는 배부방법으로서 타부서에 용역제공이 제일 많은 보조부문부터 단계적으로 배부하는 방법이다. 운항관리부는 용역제공한 부서수는 4개이고 선원관리부는 3개 그리고 영업관리부는 2개 부서이므로 운항관리부터 물류간접비를 용역제공비율에 의거하여 배부하면 된다. 운항관리부에서 발생된 1,000,000원은 컨테이너운송사업부, 벌크운송사업부, 선원관리팀 그리고 영업관리팀에 각각 20%, 30%, 40%, 10%만큼 배부되어 컨테이너운송사업부에는 200,000원이 배부되고 벌크운송사업부에는 300,000원이 배부될 뿐만 아니라, 선원관리팀에 400,000원, 영업관리팀에 100,000원이 배부된다.

다음은 선원관리부 배부차례이다. 배부될 금액은 선원관리부 자체 물류간접비인 500,000원과 운항관리부에서 배부된 400,000원을 합쳐서 900,000원이며 이 금액을 컨테이너운송사업부, 벌크운송사업부, 영업관리팀에 각각 40%, 50%, 10%만큼 배부하면 된다. 따라서 컨테이너운송사업부에는 300,000원이 배부되고 벌크운송사업부에는 450,000원이 배부되고 선원관리팀에 90,000원이 배부된다.

마지막으로 영업관리부에서 배부될 금액은 영업관리부 자체 물류간접비인 600,000원과 운항관리부에서 배부된 100,000원 그리고 선원관리부에서 배부된 90,000원을 합쳐서 총 790,000원이며 이 금액을 컨테이너운송사업부와 벌크운송사업부에 절반씩 배부하면 된다. 따라서 컨테이너운송사업부에는 395,000원이 배부되고 벌크운송사업부에도 395,000원이 배부된다. 배부된 물류간접비를 전부 집계하면 컨테이너운송사업부에서 집계된 총운항원가는 3,455,000원이고 벌크운송사업부의 총운항원가는 2,345,000원이 된다.

이를 표로 도식하면 다음과 같다.

표 6-9 계단식배부법에 의한 물류간접비 배부과정 (단위: 원)

부문	컨테이너운송	벌크운송	영업관리(S3)	선원관리(S2)	운항관리(S1)
물류간접비	2,500,000	1,200,000	600,000	500,000	1,000,000
운항관리(S1)	200,000	300,000	100,000	400,000	(1,000,000)
선원관리(S2)	360,000	450,000	90,000	(900,000)	
영업관리(S3)	395,000	395,000	(790,000)		
총운항원가	**3,455,000**	**2,345,000**			

② 운항원가를 관리하기 위해 H 해운회사에서는 정상조업도기준에 의해 예정원가를 계산하여 원가계산하고 있기 때문에 예정원가와 상기에서 도출된 실제원가와의 차이를 계산하면 다음과 같다.

컨테이너운송사업부:

$$예정배부율 = \frac{물류간접비예산}{정상조업도} = \frac{3,500,000원}{5,000시간} = \mathbf{700원/운항시간}$$

예정배부액 = 700원/시간 × 4,800시간 = **3,360,000원**

배부차이 = 실제발생원가 − 예정배부액 = 3,455,000원 − 3,360,000원

= **95,000원**(불리한 차이)

벌크운송사업부:

$$예정배부율 = \frac{물류간접비예산}{정상조업도} = \frac{2,200,000원}{5,500시간} = \mathbf{400원/운항시간}$$

예정배부액 = 400원/시간 × 4,500시간 = **1,800,000원**

배부차이 = 2,345,000원 − 1,800,000원 = **545,000원**(불리한 차이)

(다) **상호배부법**(Reciprocal method)에 의하여 보조부문원가를 사업부서(컨테이너운송팀과 벌크운송팀)에 배부하는 경우는 [표 6-10]에 나타난 바와 같다. 상호배부법은 3팀인 보조부문 상호간의 용역제공은 완전히 인식하면서 사업부서에 배부하는 배부방법이기 때문에 방정식을 활용하여 보조부문에서 실제 부담하여야 할 물류간접비금액을 계산하여야 한다.

즉, 운항관리부(S1)에서 실제부담할 물류간접비금액은 1,000,00원에 선원관리부(S2)에서 배부된 금액(S2 × 0%)과 영업관리부(S3)에서 배부된 금액(S3 × 0%)을 합친 금액으로서 선원관리부와 영업관리부에서 배부된 금액이 없으므로 1,000,000원이다. 선원관리부(S2)에서 실제부담할 물류간접비 금액은 500,00원에 운항관리부(S1)에서 배부된 금액(S1×40%)과 영업관리부(S3)에서 배부된 금액(S3×0%)을 합친 금액으로서 운항관리부에서 배부된 금액이 400,000원이므로 총 900,000원이 된다. 마지막으로 영업관리부(S3)에서 실제부담할 물류간접비 금액은 600,00원에 운항관리부(S1)에서 배부된 금액(S1×10%)과 선원관리부(S2)에서 배부된 금액(S2×10%)을 합친 금액으로서 운항관리부에서 배부된 금액이 100,000원과 선원관리부에서 배부된 금액(900,000원×10%)이 90,000원이므로 총 790,000원이 된다. 세 개의 보조부문에서 실제 부담될 금액에다 각 부문에 용역을 제공한 비율을 곱하면 각 부문에서 부담할 물류간접비 금액을 도출할 수 있다. 이를 간략하게 도식하면 다음의 [표 6-10]과 같다.

- **컨테이너운송사업부에서 발생한 총물류간접비**
  = 2,500,000원 + 200,000원 + 360,000원 + 395,000원 = 3,455,000원
- **벌크운송사업부에서 발생한 총물류간접비**
  = 1,200,000원 + 300,000원 + 450,000원 + 395,000원 = 2,345,000원이 된다.

$S1 = 1,000,000 + 0.0S2 + 0.0S3 \Rightarrow S1 = 1,000,000$원

$S2 = 500,000 + 0.4S1 + 0.0S3 \Rightarrow S2 = 500,000 + 0.4 \times 1,000,000 = 900,000$원

$S3 = 600,000 + 0.1S1 + 0.1S2 \Rightarrow S3 = 600,000 + 0.1 \times 1,000,000 + 0.1 \times 900,000$

$= 790,000$원

표 6-10 상호배부법에 의한 물류간접비 배부과정 (단위:원)

부문	컨테이너운송	벌크운송	운항관리(S1)	선원관리(S2)	영업관리(S3)
물류간접비	2,500,000	1,200,000	1,000,000	500,000	600,000
운항관리(S1)	200,000	300,000	(1,000,000)	400,000	100,000
선원관리(S2)	360,000	450,000		(900,000)	90,000
영업관리(S3)	395,000	395,000			(790,000)
총운항원가	3,455,000	2,345,000			

(물류간접비 2차 배부 연습) 상기 사례에서 물류간접비 금액과 타 부문에의 용역제공비율이 다음과 같은 경우에 상호배부법에 의해 물류간접비를 배부하면 다음과 같다.

부문	컨테이너운송	벌크운송	운항관리(S1)	선원관리(S2)	영업관리(S3)
물류간접비	100,000원	200,000원	100,000원	90,000원	50,000원

서비스보조부문에서 각 부문(팀)에 용역제공 비율(%)

부문	컨테이너운송	벌크운송	운항관리(S1)	선원관리(S2)	영업관리(S3)
운항관리(S1)	30	40	0	10	20
선원관리(S2)	20	30	20	0	30
영업관리(S3)	40	50	10	0	0

각 부문에 용역 제공한 비율에 의해 보조부문에서 부담될 물류간접비 금액 S1, S2, S3을 계산하는 연립방정식을 세우면 다음과 같다.

$$S1 = 100,000 + 0.2 \times S2 + 0.1 \times S3$$

$$S2 = 90,000 + 0.1 \times S1 + 0.0 \times S3$$

$$S3 = 50,000 + 0.2 \times S1 + 0.3 \times S2$$

상기 연립방정식을 풀면, S1 = 131,348원, S2 = 103,135원, S3 = 107,210원과 같으며, 이로 인해 용역제공비율에 따라 부서별로 물류간접비를 배부하여 컨테이너운송사업부와 벌크사업부에 최종 배부된 물류원가 총액을 집계하면 다음의 [표 6-11]과 같다.

표 6-11 상호배부법에 의한 물류간접비 배부과정 (단위:원)

부문	컨테이너 운송	벌크운송	운항관리 (S1)	선원관리 (S2)	영업관리 (S3)	합계
물류간접비	100,000	200,000	100,000	90,000	50,000	540,000
운항관리(S1)	39,404	52,539	-131,348	13,135	26,270	0
선원관리(S2)	20,627	30,940	20,627	-103,135	30,940	0
영업관리(S3)	42,884	53,605	10,721	0	-107,210	0
총물류원가	202,915	337,085	0	0	0	540,000

(5) 물류간접비의 예정배부(正常原價計算)

물류간접비의 경우, 관련된 원가발생항목이 매우 많으므로 물류간접비가 다 집계되기를 기다렸다가 이를 각각의 운송활동에 배부하게 되면 원가계산이 필요 이상으로 늦어지게 된다. 따라서 물류간접비의 경우 미리 배부율을 결정해 두고 각 운송활동의 실제배부기준수가 밝혀지면 미리 결정된 배부율에 실제배부기준수를 곱하여 해당 운송활동에 배부하는 방법이 많이 이용되는데, 이를 물류간접비의 예정배부 또는 정상원가계산이라 한다. 정상원가계산하에서는 다음과 같은 절차에 따라 물류간접비의 배부가 이루어진다.

A 운송활동 물류간접비 배부액

$$= \text{물류간접비 예정배부율} \times \text{A 운송활동의 실제배부기준수}$$

$$\text{물류간접비 예정배부율} = \frac{\text{예정총물류간접비}}{\text{물류활동 전체의 배부기준합계예상액}}$$

그러나 이 경우 물류간접비의 실제발생액과 예정액 간에, 그리고 실제배부기준과 예정배부기준 간에는 차이가 있게 마련이다. 따라서 발생한 물류간접비와 원가계산을 위해 각 제품에 배부한 물류간접비의 합계금액 간에는 차이가 발생하게 된다. 이를 물류간접비배부차이라 한다.

물류간접비의 예정배부액은 원가계산의 편의를 위한 것일 따름이지 실제발생액은 아니다. 따라서 이들 간의 차이인 물류간접비배부차이는 이익계산에 포함시켜야 한다. 이의 방법으로는 다음과 같은 세 가지의 방법이 있다.

[물류간접비 배부차이 회계처리]

배부차이 = 예정배부액 - 실제발생액

- 정상적 차이(통제불능): 매출원가, 기말제품에 수량 및 원가기준에 의거하여 배부함
- 비정상적 차이(통제가능) — 당기비용(영업외비용)

① 물류간접비배부차이를 영업외비용 또는 영업외수익으로 처리하는 방법
② 물류간접비배부차이를 매출원가에 가감하는 방법
③ 물류간접비배부차이를 제품기말재고, 매출원가에 배분하는 방법

(6) 원가행태별 배부

원가행태별 배부란 발생된 물류간접비의 원가행태를 정확히 고려하여 배부하는 방식으로 보다 합리적인 배부방식이라고 볼 수 있다. 즉, 조업도에 따라 변하는 변동물류간접비와 조업도에 영향을 받지 않는 고정물류간접비를 다음과 같이 각각 상이한 배부율을 적용하여 배부하는 방식이다.

$$\text{변동물류간접비 배부율} = \frac{\text{변동물류간접비}}{\text{실제조업도}}$$

$$\text{고정물류간접비 배부율} = \frac{\text{고정물류간접비}}{\text{최대조업도(최대운송능력)}}$$

(7) 공헌이익법에 의한 원가배분: 물류부문별 업적평가목적

공헌이익법에 의한 사업부별 손익계산서

A사업부	B사업부	회사 전체	
A매출액	**B매출액**	**총매출액**	**(비고)**
(-)변동원가	(-)변동원가	(-)변동원가	각 사업부에서 발생된 유류비 등의 변동원가
A공헌이익	**B공헌이익**	**총공헌이익**	
(-)A사업부 배부액	(-)B사업부 배부액	(-)부문경영자의 통제가능 고정비배부액	광고비, 판촉비, 연구조사비 및 기술비 등
A사업부 통제가능이익	**B사업부 통제가능이익**	**부문경영자의 통제가능 공헌이익총액**	
(-)A사업부 배부액	(-)B사업부 배부액	(-)경영자에 의한 통제가능 고정비	감가상각비, 재산세, 보험료, 경영자급료 등
A사업부 이익	**B사업부 이익**	**부문이익총액**	
		(-)미배부고정원가	고정비예산-실제발생액
		당기순이익	

공헌이익은 매출액(물류수입)에서 변동원가를 차감하여 계산된 이익으로서 조업도 또는 운송활동에 따라서 변하는 이익이다. 이 개념하에서는 사업부별로 통제가능한 비용을 적절하게 부담(배분)하는 것이 가능하기 때문에 사업부나 부문별 업적평가목적으로 활용하고 있다.

【사례문제】 물류원가계산의 기본절차

다음의 자료들을 참조하여 각 문항에 답하시오.

[자료 1]

2009년 3월중의 거래는 다음과 같다.

3. 1. 선박연료비(벙커시유와 윤활유)의 기초재고는 120,000원이다.

3. 2. 벙커시유 연료 360,000원을 구입하였다.

3. 3. 컨테이너선박 운항을 위하여 연료(벙커시유) 400,000원을 출고하였다.

3. 5. 벙커시유와 윤활유를 보충하기 위해 200,000원을 구입하였다.

3. 7. 벌크선박 운항을 위하여 연료 100,000원을 출고하였다.

3.11. 출항을 위해 선박 엔진용 윤활유(간접재료비, 즉 간접유류비임)를 출고하였다.

3.25. 다음과 같이 선원임금과 부산지사 직원(수리부와 공무부)의 급여를 지급하였다.

컨테이너선박 선원비	240,000원
벌크선박 선원비	150,000원
부산지사 직원 급여	180,000원

3.31. 3월중 제 경비(선비) 발생액은 450,000원으로 모두 간접비이다.

3.31. 전기분 미지급액은 없고, 당기분 미지급임금은 다음과 같다.

컨테이너선박 선원비	30,000원
벌크선박 선원비	30,000원
부산지사 직원급여	20,000원

3.31. 컨테이너와 벌크 두 선박은 모두 당월에 운송활동을 시작하였으며, 당월말까지 컨테이너선박의 운송관리부의 화물수송하지 못한 운송활동에 대한 원가평가액은 150,000원이고, 벌크선박은 115,000원이다.

3.31. 연료(벙커시유와 윤활유)의 기말재고액은 80,000원이다.

[자료 2]

운송(물류)간접비실제발생액의 각 부문별 내역은 다음과 같다.

(단위: 원)

비목＼부서	컨테이너선박	벌크선박	선박수리부	공무부	합 계
윤활유비	80,000	20,000			100,000
간접노무비	10,000	40,000	50,000	100,000	200,000
제 경비	60,000	90,000	100,000	200,000	450,000
합 계	150,000	150,000	150,000	300,000	750,000

[자료 3]

서비스부문원가의 물류부문(선박단위)에의 배부기준 수는 다음과 같다.

서비스부문	배부기준	컨테이너선박	벌크선박
선박수리부	화물중량×수송시간(톤시간)	2,000	1,000
공무부	종업원수(명)	10	20

[자료 4]

물류간접비는 각 선박의 수송시간을 기준으로 예정배부된다. 이에 관련된 자료는 다음과 같다.

(단위: 시간)

선박부문	컨테이너운송	벌크운송	컨테이너운송	벌크운송
	예정수송시간		실제수송시간	
컨테이너선박	2,000	1,000	2,100	1,050
벌크선박	1,200	4,000	1,250	3,950
예정물류간접비	336,000원	385,000원		

【물 음】

1. 다음 물류비계정과 물류간접비계정의 (1),(2),(3),(4),(5)에 들어갈 금액을 각각 구하시오.

물류비

차변		대변	
유류비	(1)	선박	(7)
선원비	(2)		
물류간접비	(6)	차기이월	265,000

물류간접비

차변		대변	
윤활유비	(3)	물류비	(6)
선원비	(4)	물류간접비	
제 경비	(5)	배부차이	(?)

[해 설]

(1) A선박운항을 위한 유류비사용액 400,000원
B선박운항을 위한 유류비사용액 100,000원
3월중 유류비 **500,000원**

(2) 선원비 지급액 240,000원 + 150,000원 390,000원
선원비 당기미지급액 30,000원 + 30,000원 60,000원
3월중 선원비 **450,000원**

(3) [자료 1]의 자료를 이용하여 다음과 같이 구한다.

기초 연료비(벙커시유+윤활유) 재고액		120,000원
당기 연료비구입액 360,000원 + 200,000원	(+)	560,000원
차변 소계		**680,000원**
기말 연료비 재고액	(−)	80,000원
당기 연료비 사용액		600,000원
연료비중 방카시유(직접재료비)사용액	(−)	500,000원
윤활유(간접재료비) 사용액		**100,000원**

[자료 2]의 자료를 이용하여 각 부문비(A 선박과 B 선박부문의 윤활유) 발생액의 합계액에 의하여도 같은 결과를 얻을 수 있다.

즉, 80,000원 + 20,000원 = 100,000원

(4) [자료 1]의 자료를 이용하여 다음과 같이 구한다.

부산지사 직원 임금지급액	180,000원
부산지사 직원 임금미지급액	20,000원
3월중 간접노무비	**200,000원**

[자료 2]를 이용하여도 같은 결과를 얻을 수 있다. 즉,

10,000원 + 40,000원 + 50,000원 + 100,000원 = 200,000원

(5) 〈자료 1〉에서 바로 주어진 금액인 450,000원

2. 물류서비스부문의 원가를 컨테이너운송부과 벌크운송부에 배분하여 두 사업부의 물류비총액을 계산하시오.

[해 설]

(단위: 원)

비목＼부서	컨테이너운송부	벌크운송부	선박수리부	공무부	합 계
부문비발생액	150,000	150,000	150,000	300,000	750,000
서비스부문 배분					
선박수리비	100,000	50,000	-150,000		300,000
공무부	100,000	200,000		-300,000	0
물류비총액	350,000	400,000	300,000	0	1,050,000

3. 위의 물류비계정과 물류간접비계정의 (6),(7)에 들어갈 금액을 각각 구하되, 이를 각 선박별로도 구하시오.

[해 설]

(6) 물류간접비 배부액 도출

① 물류간접비 예정배부율

컨테이너운송사업부 예정배부율: 336,000원 ÷ 3,200시간 = 105원/시간

벌크운송사업부 예정배부율: 385,000원 ÷ 5,000시간 = 77원/시간

② 물류간접비 예정배부액 도출

(단위: 원)

부문	컨테이너선박	벌크선박	합계
컨테이너운송사업부	105 × 2,100 = 220,500	105 × 1,250 = 131,250	351,750
벌크운송사업부	77 × 1,050 = 80,850	77 × 3,950 = 304,150	385,000
합 계	301,350	435,400	736,750

(7) 당기에 선박별 운송원가 계산

(단위: 원)

	컨테이너선박	벌크선박	합계
기초운송품재고액	-	-	-
직접재료(유류)비	400,000	100,000	500,000
직접노무(선원)비	270,000	180,000	450,000
물류간접비배부액	301,350	435,400	736,750
당기발생 물류비용	971,350	715,400	1,686,750
기말운송품재고액	-150,000	-115,000	-265,000
당기선박별 운송원가	821,350	600,400	1,421,750

(8) 물류간접비 배부차이(실제발생액 - 예정배부액) 계산

컨테이너선박: 350,000원 - 301,350원 = 48,650원(불리한 차이)
벌크선박: 400,000원 - 435,400원 = - 35,400원(유리한 차이)
소 계 13,250원(불리한 차이)

• 물류비계정과 물류간접비 계정 작성

물류비 (단위: 원)

유류비	500,000	컨테이너선박	821,350
선원비	450,000	벌크선박	600,400
물류간접비	736,750	차기이월	265,000
	1,686,750		1,686,750

물류간접비 (단위: 원)

차변	금액	대변	금액
윤활류비	100,000	물류비	736,750
부산지사임금	200,000		
제 경비(선비)	450,000	배부차이	13,250
	750,000		750,000

제 7 장

물류활동기준원가계산

소비된 물류원가를 정확히 계산하기 위해서는 물류활동별로 원가를 집계해야 한다.

전통적인 원가계산시스템에서 제조간접비는 조업도(생산량, 작업시간, 직접비 등) 기준에 의거하여 제품에 배부하였다. 그러나 생산비 및 물류비를 절감하고 생산성을 증대시키기 위해 기업들은 생산공정을 자동화하고 첨단운영시스템을 도입하여 직접노무비는 상대적으로 낮아지고 자동화비용, 컴퓨터 제어비용 등의 제조간접비는 상대적으로 증대하였다. 증대된 제조간접비를 상대적으로 비중이 적은 직접비기준의 조업도에 의거하여 배부하게 되면 원가배분이 왜곡되어 제품원가계산이 부정확할 뿐만 아니라, 원가에 관한 각종 의사결정이 왜곡된다. 이러한 전통적인 원가계산시스템의 문제점을 해소하여 제품원가계산을 보다 정확하게 하고 각종 원가의사결정이 제대로 수행되기 위해 나타난 개념이 활동기준원가계산(Activity Based Costing, ABC)이다. 본 장에서는 물류원가계산을 보다 적정하게 할 수 있는 ABC에 대해서 다음과 같이 살펴보고자 한다.

- 활동기준원가계산의 도입배경과 필요성
- 활동기준원가계산의 개념과 과정
- 활동기준원가계산의 적용효과
- 기존 원가계산과 활동기준원가계산의 비교
- 활동기준원가관리(Activity Based Management, ABM)와 부가가치활동
- 활동기준원가계산의 한계점과 보완점

제 1 절 활동기준원가계산의 필요성과 개념

1. 도입배경과 필요성

오늘날 기업이 직면하고 있는 환경은 경쟁이 치열하고 소비자(고객)의 요구조건이 복잡하고 다양하다. 이러한 경쟁 환경하에서 기업이 경쟁우위를 확보하기 위하여 공장을 자동화하고 설비자산을 대형화하여 원가를 절감하고자 하는 노력이 지속적으로 수행되고 있다. 즉 공장자동화로 공장현장에서 실제 작업하는 종업원은 감소하고 자동화통제 요원과 연구개발(R&D) 요원 및 프로그램 내지는 소프트웨어개발 요원이 증대하는 인력구조로 나타남에 따라, 간접노무비와 기술개발비가 증대하고 이에 대한 회계처리 및 원가관리의 중요성이 증대되고 있다. 이러한 원가특성의 변화를 요약하면 다음과 같다.

① 설비투자 증대로 변동비(직접비) 중심에서 고정비(간접비) 중심으로 원가중심이 이동함에 따라 원가배분기준이 중요시되고 있으며,

② 제품수명주기 단축으로 기술개발비와 제품설계비 등 제조간접비가 증대하고

③ 적시재고관리시스템(JIT) 개념에 의한 무재고 추구로 재고평가 중요성이 점차 감소되며,

④ 공장자동화와 컴퓨터 통합생산 등으로 직접노무비는 상대적으로 감소하고 있다(이러한 원가구조의 변화를 그림으로 나타낸 것이 [그림 7-1]임).

상기와 같은 원가구조하에서 전체 원가 중 직접노무비의 절감가능성이 적고, 상대적으로 비중이 커진 제조간접비의 관리가 중요하고 제품수명주기단축에 따른 총생산비용정보가 요구되며, 생산단계 이전의 원가관리가 더욱더 중요시되고 있어, 실제로 수행되는 활동별로 원가를 계산하는 활동기준 원가계산이 점점 확산되고 있다.

활동기준원가계산(ABC) 방식은 기존의 전통적인 원가계산방식의 문제를 시정하기 위하여 제조업분야에서 먼저 개발되어 이용되어 오고 있으며, 1990년대

그림 7-1 원가구조의 변화

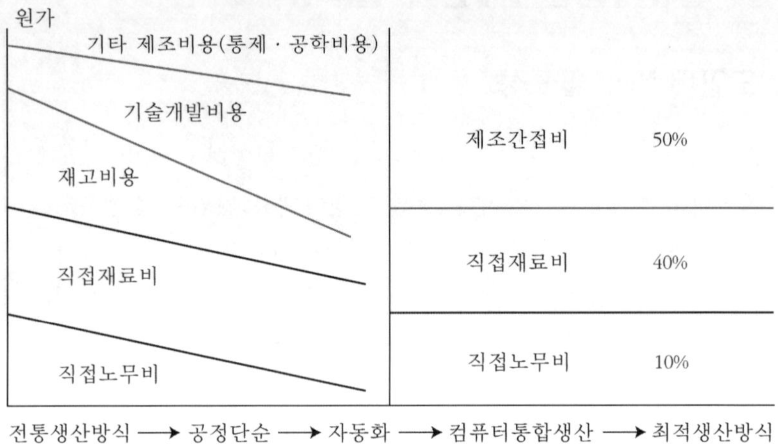

이후 서비스산업에서 확대 운영되고 있다.[1] 활동원가가 중요시 되고 있는 것은 생산방식의 차이에서 오는 변화에 대한 순응이다. 기존의 인력중심의 생산 원가계산 방식에서 기계화, 자동화에 의한 생산, 기획 및 관리비의 상대적 증가 등의 요인에 의한 생산방식의 변화는 기존의 원가방식과 부합되는 즉, 원가계산 방식이 현실을 반영하지 못하는 것에 기인한다. 또한 최근에는 마케팅, 물류, 고객서비스 등에 대한 비중이 확대됨에 따라 판매비 및 일반관리비 등이 상대적으로 커지게 되고 기존의 원가관리 시스템은 그 효용성을 잃게 되었다. 특히 오늘날 기업들은 경쟁력을 확보하기 위해 전세계적으로 현지경영 및 수직적 분업화 등의 공급사슬관리(SCM)를 중요시함에 따라 기업경영에서 물류의 역할이 증대되었다. 이에 따라 총원가에서 물류원가비중이 커짐에 따라 물류원가 관리가 더욱더 중요해지고 있다.

1) Rotch는 ABC의 개념을 생산조직 이외의 서비스 업체에 도입하려는 연구를 수행하였다. Rotch는 생산조직과 달리 서비스 조직은 산출물에 대한 정의가 어려운 점 등 생산조직과 다른 면이 있지만 ABC를 도입함으로써 성과향상 등을 꾀할 수 있다고 하였다. 그리고 실제 ABC의 개념을 도입한 병원, 철도회사, 유람선회사, 정보제공회사 등의 사례를 통하여 전통적인 원가계산방법과 ABC의 개념에 의한 원가계산방법을 비교하면서 서비스 조직에서의 ABC의 도입을 연구하였다.

Rotch, W. "Activity-Based Costing in Service Industries," Journal of Cost Management, Summer 1990, pp. 4~14.

2. 활동기준원가계산의 개념

존슨(Johnson)[2]에 의하면 ABC는 전통적 제품원가계산 방법과 정반대의 개념으로서 제품설계, 엔지니어링, 제조, 판매, 인도 및 서비스와 같은 자원소비 활동으로 인해 원가가 발생한다고 가정하고, "자원을 소비하고 고객에게 가치를 제공하는 활동에 대한 파악을 토대로 원가를 부과하는 것이다"라고 정의하였다([그림 7-2]와 [그림 7-3] 참조).

그림 7-2 기업활동과 원가발생과정

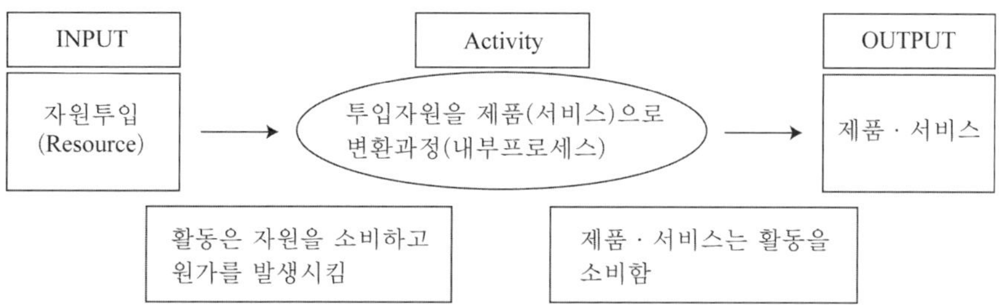

그림 7-3 활동기준 원가회계시스템의 기본개념

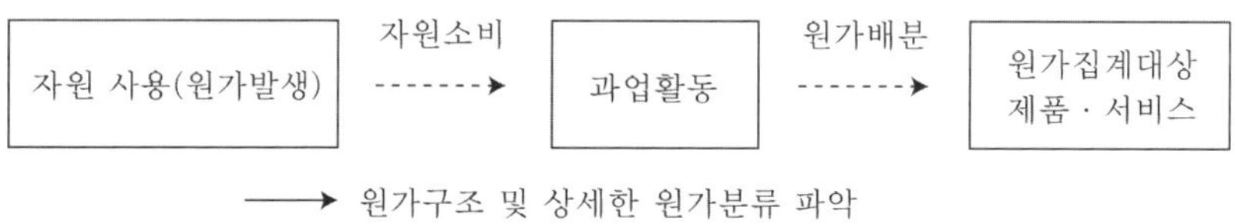

전통적인 원가계산시스템에서는 발생된 원가(직접재료비, 직접노무비, 제조간접비)를 원가발생장소인 원가중심점(공장의 각 부문)에 할당하고 이를 다시 적절한 배부기준에 의거하여 최종원가중심점인 제품에 배부한다. 이러한 전통적인 원가집계과정하에서는 제조간접비는 조업도 기준(직접작업시간 또는 기계

2) Thomas H Johnson, "Activity-Based Information: A Blueprint for World-Class," Management Accounting, p. 264.

운전시간 등)으로 배부되고 모든 원가는 개별원가계산단위(제품)에 배분된다. 결국 상대적으로 중요성이 낮고 적은 규모의 직접비 배부기준으로 상대적으로 중요하고 금액이 큰 제조간접비를 배분하는 오류가 발생하여 원가계산의 왜곡이 발생한다. 그뿐만 아니라, 실제로 소비된 원가를 정확히 측정하지 않고 인위적인 배부기준에 의해 간접비를 배부함으로써 원가계산이 왜곡된다([그림 7-4] 참조).

그림 7-4 전통적인 원가집계과정

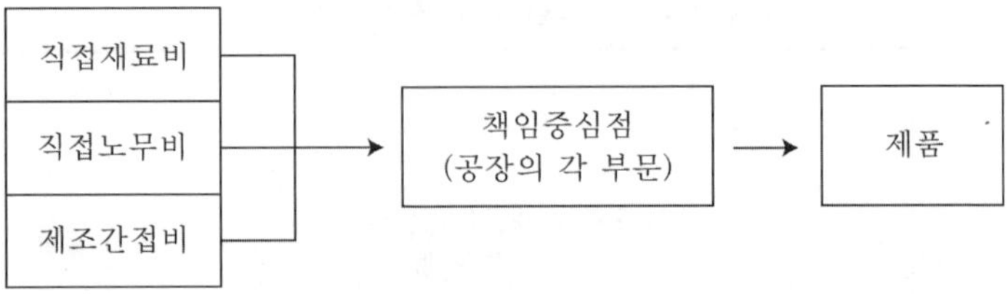

그림 7-5 활동기준 원가회계시스템에서 원가식별과 집계과정

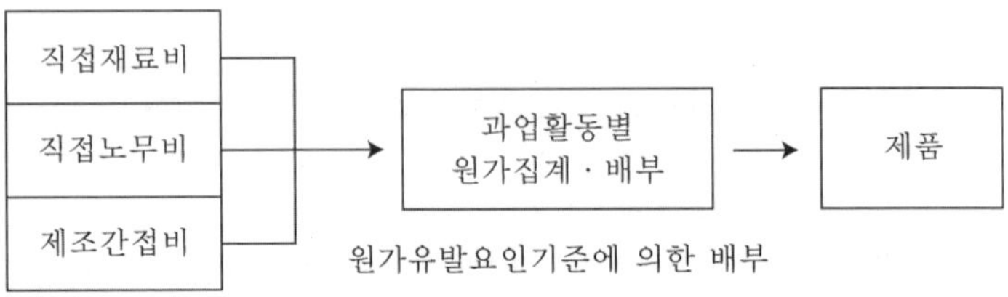

그러나 활동기준 원가계산하에서는 실제로 원가를 소비하는 원가유발요인인 과업활동별로 원가를 집계함으로써, [그림 7-5]에서 나타나는 것처럼 원가소비 정도를 정확하게 측정하게끔 한다. 활동별로 원가소비가 정확하게 평가됨으로써 부가가치활동과 비부가가치활동을 식별하는 데에 도움을 주는 정보를 제공할 수 있다.

쿠프(Coop)[3]는 "ABC 시스템은 제품보다 활동에 초점을 맞추며, 조업도에

3) Robin Cooper, "The Rise of Activity-Based Costing-Part Two When Do I Need an Activity-Base Cost System," p. 41.

기초한 전통적 원가 시스템의 사용으로 발생할 수 있는 제품원가의 왜곡을 방지하는 데 도움을 준다. 현재 공통으로 사용되고 있는 배부기준 대신에 ABC는 생산된 제품수량에 따라 소비가 직접 변동하는 투입물을 추적하는 2단계 기준과 조업도에 따라 자원소비가 변화하는 투입물을 추적하기 위해 활동기준을 사용한다. 따라서 ABC 시스템은 정확한 제품원가를 계산할 수 있게 한다"라고 정의하였다.

따라서 ABC는 기업의 목표를 달성하기 위하여 수행되고 있는 활동별로 그 성과를 측정하고, 관련되는 원가를 추적함으로써 보다 정확한 원가정보를 산출하고 전사적인 관점에서 비능률요소를 제거할 수 있는 정보를 체계적으로 산출하는 원가시스템이라고 할 수 있다. 원가가 발생하는 원인을 규명하고 체계적인 활동분석을 통해서 부가가치활동과 비부가가치활동을 구분하여 불필요한 활동을 제거하고, 비부가가치활동은 가급적 줄이며, 필요한 활동을 올바른 방법과 최소의 비용으로 실행하도록 함과 아울러 정확한 원가선정에 필요한 정보를 제공하는 시스템으로 정의할 수 있다. 그러므로 ABC는 단순히 새로운 방식의 제품원가 계산만을 지칭하는 것이 아니라 원가관리를 포함한 경영 전반에 걸친 전략적 수행에 필요한 정보제공시스템이라고 할 수 있다.

3. 활동기준원가계산의 의의와 특징

오늘날과 같이 경쟁이 치열한 기업환경하에서 기업이 경쟁력을 지니기 위해서는 고객(소비자)가치를 증대시키는 활동에만 자원을 할당하고 고객가치 증대와 관련이 없는 활동에는 자원을 할당해서는 안된다. 그러나 과거의 미국 제조기업에서는 작업활동 중 절반 이상이 불필요한 작업인데도 불구하고 단위당 생산원가만 통제하고 있어 고객가치와 관련이 없는 비부가가치활동도 그대로 유지하고 있어 결국 경쟁력 저하를 초래하였다. 이는 원가통제의 역효과를 입증하는 것이다. 특히, 국제적 우량기업의 특성은 고객(소비자)가치 증대를 위한 연속활동흐름을 가능한 빠르게 하고 있기 때문에 고객가치를 증대시킬 수 있는 활동유무를 식별하기 위해서도 활동기준원가계산의 적용이 필수적이다.

전통적 원가계산시스템에 의한 제품원가정보

구매부서	
급여와 상여금	1,000,000
복리후생비	300,000
여비교통비	200,000
소모품비	40,000
통신비	57,000
접대비	150,000
합 계	1,747,000

What is spent?
무엇이 소비되었는가?

활동기준원가계산에 의한 제품원가정보

구매부서	
시장조사	150,000
협력업체 조사	190,000
협력업체 교섭	250,000
납기 독촉	200,000
사양서 확인	160,000
발 주	307,000
검 수	318,000
대금지급	172,000
합 계	1,747,000

How resources are spent?
자원이 어떻게 소비되었는가?

이러한 활동기준원가계산의 특성을 요약하면 다음과 같다.

- 활동별로 소비된 원가를 측정하기 때문에, 발생된 원가는 조업도(생산량)의 함수가 아니라 작업활동의 함수이다.
- 비재무적 자료로 작업활동결과를 측정가능하게 한다.
- 비가치작업활동을 발견하여 제거하는 것을 가능하게 한다.
- 전사적 품질관리(TQM)나 적시생산관리시스템(JIT)에 의해 기존 작업방법을 수정하여 비부가가치 작업활동의 원인을 제거하게 한다.
- 실무작업자에게 작업활동을 자율적으로 고안하게 하고 이에 대한 집행권한을 부여함으로써, 작업의 능력향상과 생산성 증대를 이룰 수가 있다.

활동기준원가(ABC)는 전통적인 회계방법의 한 대안이다. 전통적으로 소비량이 큰 고객이 수익성 있는 고객이라고 추정한다. 충성도가 높은 고객은 높은 수익을 가져다주는 고객이다. 이익은 만족한 고객으로부터 나올 것이다. 고객수익성과 관련된 연구결과, 위 사실이 항상 옳은 것은 아닌 것으로 밝혀졌다. ABC는 어느 한 조직의 비용 유발요인 또는 활동들을 확인해 주는 원가산정 모델이다. 이것은 제품과 서비스의 제공과정에서 발생되는 거래의 횟수에 기초하여, 제품과 서비스(원가동인)에 비용을 할당한다. 그 결과 활동기준경영관리(ABM)는 경영자로 하여금 어떻게 주주의 가치가 최대화될 수 있는지, 기업의 성과가 개선될 수 있는지 알 수 있도록 도와준다. 역사적으로, 원가산정모델은 물량에 기초하여 간접원가와 연관이 있다.

ABC의 일반적인 이점:

- 수익성이 가장 높은 고객, 제품, 유통채널을 확인할 수 있다.
- 수익성이 가장 낮은 고객, 제품, 유통채널을 확인할 수 있다.
- 누가 재무성과에 공헌하고 안했는지를 결정할 수 있다.
- 생산량, 조직의 구조, 자원의 원가 변동시, 정확하게 원가, 이익, 필요자원 등을 예측할 수 있다.
- 빈약한 재무성과의 근본 원인을 쉽게 확인할 수 있다.
- 활동과 작업프로세스의 원가를 추정할 수 있다.
- 매니저들이 개선을 촉진시킬 수 있는 원가개념을 갖추게 해준다.
- 더 나은 마케팅믹스를 촉진한다.
- 고객과의 구매협상력을 강화할 수 있다.
- 제품의 더 나은 Positioning(포지셔닝)을 달성한다.
- 고객에게 제공하는 제품 또는 물류서비스의 경쟁력 우위(경쟁적 위치화 또는 포지션닝)를 달성한다

ABC는 활동에 기반을 둔 원가산정으로, 각각의 고객에 대한 개별적인 서비스 비용을 확인할 수 있다. 제조원가와 고객 서비스 원가를 추정하여, 각 고객별로 수익성을 알 수 있다. 고객원가와 제조원가를 분리하여 취급하는 이 방법을 통해, 각 고객의 수익성을 확인할 수 있다. 그에 따라서 제품과 서비스를 포지셔닝할 수 있다.

그림 7-6 ABC와 ABM의 기본 틀

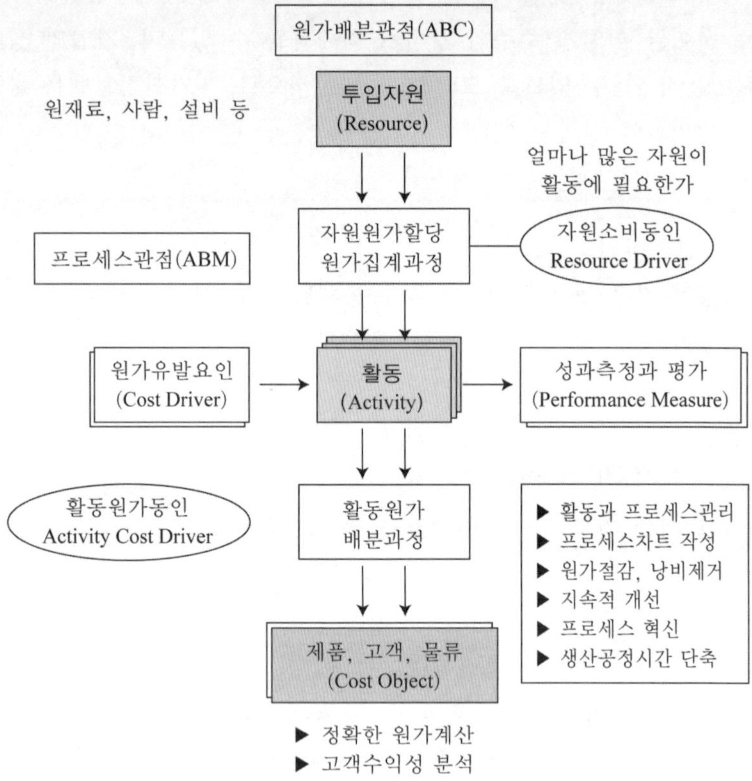

지속적인 개선

ABC의 실시는 직원에 포함된 각종 비용을 이해할 수 있다. 그리고 경영진이 원가를 분석하고, 어떤 활동이 부가가치를 창출하는지 여부를 확인시켜 준다. 또한 이것에 근거하여 개선을 실행하고 이익을 실현할 수 있다. 이것은 비용을 분석하고, 부가가치를 창출하지 않는 활동들을 감소시키거나 제거하고, 전반적인 효율성을 달성하는 점에서 지속적인 개선 과정이다.

ABC는 기업이 경쟁가격으로 더 좋은 품질의 제품을 원하는 시장의 요구에 대응할 수 있게 해준다. 제품 수익성 및 고객 수익성을 분석함으로써, ABC 방법은 최고경영진의 의사결정과정에 효과적으로 공헌한다. ABC를 통해 기업은 효율성을 증가시키고, 고객가치의 희생없이 비용을 감소시킬 수 있다. 많은 회사는 또한 균형성과표(BSC)를 위해 기초로 ABC를 사용한다.

또한 기업이 원가감소의 영향을 모델링할 수 있게 해주고, 결과적으로 달성된 비용감소를 확인할 수 있게 해준다. 전반적으로, 활동기준원가(ABC)는 지속적인 개선을 위한 동적인 방법이다. ABC로 기업은 내부의 원가비교우위를 가질 수 있으며, 이해관계자와 고객에게 지속적으로 가치를 더해줄 수 있다.

활동기준원가산정의 실행은 쉽지 않기 때문에 특별한 활동기준원가산정 소프트웨어가 필요할 수 있다.

활동은 자원을 소비하고 원가를 발생시키고 원가 대상(제품, 서비스)은 활동을 소비한다. 자원이라 함은 활동을 수행하는 데 사용된 경제적 가치가 있는 투입물로서 사람, 기계, 장비, 기술, 재료, 공급자 등으로서 총계정원장으로부터 획득할 수 있다. 그리고 ABC는 자원의 원가를 활동에 할당하는 일로부터 시작된다. 주문접수나 선적 등과 같은 활동이 발생했을 때 이러한 활동을 체계적으로 관리함으로써 납기단축, 품질향상, 원가절감 그리고 고객만족도 향상 등을 성취할 수 있다. 여기에 경영관리의 측면에서의 ABM의 필요성이 더욱 부각된다. [그림 7-6]에서는 ABC와 ABM의 기본틀을 소개하고 있다.

활동 유발요인(Activity Driver)은 원가 대상이 많은 활동들을 어떻게 사용하는지를 측정한다. 그것은 산출물의 측정 수단이고 ABC 제품 원가계산의 필수사항이다. 그러나 만일 활동 유발요인이 원가 대상의 독특한 다양성에 비례하여 활동원가를 원가대상으로 재배분하지 않는다면, 설계팀은 목표에 도달하지 못하게 되고 제품과 원가대상 데이터도 지속적으로 오류를 가져오게 되는 것이다.

활동에 대한 근본적인 원인이 되거나 이를 유발시키는 의미에서 본다면 활동 유발요인은 진정한 원가 유발요인이 아닐 수도 있다. 진정한 유발요인은 운영적 원가 유발요인이라 불린다. 활동 유발요인은 무엇이 발생된 결과인 반면 운영적 원가 유발요인은 무엇이 그것을 발생시켰는지를 밝혀준다. 원가는 활동수준이 아닌 프로세스 수준에서 발생하는 경향이 있다.

활동 유발요인은 제품(혹은 원가대상) 원가 계산에 필수적이기 때문에 작업준비 횟수나 자재 이동횟수 등과 같이 측정이 가능해야 한다. 이와는 달리 운영적 원가 유발요인은 측정가능성은 덜해도 원인으로서 더 통찰력이 있고 직감력이 있어야 한다. 예를 들면, 재고수준 또는 기계운영 계획의 불균형 같은 것들이다. 운영적 원가 측정수단은 인과관계에 초점을 맞추고 있기 때문에 성과 측정에 더 유용하다. 그러나 활동 유발요인은 산출물에 대한 성과 평가로 사용하기가 더 쉽다.

구매주문을 위한 활동 유발요인은 제품의 자재 소요계획서(BOM)상의 부품수가 될 수가 있다. 이 소비 측정수단은 구매주문 활동의 효율성을 나타내지는 않는다. 구매주문의 산출물은 운영적 원가 유발요인, 즉 구매주문 횟수이다. 구매주문에 대한 성과측정은 각각의 구매 주문별 원가가 될 수 있다.

성과 평가를 위한 활동 유발요인과 운영적 원가 유발요인의 작업단위는 상이한 목적으로 이용될 수 있는 유사한 데이터를 사용한다. 활동 유발요인은 원가대상별 활동의 소비를 반영한다. 운영적 원가유발요인은 얼마나 효율적으로 활동(혹은 활동의 그룹)이 수행되는지를 반영한다.

4. 물류활동원가분석(Logistic activity-based costing)의 개요

물류를 담당하는 사람도 물류비용을 절감하기 위해 무엇을 해야 할지 모르겠다라거나, 작업 효율성을 개선하려 해도 물류센터에 들어가서 무엇을 해야 하나 하는 이야기를 들을 때가 있다. 막연히 물류 현장을 보고 있어도 어디가 문제인지를 알 수 없는 것이다. 물류의 실태를 보지 못하고 있기 때문이다. 물류의 활동은 보여도 그 실태가 보이지 않기 때문에, 무엇을 어떻게 해야 할지 모르겠다고 하는 말이 나오는 것이다. 물류개선을 위해서 물류를 시각화해야 하는 이유가 여기에 있다.

물류를 보이도록 하는 유일한 방법은 숫자로 물류의 전모를 밝히는 것이다. 숫자의 좋은 점은 물류효율화나 물류비용의 절감의 지식이 없다고 하더라도, 무엇을 해야 하는가를 보여 줄 수 있기 때문이다.

숫자로 물류의 실태를 밝히면, 문제가 어디에 있는지 알 수 있는 데다 물류에서 낭비되는 요인이 무엇인지도 보여주게 된다. 물류를 시각화하기 위해서는 그것을 가능하게 하는 기법이 필요하다. 물류비용을 사용하여 문제를 밝히고 그 원인까지 알 수 있는 특별한 원가계산이 그 기법이다. ABC(Activity-Based Costing: 활동기준원가계산)라고 하는 원가계산을 물류에 적용한 것으로 물류 ABC라고 부른다. 이 원가계산은 물류비용의 발생에 관한 인과관계를 밝혀주기 때문에, 물류의 비용절감에 큰 위력을 발휘한다.

활동원가분석은 기존의 원가회계에서 사용하는 노무비, 재료비, 경비의 방식이 아닌 직접 제품이나 서비스에 해당되는 원가를 계산하는 방법이다. 기존의 원가회계로는 특정 활동, 서비스에 대한 원가를 알 수 없어 활동의 원가를 알 수 없어 그 활동에 대한 평가 역시 정확하게 수행할 수 없는 단점이 있기 때문이다.

활동원가분석을 간단하게 설명하면 활동에 원가를 모아서 계산하는 것이다. 활동이란 물류센터의 예를 들면 활동이란 그 내부에서 하고 있는 작업을 뜻한다. 물류센터에서는 크게 나누면, 화물반입, 검품, 재고진열, 피킹(재고 상품에서 꺼내어 배송 준비를 하는 것), 가격표 부착, 출하를 위한 검품, 포장, 적재 등의 작업을 한다. 이들 작업을 원가계산의 목적에 대응하도록 설명한 것이 활동이다.

활동원가분석은 이들 활동에 원가를 모은다. 예를 들어 포장 작업을 할 때 포장작업을 하는 공간이나 포장자재를 사용하여 사람이 작업을 하고 있다. 이 포장작업에는 공간비용, 자재비용, 인건비용이 든다. 포장이라는 작업에 이들 비용이 월간 얼마 들었는지 모으는 것이다. 이것이 포장이라는 활동의 월간 원가이다.

다음에는 활동별로 월간 얼마만큼 작업을 했느냐 하는 처리량을 구한다. 예를 들어 포장을 월간 몇 개를 했는가 하는 작업량을 파악하는 일이다. 이처럼 활동별로 월간원가와 월간처리량을 파악했다면, 월간원가를 월간처리량으로 나누어 활동별 1처리당 단가를 산출할 수 있다. 이렇게 할 경우 물류비 상승이나 절감요인을 단가와 처리량의 요인별로 파악할 수가 있다.

ABC분석의 장점은 물류서비스별, 활동별, 유통경로별, 고객별, 프로세스별 원가를 계산하여 정확한 원가와 수익성정보를 측정, 분석할 수 있게 해주며, ABC 산정원가를 바탕으로 원가유발요인분석(Cost driver Analysis)이나, 성과측정 분석을 할 수 있게 해준다. 더욱이 공급체인 전체로 ABC를 확대할 경우 공급체인 채널 멤버 간에 중복적인 활동, 비수익적 활동을 배제시킬 수 있다.

활동원가분석은 물류센터 작업의 실태 파악에도 큰 위력을 발휘한다. 각각의 물류작업에 얼마만큼의 비용이 드는지도 알 수 있고, 각각의 물류 작업에 얼마만큼의 낭비가 있는지도 알 수 있다. 또한, 주간 혹은 월간 작업인원의 계획책정도 가능해진다.

물류작업의 효율화라고 하면 물류센터 내부의 레이아웃은 이렇게 해야 하는지 혹은 작업 시스템을 어떻게 구성하는지 등의 형태를 중심으로 다루려고 하는 경향이 많다. 그러나 성과개선을 하기 위해서는 우선 현재 작업의 실태를 규명하는 것에서부터 시작해야 한다. 활동원가분석은 이와 같은 작업실태의 규명과 해결책을 찾는 데 큰 효과를 발휘한다.

활동원가분석이 밝히는 또 하나의 중요한 항목은 물류비용의 책임구분이다. 물류비용에 대해서 물류부문이 져야 하는 책임범위와, 다른 부문이 져야 하는 책임범위를 밝혀줄 수 있다.

표 7-1 ABC원가계산의 3가지 효과

1. 고객별로 물류 서비스를 포함해서 얼마만큼의 비용이 드는지를 알 수 있다. → 채산성에 문제가 있는 고객의 물류 서비스를 재검토할 수 있다.
2. 물류거점의 현재 상황의 작업 실태를 해명할 수 있다. → 각각의 작업에 얼마만큼 낭비되는지를 알 수 있고, 적정한 인원 계산 등도 가능하다.
3. 물류 비용의 책임구분을 명확하게 할 수 있다. → 물류부문이 책임을 져야 하는 범위, 다른 부문이 책임을 져야 하는 범위를 나눌 수 있다.

어느 물류회사가 활동원가 분석을 도입하였다. 도입을 지원한 컨설턴트가 사장에게 활동원가분석의 결과를 보여주기 전에 "당신의 회사의 전체 작업시간 중에서 필요 없는 '낭비되는 움직임'에 사용되는 시간은 얼마나 있을 것이라고 생각하는가" 하는 질문을 했다. 사장은 꽤 많이 낭비되고 있었구나라고 생각하면서 3분의 1 정도 되나 하고 대답했다. 컨설턴트는 자료를 보여주면서 3분의 2가 쓸모가 없는 움직임이었다라고 지적하였다. 시간관리를 하지 않는 물류센터에서는 이 정도까지 낭비가 있을 수 있다. 또한 물류 ABC로 화주별 원가를 산정하여, 그것을 화주별 수입과 비교한 결과 수입이 가장 컸던 중요 고객이 사실은 채산성이 가장 나쁜 결과가 나왔다. 최대의 고객이지만 사실은 이익을 감소시키는 고객이었던 것이다.

제 2 절 활동기준원가계산과정(ABC 시스템 구축단계)

활동기준 원가를 체계적으로 계산하기 위해서는 일련의 절차가 필요하다. 활동기준원가계산은 다음과 같이 5단계를 통하여 측정될 수 있다.

1단계: 활동분석(Activity Analysis) — 업무활동의 파악과 인식

여기서 파악하고자 하는 포괄적인 활동개념에는 과업(Task), 작업활동(Activity), 프로세스(Process) 그리고 부서 또는 업무기능(Function) 개념이 포함된다.

이러한 활동분석은 두 가지로 나눌 수 있다. 첫째, 기업목표를 달성하기 위해 필요한 산출물을 생산함에 있어 자원을 소비하는 과정이다. 둘째, 작업성과를 산출하기 위해 제 자원을 활용하는 과정이다. 이와 같이 활동이 조직 내에서 구체적으로 차지하는 바와 작업하는 바가 무엇인지 규명하고, 불필요한 활동을 제거하여 필요한 활동을 가장 효율적인 방법으로 수행함으로써 기업의 성과를 개선시킬 방안을 강구할 수 있다. 활동을 어느 정도까지 상세하게 분석할 것인가는 자료가 어떻게 사용되어질 것인지의 여부에 달려있다

① 활동의 인식은 조직의 간접부문에 투입된 자원이 어떻게 유용하게 이용되고 있는가를 각 작업현장의 상세한 설계도 검증을 통하여 구체적인 업무활동의 파악
② 활동과 관련있는 전 종업원을 포함 — 급여지급담당자와 공동으로 파악
③ 현장의 직접 점검 및 부문책임자와 면접조사
④ 활동지도(activity mapping)의 작성 — 물류흐름도(system flowchart)
- 관리목적에 따라 결정
- 원가정보의 정확도에 의거 결정
- 각 활동과 원가의 동질성 반영 정도

2단계: 활동중심점으로 활동원가의 집계(Assigment of costs to activity)

현행조직과 업무현황을 분석하여 주요 원가발생항목을 파악하여 활동에 원가를 할당(Assigment)하는 단계이다. 즉 원가를 발생시키는 부서나 기능중심으로 원가를 집계하는 단계이다. 활동원가를 결정하는 데 있어서 첫 단계는 공장제조간접비나 다른 제품 물류비 및 판매비를 활동으로 배분하기 위해 자원 유발요인(Resource Driver)을 이용하는 것이다. 간접 자원원가를 제품으로 배분시키는 간단한 방법으로는 두 갈래로 분리된 통로를 상상해 보는 것이다. 한 통로는 설비와 관련된 활동으로 자원원가를 추적하는 것이고, 다른 하나는 설비와 관련이 없는 활동, 즉 사람의 활동으로 추적하는 것이다. 이에 대한 구체적인 예시를 살펴보면 [표 7-2]에서와 같다.

표 7-2 활동원가 집계과정 예시표

<table>
<tr><td rowspan="3"></td><td colspan="3">1 단계</td><td colspan="5">2 단계</td></tr>
<tr><td colspan="3">활동(activity) 인식</td><td colspan="5">구매부서(활동)의 활동원가 집계</td></tr>
<tr><td>대</td><td>중</td><td>소</td><td>관리비</td><td>점유비</td><td>감가비</td><td>소모품비</td><td>합 계</td></tr>
<tr><td rowspan="10">⇩
투입
자원
소비
정보</td><td rowspan="8">구
매</td><td rowspan="4">납품업자
와 절충</td><td>시장조사</td><td>70,000</td><td>50,000</td><td>15,000</td><td>15,000</td><td>150,000</td></tr>
<tr><td>납품업자조사</td><td>110,000</td><td>30,000</td><td>20,000</td><td>30,000</td><td>190,000</td></tr>
<tr><td>납품업자교섭</td><td>170,000</td><td>50,000</td><td>20,000</td><td>10,000</td><td>250,000</td></tr>
<tr><td>납기 독촉</td><td>120,000</td><td>40,000</td><td>25,000</td><td>15,000</td><td>200,000</td></tr>
<tr><td rowspan="4">구매업무
의
사무처리</td><td>사양서 확인</td><td>90,000</td><td>30,000</td><td>15,000</td><td>25,000</td><td>160,000</td></tr>
<tr><td>발 주</td><td>200,000</td><td>40,000</td><td>45,000</td><td>22,000</td><td>307,000</td></tr>
<tr><td>검 수</td><td>220,000</td><td>40,000</td><td>33,000</td><td>25,000</td><td>318,000</td></tr>
<tr><td>대금지급</td><td>110,000</td><td>20,000</td><td>25,000</td><td>17,000</td><td>172,000</td></tr>
<tr><td colspan="3">합 계</td><td>1,090,000</td><td>300,000</td><td>198,000</td><td>159,000</td><td>1,747,000</td></tr>
<tr><td colspan="8">⇒ 구매과정에 어떤 자원을 투입하고 있는지의 정보</td></tr>
</table>

3단계: 원가유발요인(동인)의 선택(Cost Driver Identification)

원가유발요인 또는 원가동인(Cost Driver; 약어로 CD라 칭함)은 활동량을 계량적으로 표현한 측정척도이다. 이러한 원가유발요인을 선택할 때에는 다음과 같은 선택기준을 충족하여야 한다.

첫째, 활동원가와 유기적인 관련성이 있어야 한다.[4] 활동이 발생된 원가와 인과관계가 없으면 원가유발요인으로 적절하지 않다.

둘째, 경제적으로 원가자료가 수집 가능해야 한다. 자료이용이 불가능한 것은 역시 원가유발요인으로 적절하지 않다.

셋째, 생산라인 또는 물류대상과 유기적인 관련성이 있어야 한다. 제조원가는 원가발생에 책임이 되는 핵심적인 원가장소(원가대상)인 생산라인과 유기적인 인과관계가 있어야 하며, 물류원가를 집계할 경우에는 물류원가를 실제로 발생시키는 물류발생장소(물류대상)과 인과관계가 있어야 한다.

넷째, 원가유발요인 측정단위는 동질적이어야 한다. 측정할 때 측정단위가

4) 원가배분기준으로 가장 대표적인 것이 발생된 원가와의 인과관계(cause and effect)이지만 이외에도 수혜기준, 부담기준, 공정성기준이 있다.

이질적이면 측정이나 원가배분이 곤란해진다.

다섯째, 동기부여가 가능해야 한다. 활동기준 원가계산을 하는 근본목적은 제품원가계산을 정확하게 하는 목적 이외에 원가를 발생시키는 부서나 사람이 실제로 소비된 원가를 정확하게 인식시켜 자율적으로 원가를 관리하고 이에 입각하여 성과 평가하는 데에 있다. 따라서 원가유발요인을 결정할 때에도 이를 고려하여야 한다. 아래의 [표 7-3]에서는 원가동인의 예시를 나타내고 있다.

표 7-3 원가동인의 예시표

활동별 원가집계단위	原價 動因
구 매	발주 회수
	납품업자 수
	부품 점수
재료반출입	재료 크기
	재료이동회수
품질관리	검사 회수
	검사 시간
작업준비	작업준비회수
	작업준비시간

4단계: 원가유발요인(동인)비율(Cost per Driver) 또는 활동원가배부율(Cost Ratio, CR) 계산

$$원가유발요인(동인)비율 = \frac{특정활동의\ 제품별\ 원가동인량}{특정활동의\ 총원가동인량}$$

$$원가유발요인(동인)별\ 배부율(CR) = \frac{기간의\ 활동별\ 원가(activity\ \mathrm{cost})}{해당기간의\ 활동별\ 원가동인량(CD)}$$

① 원가동인(CD)과 원가동인 배부율(CR)

표 7-4 원가동인과 원가배부율 예시표

활동명	원가	원가동인(CD)	배부율(CR)
시장조사	150,000	납품업자수(100사)	1,500 /사
납품업자조사	190,000	납품업자수(100사)	1,900 /사
납품업자교섭	250,000	납품업자수(100사)	2,500 /사
납기 독촉	200,000	발주회수(1,500회)	133 /회
사양서 확인	160,000	제품점수(500점)	320 /회
발 주	307,000	발주회수(1,500회)	204 /회
검 수	318,000	발주회수(1,500회)	212 /회
대금지급	172,000	발주회수(1,500회)	114 /회

주: 전략적 관리회계시스템을 설계시, 간접(공통/지원)부문을 투명하게 하여 보다 정확한 제품원가계산을 목적으로 함.

② 활동의 통합

표 7-5 활동의 통합과정

<table>
<tr><th>대</th><th>중간활동</th><th>하부활동(소)</th><th>원가</th><th>배부율</th></tr>
<tr><td rowspan="10">구
매</td><td rowspan="5">납품업자와
절충</td><td>시장조사</td><td>150,000</td><td rowspan="5">790,000/100사
= 납품업자당 7,900원</td></tr>
<tr><td>납품업자조사</td><td>190,000</td></tr>
<tr><td>납품업자교섭</td><td>250,000</td></tr>
<tr><td>납기 독촉</td><td>200,000</td></tr>
<tr><td></td><td>790,000</td></tr>
<tr><td rowspan="5">구매업무의
사무처리</td><td>사양서 확인</td><td>160,000</td><td rowspan="5">957,000/1,500회
= 발주 1회당 638원</td></tr>
<tr><td>발 주</td><td>307,000</td></tr>
<tr><td>검 수</td><td>318,000</td></tr>
<tr><td>대금지급</td><td>172,000</td></tr>
<tr><td></td><td>957,000</td></tr>
</table>

5단계: 제품원가계산

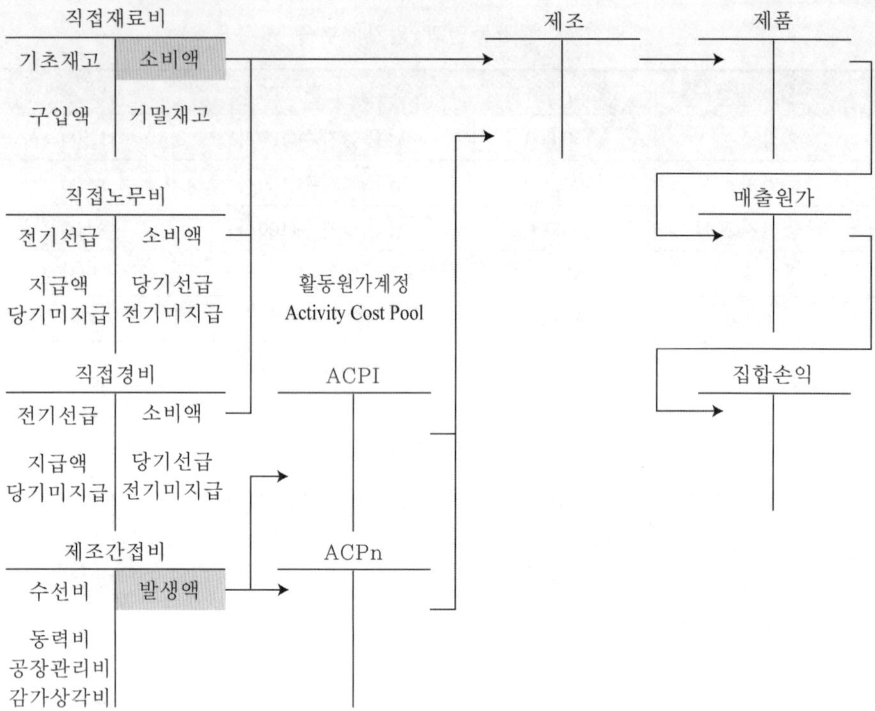

제 3 절 부문별 원가계산과 차이점 및 활동원가의 계층구조

1. 부문별 원가계산과 활동원가계산의 차이점

상기의 활동원가 계산과정을 보면, 원가중심점에 직접 추적이 가능한 제조직접비는 제조계정에 직접 투입되는 점에서 전통적인 원가계산인 부문별 원가계산과 동일하다. 주요한 차이점은 원가중심점에 공통적으로 발생하는 제조간접비이다. 부문별 원가계산에서는 1차 원가중심점인 공장의 각 부문에 배부하고 제품에 배부하지만 활동기준 원가계산에서는 자원을 소비하는 활동에 배부하여 제품에 배부한다. 배부기준도 부문별 배부는 생산량기준인 실제생산량, 투입된 직접노동시간, 기계운전시간, 직접원가(기초원가) 등인 조업도(Volume)이지만 활동기준원가계산에서는 기업의 부가가치를 창출하기 위해 원가를 직접 소비하는 활동(Activity)을 사용하는 점에서 차이가 있다.

결론적으로 부문별 원가계산과 활동기준원가계산의 차이점은 첫째로, 부문별 원가계산은 실제 부가가치 창출활동과는 직접적인 인과관계를 고려하지 않고 1차 원가중심점인 공장의 각 부문(기능)중심의 원가배분이고, 활동기준원가계산은 실제로 원가를 소비하는 활동중심의 원가배분이라는 점이다. 둘째로는, 배부기준이 상이하다. 부문별 배부는 단순히 생산량기준의 조업도이지만 활동기준 원가계산은 실제로 원가를 소비하는 활동이기 때문에 원가배부과정이 보다 더 세분되고 정교하여 보다 정확한 제품원가계산이 가능하고 활동별로 수익성분석이 가능하여 보다 정교한 성과측정과 평가를 가능하게 하여 종업원이 자율적으로 기업목적 달성에 노력할 수 있도록 유인하는 장점이 있다.

(1) 부문별 원가배분절차

배부기준 ⟶ 1, 2차 부문별 배부, 3차(제품별)배부 모두 조업도기준

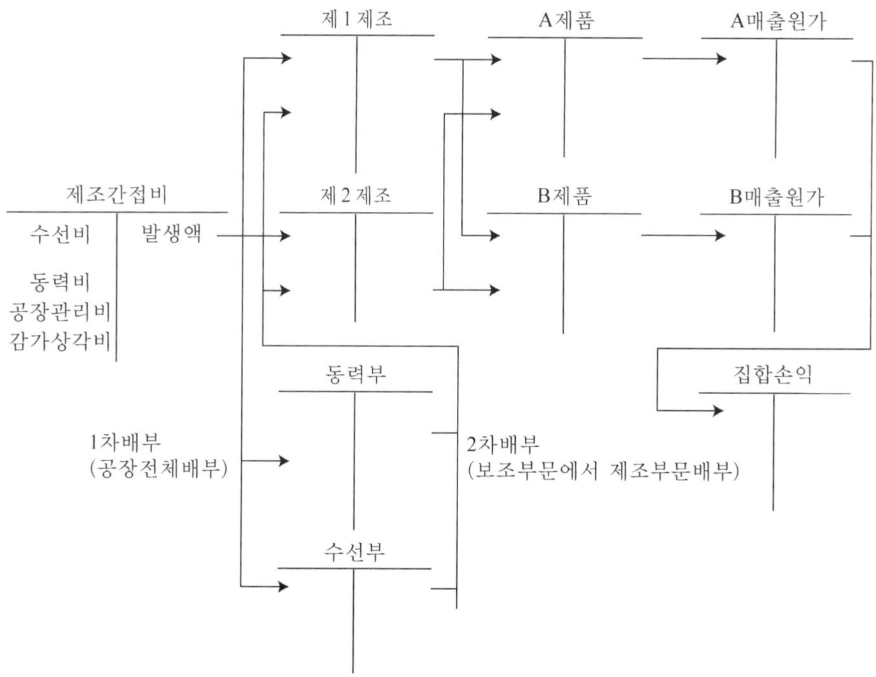

(2) 활동기준 원가배분절차

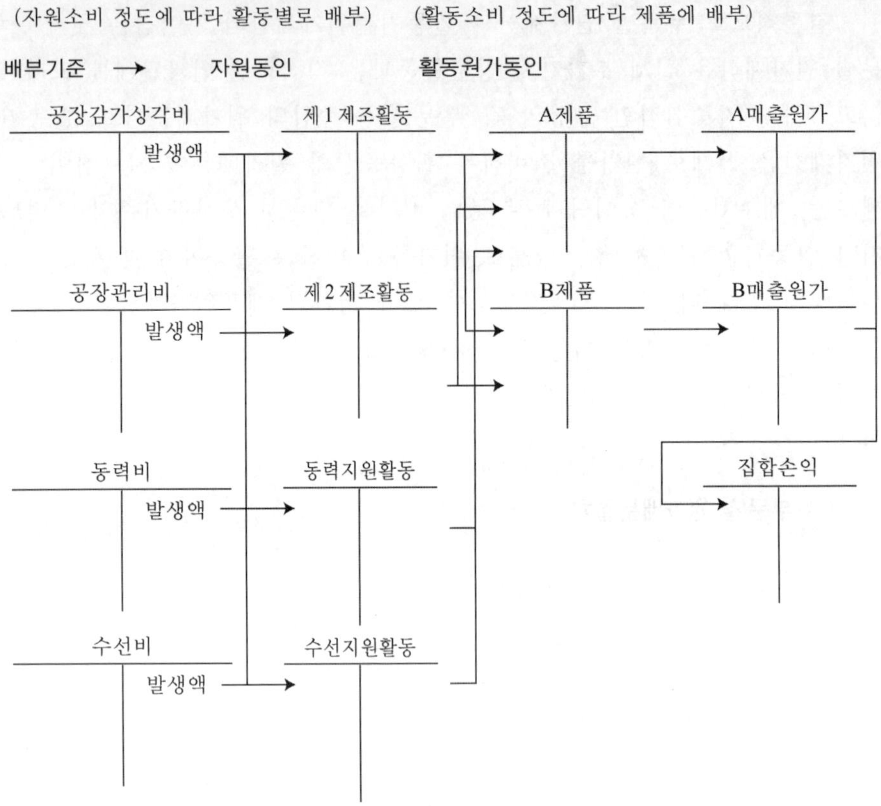

2. 활동원가의 계층구조

1) **단위수준원가**(Unit-level Cost): 생산량에 비례하여 발생되는 원가로 동력비, 수선유지비, 해운에서 teu당 원가 등이 있다.

2) **배치수준원가**(Batch-level Cost): 일정한 작업묶음 단위인 배치별로 발생되는 원가로 일정한 생산작업량(로트, lot), 1회 품질관리비, 1회 운송량으로 특정 선박운송량(가령 2000 teu 운송원가) 등이 있다.

3) **제품유지원가**(Product Sustaining Cost): 제품의 개발, 유지 및 개선활동과 관련되는 원가로 제품연구개발비가 이에 해당하며 이러한 유형의 원가는 생산

량이나 배치 수와 관련없이 일정하게 발생되는 원가이다.

4) **설비유지원가**(Facility Sustaining Cost): 설비 유지관리를 위해 발생하는 원가이다. 생산량이나 배치 수 등과는 무관하게 연중 일정하게 발생되는 원가로 설비의 감가상각비가 가장 대표적인 원가로 배부되지 않거나 임의의 배부기준으로 배부된다.

물류서비스업종 활동원가 계층구조

	일반운송업	해운업
단위수준	승객수 비례원가, 발권관련 변동원가, 승객별 재료원가, 인건비	운송량 비례원가, 운임관련 변동원가
배치수준	운행편 비례원가, 연료비	항차별 비례원가, 용선비, 연료비
제품유지	운행노선관리비, 노선개발비	항로관리비, 항로개발비
설비유지	시설감가상각비, 시설임차료	선박감가상각비, 시설감가상각비 및 임차료

일반서비스(음식업과 영화관)업종 활동원가 계층구조

	음식업	영화관
단위수준	고객(음식)수 비례원가, 발권관련 변동원가, 식재료원가, 인건비	관람객수 비례원가, 발권관련 변동원가,
배치수준	고객단체수 비례원가, 식대계산처리원가	상영횟수 비례원가
제품유지	메뉴개발비	상영영화 유형별 원가
설비유지	시설감가상각비, 시설임차료	시설감가상각비, 시설임차료

3. 변화관리 및 경영혁신도구로서의 ABC/ABM

1) 활동에 초점을 둔 경영혁신 실현수단

ABC와 이에 의한 성과측정을 통한 경영관리기법으로 활용하는 ABM은 조직 목적을 달성하기 위해 구성원이 수행한 모든 활동에 대해 소비된 자원을 적절하게 측정하고 이에 입각하여 성과를 관리하기 때문에 전통적인 조업도기준 회계의 부정확성을 시정할 뿐만 아니라 구성원의 혁신마인드를 자율적으로 유인할 수가 있다. 즉, 활동원가를 제품과 서비스에 배부하는데 활동의 다양한 수준을 반영하고 활동정보(비재무적 정보)의 질적 향상을 도모하여 조직 내의 의사소통을 보다 원활히 하고 경영의사결정을 효율적으로 지원할 수가 있다.

또한 ABC와 ABM은 고객만족(가치창조) 관점에서 업무프로세스를 통제하는 측면에서 경영프로세스리엔지니어링(Business Process Re-engineering, BPR)과 유사점이 있지만 BPR은 패러다임(Paradigm) 전환형 조직학습과정이고 ABM은 기존 업무흐름을 전제로 점진적인 개선지향을 꾀하는 주의환기식 정보를 제공하는데 목적을 두는 측면에서 차이점이 있다.

2) BPR의 실천수단

첫째, ABM은 경영혁신에 따른 변화에 회의적인 구성원들에게 변화가 가치 있는 것을 환기시켜 줌으로써 경영혁신의 동기부여를 가능하게 한다. 즉, 추구하는 목적에 따라 다양한 형태로 ABC를 설계하고 운영하는 것이 가능하기 때문에, BPR 도입단계에서부터 활동의 구분과 분석 및 원가유발유인 선택을 통하여 조직구성원에게 왜 일을 하는지에 대한 보다 정확하고 유용한 정보를 전달할 수가 있다.

둘째, BPR 도입에 따른 직무와 조직구조의 변화를 사전에 감안하여, 이에 대응하는 적절한 경영통제시스템을 설계할 경우, ABM의 역할이 필요하다.

셋째, 활동원가 중심으로 BPR을 추진과정할 경우 기대효과와 실제성과 간에 비교가능하여 보다 효과적인 조직 재설계를 가능하게 하여 업무의 효율화와 효과성을 극대화할 수 있다.

【사례문제】

1. 활동기준원가계산의 도입배경으로 맞지 않는 것은? ( )

㈎ 글로벌 환경하에서 기업 간의 경쟁이 치열해짐에 따라 제품경쟁력을 증진시키기 위해 제품수익성분석을 보다 정확하기 위해 필요하게 되었다.

㈏ 고객의 요구조건이 다양하고 복잡해짐에 따라 제품수명주기가 단축되어 제품원가를 구성하는 원가구조의 변화되어 이를 반영하기 위해 필요하게 되었다.

㈐ 원가를 절감하기 위해 생산공정이 자동화되어 컴퓨터 통합생산이 이루어지면서 원가구조에서 제조간접비 비중이 상대적으로 증대되어 기존의 생산량이나 직접원가중심의 조업도에 의한 간접비배부가 제품원가계산을 왜곡시키기 때문이다.

㈑ 정보이용자의 요구수준에 부응하여 제무제표를 신속하게 작성하기 위해 제조간접비 배부절차를 신속하게 할 필요가 있기 때문이다.

㈒ 부서의 성과측정과 평가를 보다 정확하게 하고 성과관리를 보다 효율적으로 하기 위해 필요하게 되었다.

2. 활동기준원가계산(ABC)의 설명으로 맞지 않는 것은?( )

㈎ 원가발생에서 다양한 원가유발요인으로 측정함으로써 보다 정확하게 원가계산할 수 있다.

㈏ 제조간접비 비중이 높은 기업일수록 적용효과가 크다

㈐ 활동분석을 통하여 비부가가치활동을 제거 또는 감소함으로써 생산시간을 단축시켜 생산효율을 증대시킬 수가 있다

㈑ 측정되는 활동의 수가 많고 객관적으로 측정하기 어려운 활동이 존재하여 원가계산시스템이 복잡해지고 비용이 많이 발생하는 단점이 있다.

㈒ 전통적인 원가계산에 비하여 원가집합이나 원가유발요인의 수가 감소되어 원가배분과정을 단축시켜 원가계산을 보다 신속하게 할 수 있다.

3. 원가동인(원가유발요인)이 갖추어야 할 조건으로 옳지 않은 것은? ( )

㈎ 활동원가와 유기적인 인과관계가 있어야 한다.

㈏ 원가유발요인 측정단위는 동질적이어야 하며 경제적으로 원가자료가 수

집가능해야 한다.

(다) 실제로 소비된 원가를 정확하게 인식시켜 자율적인 원가관리가 수행되도록 하여야 한다.

(라) 계량적이고 화폐가치로 측정되어야만 한다

(마) 제품을 직접 제조하는 생산라인과 인과관계가 있어야 한다

4. 활동기준원가계산 절차로 올바른 것은 ? (   )

① 활동별 제조간접원가 배부율 산출
② 활동분석
③ 제조원가 배부
④ 원가동인 선택
⑤ 활동중심점으로 활동원가 집계

(가) ①→②→③→④→⑤ (나) ②→④→①→③→⑤ (다) ②→⑤→④→①→③
(라) ④→②→⑤→①→③ (마) ②→④→⑤→①→③

5. 다음의 활동기준원가계산에 대한 설명으로 적절하지 못한 것은? (   )

(가) 활동을 원가계산 중심으로 하고 이를 토대로 다양한 원가를 산출한다.

(나) 조선업이나 특별가구 제조업체에도 유용하다.

(다) 운송서비스를 제공하는 해운업 원가계산에는 별 도움이 되지 못한다.

(라) 제조간접원가 비중이 높은 산업에 적용할 경우 유용성이 크다.

(마) 원가계산뿐만 아니라 원가기획, 원가통제, 성과평가에 유용한 정보를 제공한다.

6. 활동기준원가계산의 목적으로 적절치 않은 것은?(   )

(가) 간접원가를 정확히 배부하여 정확한 제품원가를 산정한다.

(나) 고객별 또는 제공된 서비스별로 수익성분석을 가능하게 한다.

(다) 다양한 원가유발요인을 측정하여 적정한 가격결정이 유용하다.

(라) 공통적으로 발생된 제조간접비만 제품원가계산을 하기 위한 것이다.

(마) 정보이용자의 정보요구에 더 적합한 정보를 제공할 수 있다.

7. 다음 중 활동원가 계층구조 분류-해당원가-원가동인의 조합으로 적절치 않은 것은?(　)

㈎ 단위수준 활동원가-기계동력원가-기계운전시간

㈏ 뱃치수준 활동원가-컨테이너선박 운송원가-운송횟수(항차수)

㈐ 고객유지 활동원가-고객유지원가(영업비)-고객회의(접촉)횟수

㈑ 뱃치수준 활동원가-전수(제품전량) 품질검사원가-검사횟수

㈒ 단위수준 활동원가-소모품원가-생산량

㈓ 뱃치수준 활동원가-기계작업준비시간-작업준비횟수

8. 택배운송을 하는 아치회사는 활동기준 원가제도를 통해 주요 고객수익분석을 하고 있으며 주요 고객 자료는 다음과 같다.

내 역	고객 A	고객 B	고객 C
총매출액	1,000,000원	1,500,000원	2,000,000원
반품수량	5개	3개	8개
반품금액(판매가액)	200,000원	100,000원	500,000원
연간 총전화주문건수	0건	250건	200건
연간 총우편주문건수	400건	0건	500건
총전화주문 처리시간	0시간	150시간	100시간

배송비용은 고객이 부담하며 반품에 따른 배송비만 고객이 부담하면 반품은 항상 허용된다. 매출원가는 판매가액의 80%이다. 활동과 활동원가동인(배부)율이 다음과 같을 때 활동기준원가계산(ABC)에 의해 고객별 수익성분석을 하시오(고객별 연간이익을 계산할 것).

9. 해운선사의 운항원가와 판매관리비의 활동원가계산에 의한 수익성분석

활동별 활동원가배부율(활동원가동인율)

활 동	활동원가동인율
전화주문처리	1,000원/시간
우편주문처리	200원/주문건수
반품처리	4,000원/반품수량
고객별 고객유지비(동일함)	10,000원/년

H회사의 2008년도 두 항로(미주항로와 유럽항로)의 요약손익계산서 자료와 관련 원가자료는 다음과 같다.

〈자료 1〉 요약손익계산서 (단위: 원, Teu)

내 역	미주항로	유럽항로	소계
매출액	5,000,000,000	5,000,000,000	10,000,000,000
매출원가	4,200,000,000	2,825,000,000	7,025,000,000
매출총이익	800,000,000	2,175,000,000	2,975,000,000
판매관리비	500,000,000	1,000,000,000	1,500,000,000
영업이익	300,000,000	1,175,000,000	1,475,000,000
컨운송량	75,000	50,000	125,000

〈자료 1〉의 요약손익계산서에 의하면 미주항로와 유럽항로의 매출액은 동일하지만 미주항로의 운송량이 많은데도 불구하고 미주항로의 영업이익은 3억원이고 유럽항로는 11억 7천 5백만원으로 오히려 유럽항로가 수익성이 월등히 좋은 것으로 나타나고 있다. H회사의 CEO는 유럽항로가 미주항로에 비하여 항로여건이 좋지 않을뿐더러 운송량도 저조하기 때문에 수익성이 좋지 않을 것으로 예상하고 있는데 손익계산서상 금액은 잘못되었다고 보고 경리부장에게 보다 정확한 원가계산과 수익성분석을 할 것을 지시하였다. 경리부장은 두 항로의 운항활동에 관한 관련정보로 〈자료 2〉와 〈자료 3〉을 다음과 같이 입수하여 활동원가 분석을 다시 하였다.

〈자료 2〉 운항간접원가의 활동분석결과 활동별 원가와 원가동인(단위: 원, Teu)

활동	활동원가	원가동인
선박수선유지	350,000,000	컨운송량
운항준비	10,000,000	운항준비시간
고객주문처리	5,000,000	고객주문처리횟수
계	365,000,000	

〈자료 3〉 항로별 원가계산 관련자료 (단위: 원, Teu)

	미주항로	유럽항로	비고
운항시간	3,000	3,000	
선원비임률(시간당)	10,000	10,000	
유류원가(시간당)	1,000,000	1,200,000	
고객평균운송수량(Teu)	5,000	4,000	
항차별 운항준비시간	3	5	
운항간접비(매출원가에 포함)	배부기준: 운항시간		
판매관리비	배부기준: 매출액		
판매수수료 = 매출액 × 수수료비율	0.05	0.10	수수료비율
판매촉진비	30,000,000	20,000,000	일정금액(원)
기타판매관리비	기타판매관리비 = 판매관리비총액 - 판매수수료 - 판매촉진비		

상기 자료에 의거하여 두 항로에 대하여 활동원가분석을 실시하여 요약손익계산서를 재작성하고 항로별 수익성분석을 하시오.

[해답과 풀이과정]

1. ㈑
2. ㈒
3. ㈑
4. ㈐
5. ㈐
6. ㈑
7. ㈑

8.

요약손익계산서 도출 (단위: 원)

내 역	계산근거	고객 A	고객 B	고객 C
총매출액		1,000,000	1,500,000	2,000,000
반품(판매가액)		200,000	100,000	500,000
순매출액		800,000	1,400,000	1,500,000
매출원가	순매출액×0.8	640,000	1,120,000	1,200,000
매출총이익		160,000	280,000	300,000
판매관리비				
전화주문처리비	1,000원×처리시간	0	150,000	100,000
우편주문처리비	200원×주문건수	80,000	0	100,000
반품처리비	4,000원×반품수량	20,000	12,000	32,000
고객유지비		10,000	10,000	10,000
고객별 이익		50,000	108,000	58,000

9.

1) 활동별 배부율(단위당 원가) 산출

활동	활동원가	사용된 원가동인량			원가동인 단위당 원가	
		미주항로	유럽항로	계	금액	내역
선박수선유지	350,000,000	75,000	50,000	125,000	2,800	단위(Teu)당 원가(원)
운항준비	10,000,000	45	50	95	105,263	운항준비시간당 원가(원)
고객주문처리	5,000,000	15	10	25	200,000	고객주문처리 1회당 원가(원)
계	365,000,000					

* 운항준비횟수와 준비시간 계산과정

준비횟수 = 운송량 / 고객평균운송수량	15	10	25(회)
항차별 운항준비시간	3	5	8(시간)
운항준비시간 = 준비횟수×항차별 준비시간	45	50	95(시간)

2) 운항간접비 배부액(단위당 원가 × 항로별 사용된 원가동인량) 계산 (단위: 원)

활동	미주항로	유럽항로
선박수선유지	210,000,000	140,000,000
운항준비	4,736,842	5,263,158
고객주문처리	3,000,000	2,000,000
계	217,736,842	147,263,158

3) 항로별 운항원가와 운송단위(컨테이너)당 원가 계산 (단위: 원)

	미주항로	유럽항로
유류원가	3,000,000,000	3,600,000,000
선원비	30,000,000	30,000,000
운항간접원가	217,736,842	147,263,158
총운항원가	3,247,736,842	3,777,263,158
컨운송량	75,000 Teu	50,000 Teu
단위당 운항원가	43,303	75,545

* 유류원가 = 단위당 유류비 × 운송수량, 선원비 = 시간당 임률 × 운송시간

4) 항로별 운송단위(컨테이너)당 영업이익 계산 (단위: 원)

내 역	미주항로	유럽항로	소계
매 출 액	5,000,000,000	5,000,000,000	10,000,000,000
매출원가	3,247,736,842	3,777,263,158	7,025,000,000
매출총이익	1,752,263,158	1,222,736,842	2,975,000,000
판매수수료	250,000,000	500,000,000	750,000,000
판매촉진비	30,000,000	20,000,000	50,000,000
기타판매관리비	420,000,000	280,000,000	700,000,000
영업이익	1,052,263,158	422,736,842	1,475,000,000
컨운송량	75,000	50,000	125,000
Teu당 영업이익	14,030	8,455	11,800

5) 항로별 수익성분석 (단위: 원, 비율)

	미주항로	유럽항로	소계
Teu당 매출액	66,667	100,000	80,000
Teu당 영업이익	14,030	8,455	11,800
Teu당 영업이익률	0.210	0.085	0.148

활동원가분석에 의해 두 항로를 수익성분석한 결과에 의하면, 미주항로의 Teu당 영업이익은 14,030원이고 유럽항로는 8,455원이며, Teu당 영업이익률도 미주항로는 21%이고 유럽항로는 8.5%로 미주항로가 훨씬 수익성이 높은 것으로 평가되고 있다.

제 8 장

물류원가추정과 예측

효과적인 물류원가 관리와 통제를 위해서는 원가추정과 예측이 필수적이다.

의사결정은 미래에 대한 선택행위이다. 물류경쟁력의 핵심인 물류원가를 얼마나 정확하고 적시에 예측하는지에 따라 물류관련 의사결정을 보다 적정하게 수행할 수 있다. 본 장에서는 물류원가의 추정과 예측 그리고 방법에 대해서 정리하고자 한다.

- 인과적 예측방법
- 시계열 분석방법

제 1 절 서 론

의사결정은 불확실한 상황하에서 미래가치를 예측하는 것이고 이러한 예측을 보다 정확하게 하여 예측오류를 최소화함으로써, 기대손실을 극소화하는 것이므로 결국 재무제표정보의 유용성은 의사결정자(정보이용자)들의 예측에 얼마나 도움을 주는지에 달려 있다. 특히, 기업내부에서 경영자가 원가관리 및 통제를 보다 효율적으로 하기 위해서는 발생되는 원가행태를 정확하게 추정하여야 한다.

원가행태의 예측은 주로 공통적으로 발생되는 원가(물류간접비)에 대한 것으로 변동물류간접비와 고정물류간접비의 행태를 예측하기 위한 것이다. 이처럼 원가정보에 의한 예측과정과 예측기법의 선택은 원가분석에 무엇보다도 중요하다. 본 장에서는 원가회계담당자들이 주로 행하는 주요 예측기법에 대하여 소개하고자 한다.

원가추정을 위한 각종 예측방법은 크게 주로 과거의 자료를 이용하는 계량적 방법(Quantitative method)과 물류현장에서의 원가담당자나 원가분석전문가의 의견에 의하는 질적 방법(Judgement method)으로 분류할 수가 있다.

계량적 방법을 다시 세분한다면, 예측하고자 하는 변수와 이에 영향을 미치는 변수 간의 인과관계를 규명하여 예측하는 인과형 방법(예: 회귀분석, 투입산출모형, 계량경제학적 모형 등)과 과거의 패턴 또는 경향(시계열)이 미래에도 지속된다는 전제하에 미래가치를 예측하는 시계열 분석방법(예: 이동평균법, 지수평활법, 박스-젠킨스법 등)으로 분류할 수가 있다.

제 2 절 인과적 예측방법

인과적 예측방법은 물류원가에 영향을 미치는 요인들과의 관계를 계량화하여 예측하는 방법으로 특히 기업 내외적 요인이 물류원가에 미치는 영향분석에 유용한 기법으로서 회귀분석, 계량경제학적 모형, 투입산출 모형 등을 들 수 있으나 본 장에서는 회귀분석방법을 중심으로 간략하게 서술하고자 한다.

1. 회귀분석의 전제조건

(1) 예측하고자 하는 물류원가(종속변수)와 이에 영향을 미치는 요인(독립변수) 간에 일정한 인과관계(선형 또는 비선형관계)가 있어야 한다.

따라서 정확히 예측되기 위해서는 무엇보다도 종속변수와 인과관계가 있는 독립변수의 선정이 중요하며 이들의 관계가 어떠한지를 파악해야 한다. 가장 간단한 회귀모형은 독립변수가 하나이고 선형함수일 때이다. 가령 기업이익이 단지 매출액과 정(+)의 비례관계가 있다고 할 경우, 기업이익을 Y라 하고 매출액을 X라 할 때 다음과 같은 선형회귀분석모형을 만들 수가 있다.

$$Y = a + bX$$

상기 식에서 과거의 자료를 이용하여 a와 b를 추정하여 모형을 결정하면 매출액에 따른 이익변화를 추정할 수가 있는 것이다. 이러한 회귀분석모형에서 중요한 것은 종속변수와 독립변수 간의 인과관계의 존재, 즉 모형의 적합도(goodness of fit)인데, 이는 통계적으로 결정계수(R^2)에 의하여 측정한다.

(2) 모형에 투입되는 물류원가자료(회계자료 포함)의 일관성이 유지되어야 하며 이를 위해서는 기업의 회계정책의 일관성이 필요하다. 즉, 회귀분석모형에서 매개변수가 적절하게 추정되기 위해서는 회계정책이 일관성 있게 지속되는 회계기간의 안정성(Stationarity)이 요구된다.

(3) 투입자료 분포의 특성은 정규분포로서 대칭분포이고 동질적이어야 한다.

2. 회귀분석모형

1) 단순선형회귀모형(Simple Regression Method)

이 모형은 상기의 식과 같이 가장 간단한 회귀모형으로 독립변수가 하나이고 변수 간의 관계가 선형관계(1차함수관계)로서 최소자승법(Least square method)에 의하여 매개변수인 a(절편)와 b(기울기)를 추정한다. 즉, 상기의 예를 들어 소개하면 다음과 같다.

$$Y_i = a + bX_i + e_i \text{에서}$$
$$e_i = Y_i - (a + bX_i) = \text{실제측정치} - \text{예측치}$$

가 되며 이 예측오류의 곱을 최소화하는 매개변수를 추정하는 방법이다. 즉, $\sum e_i^2$을 a와 b에 대해서 각각 미분하여 0이 되는 a와 b를 추정하는 방법이다. [그림 8-1]에서는 이 모형을 나타내고 있다.

그림 8-1 단순선형회귀모형

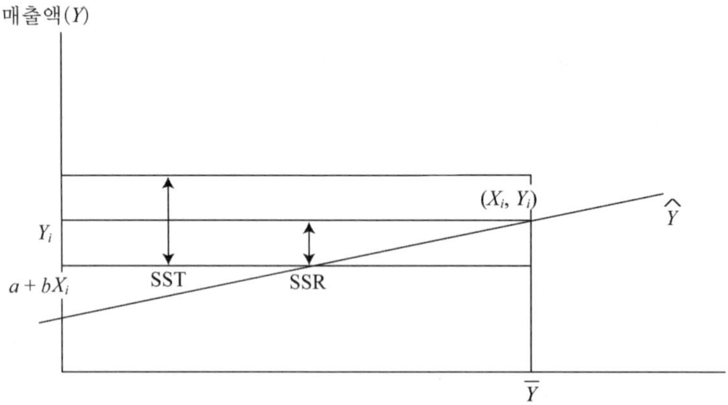

$$b = \frac{\sum_i^n x_i y_i - n\overline{xy}}{\sum_i^n x_i^2 - n\overline{x^2}} \qquad a = \overline{y} - b \times \overline{x}$$

* $R^2 = \dfrac{SSR}{SST}$,

여기에서 $SSR = \dfrac{(\widehat{y_i} - \overline{y})^2}{n}$; explained or regression mean sum of square

$SST = \dfrac{(y_i - \overline{y})^2}{n}$; total sum of square

2) 다중 회귀모형(Multiple Regression Method)

예측해야 할 물류원가(종속변수)에 영향을 미치는 변수가 한 개 이상일 경우에는 다음과 같은 다중 회귀분석모형에 의해 인과관계를 파악하여 모형을 추정해야 한다.

$$Y_i(\text{물류원가}) = a_1 + a_1X_1 + a_2X_2 \cdots + a_nX_n + e_i$$

상기 모형에서 주요 독립변수(X)로서, 기업외적 요인은 시장규모, 유가수준, 화물수급요인, 항비, 물가수준, 이자율, 재정 및 금융정책변수 등을 들 수 있으며 기업내적 요인은 운송수단구성, 물류센터규모, 경영자능력 등을 들 수 있다. 이러한 다변수 회귀분석모형에서는 독립변수가 하나인 단순모형과는 달리 독립변수 상호 간의 다중공선성문제가 발생하는데 통계적으로 이를 적절하게 조정해 주어야만 모형의 적합성과 예측능력이 향상된다.

제 3 절 시계열분석 방법(Time-Series Analysis)

시계열분석 방법은 과거의 자료패턴이 미래에도 계속된다는 전제하에 과거의 자료만을 이용하는 방법으로서 인과적 방법과는 달리 예측에 영향을 미치는 요인들을 전혀 고려하지 않는다. 이 예측방법은 다음의 그림과 같이 평균수준, 추세, 계절적 변동, 순환변동 및 불규칙 변동 등으로 구분되어 있다고 가정하며 불규칙 변동을 제외한 네 가지 요인을 규명하여 예측하는 방법이라고 할 수 있다.

또한 시계열분석 방법은 과거의 자료만을 이용하여 예측하므로 회귀분석과 같이 많은 자료를 필요로 하지 않아 단기예측은 비교적 간단하다. 이러한 시계열분석 방법에 의해 기간별로 추세분석(Trend Analysis)하는 것은 다음의 몇 가지 점에서 그 중요성을 엿볼 수 있다. 첫째, 수많은 의사결정분야에서 예측은 중요한 역할을 수행한다는 것이며, 이러한 예측에 시계열정보가 이용되고 있다는 점이다. 즉 시계열분석은 기간에 따라 자료행태의 체계적인 양상을 분석하여 추세를 예측하는 것이다. 둘째, 예측분야뿐만 아니라 다음과 같은 비예측 분야에도 시계열분석은 중요하다.

- 기업외적 요인에 의한 원가 또는 이익변동의 관리에 대한 업적평가
- 물류분야에 대한 정부정책의 방향성 분석
- 경영자와 기업의 이해관계자 간의 위험배분이 초점이 되는 경영보상계획의 이익분배요인의 설계
- 물류원가 또는 보고이익의 시계열변동에 중요 요인이 되는 대체적인 회계처리방법에 대한 경영자의 의사결정
- 물류원가 또는 보고이익의 시계열요인을 설명하는 데에 있어서 초과원가와 이익에 대한 각종 견해에 대한 논쟁
- 기업의 영업활동이 물류대란, 태풍피해 또는 파업 등으로 정상적으로 가동되지 못했을 경우에도 원가와 이익예측이 정상적으로 이루어질 수 있는지에 대한 논쟁

따라서 본 절에서는 이익과 매출액 그리고 물류원가와 같은 경영분석에 필요한 재무 및 원가자료의 시계열분석 방법을 설명하고, 이와 관련된 각종 문제점을 살펴보는 데 그 의의를 두고 있다.

1. 시계열분석의 문제점

본 절에서는 주로 물류원가자료에 대한 시계열분석시 중요시되고 있는 자료의 질적인 문제점에 대해 언급하고자 한다.

1) 구조적 변동

시계열분석에서 특히 중요시되고 있는 전제는 시계열자료의 안정성(Stationary)이다. 자료의 통계적인 특성인 평균값 및 분산값이 기간에 따라 일정(Constant)할 경우에 자료의 시계열은 안정적이라고 볼 수 있다. 그러나 다음과 같은 분석대상 기업에서 구조적인 변동이 발생하면 안정적이라고 볼 수 없으므

로 이에 대한 적절한 보완 및 수정이 필요하다.

- 정부의 각종 규제철폐에 대한 변동
- 신규기업 또는 신규제품, 신규운송수단(초대형 컨테이너), 글로벌 선사 간의 인수합병(M&A)에 의한 경쟁의 변화
- 실질적으로 원가-조업도-이익관계에 영향을 미치는 기술개발
- 자산취득 및 처분

상기와 같은 구조적 변동이 발생할 가능성은 분석기간이 장기일수록 커지는데, 시계열분석에서는 장기적으로 자료를 입수하여 관찰할수록 예측정확도가 커지므로 이 두 가지는 서로 역의 관계가 존재하고 있다. 분석기간 동안에 구조적인 변동이 발생하면 변동원인을 탐색하여 적절히 수정하거나 분석기간을 구분하여 시계열분석을 하여야 할 것이다.

2) 회계처리방법의 변경

분석기간 중에 회계처리방법이 변경되었을 경우 그대로 시계열분석하면 오히려 예측오류가 커지고 정보로서 의미를 상실하게 된다. 따라서 다음과 같은 대안으로 이에 대처하여야 한다.

대안 1: 사소한 변경이거나 기업 환경변화에 대응하기 위해 경영자가 타당한 절차에 의거하여 변경하였을 경우에는 수정하지 않는다.

대안 2: 관찰된 모든 자료는 그대로 이용하지만 분석기간 동안에는 회계처리방법이 일관성 있게 적용될 수 있도록 시계열자료를 수정한다.

대안 3: 동일한 회계처리방법이 적용된 시계열자료만 분석에 이용한다. 자발적 변경이든 강제적 변경이든 변경이 자주 이루어지면 단일 기간 동안에만 분석을 해야 한다.

3) 산업분류의 문제

동일 산업 내에서는 계정과목이나 회계처리방법이 대체로 유사하지만 업종

이 상이한 산업 간의 자료를 이용할 경우, 재무제표에 표시되는 계정과목 및 회계처리방법이 상이한 경우가 발생하므로 시계열분석자료로 적합하지 않을 수 있다. 따라서 산업 간의 자료를 시계열 분석할 경우에는 특별한 주의를 요한다.

4) 극단적인 관찰치(Outlier)

특정연도에 특정한 사건이 발생할 경우에는 이에 대한 적절한 조치를 취하고 분석하여야 한다. 가령 1997년에 IMF 외환위기가 발생하였을 경우, 이 연도를 전후하여 비교한다든지 아니면 다른 자료를 이용하여야 한다. 그리고 물류대란과 같은 특정사건이 발생하였을 경우에도 이에 대한 영향을 고려하여야 한다. 산업분석에서도 해운산업의 경우에는 몇몇 대형 선사의 시장점유율이 전체 해운시장의 절반 이상을 차지하므로 이러한 극단적인 표본들에 대한 적절한 고려가 필요하다.

2. 시계열분석 방법

시계열자료를 분석하는 데에는 적어도 다음과 같은 세 가지 접근방법을 이용할 수 있다.

1) 경제적인 분석 방법

이는 시계열자료에서 예상되는 체계적인 양상에 대한 사전적인 가설설정과 시계열행태를 이루는 인과요인에 대한 사후적인 분석이다. 물류원가와 이익 및 재무제표에 영향을 미치는 요인은 경제적 요인, 산업요인 및 기업내적 요인(예: 경영정책, 영업의사결정, 재무투자의사결정, 재무보고의사결정 등)을 들 수 있으며 이러한 요인의 변동으로 재무제표 수치에 어떠한 영향을 미치는지를 인과분석하는 것을 말한다. 또한 시계열분석에서는 계절적 요인을 무시할 수 없으므로 계절적인 요인도 반드시 경제적인 분석에서 고려해야 한다. 물류산업에서 물류흐름(물동량 등)은 계절에 따라 변화가 있기 때문에 이러한 변화를 시계열분석에서는 반드시 고려해야 한다.

2) 도식적 분석

이는 자료를 도표화함으로써 자료의 체계적인 추세를 그림으로 조사하는 방법이다. 그러나 시계열자료가 방대하고 보다 정확한 분석을 하기 위해서는 통계적인 분석을 해야 한다.

3) 통계적 분석

시계열분석 모형은 거의 대부분이 계량적인 모형이기 때문에 통계적 분석 방법을 이용하는 것이 일반적이다. 일반적으로 이용되는 통계적 방법으로는 이동평균법, 지수평활법, 추세를 고려한 지수평활법, 계절적 변동과 순환변동을 고려하는 지수평활법, 박스-젠킨스법 신경망분석법 등이 있다. 특히 박스-젠킨스법은 자동상관계수를 계산하는 정교한 뷴석방법이다. 상기 분석접근방법은 서로 배타적이 아니라 보완적이다. 가령, 경제적인 분석 방법은 도표 및 통계 분석방법에서 확증할 수 있는 체계적인 추세를 미리 시사할 수도 있으며, 도표 방법과 통계적 방법은 상호 간에 정밀분석에 도움을 줄 수 있다. 그러나 이미 상기에서 언급한 바와 같이 오늘날 시계열분석에는 분석대상 자료가 방대하고 보다 정확한 예측을 필요로 하므로 대부분이 정교한 통계적 분석 방법을 이용하고 있으므로 아래에서 통계적 분석 방법에 대해 설명하고자 한다.

3. 통계적 분석 방법

시계열분석 방법은 과거 기간의 추세를 파악하여 미래를 예측하는 기법으로서 자료의 기간적 안정성이 무엇보다도 중요하다. 따라서 각종 통계적 분석 방법은 통계적 조작을 통하여 자료의 안정성을 유지시키면서 추세를 파악하는 것이다. 즉 시계열 방법은 자료를 평활하는 기법이라고 할 수가 있다.

본 절에서는 시계열분석시 기본개념인 예측오차, 안정성개념과 안정성문제를 해결하기 위한 차별화 그리고 서브마팅게일, 마팅게일 및 랜덤워크 모형, 자동상관계수에 대해서 우선 설명하고, 대표적인 통계분석 방법으로 이동평균법, 지수평활법 그리고 박스-젠킨스법에 대해 설명하고자 한다.

1) 기본개념

(1) 안정성

시계열의 기본적인 통계적 특성(평균치, 분산)이 기간에 따라 일정할 경우 시계열이 안정적이라고 한다. 가령 K 물류회사의 10년 간의 당기순이익, 매출액 및 매출액과 당기순이익간의 비율에 대한 시계열자료를 검토해 보기로 하자.

다음 [표 8-1]의 자료에서 당기순이익과 매출액은 안정적이라고 볼 수 없다. 이에 비하여 비율은 기간에 따라 평균과 유사한 관계를 보이고 있어 안정적이라고 볼 수 있다. 안정적인 시계열에 대해서 계산된 평균은 어떠한 기간의 시계열에 대해서도 적용이 가능하지만 안정적이지 못한 시계열자료에 대해서는 기간에 따라 평균값이 상이하다. 비록 안정적이지 못한 자료의 평균값이 계산된다 하더라도 이는 시계열 전체의 중심화경향의 측정치라고 볼 수 없다.

표 8-1 연도별 순이익과 매출액자료 (단위: 백만원)

연도	순이익	매출액	순이익/매출액
1981	197	2,425	0.081
1982	237	2,773	0.085
1983	262	2,928	0.089
1984	306	3,228	0.095
1985	337	4,013	0.084
1986	394	4,488	0.088
1987	404	5,475	0.074
1988	440	5,699	0.077
1989	510	5,921	0.086
1990	558	6,429	0.087
평균	365	4,338	0.085

대부분의 시계열분석은 한 시계열에 대해서 단일한 분산값을 필요로 한다. 흔히 분산이 일정한 시계열을 동질적 시계열(Homogeneous Variance)이라고 한다. 이익과 매출액과 같은 재무자료는 기간에 따라서 인플레이션, 재투자 및 자산취득 등의 원인으로 변동폭이 증대되는 것이 일반적이다. 이러한 변동폭을 감소시키기 위해 로그함수를 이용하여 재무자료를 수정하면 자료 분석의 기본적인 가정인 동질적 분산을 잘 충족시켜 준다. 그러나 로그함수의 이용은 자료가

정(+)의 수치일 경우에만 적용이 가능하다.

대개의 경우 자료가 안정적이기 위해서는 자료를 조정할 필요가 있다. 즉 기간을 구분하여 분석하거나 비안정적이지 못한 요인을 평활하기 위해 차별화 방법을 흔히 쓴다.

(2) 차별화(Differencing)

시계열자료를 차별화하기 위해서는 상이한 기간의 선정이 필요하다. 가령 $(X_t, X_{t+1}, X_{t+2,} \cdots, X_{t+n})$이 분석되어야 할 시계열일 경우, 차별화하지 않은 본래의 자료를 원시계열(Level)이라 하며 다음과 같이 1차 차별화된 시계열은 연속적인 관찰치의 변동을 반영한다. 즉,

$$(X_{t+1} - X_t), (X_{t+2} - X_{t+1}), (X_{t+n} - X_{t+n-1})$$

그리고 2차 차별화된 시계열은 다음과 같다.

$$(X_{t+2} - X_{t+1}) - (X_{t+1} - X_t), \cdots$$

상기와 같이 차별화한 시계열은 원계열에 비하여 보다 안정적이다. 특히 시계열자료에서 계절적인 차이가 발견될 경우, 차별화방법에 의해 용이하게 제거될 수 있다. 후술하는 각종 시계열 분석방법들은 이러한 차별화 원리에 의거하여 시계열의 변동요인을 평활하여 추세를 예측하여 미래 의사결정에 이용하는 기법들이다.

(3) 서브마팅게일(Submartingale), 마팅게일(Martingale), 랜덤워크(Random walk)

시계열자료가 기간별로 어떠한 행태를 띠는지에 따라서 시계열분석 모형의 설정이 달라진다. 시계열자료의 기간별 행태는 크게 서브마팅게일, 마팅게일 그리고 랜덤워크로 구분할 수가 있다.

서브마팅게일 시계열 모형은 다음과 같이 표시할 수 있다.

$$X_t = \Phi X_{t-1} + \delta + e_t \qquad (8\text{-}1)$$
$$\Phi = 1,\ \delta > 0$$

상기 식에서 $\Phi = 1$이고, $\delta = 0$이면 마팅게일 모형이 된다. 그리고 만일 $(e_t, e_{t+1}, \cdots, e_{t+n})$이 독립적이고 동질적인 분포(independent, identical Distribution)라면, 랜덤워크 모형이 된다. 상기 식은 시계열자료를 확률적 과정으로 표시하고 있는데, 이는 일련의 관찰치들이 결정적인 양상(a deterministic pattern)보다는 어떤 확률법칙에 의거하여 기간별로 추세를 나타내고 있음을 말해 주는 것이다.[1)]

(4) 자동 상관계수

j번째 자동 상관계수는 X_t와 X_{t+j} 관찰치가 함께 움직이는 정도를 측정한다. 만일, X_t와 X_{t+j}가 평균보다 높게 또는 낮은 수준으로 움직인다면 두 관찰치 간에 정(+)의 자동 상관관계가 있다고 한다. 그러나 두 관찰치가 평균에 비해 낮게 또는 높은 수준으로 역의 방향으로 움직인다면 부(–)의 자동 상관관계가 있다고 본다. 자동 상관계수(r)는 다음과 같이 추정한다.

---

1) 만일 X_t가 확률변수이고 $\{X_t\}$ 시계열이 서브마팅게일을 따른다면, 모든 t 기간에 대해서 $E[X_{t+1};\ X_0, X_1, X_2, \cdots, X_t] \geq X_t$가 성립하고, 마팅게일을 따른다면, $E[X_{t+1};\ X_0, X_1, X_2, \cdots, X_t] = X_t$가 성립한다. 즉, 이익시계열이 서브마팅게일을 따른다면 미래이익은 현재이익보다 높을 것으로 기대되며, 마팅게일을 따른다면 미래이익은 과거이익의 기대치로 예측된다는 것이다. 주가의 경우는 랜덤워크 행태를 띤다는 것이 일반적인데 이는 주가결정에 이용가능한 모든 정보가 즉각적이고 충분히 반영되어 주가변동은 독립적이고 동일한 확률분포를 지니는 확률변수라는 것이다. 즉, 독립적인 확률변수의 조건부 및 주변확률분포가 모든 t에 대해 동일한 것으로 과거주가의 시계열정보는 이미 주가에 반영되어 있으므로 미래주가를 예측하는 데 아무런 도움을 주지 못한다는 것을 의미한다. 이를 수식으로 표시하면 다음과 같다.

$$f(r_{j,t+1} | \Phi_t) = f(r_{j,t+1})$$

R. Ball and R. Watts, "Some Time Series Properties of Accounting Income," Journal of Fiance 27, June, 1972, pp. 663~682.

E. F. Fama, "Efficient Capital Markets: A Review of Theory and Empirical Work," Journal of Fiance, May 1970, pp. 383~417.

$$r = \frac{\frac{1}{T-j}\sum_{t=1}^{T-j}(x_t - x)(x_{t+j} - x)}{\sigma^2}$$

X = 안정적인 시계열의 평균값
σ^2 = 안정적인 시계열의 분산
T = 관찰수
$-1 < \gamma < 1$

안정적인 랜덤워크 모형에서의 1차 차별화의 이론적 특징은 모든 j에 대해서 $\gamma_j = 0$이다. 여기서 n은 시계열자료에서 계산할 수 있는 자동 상관계수 수이다. 시계열이 랜덤워크인지를 검증하는 것은 실제자료에 대해서 γ_j를 추정한 다음에 랜덤워크 모형의 이론적 추정치와 비교하는 것이다.

다음은 21년 동안의 K 물류회사의 1차 차별화된 당기순이익자료에 대하여 자동상관계수를 추정한 것이다.

−0.113 0.113 0.072 −0.229 0.039

비록 K 물류회사의 시계열자료가 랜덤워크 형태를 나타낸다 하더라도 어떤 유한 수의 표본에서 추정한 자동 상관계수가 전부 0이라고 기대할 수 없다.

따라서 추정한 자동 상관계수가 통계적으로 0인지 아닌지에 대한 유의성검증을 해야 한다. 즉 개개의 자동 상관계수에 대한 표준오차(S_e)는 다음과 같이 계산된다.

$$S_e(r_j) = \sqrt{\frac{1}{T-j}}$$

(5) 예측오차 측정치

본 절에서는 이해하기 쉽도록 경영분석에서 흔히 중요하게 취급하는 이익예측을 실례로 들어 설명할 것이며, 설명에 필요한 변수들을 정의하면 다음과 같다.

$X_t = t$기의 실제이익
$A_t = t$기까지 과거 시계열자료를 이용하여 계산한 평균치
$S_{t,i} = t$기말에 계산된 $t+1$기의 이익예측치

시계열분석에서 예측치가 실제이익을 얼마나 정확하게 측정하였는가에 대한 측정치가 바로 예측오차이다. 따라서 예측오차는 예측기법의 신뢰도를 결정하는 측정치로서 다음의 두 가지를 일반적으로 많이 이용하고 있다.

첫째, **절대평균편차**(mean absolute deviation; MAD)로서 예측오차 절대값의 평균치이다. 이를 계산하면 다음과 같다.

$$MAD = \frac{\sum_{i}^{n} |\text{실제이익} - \text{예측이익}|}{\text{자료(기간)수}} = \frac{\sum_{i}^{n} |e_t|}{n}$$

둘째로, **평균자승오차**(mean square error; MSE)로서, 예측오차제곱의 평균치이다.

$$MSE = \frac{\sum_{i}^{n} (\text{실제이익} - \text{예측이익})^2}{\text{자료(기간)수}} = \frac{\sum_{i}^{n} e_t^2}{n}$$

또한 이익예측치가 이익시계열자료를 제대로 추적하고 있는가를 살펴보는 지수로 **추적지표**(tracking signal; TS)가 있는데, 이는 t기까지 계산된 예측오차의 합을 MAD로 나눈 측정치이다.

$$TS = \frac{\sum_{i}^{n} e_t}{MAD}$$

이 측정치가 지속적으로 양의 값을 나타내면 이익예측치가 실제이익보다 항상 작다는 것을 의미하며, 음의 값을 나타내면 항상 크다는 것을 의미한다. 또한 TS가 지나치게 크면(+6 이상) 예측방법 자체에 문제가 있으므로 기법을 수정해야 한다.

제 9 장

물류예산편성과 CVP분석

물류목적을 달성하기 위해 물류전략과 계획을 수립하여야 하며
이러한 물류전략과 계획을 구체화 및 체계화 그리고 수치화시키는
과정이 물류예산편성이다.

물류부문예산은 기업의 물류관리목표를 달성하기 위한 수치화된 계획이며, 물류부문의 성과를 평가하고 목표달성을 유인하는 데 중요한 역할을 수행한다. 본 장에서는 이러한 물류예산의 의의와 편성과정 및 편성도구로서 CVP 분석방법에 대해서 정리하고자 한다.

- 물류계획과 예산편성과정
- 물류변동원가계산과 물류전부원가계산
- 물류원가-조업도-이익(CVP)분석

제 1 절 물류계획과 예산편성과정

물류예산은 물류원가를 조정하고 통제하는 중요한 도구이다. 물류예산과정은 물류예산을 기업전체예산이나 이익계획에 연계시킬 뿐만 아니라, 물류기능을 기업전체활동에 연계시키고 통합시키는 역할을 수행함으로써 물류부문의 회계절차와 통제를 보다 효과적으로 하는 데 공헌한다. 본 장에서는 보다 효과적인 물류예산과정을 개발하기 위하여 전반적인 계획 및 예산편성과정과 더불어 구체적인 예산편성 기법과 절차를 소개하고자 한다.

1. 물류계획과정

계획기능은 기업의 미래방향을 설정하고 통제하기 위한 공식적이고 체계적인 과정으로서 가장 중요하고 핵심적인 경영자의 기능이다. 기업의 시장에서 위치[전략적 위치-목표시장, 시장점유율, 시장차별화(물류서비스, 운송기간, 운송수단선택)], 누가 언제 무엇을 어떻게 할 것인가 등의 해야 할 일을 결정하는 과정이다.

계획과정은 기업의 중요한 의사결정과정으로서 업무의 성격에 따라 다르다. 상위 경영층에서는 주로 전략적 의사결정(strategic & policy planning & decision making)이 행하여지는데, 업무량은 상대적으로 적지만 확률적이고 미래지향적인 의사결정이 많다. 중간경영층은 상하위 간의 조정과 통제가 주요 업무로서 전술적 의사결정(tactical planning & decision)이 행해지며 업무량은 최고경영층과 일선관리자와 중간 정도 영역이다. 전략적 의사결정과 전술적 의사결정은 경영정보시스템에서 의사결정지원시스템(Decision Support System, DSS)의 영역이다. 한편, 일선관리자들은 현장업무가 효율적으로 이루어지기 위해 일상적 관리와 의사결정 그리고 통제(operational planning, decision making, control)가 주요 업무이다. 일선 물류현장에서 운송 및 적·양하, 보관 등의 일상적인 자료의 수집과 분류 및 집계 등의 일선업무가 이루어지는 자료처리시스템(Transaction processing System; TPS)단계로서 일상적 관리통제와 자료처리단계는 상대적으로 업무량이 많고 업무의 성격도 구조화(Structured)되어 있다.

(1) 전략적 계획

전략적 계획은 조직목표를 설정, 목표달성을 위해 자원획득 및 사용, 처분하기 위한 방침을 결정하는 과정으로서 비교적 장기목표에 초점을 맞추어 편성되는 계획이다.

이러한 전략적 계획은 기업의 장단점을 고려한 기업의 전략적 위치 선정, 시장점유율 확장 등 미래지향적이며 변수값이 불확실(non-programmable)하고 온라인정보보다는 재무적 정보(자금, 수익성)가 필요한 계획분야이다.

예) 공장입지선정, 신제품개발, 자금조달방식 결정, 합병 등

(2) 경영통제

경영통제는 전략적 계획에 의거하여 중간관리자가 행하는 경영계획과 통제과정으로 조직목표를 달성하는 데 필요한 자원의 획득 및 효율적인 활용하기 위한 과정이다. 이러한 경영통제과정의 판단기준은 효과적인 목표달성과 효율성 실행과 계획이다.

예) 자원을 부분별 배분, 공장배치, 인사관리, 예산배분, 생산계획 등

(3) 업무통제

업무통제는 특정한 업무(작업)를 효율적으로 수행하는 과정으로 특정업무와 관련된다. 주관적 판단이 거의 필요 없으며, 주로 실행에 초점을 맞는 계획과정이다. 정형적(programmable)이고 온라인정보가 필요한 계획분야이다.

(4) 경영활동과 기능간 매트릭스 구조

경영활동과 기능간 매트릭스 구조는 두 가지 하위시스템(subsystem)으로 구성되어 있는데, 하나는 조직기능 내지는 각 부서(organizational function subsystem)이며, 다른 하나는 주요 의사결정 내지는 계획이 수행되는 활동(activity subsystem)을 의미하다.

- 조직 내의 주요 기능(예: 생산, 마케팅, 물류, 인사 및 조직, 재무, 회계, 전략)의 정보는 데이터베이스(data base)에 의해 통합되고 상호 교환되어 조직효과를 극대화한다.

  계획이 수행되는 활동은 업무성격에 따라 일상적인 업무처리, 운영통제(Operational control), 경영통제(management control), 전략적 계획(strategic

표 9-1 기업의 주요 기능(Function)과 활동(Activity)간 매트릭스구조

주요 기능 / 활동	생산	마케팅	물류	회계정보시스템	재무	인사·조직
전략적 계획						
경영통제						
운영통제						
업무처리						
Data base management system						

planning)으로 구분된다. [표 9-1]에 구체적으로 제시되어 있다.

2. 종합예산편성과정

예산이란 경영계획을 공식적이고 계량적으로 표현한 것으로 기업조직의 모든 부문의 목표를 요약한 것이라고 볼 수 있다. 기업의 목표는 조직 전체의 목표와 부문별 목표로 구분되며 기간에 따라 단기목표, 중기목표, 장기목표로 설정할 수 있다. 이에 따라 예산도 조직 전체로 편성되는 종합예산(master budget)과 조직 부문별 예산으로 구분된다.

1) 예산기능

보다 이상적이고 효율적인 예산이 수립되기 위해서는 목표를 달성할 수 있도록 경영계획을 유인하고 모든 임직원이 자율적으로 업무를 실행할 수 있도록 적절한 성과평과와 보상의 기준이 수립되어야 하며 갈등을 조정하는 기능을 수행할 수 있도록 편성되어야 한다.

(1) 경영계획을 유인

(2) 성과평가의 기준제공

(3) 부서 간의 의사소통 및 조정기능 수행

2) 예산편성접근방법

(1) 권위적 접근방법

권위적 접근방법은 전통적인 예산 편성과정으로서 최고경영층에서 상위 하달식(top-down)으로 예산을 결정하는 방법이다. 이 방식은 중간관리층이나 실무에서 업무수행에 필요한 예산사정을 전혀 고려하지 않기 때문에 문제의 소지가 많은 비민주적 예산편성방법으로 오늘날 거의 활용되지 않는다.

(2) 자문적 접근방법

이 방법은 예산편성권한은 최고경영층에 있지만 중간관리층이나 하위관리층이 의견을 참작하는 편성방법으로 실무의 예산 필요성을 완전히 반영하는 방법은 아니다.

(3) 참여적 접근방법

필요한 예산규모는 실제로 예산을 집행하는 중간 및 하위 관리층에서 자세히 알고 있기 때문에 담당부서에서 소요예산을 편성하고 상위관리층에서 조정하여 예산을 확정하는 하위 상달식(down-top) 편성방법으로 오늘날 대부분의 조직이 채택하고 있다.

3) 효율적인 예산편성접근방법

(1) 달성가능하고 구체적이며 명확한 목표설정

예산은 기업이 달성해야 할 목표에 의거한 경영계획에 의해 편성되기 때문에 효율적인 예산이 되기 위해서는 목표가 달성가능하고 구체적이며 명확해야 한다.

(2) 합리적인 목표분할 및 표준원가제도

예산은 기업 전체의 종합예산뿐만 아니라 사업부별, 부서별로도 편성하여야 한다. 따라서 부서와 사업부의 목표가 분명하게 설정되어야만 단위부서나 사업부의 예산이 효율적으로 편성되어 부서나 사업부 간의 갈등을 최소화할 수 있다. 또한 각 부서에서 소요되는 자원의 표준(즉, 표준원가)이 합리적으로 설정되어야만 예산의 낭비를 최소화할 수 있다.

(3) 예산의 목표적합성

예산의 실행결과는 설정된 목표를 달성하여야 한다. 예산집행과 목표달성에 차이가 있다면 예산편성이 잘못되었거나 목표적합성이 없는 예산인 것이다.

(4) 부서 및 종업원의 수용성

아무리 잘 편성된 예산이더라도 실제로 예산을 실행하는 부서나 종업원이 납득할 수 없다면 좋은 예산안이라고 볼 수 없다. 예산은 반드시 실제로 집행하는 담당부서와 종업원이 충분히 이해할 수 있도록 편성되어야 한다.

(5) 통제가능성

편성된 예산은 수행된 실적을 평가하는 성과평가의 기준이 되므로 통제 및 관리가 가능하도록 편성되어야 한다.

4) 물류비 종합예산편성절차

(1) **과거의 물류실태파악과 현행 재무상태 확인**(예: 기말현금잔액, 수송중인 물동량 등)

(2) **물류환경 조건의 파악과 물동량예측:** 화물수송량과 운임은 월별 및 연별로 회귀분석 내지는 시장동향분석에 의거하여 주로 예측하며, 예상매출액은 예상수송수량에 예상운임단가를 곱하여 산정한다.

(3) **장기물류계획의 수립:** 장기물류계획은 기업의 장기적 경영전략 등에 의거한 물류전략이나 정책을 기초로 물류환경을 고려하여 수립한다. 중요한 물류시설(예: 해운선사의 경우, 선박 등)의 취득과 관리는 단기보다는 장기적 측면에서 관리되는 것이 바람직하다.

(4) 물류예산 편성방침 결정과 물류비예산 작성

(5) 물류비예산안의 심의 및 조정

(6) 물류비예산의 확정

5) 물류비예산 편성방법

물류부문 경영자는 사업연도 예산편성방침에 의거하여 예산을 편성하는데, 물류현장의 의견을 수렴하여 실행예산을 편성하게 된다. 물류예산은 가장 기초

적인 발생형태별 예산편성 그리고 물류기능별 및 제품별 예산 등이 있다.[1]

(1) 발생형태별 물류예산 편성

발생형태별 물류비는 물류비 3대요소인 물류재료비(예: 해운의 경우 유류비), 물류노무비 및 물류경비로 구분되므로 이에 대한 예산을 말한다. 수송부문의 물류예산편성을 살펴보면 물류비는 운송수량에 의거하여 편성되어야 하므로 가장 먼저 하여야 할 것이 당기에 수송할 수량을 정확히 예측하는 것이다. 수송수량이 예측되면, 물류원가예산을 편성하게 되는데, 일반적으로 원가행태별로 원가를 구분하여 다음과 같이 변동물류원가예산과 고정물류원가예산을 편성한다. 변동물류원가항목은 주로 물류재료비와 물류노무비로 구성되며, 물류경비는 고정물류원가예산항목이 대부분이다.

(가) **물류원가예산편성**(표준원가제도에 의함)

① 변동물류원가예산 = 예상수송량 × 단위당 변동원가(운항비 등)

ⓐ 물류재료비예산: 물류활동과 관련하여 투입되는 재료의 소비에 대하여 필요한 예산으로 원부자재, 연료비, 소모품비 등이다.

• 물류재료비예산 = 차기의 예상재료소비량 × 예정단가

ⓑ 물류노무비예산: 물류활동을 수행하기 위해서 투입되는 노무비에 대해 발생하는 항목으로 물류종업원 급료, 임금, 수당 복리후생비 등의 항목으로 구성된다.

• 물류노무비예산 = 차기의 예상작업량(작업시간) × 예정임률

② 고정물류원가예산 = 일정금액으로 추정(연간금액) / 12월

물류경비예산: 물류부문에서 발생되는 재료비와 노무비를 제외한 예산으로 각종 조세공과(예: 전력비, 가스·수도광열비 등), 관리유지비(예: 물류설비에 대한 수선비, 보험료 등), 일반경비(예: 여비·교통비, 접대비,

1) 한국생산성본부, 「물류비의 이해와 활용」, 기업물류비계산준칙을 중심으로, 1991년 2월, pp. 108~114.

잡비 등) 및 물류자산의 감가상각비로 구성된다. 즉, 물류경비예산은 고정물류원가예산으로서 과거의 예산실적을 기초로 일정금액으로 추정하여 편성하는 것이 일반적인 관례이다.

(나) **물류재료비 매입예산 또는 연료비 매입예산 편성**

① 예상재료비(연료비) 매입수량 = 예상수송수량 × 재료당(선박당) 표준소비수량 + 기말재고수량 - 기초재고수량

② 재료비(연료비) 매입예산액 = 예상재료비(연료비)매입수량 × 재료비(연료비)당 표준원가

(다) **판매비 및 일반관리비예산 — 변동비 및 고정비로 구분하여 편성**

(라) **추정손익계산서 작성**

(마) **현금예산 편성**

기말현금잔액 = 기초현금 + 추정현금유입액(A/R 회수) - 추정현금지출액

- A/R 회수: 현금매출과 매출채권 등의 현금 수입액

  추정현금지출액: 현금매입과 매입채무 지급 및 급여지급액 등의 현금 지급액

(바) **추정대차대조표 작성**

(2) 물류기능별 예산편성

(가) 포장비 예산 = 단위당 포장비표준단가 × 차기 예상물류량(포장수량)

(나) 운송비 예산 = 단위당 운송비비표준단가 × 차기 예상물류량(운송수량)

(다) 보관비 예산 = 단위당 보관비표준단가 × 차기 예상물류량(보관수량)

(라) 하역비 예산 = 단위당 하역비표준단가 × 차기 예상물류량(하역수량)

(마) 유통가공비 예산 = 단위당 유통가공비표준단가 × 차기 예상유통가공수량

(바) 물류정보비 예산 = 과거 예산실적에 따라 조정하여 편성

(사) 물류관리비 예산 = 과거 예산실적에 따라 조정하여 편성

제 2 절 물류변동원가계산과 전부원가계산

1. 의 의

전부원가계산(Absorption Costing)은 운송할 화물에 대한 운송원가 결정시 발생된 모든 비용을 운송원가에 배부하는 재고자산평가과정(Inventory valuation procedure)이며, 변동원가계산(Variable Costing)은 변동운송원가(주로 직접물류비)만을 운송원가에 배부하는 재고자산평가과정이다. [그림 9-1]에서 이를 나타내고 있으며, [표 9-2]에서는 이를 비교하고 있다.

그림 9-1 전부원가계산과 변동원가계산

	원가(Cost) 물류(운송)원가		자산(Asset) 제품(운송품)		비용(Expense) 매출원가
전부원가 계산	물류재료비 물류노무비 물류간접비(변동간접비+고정간접비)	⇒	총물류(운송)원가로 구성	⇒	판매 또는 운송서비스 실현으로 매출원가화하여 매출수익과 대응하여 이익산출함
변동원가 계산	물류재료비 물류노무비 물류간접비(변동간접비만 계산함) • 고정물류(운송)간접비는 당기비용으로 계산함	⇒	변동물류(운송)원가로 구성함	⇒	변동운송원가는 매출원가화하고 고정물류(운송)원가는 당기비용화함

2. 두 방법의 비교

두 원가계산 방법을 비교하면 다음과 같다.

첫째, 전부원가계산은 발생된 모든 원가를 고려하기 때문에 외부 공시용 재무제표(재무상태표, 손익계산서 등)를 작성하는 데 활용되며 제품 가격결정이나 운임결정에 기초자료가 된다. 변동원가계산은 의사결정에 따라 변하는 변동원가만으로 원가를 계산하므로 다양한 특수의사결정(내부보고 및 관리회계목적)에 유용한 방식이다.

둘째, 물류원가계산도 전부원가계산은 변동물류원가와 공정물류원가 모두 계산하고, 변동원가계산은 변동원가만 고려하고 고정물류원가는 판매비 및 일반관리비처럼 당기비용으로 처리한다.

셋째, 예정원가할 경우, 전부원가계산은 공정물류비예산과 배부액과 차이만큼 조업도 차이가 발생하지만 변동원가계산에서는 고정물류원가를 전부 당기비용으로 처리하기 때문에 발생하지 않는다. 따라서 변동원가계산에서는 고정원가가 이익에 영향을 미치지 않지만, 전부원가계산에서는 영향을 미친다.

넷째, 전부원가계산에서 손익계산서는 전통적인 비용분류방식에 의한 기능별 양식이며, 변동원가계산에서는 원가행태별 비용분류에 의해 공헌이익을 초출하는 양식이다.

표 9-2 물류전부원가계산과 물류변동원가계산 간의 비교

구분	전부원가계산	변동원가계산
목적	외부보고 (F/S 작성, 공시, 운임 및 손익결정)	내부보고 (경영계획 및 통제)
운송원가	모든 운송원가(변동물류비 + 고정물류비)	변동물류(운송)원가
기간비용	판매비 및 일반관리비	판매비 및 일반관리비 고정물류(운송)원가
조업도 차이	발생됨	발생 안됨
C.V.P 분석	이익 = f [운송수입, 고정원가(선비)]	이익 = f (운송수입)
I/S 양식	원가기능(수익에 대응성)	원가행태(공헌이익개념)

주: 조업도차이 = 고정물류(운송)비예산 − 예정고정물류비배부액 = 고정물류비 배부율 × (기준수송수량 − 예정수송수량)
따라서 배부율을 계산하기 위한 기준조업도(정상수송수량) 선정이 이익에 영향을 미친다.

〈사례 문제〉 태종택배(주)에서는 연간 고정물류원가예산액은 기준(정상)조업도가 100,000단위(이는 과거 5년간 이 회사의 평균취급수량임)로 보고 400,000천원으로 편성하여 운영하고 있으며 단위당 변동물류원가가 3천원, 연간고정영업비용 200,000천원이며, 평균택배운임은 15천원이다. 2009년도 초에

예상물량은 80,000단위이었지만 경기침체로 실제 취급한 수량은 60,000단위이다. 손익계산서(전부원가와 변동원가방식)를 정상조업도에 의해 작성하고, 두 방식으로 작성된 손익계산서상의 이익차이 원인을 설명하라.

(단위: 천원)

전부원가계산		(계산 근거)
(1) 매출액	900,000	15천원 × 60,000단위
(2) 매출원가	420,000	(3 + 4)*천원 × 60,000단위
(3) 매출총이익	480,000	(1) − (2)
(4) 영업비	200,000	연간고정영업비용
(5) 조업도차이	80,000	(100,000 − 80,000)단위 × 4천원 = 80,000천원
(6) 영업이익	200,000	(3) − (4) − (5)

주: * 단위당 고정물류원가 = 연간고정물류원가 예산 / 기준조업도 = 400,000 / 100,000단위 = 4천원 / 단위

(단위: 천원)

변동원가계산		(계산 근거)
(1) 매출액	900,000	15천원 × 60,000단위
(2) 변동매출원가	180,000	3천원 × 60,000단위
(3) 물류공헌이익	720,000	(1) − (2)
(4) 고정물류원가	400,000	연간고정물류원가
(5) 고정영업비	200,000	연간고정영업비용
(6) 영업이익	120,000	(3) − (4) − (5)

[풀 이]

영업이익차이 = (예상매출수량 − 실제매출수량) × 단위당 고정물류원가 = (80,000 − 60,000) × 4 = 80,000천원만큼 전부원가계산방식이 크다. 그 이유는 변동원가계산에서는 고정물류원가가 전부 당기비용(400,000천원)으로 처리되지만 전부원가계산에서는 실제 매출된 수량인 60,000단위에 해당하는 고정물류원가(60,000단위 × 4천원 = 240,000천원)만이 매출원가인 비용으로 처리되기 때문에 그 차이인 80,000천원은 재고자산으로서 이익으로 잡히기 때문이다.

제 3 절 물류 원가-조업도-이익 분석

1. 의 의

물류수요(수송수요)에 따른 물류자산(예: 선박 등)투입 및 도입, 선복량 및 수송물량결정, 투자안 선택에 따른 원가, 조업도 및 이익변동관계를 분석하여 물류부문의 이익계획 및 이익분석도구로 활용하는 분석기법으로 일명 CVP 분석 또는 손익분기점 분석(Break-Even Point Analysis, BEP)이라고도 불리운다.

2. 기본가정

CVP 분석을 보다 간편하게 활용하기 위해 다음과 같은 기본가정을 전제하는 것이 일반적이다.

1) 원가행태에 따른 원가분류

기업에서 발생하는 모든 비용은 변동비와 고정비로 구분이 가능하다. 변동비는 조업도에 따라 변하는 비용으로서 단위당 변동비(v)에 조업도(X)를 곱하여 산출할 수가 있다. 또한 고정비는 조업도(X)와 상관없이 연간 일정하게 발생된다고 가정한다. 즉, 고정원가는 연간 일정금액(FC)로 표시(손익분기점 도표에서는 Y축의 절편임)할 수 있다.

2) 총비용($TC = v \times X \times + FC$) 및 총수익함수($TR = p \times X$)는 선형함수

현실적으로 총비용(TC)함수는 한계비용체증의 법칙이 작용하므로 2차함수로 표시되며, 총수익함수(TR)도 한계수익 체감의 법칙이 작용하여 원점에 오목한 곡선으로 나타난다. 그러나 분석편의상 일정한 구간(관련범위, relevance level)에서는 직선(선형함수)로 나타낼 수 있다. 즉, 총비용함수=변동비+고정비=단위당변동비(v)×조업도(X)+고정비(FC)

총수익함수 = 단위당 판매가격(운임)×매출수량(X)

3) 단일항로 및 선박만을 투입

실제로 제조기업에서는 다양한 제품을 생산하여 판매하므로 제품배합이 있으며 해운선사들도 여러 항로에 다양한 선박을 투입하여 운항하는 것이 일반적이다. 이러한 현실적인 여건을 고려하면 복잡하므로 단순 CVP 분석에서는 단일제품 또는 단일항로 및 단일 선박만 투입하는 것으로 가정하고 있다.

4) 과잉 및 과소선복량 무시(생산수량 = 매출수량)

5) 운임수준, 고정원가(선비), 단위당변동비(운항비)는 일정함

3. 기본모델

이익($\pi(TP)$)은 총수익(TR)에서 총비용(TC)을 차감하여 계산하므로 다음과 같이 산출할 수가 있다.

$$\pi(TP) = TR - TC = X \times (p - v) - FC = \text{공헌이익} - \text{고정비}$$

X = 조업도(판매수량, 생산수량, 운송수량 등)
p = 단위당 판매가격(운임)
v = 단위당 변동물류(운송)비
FC = 고정물류(운송)비

공헌이익(Contribution Margin, CM)은 조업도(수송수량, 항차)에 따라 변동하는 이익개념으로 고정비보상 정도를 표시하며, 단위당 공헌이익은 단위당 판매가격에서 단위당 변동비를 차감하여 계산하므로 $(p-v)$로 표시할 수 있으며, 이에 조업도(매출수량 또는 항차수, 수송량 등)를 곱하면 총공헌이익(CM)이 도출된다.

공헌이익, 고정비 및 이익과의 관계를 수식으로 표시하면 다음과 같다.

$$CM > FC \Rightarrow \pi > 0$$
$$CM < FC \Rightarrow \pi < 0$$
$$CM = FC \Rightarrow \pi = 0$$

즉, 공헌이익이 고정비보다 크면 이익이 산출되고 반대이면 손실이 나며 공헌이익과 고정비가 같으면 이익도 손실도 없는 순익분기점이 된다. 이를 수식으로 표시하여 손익분기점 수량을 계산하면 다음과 같다.

$$(p-v) \times X = FC$$

손익분기점 운송수량(BEP_x) $= \dfrac{FC}{(p-v)}$, 단 $p-v$ = 단위당 공헌이익(UCM)

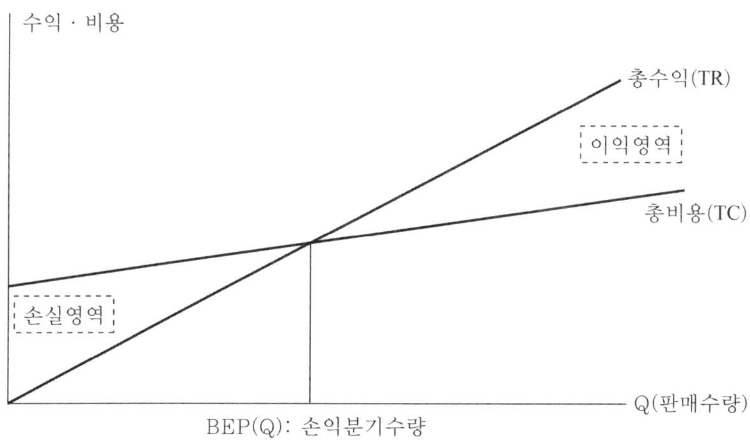

손익분기점도표에 나타난 바와 같이 실제수송수량이 손익분기점(BEP_x) 이상이면 이익이 발생하고 이하이면 손실이 발생한다. 즉 실제수송수량과 손익분기점수송수량의 차이에 단위당 공헌이익을 곱한 것만큼 손익이 발생한다.

* 물류(해운)영업이익 = (실제수송수량 - 손익분기점수송수량) × 단위당 공헌이익

* 민감도분석

또한 손익분기점 계산공식을 이용하여 민감도분석이 가능하다. 가령 고정비가 FC에서 ΔFC만큼 증가하였을 경우 손익분기점은 $(FC+\Delta FC)/(P-V)$으로 변화한다. 단위당 변동비나 운임(가격)의 변화도 마찬가지로 손익분기점 변화를 다음과 같이 계산할 수 있다.

$$BEP+\Delta BEP=\frac{FC+\Delta FC}{P-V}=\frac{FC}{P-(V+\Delta V)}=\frac{FC}{(P+\Delta P)-V}$$

안전한계는 손익분기점 수량을 초과한 실제수송수량으로서 이 안전한계가 클수록 그만큼 이익이 증가해서 경영이 안정적임을 나타낸다. 또한 손익분기점을 활용하여 이익계획을 할 수 있다. 가령 목표이익만큼 이익을 달성하고자 한다면 목표수송수량과 목표운임수입은 다음과 같이 계산된다.

안전한계 = 실제(예상)수송수량 - 손익분기점수송수량

이익계획

$$\text{목표수송수량} = \frac{\text{고정원가} + \text{목표이익}}{\text{단위당 공헌이익}}$$

$$\text{목표운임수입(목표매출액)} = \frac{\text{고정원가} + \text{목표이익}}{\text{단위당 공헌이익}} \times \text{운임}$$

4. 모델의 확장

상기의 단순 손익분기점 모형에서 현실적인 여건을 감안하여 모형을 확장하여 보자.

1) 법인세를 고려할 경우

법인세를 고려할 경우, 세전목표이익에서 법인세를 공제하면 세후 이익이 된다. 법인세율을 t라고 하면, 세전목표이익$(1-t)$=세후목표이익, 따라서 세전목표이익은 세후목표이익을 $(1-t)$로 나눈 값이 되고 목표수송수량 계산공식은 다음과 같다.

$$\text{목표수송수량} = \frac{\text{고정원가} + \text{목표이익}\left(\dfrac{\text{세후순이익}}{(1-t)}\right)}{\text{단위당공헌이익}}$$

2) 현금손익분기점

현금손익분기점을 계산하면 다음과 같다. 즉, 현금손익분기점은 당기동안 현금유입액과 현금지출액이 동등한 수송수량(매출수량)이다. 현금유입액은 매출액$(P \cdot X)$에다 손실이 발생하면 손실액에 법인세율을 곱한 금액만큼 법인세 환급액을 합한 금액이다. 현금유출액은 총비용(변동비+고정비)에서 현금지출이 없는 비용(감가상각비 등 각종 상각비)를 제외한 금액이다. 이를 수식으로 표시하면 다음과 같다.

$$PX + t[FC - (p-v)X] = vX + FC - Dep$$

매출액 법인세환급액

$$BEP(X_c) = \frac{(1-t)\text{고정물류비총액} - \text{감가상각비}}{(1-t)\text{단위당공헌이익}}$$

3) 선대(선복량) 배합이 존재

해운선사들은 다양한 항로에 다양한 선박을 투입하여 총이익을 극대화하고

자 할 것이다. 따라서 실제로는 이처럼 항로에 따른 선대배합이 중요한 의사결정문제이다. 이러한 선대배합문제를 고려하여 손익분기점을 계산하면 다음과 같다.

$$\text{손익분기점 수송수량} = \frac{\text{고정물류원가}}{\text{가중평균공헌이익}}$$

〈사례 문제 1〉 K 해운선사는 A 선박과 B 선박을 보유하고 있으며 이에 대한 자료가 다음과 같을 때, 선박단위별로 손익분기점을 계산하여 보자.

(단위: 백만원)

손익분석단위	수송수량(X)	운임(P)	단위당 물류비(v)	단위당 공헌이익 (UCM)
A 선박(항로, 항차)	1,000 TEU	10	4	6
B 선박(항로, 항차)	4,000 TEU	2	1	1
고정물류비 총액 = 4,000				

[풀 이]

$$\text{가중평균공헌이익}(\Sigma P - V) = \frac{6 \times 1 + 1 \times 4}{1 + 4} = 2/\text{TEU}$$

$$\text{손익분기점 수송수량} = \frac{4{,}000}{2} = 2{,}000\ \text{TEU}$$으로 계산되며,

이 중에서 A선박의 손익분기점 수송수량은 2,000 TEU × 1/5 = 400 TEU이고 B선박의 손익분기점 수송수량은 2,000 TEU × 4/5 = 1,600 TEU로 계산된다.

〈사례 문제 2〉 다음 자료에 의거하여 회사 전체의 공헌이익을 계산하여 두 제품에 대한 손익분기점을 각각 계산하라(고정비 총액: 4,800원).

(단위: 백만원)

손익분석단위	매출수량(X)	단위당 가격(P)	단위당 변동비(v)	단위당공헌이익 (UCM)
A 제품	2,000개	9	3	6
B 제품	4,000개	5	2	3
고정물류비 총액=4,800				

[풀 이]

가중평균공헌이익$(\sum P - V) = \dfrac{6 \times 1 + 3 \times 2}{1+2}$ = 4백만원/개

손익분기섬 내출수량 = $\dfrac{4,800}{4}$ = 1,200개로 계산되며,

A 제품 손익분기점 수량 = 1,200개 × 1/3 = 400개

B 제품 손익분기점 수량 = 1,200개 × 2/3 = 800개

5. 물류영업위험

부채수준과는 상관없이 기업의 영업활동(운항활동)으로 발생하는 위험으로 이에 영향을 미치는 요인으로는 화물의 수요 및 운임의 변동, 운송비용요소가격 및 고정비의 변동을 들 수 있다.

〈사례 1〉

	현행상태	매출액 40% 증가	매출액 40% 감소
매출액	10,000	14,000	6,000
- 변동영업비용(50%)	5,000	7,000	3,000
- 고정영업비용	1,000	1,000	1,000
- 영업이익(EBIT)	4,000	6,000	2,000
		(50% 증가)	(50% 감소)

〈사례 2〉

	현행상태	매출액 40% 증가	매출액 40% 감소
매출액	10,000	14,000	6,000
- 변동영업비용(50%)	5,000	7,000	3,000
- 고정영업비용	3,000	3,000	3,000
- 영업이익(EBIT)	2,000	4,000	0
		(100% 증가)	(100% 감소)

따라서 사례 1: 영업레버리지 = $\frac{50}{40}$ = 1.25

사례 2: 영업레버리지 = $\frac{100}{40}$ = 2.5

$$영업레버리지 = \frac{영업이익변동치}{매출변동치}$$

$$= \frac{\Delta EBIT}{EBIT} \times \frac{\Delta S}{S}$$

$$= \frac{(P-v)Q}{(P-v)Q-FC} = \frac{(Sales-VC)}{EBIT}$$

단, $EBIT$ = 영업이익, S = 매출액, ΔS = 매출액증감액, P = 단위당 판매가격, v = 단위당 변동비, Q = 판매수량, FC = 고정비

〈사례 문제 3〉 A 회사의 현재 매출액은 30,000원이고 변동비는 매출액의 50%일 때, 앞으로 매출액이 40% 증가하리라고 예상될 경우 고정비가 2,000원일 경우와 1,000원일 경우의 영업레버리지를 계산하라.

[풀 이]

(고정비: 2,000원) 현 행: 영업이익 30,000 - 15,000 - 2,000 = 13,000원

증가시: 영업이익 42,000 - 21,000 - 2,000 = 19,000원

이익증가율 = $\frac{19,000-13,000}{13,000}$ = 46.2%

$$영업레버리지 = \frac{영업이익변동치}{매출변동치} = \frac{46.2}{40} = 1.155$$

(고정비: 1,000원) 현 행: 영업이익 30,000 - 15,000 - 1,000 = 14,000원

증가시: 영업이익 42,000 - 21,000 - 1,000 = 20,000원

$$이익증가율 = \frac{20,000 - 14,000}{14,000} = 42.9\%$$

$$영업레버리지 = \frac{영업이익변동치}{매출변동치} = \frac{42.9}{40} = 1.073$$

6. 실무적인 손익증감 및 영업위험분석

기업에서 손익분석은 주로 단기 의사결정영역에 해당하므로 전기(전년도, 전월, 전분기)와 대비하여 증감 여부를 파악하여 당기의 손익상황의 적정성 여부를 확인 및 진단하고 있다. 이러한 손익의 적정성 여부와 이에 따른 영업위험의 평가는 상기에서 설명한 바와 같이 손익분기점분석이 자주 활용되고 있으며 관련 자료나 장부를 검토하여 비용과 수익항목을 대조 및 체크하고 있다.

1) 손익계정과목별 증감분석

(1) 계정과목별로 전월(전분기)대비 증감 원인을 파악한다.

(2) 증감원인 파악시 계정별 원장을 월별로 조회하여 어느 팀이나 부서에서 관련수입과 비용이 증감했는지를 파악하고,

(3) 관련전표(보조장)를 조회하여 증감의 적정성 여부를 판단한다.

(4) 만약 확인이 불가하거나, 내용이 불충분할 경우 관련 팀이나 부서로 확인 의뢰하여 내용을 확인한다.

(5) 수입과 비용의 월별흐름의 변동 폭이 적은 계정과목은 증감분석을 생략할 수 있으나, 세목별로 증감내역을 분석할 경우 특정 계정 간의 증감내역이 발생할 수 있으니 전체 손익항목을 확인하여야 한다.

(6) 영업수입의 경우 운임과 수송량 등을 월별로 흐름을 파악하여 영업수입의 증감 원인이 적정한지 여부도 아울러 확인한다.

2) 전년 및 전월 대비 손익증감 내역서 작성

(1) 전년월 대비 손익증감 내역서

손익증감분석은 영업수입, 매출원가, 판관비, 영업외수지를 구분하여 분석하되 각 항목별로 전월대비 환율에 따른 영향을 제외한 순수 증감내역을 파악하여 작성한다.

① 영업수입: 컨테이너선, 벌크선을 구분하여 분석하되, 운임 및 수송량 증감에 따른 수입의 증감 원인을 분석한다.

② 매출원가·판매관리비·영업외수지: 각 비목별 증감액이 큰 금액별로 분석하되 증감금액이 일치하도록 사유를 기재한다.

(2) 전월 대비 영업외적 요인에 따른 증감 내역서

경상이익 내에 불규칙적인 사항이 발생한 경우 해당 내역과 금액을 파악하고, 동 금액을 경상이익에서 가감하여 동 사항이 제외되었을 때 순수한 경상이익이 동일한 조건의 전월의 경상이익과 대비하여 얼마만큼의 손익증감이 있는지를 파악하기 위하여 동 내역서를 작성한다.

특히, 환율 변동이 손익에 미치는 영향을 일목요연하여 분석할 수 있는 내역서는 다음과 같이 작성한다. 첫째로, 비교하는 월에 입력된 원본 자료 중 원화로 입력된 자료를 제외한 외화 입력분을 항목별로 산출하여 환율 변동폭을 곱한 금액이 환율변동에 따른 영향분이다. 각 항목의 증감금액에서 동 금액을 제한 나머지가 순수 증가분으로 동 금액을 분석하면 된다.

제 10 장

물류차이분석

물류성과평가의 핵심은 계획대비 실적을 비교하여 차이분석하는 것이다.

물류활동에 대한 적정한 평가가 이루어지지 않고서는 물류혁신을 기대할 수 없다. 본 장에서는 물류활동과 물류부문에 대한 적정한 평가를 할 수 있는 표준원가시스템에 대해서 정리하고자 한다.

- 차이분석의 의의와 목적
- 실적의 비교기준이 되는 물류예산의 유형
- 물류목표예산과 실적의 차이분석
- 물류목표예산과 실적의 차이분석(마케팅차이분석)
- 물류변동예산과 실적의 차이분석(원가차이분석)

제 1 절 차이분석의 의의와 표준원가계산의 유용성

1. 차이분석의 의의

기업은 규모가 통제하기 힘들 정도로 커지면 분권화(decentralization)하여 부문관리자에게 권한과 책임을 위임하여 경영효율성을 제고하게 된다. 이처럼 조직이 분권화되면 최고경영자는 분권화된 조직(가령, 조직의 각 부문, 사업부, 계열회사 등)이 주어진 목표달성을 위해 노력하였는가를 적절히 통제할 필요가 있다. 즉 위임받은 권한과 책임을 충실히 수행하였는가를 성과평가하여 분권화된 조직의 관리자에게 책임수행여부를 묻는 것이 책임회계(responsibility accounting)이며 책임회계의 단위를 책임중심점(responsibility center)이라고 한다. 이러한 책임중심점은 주어진 권한과 책임의 범위에 따라 원가중심점(cost center), 수익중심점(revenue center), 이익중심점(profit center) 그리고 투자중심점(investment center)으로 구분된다.[1) 원가중심점은 원가발생에 통제책임이 있는 책임중심점으로서 제조부문이 대표적이며 제조활동에서 발생된 제조원가를 표준원가를 이용하여 차이분석하여 성과평가를 받게 된다. 물류원가발생에 통제책임이 있는 물류부문에서는 발생된 물류원가를 역시 물류표준원가계산에 의해 차이분석하여 성과평가를 받아야 한다. 본 장에서는 주로 제조원가와 물류원가에 대한 차이분석을 설명하고자 한다.

2. 표준원가계산의 목적과 유용성

물류부문의 성과평가를 위해서 작성하는 보고서가 성과평가보고서이다. 이 보고서에는 물류활동에 대한 실적과 예산 및 이들 간의 차이로 표시된다. 경영자는 차이가 기업에 불리한 차이인지 또는 유리한 차이인지 그리고 그 규모의 중요성 여부를 평가하여 물류활동에 대한 통제와 동기부여를 하게 된다. 즉 차

1) 수익중심점은 수익에 대한 통제권한을 받은 책임중심점으로서 주로 판매부문이며 이익중심점은 이익산출에 책임이 있는 부문으로 기업 전체나 독립된 사업부나 점포, 계열회사 등이다. 그리고 투자중심점은 투자의사결정에 책임과 권한이 있는 부문으로 기업의 기획조정실 또는 독립된 사업부가 이에 해당한다.

이분석에 의거하여 경영자는 예외에 의한 관리(management by exception)가 가능하게 된다. 예외에 의한 관리기능은 경영자의 주요 역할이며 이것이 가능하도록 목적적합한 정보를 제공하는 것이 관리회계의 목적이기도 하다.

발생된 원가의 적정성 여부를 평가하는 데 비교기준이 바로 표준원가(standard cost)이며 이것에 의해 원가계산하여 차이분석하는 것이 표준원가계산 시스템이다.

이처럼 사전에 설정된 표준원가에 의하여 원가계산하면 종합원가계산에서 필요한 원가흐름에 대한 가정이 불필요하며, 표준원가 자체가 생산된 제품 또는 고객에게 제공되는 서비스의 단위원가이기 때문에 수량만 파악하면 생산한 제품의 제품원가계산이나 제공한 물류서비스의 물류원가계산을 손쉽게 계산할 수 있는 장점이 있다.[2)] 이를 수식으로 표현하면 다음과 같다.

1. 제조원가 계산
   (1) 당기에 생산된 제품제조원가 = 생산수량 × 제품단위당 표준원가
   (2) 기말재공품원가 = 기말재공품수량 × 완성도 × 제품단위당 표준원가
   (3) 매출원가 = 매출수량 × 제품단위당 표준원가
2. 물류원가 계산
   (1) 당기에 발생된 물류활동원가 = 당기에 발생한 물류서비스(수송수량) × 단위당 표준원가
   (2) 매출원가 = 제공된 물류서비스(수송수량) × 단위당 표준원가

3. 표준원가계산의 한계점

첫째, 표준원가는 단순히 차년도 예상되는 판매전망에 의해 편성되는 예정원가와는 달리 보다 과학적이고 객관적인 공학적 방법에 의해 결정되기 때문에 표준원가 설정에 비용과 시간이 많이 드는 단점이 있다.

둘째, 표준원가 실적의 차이분석에 의거하여 성과평가하는데 차이규모나

2) 임세진, 「CPA대비 최적서 원가관리회계」, 도서출판 파란, 2001년, pp. 658~706.

차이유형에 따라서 경영의사결정에 미치는 영향이 다르기 때문에 이에 대한 중요성 판단이 매우 주관적일 수밖에 없다. 따라서, 차이의 규모나 유형별로 객관적으로 판단할 수 있는 지침이 필요하다.

셋째, 표준원가는 계량적이고 화폐가치로 표시된 회계적 수치이기에, 이로 인한 차이분석결과는 재무적인 결과이지 비재무적인 성과를 반영하지 못하는 단점이 있다. 오늘날 재무적인 성과평가뿐만 아니라 비재무적인 성과평가가 중요시되고 있는데 이에 대해서는 성과평가 장에서 자세하게 후술하였다.

제 2 절 표준원가의 설정과 예산

1. 표준원가의 정의와 설정

표준원가는 생산활동이 능률적으로 수행하는 경우에 제품 1단위를 생산하기 위하여 투입(발생)되리라고 예상되는 원가(예산)이다. 즉 표준원가는 제품 1단위를 생산하는 데 달성하여야 할 목표원가이며 단위당 예산을 의미한다.[3] 이러한 표준원가는 과거의 생산의 경험을 바탕으로 과학적이고 통계적인 분석에 의거하여 제품 1단위 생산에 허용된 표준수량과 표준가격을 설정한다. 이러한 표준은 직접재료비, 직접노무비, 변동제조간접비, 고정제조간접비 등의 개개의 원가요소별로 결정되며 제품원가계산과 성과평가에 활용된다. 해운물류에 있어서는 수송물량(또는 항차, 선박)단위당 예산이 표준원가가 되며 표준원가계산의 목적은 적절한 운송원가관리와 성과평과 및 선박별(항차별) 원가계산을 보다 효율적이고 효과적으로 하기 위한 것이다.

표준원가 = 표준수량 × 표준가격

3) 표준(standard) 개념은 크게 이상적인 표준과 현실적으로 달성가능한 표준이 있는데 이상적인 표준은 정상적인 기계고장, 정상감손, 휴식시간 등을 고려하지 않고 숙련된 종업원이 100% 노력해야 달성가능한 이상적인 목표이며, 현실적으로 달성가능한 표준은 정상적인 기계고장이나 정상감손 등을 고려하기 때문에 이상적인 표준보다는 현실적이고 여유있는 목표수준이다. 해운물류에서 표준을 설정할 때에도 선박검사, 수리, 기상악화 등을 고려하는 것이 일반적이다.

원가요소별로 표준원가를 집계한 표를 표준원가표이며 기업은 이 표준원가표에 의거하여 생산된 제품 또는 제공된 물류서비스에 대한 표준원가를 산출할 수 있다.

표 10-1 표준원가표(예시)

	항차당 표준수량	투입단위당 표준가격	요소별 표준원가
유류비	100톤	1만원/톤	1,000,000
선원비	50시간	3만원/시간	1,500,000
변동간접비	50시간	5천원/시간	250,000
고정간접비	50시간	3천원/시간	150,000
소 계			2,900,000원

2. 예산개념과 유형

기업은 설정한 목표를 달성하기 위해 경영계획을 편성하는데 이 편성된 계획을 수치화한 것이 예산(Budget)이며 실적과 차이분석, 즉 성과평가의 기준이 되기 때문에 예산편성을 어떻게 하는가는 구성원과 부문에 매우 민감한 사항이다. 또한 표준원가가 바로 생산된 제품 단위당예산 또는 제공된 물류서비스 단위당 예산 그 자체이기 때문에 예산설정은 차이분석에 결정적인 영향을 미친다. 표준원가 설정에 기준이 되는 예산은 크게 기준조업도에 따라 변동예산(Variable Budget)과 고정예산(Static Budget)으로 구분된다. 고정예산은 기업이 달성해야 할 목표매출수량(목표조업도, 해운물류에서는 목표항차수, 목표운송량임)에 의거하여 편성된 예산이며 변동예산은 실제매출수량(실제조업도, 해운물류에서는 실제항차수, 실제운송량임)에 의거하여 편성된 예산이다.

고정예산과 실제성과 간의 차이를 고정예산차이(Static Budget variance)라고 하는데 이는 목표달성 여부인 효과성을 측정하는 데는 유용하지만 실제 생산량(운송량)을 얼마나 효율적으로 생산(운송)하였는가는 측정 및 평가할 수 없다. 왜냐하면 기준이 되는 생산수량(운송수량)이 다르기 때문에 이것에 의해 발생된 원가를 비교하는 것은 의미가 없기 때문이다. 변동예산은 실제조업도기준에 의해 편성된 예산이므로 변동예산과 실제 발생된 원가 간의 비교는 효율적으로 생산(운송)하였는가를 측정 및 평가할 수 있다.

변동예산과 실제성과 간의 차이를 변동예산차이(variable Budget variance)라고 하며 변동예산과 고정예산 간의 차이는 매출조업도차이(sales volume variance)라고 한다. 변동예산차이 중 매출액과 판매비는 마케팅(영업)부문의 성과평가에 활용하고 원가차이는 제조 또는 해당 물류부문의 성과평가에 활용한다. 매출조업도차이는 목표판매수량(목표운송량)과 실제판매수량(실제운송량) 간의 차이로서 역시 마케팅(영업)부문의 성과평가에 활용하고 있는 차이유형이다. 다음은 고정예산과 변동예산의 비교표이다.

표 10-2 고정예산과 변동예산의 비교표

구 분	변동예산	고정예산
예산편성 기준조업도	실제조업도	목표조업도
편성시기	사후적 예산	사전적 예산
변화정도(탄력성)	동태적 예산	정태적 예산
편성목적	원가통제와 관리	목표유인과 계획
성과평가	효율성 측정 및 평가	효과성 측정 및 평가

주: 효과성은 목표대비 실적의 달성 정도이며 효율성은 투입량에 대한 산출량으로 측정한다.

제 3 절 차이분석모형

1. 차이분석모형과 매출조업도차이

차이분석(variance analysis)는 실제성과와 변동예산 또는 고정예산과의 차이를 분석하여 원가관리 및 성과평가뿐만 아니라 차년도 계획수립에 반영하는 분석기법이다. 차이분석모형에 나타난 바와 같이 실적과 변동예산과의 차이인 변동예산차이는 원가차이이고 변동예산과 고정예산차이는 매출실적차이인 매출조업도차이이다. 왜냐하면 변동예산은 실제조업도에 의해 편성된 예산이기 때문에 판매가격이 변하지 않는 이상 수익인 매출액차이는 의미가 없기 때문이며 변동예산과 고정예산 간의 차이에서는 원가를 계산하는 조업도가 상이하기 때문에 원가차이는 의미가 없기 때문에 수익차이인 매출조업도차이만 산출하여 영업부문의 성과를 측정 및 평가한다.

차이분석모형

실적(Actual)	변동예산	고정예산
[실제조업도]	[실제조업도]	[목표(예산)조업도]
수 익		
변동원가		
공헌이익		
고정원가		
영업이익		

변동예산차이 (실적 – 변동예산)

매출조업도 차이 (변동예산 – 고정예산)
= 마케팅 차이

총고정예산차이 (실적 – 고정예산)

해운물류에서 영업부문의 실적을 측정 및 평가할 수 있는 매출조업도차이는 다음과 같이 계산할 수 있다. 즉,

> 매출조업도차이
> = (목표운송량 − 실제운송량) × 선박(항로, 항차)별 단위당 예상공헌이익

그리고 매출조업도차이는 발생원인에 따라서 다음과 같이 수량차이와 배합차이로 구분할 수 있다. 수량차이는 해운시장규모나 선사의 시장점유율에 따른 차이이며 배합차이는 항로에 대한 선대투입을 어떻게 하느냐 따라 발생하는 수익차이이다. 이를 계산식으로 표시하면 다음과 같다.

운송수량차이 = (목표운송량 − 실제운송량) × 단위당 평균예상공헌이익

(1) 시장규모차이 = (예상해운물량 − 실제해운물량) × 예상시장점유율 × 단위당 평균예산공헌이익

(2) 시장점유차이 = (예상시장점유율 − 실제시장점유율) × 실제해운물량 × 단위당 평균예산공헌이익

(3) 운송배합차이 = (실제배합률 − 예상배합률) × (선박(항로)별 단위당 공헌이익 − 단위당 평균예산공헌이익) × 실제운송량

2. 원가차이분석

원가차이는 실적과 변동예산 간의 차이로서 원가가 효율적으로 발생되었는가를 측정하는 것으로서 발생되는 원가항목에 따라 제조기업에서는 직접재료비차이, 직접노무비차이 및 제조간접비차이로 구분하여 차이분석하고 있다. 해운물류기업에서는 일반적으로 발생원가를 제조기업의 직접재료비에 해당하는 유류비, 직접노무비에 해당하는 선원비 그리고 제조간접비에 해당하는 운항간접비로 구분하여 분석하는 것이 합리적이다.

1) 직접재료비(유류비) 원가차이분석

직접재료비(유류비)의 원가차이를 유발시키는 요인은 크게 두 가지이다. 하나는 가격차이(price variance)이고, 또 하나는 수량차이(quantity variance)이다. 가격차이는 허용된 표준가격에 비하여 실제가격이 비싸든가 싸면 발생되는 차이이며 수량차이는 제품생산 또는 고객에 제공되는 서비스에 대해 허용된 수량에 비해서 실제수량이 차이가 발생하는 경우이다. 이를 계산식과 도표로 표시하면 다음과 같다.

직접재료비(유류비) 총차이 = 실제원가 − 변동예산 = $AQ \times AP - SQ \times SP$

단, AQ: 직접재료(유류)의 실제사용량(투입량)
AP: 직접재료(유류) 단위당 실제가격
SQ: 실제산출량에 허용된 표준투입량
SP: 직접재료(유류) 단위당 표준가격

실제원가	변동예산	고정예산
$AQ \times AP$	$AQ \times SQ$	$SQ \times SP$

가격차이 (실제원가 − 변동예산)
수량차이 (변동예산 − 고정예산)
변동예산차이(총차이)

- 가격차이 = (실제가격 − 표준가격) × 실제구입(소비)수량
- 수량차이 = (실제수량 − 표준수량) × 표준가격

가격차이는 계산시점에 따라 구입가격차이와 소비가격차이로 분류할 수 있는데, 구입가격차이는 재료(유류) 구매담당자의 성과를 평가하기 위하여 측정하는 것으로 실제가격이 구입가격이며 실제수량도 실제구입수량이다. 한편 수량차이와 마찬가치로 생산공정에서 해운선사인 경우에는 운송현장에서 재료가 소비되는 시점에 가격차이를 계산할 경우에는 실제수량이 구입수량이 아니라 실제소비수량으로 계산한다. 이럴 경우에는 가격차이도 생산현장 또는 물류현장에서 발생되는 것으로 간주하기 때문이다.

2) 직접노무비(선원비) 원가차이분석

직접노무비(선원비)의 원가차이를 유발시키는 요인은 직접재료비와 마찬가지로 크게 두 가지이다. 하나는 가격차이인 종업원에 대한 임률차이이고, 또 하나는 직접재료비에서 수량차이에 해당하는 투입된 노동시간차이인 능률차이이다. 임률차이(efficiency variance)는 허용된 표준임률에 비하여 실제임률이 높든

가 낮으면 발생되는 차이이며 능률차이는 제품생산 또는 고객에 제공되는 서비스에 대해 허용된 투입노동시간에 비해서 실제 작업한 노동시간 간에 차이가 발생하는 경우이다. 이를 계산식과 도표로 표시하면 다음과 같다.

직접노무비(선원비) 총차이 = 실제원가 − 변동예산 = $AQ \times AP - SQ \times SP$

단, AQ: 실제 직접노동시간
AP: 실제 직접노동시간당 실제임률
SQ: 실제산출량에 허용된 표준직접노동시간
SP: 직접노동시간당 표준임률

실제원가	변동예산(투입량기준)	변동예산(산출량기준)
$AQ \times AP$	$AQ \times SQ$	$SQ \times SP$

임률차이 (실제원가 − 변동예산(투입량기준)) / 능률차이 (변동예산(투입량기준) − 변동예산(산출량기준))

변동예산차이(총차이)

- 임률차이 = (실제임률 − 표준임률) × 실제운항시간(실제항차)
- 능률차이 = (실제운항시간 − 표준운항시간) × 표준임률

3) 변동운항간접비 차이분석

제조간접비는 직접재료비와 직접노무비 이외의 발생되는 모든 원가로서 변동제조간접비와 고정제조간접로 구성된다. 변동원가와 고정원가는 원가행태가 상이하기 때문에 일반적으로 분리하여 원가분석하는 것이 원리관리목적상 적절하다. 해운선사의 경우 제조원가에서 제조간접비에 해당하는 원가는 운항간접비이다. 이러한 운항간접비는 원가행태에 따라 다음과 같이 변동운항간접비와 고정운항간접비로 구분할 수가 있다.

(1) 변동운항간접비: 윤활유비, 선박수리비, 선용품비, 항비, 기타 운송잡비
(2) 고정운항간접비: 선박감가상각비, 용선료, 간접선원비 등

변동운항간접비의 원가차이를 유발시키는 요인도 직접재료비나 직접노무비와 마찬가지로 크게 두 가지이다. 하나는 가격차이에 해당하는 소비차이(Spending variance)이고 또 하나는 직접재료비에서 수량차이나 직접노무비의 임률차이에 해당하는 능률차이이다. 이를 계산식과 도표로 표시하면 다음과 같다.

변동운항간접비 총차이 = 실제원가 − 변동예산 = $AQ \times AP - SQ \times SP$

단, AQ: 실제 배부기준수(실제조업도)
AP: 배부기준당 실제배부율
SQ: 실제산출량에 허용된 표준배부기준수(표준조업도)
SP: 배부기준당 표준배부율

실제원가	변동예산(투입량기준)	변동예산(산출량기준)
$AQ \times AP$	$AQ \times SQ$	$SQ \times SP$

소비차이 (실제원가 − 변동예산(투입량기준))
능률차이 (변동예산(투입량기준) − 변동예산(산출량기준))
변동예산차이(총차이) (실제원가 − 변동예산(산출량기준))

- 소비차이 = 실제발생액 − 실제시간예산(Input Budget)
- 능률차이 = 실제시간예산 − 표준시간예산(Output Budget)

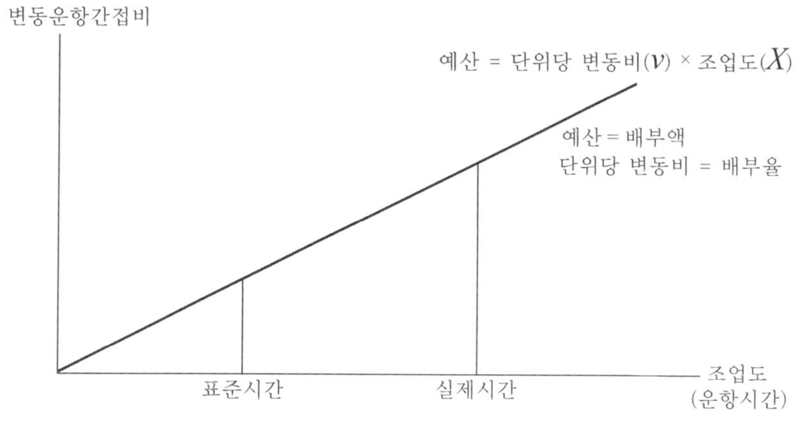

4) 고정운항간접비 차이분석

선박감가상각비, 용선료, 간접선원비 등의 고정운항간접비는 변동원가와는 달리 조업도 변화에 따라 예산이 변하지 않고 일정하다. 즉 제품에 배부되는 금액과 예산금액은 상이하게 결정된다. 이처럼 조업도수준과는 상관없이 일정하게 편성되는 예산과 배부액의 차이를 조업도차이라고 한다. 이러한 조업도차이는 시장상황에 따라 발생하기 때문에 경영자가 통제불가능한 차이이다. 변동원가는 예산도 조업도에 따라 책정하기 때문에 조업도차이가 발생하지 않는다. 대신에 고정제조간접비에서는 예산이 일정하기 때문에 능률차이는 발생하지 않는다. 이를 계산식과 도표로 표시하면 다음과 같다.

	변동예산		제품(또는 서비스) 배부액
변동운항간접비	$SQ \times SP$	=	$SQ \times SP$
	조업도 차이 없음		
	예산		제품(또는 서비스) 배부액
고정운항간접비	일정금액	≠	$SQ \times SP$
	조업도 차이 발생		

실제원가	변동예산(투입량기준)	변동예산(산출량기준)
실제금액	기준(정상)조업도 × SQ	$SQ \times SP$
예산(소비)차이	조업도차이	
총차이		

• 예산차이 = 실제발생액 − 예산(일정금액으로 편성됨)
• 조업도차이 = 예산 − 배부액(배부율 × 표준시간)

- 배부율 $= \dfrac{\text{운항간접비예산}}{\text{정상(기준)조업도}}$
- 고정운항(제조)간접비 능률차이 = 실제배부액 - 표준배부액
  = (실제시간 - 표준시간) × 배부율
- 고정운항(제조)간접비 진정한 조업도 차이 = 예산 - 실제배부액
- 고정운항(제조)간접비 능률차이 발생원인: 미숙련 작업자에 의해 발생되는 고정설비(선박)의 비효율적인 사용이나 낭비에 의한다. 따라서 순수한 유휴생산설비(과잉 선복량)로 인한 원가발생(진정한 조업도 차이)은 통제불능(주로 시장요인과 같은 외부요인에 의해 발생됨)이며, 잘못 사용된 설비원가발생(능률차이)은 공장에서 또는 운항활동에서 통제가 가능하므로 구분할 필요가 있다.
- 단기적으로 발생한 고정비는 능률의 변동으로 변하지 않는다. 따라서 구분이 불필요하다.
- 정상조업도 > 표준(실제)조업도 = 예산 > 배부액; 최적규모 이하로 생산함으로써 발생하는 유휴생산능력원가(불리한 조업도 차이)
- 정상조업도 < 표준(실제)조업도 = 예산 < 배부액; 최적규모를 초과하여 생산함으로써 발생하는 초과생산능력원가(유리한 조업도 차이) ⇒ 수익으로 간주

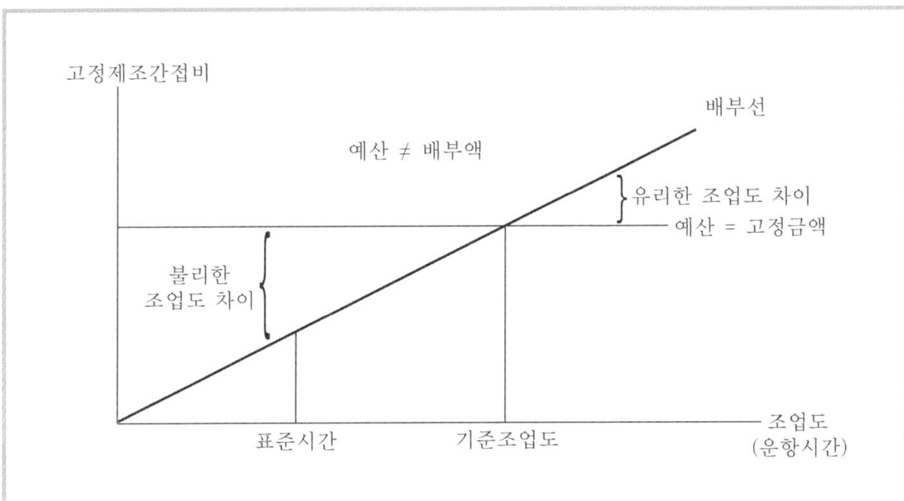

5) 운항간접비(변동 + 고정) 차이분석(3분법)

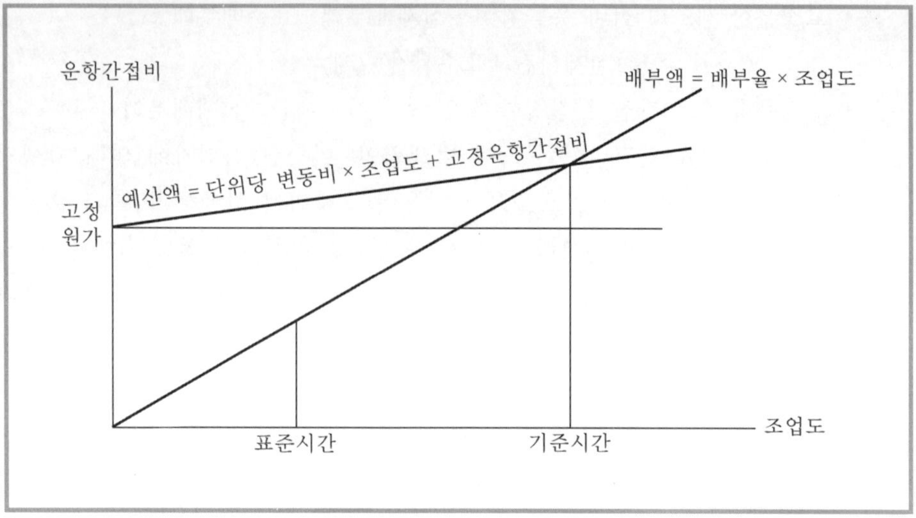

1법

예산 차이 = 실제발생액 − 실제시간예산(고정비예산 + 단위당 변동비 × 실제시간)

능률 차이 = 실제시간예산 − 표준시간예산(고정비예산 + 단위당 변동비 × 표준시간)

조업도 차이 = 표준시간예산 − 표준배부액(표준시간 × 간접비 배부율[4])

2법

예산 차이 = 실제발생액 − 실제시간예산(고정비예산 + v × 실제시간)

조업도 차이 = 실제시간예산 − 실제배부액(실제시간 × 간접비 배부율)

능률차이 = 실제배부액 − 표준배부액

장부기장방법

* 운송원가 소비시 원가차이분석 3가지 기재방법

1) 단기법(Single plan)

운송품	
표준	표준

4) 간접비 배부율 = [단위당 변동비(변동간접비 배부율) + 고정간접비 배부율]

2) 분기법(Partial plan)

운송품	
실제	표준

3) 병기법(Dual plan)

운송품			
실제	표준	실제	표준

〈사례 문제〉 원가차이분석 기본문제

다음 자료에 의거하여 직접연료비(유류비), 직접노무비(선원비) 및 운항간접비 차이분석을 하고 회계처리하시오.

(1) 직접유류비: 구입수량 = 10,000갤론, 외상구입액 = 9,500원, 사용수량 = 6,700갤론
표준직접유류비(갤론당) = 1원, 수송수량당 표준유류수량 = 3갤론

(2) 직접노무비: 실제시간 = 11,000시간, 실제발생액 = 41,800원
표준직접노무비(시간당) = 4원, 제품당 표준직접노동시간 = 5시간

(3) 변동운항간접비: 실제발생액 = 9,500원, 변동제간 배부율(시간당) = 0.9원

(4) 고정운항간접비: 실제발생액 = 6,150원, 유리한 예산차이 = 100원

(5) 월 기준조업도: 2,500단위, 수송수량: 2,000단위

[풀 이]

1. 차이분석

(1) 직접연료비(유류비) 차이분석

실제가격 × 실제수량	표준가격 × 실제수량	표준가격 × 표준수량
9,500원	10,000개 × 1원	
	6,700개 × 1원	2,000개 × 3 × 1원 = 6,000원

(구입)가격 차이 500원(F) | 수량 차이 700원(U)

(2) 직접노무비(선원비) 차이분석

실제임률 × 실제시간	표준임률 × 실제시간	표준임률 × 표준시간
41,800원	11,000시간 × 4원 = 44,000원	2,000개 × 5시간 × 4원 = 40,000원

임률 차이 2,200(F) 능률 차이 4,000(U) ⇒ 총차이 = 1,800(U)

(3) 변동간접비 차이분석

실제발생액	실제시간예산	배부액
9,500원	11,000시간 × 0.9원	10,000시간 × 0,9원

예산(소비) 차이 400 (F) 능률 차이 900 (U)

(4) 고정간접비 차이분석

실제발생액	예산	배부액
6,150원	6,250(?)	10,000시간 × 0.5* = 5,000원

예산 차이 100 (F) 조업도 차이 1,250 (U)

* 배부율 = 6,250/(2,500 × 5) = 0.5원

2. 회계처리

	차변	대변
1) 차) 직접유류비	10,000	
대) 매입채무		9,500
구입가격 차이		500
2) 차) 운송품[5]	6,000	
수량 차이	700	
대) 직접유류비		6,700

5) 운송품은 당기에 발생한 운송원가를 집계하는 계정(Shipping in process, SIP)으로서, 차변에는 직접운항비, 직접선원비 그리고 운항간접비가 차기되며, 대변에서 당기에 수송한 수송물량에 대한 당기운송원가가 표시된다.

3) 차) 운송품 40,000
능률 차이 4,000
대) 직접유류비 41,800
임률 차이 2,200

4) 차) 운송품 9,000
능률 차이 900
대) 변동운항간접비 9,500
예산 차이 400

5) 차) 운송품 5,000
조업도 차이 1,250
대) 고정운항간접비 6,150
예산 차이 100

직접유류비

차변		대변	
		운송품	6,000
매입채무	9,500	수량차이	700
가격 차이	500		

수량 차이

차변		대변	
직접유류비	700		

구입가격 차이

차변		대변	
		직접유류비	500

직접노무비

차변		대변	
		운송품	40,000
제좌	41,800	능률 차이	4,000
임률 차이	2,200		

운송품

차변		대변	
직접유류비	6,000		
직접노무비	40,000		
운항간접비	14,000		

운항간접비

차변		대변	
예산 차이	500	운송품	14,000
		능률 차이	900
제좌	15,650	조업도 차이	1,250

직접노무비 임률 차이

차변		대변	
		직노	2,200

직접노무비 능률 차이

차변		대변	
직노	4,000		

예산 차이

	운항간접비 500

운항간접비 능률 차이

운항간접비 900	

조업도 차이

운항간접비 1,250	

03 물류책임회계-물류혁신과 성과평가

제 11 장

물류혁신과 관리회계의 역할

물류혁신을 도모하여 물류경쟁력을 확보하기 위해서는 물류경영자에게 보이는 손의 역할을 수행하는 관리회계가 필수적이다.

물류혁신 없이는 물류경쟁력을 달성할 수 없다. 이러한 물류혁신을 유인하고 물류혁신을 경쟁력 제고에 활용할 수 있게끔 물류경영자의 의사결정을 지원해 주는 역할을 수행하는 수단이 물류관리회계이다. 본 장에서는 물류혁신과 관리회계의 역할에 대해서 정리하고자 한다.

- 물류혁신의 개념과 중요성
- 물류의사결정의 개념과 유형
- 물류의사결정과 관련원가분석

제 1 절 물류혁신의 개념과 중요성

1. 기업의 핵심성공요인으로서의 혁신

기업의 존재가치는 제품과 서비스를 고객에게 판매하여 이윤을 창출하여 국민경제에 기여하는 것이다. 이윤을 창출하기 위해서는 고객을 만족시켜야 하기 때문에 고객지향적 경영을 하여야 한다. 이를 위한 기업의 핵심성공요인(Key Success Factor; KSF)은 크게 원가절감, 품질제고, 시간축소 및 혁신활동으로 구성된다. 고객의 요구조건을 적시에 파악하여 핵심성공요인을 적절히 관리하는 경영 도구가 바로 요즈음 각광받고 있는 가치사슬에 의한 공급사슬관리(Supply Chain Management)이다. 그리고 이러한 네 가지 요소의 관리는 한번에 끝나는 것이 아니고 지속적으로 개선되어야만 경쟁기업이 비하여 경쟁우위를 유지할 수 있다.[1)] 이러한 기업의 경영의사결정과정을 그림으로 나타내면 [그림 11-1]과 같다.

그림 11-1 기업의 경영의사결정과정의 핵심요소

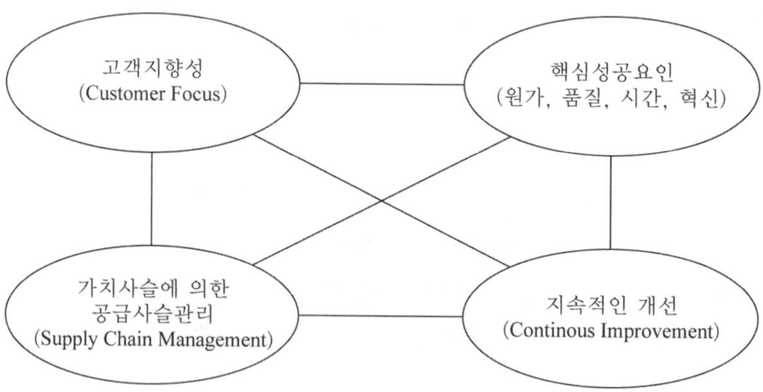

1) Horngren, C. T., Forster, G. and Datar, S. M., Cost Accounting, A Managerial Emphsis, tenth Edition, Prentice Hall, 2006, p. 8.

2. 글로벌시대에 기업경쟁력 제고를 위한 물류혁신 개념

오늘날 기업이 직면하고 있는 환경은 매우 불확실하고 복잡하여 치열한 경쟁환경을 나타나고 있다. 이러한 경쟁환경은 크게 두 가지 특징을 나타내고 있다. 첫 번째 특징은 글로벌라이제이션(globalization)이다. 글로벌라이제이션의 핵심은 경쟁우위가 있는 곳으로 모든 경영활동을 이전하는 현지화이다. 부산의 신발공장은 높은 인건비 압박에 견디지 못해 생산공장을 중국에 이전하는 현지생산체제로 시장변화에 대응하고 있다. 글로벌라이제이션은 국내외시장을 대상으로 경영전략을 수립 및 실행하는 것으로 생산이나 마케팅뿐만 아니라, 연구개발, 구매, 재무, 인사 등 모든 경영활동을 해외로 이전하는 현지경영체제를 의미한다.

마이클 포터 교수는 기업이 글로벌하는 이유로는 저원가와 차별화로 경쟁우위를 획득하는데 있는 것으로 말하고 있으며, 경제학적으로는 비교우위이론에 입각하여 생산비가 낮고 생산요소가 풍부한 나라에서 생산하면 비교우위가 존재하므로 이전한다고 보고 있다. 아무튼 글로벌라이제이션 개념은 기업이 가치

그림 11-2 기업경쟁력 강화과정

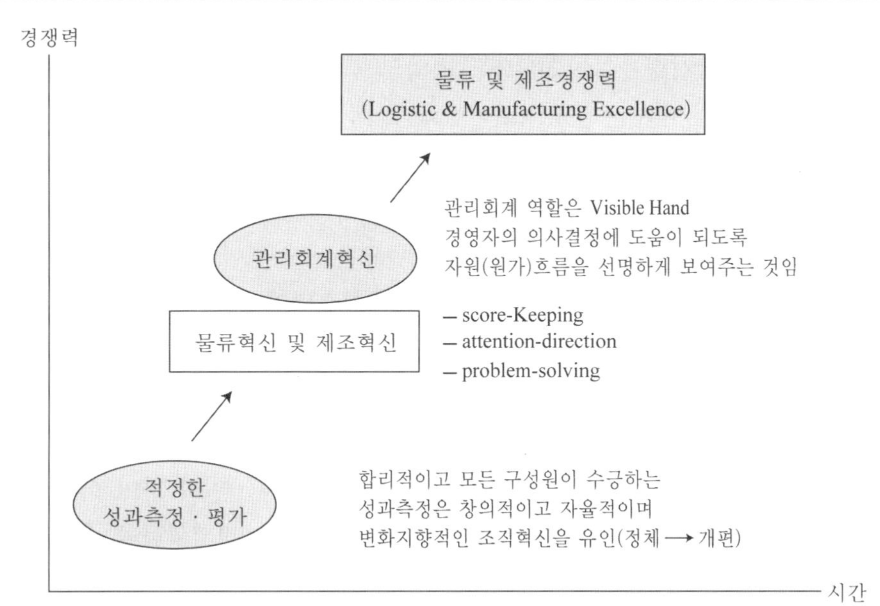

사슬(Value Chain)분석에 의하여 가치를 창조할 수 있는 곳으로 경쟁자원을 이전하고 현지경영활동을 수행하는 것을 의미한다.

두 번째 특징은 정보기술(IT)의 발전과 고객의 요구조건(Customer Needs)의 변화이다. 웹 기반의 정보기술의 발전은 기업간의 거래(B2B)뿐만 아니라 기업과 소비자 간의 직거래(B2C)를 가능케 하고 소비자로 하여금 전세계 시장을 대상으로 자신이 필요로 하는 제품을 탐색하여 가격, 품질, 기능 등을 비교할 수 있게 하였다. 이러한 정보기술의 비약적인 발전은 고객의 요구조건이 보다 다양하고 복잡하게 하는 원인이 되어 기업에서 생산하는 제품의 수명주기는 짧아지고 신제품 및 신기술의 개발기간도 단축되고 있다. 짧은 기간 내에 고객이 원하는 제품을 생산하여 시장에 적시에 출하하기 위해서는 시장조사팀, 개발팀, 생산 및 마케팅팀이 같이 한 팀을 구성하여 원가, 품질, 기능 및 리드타임을 동시에 실현하는 목표원가(Target Costing) 방식이나 적시생산 및 적시재고관리(Just-in Time) 방식이 80년 중반부터 적용되고 있다. 오늘날에는 공급업체로부터 고객에 이르기까지 전 과정이 기업의 부가가치를 창출하는 하나의 파이프라인으로 보고 이러한 파이프라인이 막힘없이 원활한 흐름을 유지하기 위해 공급사슬관리(SCM)라는 전략적 경영관리 및 혁신기법이 주요 관심대상이 되고 있다.

이러한 목표원가(Target Costing) 방식이나 적시생산 및 적시재고관리(Just-in Time) 그리고 공급사슬관리(SCM) 모두 기업의 경쟁우위를 유지하고 향상시키기 위한 경영혁신기법 내지는 물류혁신기법이다. 혁신은 인간이 하는 것이다. 경영전략이나 기업의 방향을 정하는 CEO뿐만 아니라 일선 관리현장 담당자들도 혁신마인드가 있어야 한다. 혁신마인드는 저절로 생기는 것이 아니라, 혁신사고를 갖출 수 있도록 동기부여되어야 한다. 기업 모든 구성원이 혁신마인드를 지닐 수 있도록 동기부여하는 것이 기업의 책임회계시스템인 성과평가와 보상시스템인 것이다. 오늘날 기업의 경쟁력을 좌우하는 것은 생산시설이나 선박과 같이 유형고정자산(하드웨어)이 아니라 종업원의 기술개발능력이나 창조력 등과 같은 무형자산(소프트웨어)이다. 이러한 무형자산은 주로 눈에 보이지 않은 지적가치를 보유한 경우가 대부분이므로 지식자산(Knowledge Asset)이라 하며 이러한 지식자산을 기업의 경쟁우위 창출에 기여하도록 하는 경영활동을 지식경영(Knowledge Management)이라 한다.

기존의 성과측정시스템은 눈에 보이고 측정이 가능한 계량적이고 재무적 지표(가령 외형인 매출액규모, 매출이익률 또는 투자수익률(ROI) 등)만으로 측정하여 성과평가가 종합적이지 못하고 한 방향으로 왜곡되어 종업원이나 부서(팀)의 역량을 기업목표달성에 효율적으로 유인할 수가 없었다. 이러한 기존의 성과측정 및 평가의 문제점을 보완하기 위해 나온 개념이 지식경영에 의한 균형성과모형(Balanced-Score Card; BSC)이다. 균형성과모형은 기존 시스템이 단기적인 시야에서 재무적이고 계량적인 지표로 측정하는 단점을 보완하기 위해 비재무적이고 비계량적인 지표로 고객관점, 내부프로세스관점 및 학습과 성장관점을 추가하여 기업의 실질적인 핵심성공요인(KSF)과 프로세스를 관리하여 장기적인 수익성 증대를 도모하는 종합적인 성과측정 및 평가시스템이다. 성과평가의 궁극적인 목적은 기업의 모든 프로세스에 핵심성공요인(저원가, 고품질, 다양한 제품생산, 신제품도입, 납기준수 등)을 연계시키어 지속적인 개선을 위해 프로세스가치분석(Process Value Analysis; PVA)에 의해 원가유발요인을 관리하고 보상시스템에 연계시키어 종업원으로 하여금 자율적으로 원가절감은 물론 품질향상과 고객만족을 실현시키는 데 있다.

이러한 종합적인 성과측정 및 평가시스템이 제대로 작동되어야만 제조부문의 혁신과 물류부문의 혁신을 실현하여 생산효율성과 물류효율성을 동시에 달성할 수가 있는 것이며, 이는 공급사슬관리(SCM)의 궁극적인 목표이기도 한 것이다. 제조기업들은 이러한 생산효율성을 실현시키기 위해 생산복잡성으로 인한 낭비를 제거하여야 한다. 이를 위해 적시생산 및 재고관리(JIT), 집단관리방식(GT), 셀 생산방식 같은 유연생산시스템(FMS)과 컴퓨터통합생산(CIM) 등의 첨단생산기술(AMT)을 도입하고 이를 통해 제조기업의 경쟁력 원천인 생산기술우위를 통한 제품우위를 실현하고자 노력하고 있다. 물류효율성도 마찬가지이다. 이처럼 복잡한 제조부문 및 물류부문의 혁신이 제대로 수행되는지를 파악할 수 있도록 유용한 정보를 적시에 제공하는 역할을 수행하는 것이 관리회계시스템이다. 관리회계는 단순히 기록보존기능(score-keeping)만 있는 것이 아니라, 경영자에게 주의환기식 정보의 제공(attention-direction) 및 문제해결 정보(problem-solving)를 적시에 제공하여 경영자의 의사결정에 도움이 되도록 자원(원가)의 흐름을 선명하게 보여 주는 보이는 손(visible hand)과 같은 역할을 수행한다. 이러한 관리회계시스템이 제 역할을 수행할 수 없을 정도로 정체되어 있을 경우에는 기업은 제조부문의 혁신이나 물류부문의 혁신을 기업의 경쟁력 창출에 활용할 수 없게 된다.

즉, 제조 및 물류혁신이 경쟁력창출에 기여하기 위해서는 정체되어 있는 관리회계시스템이 의사결정에 목적적합한 정보흐름(relevant information flow)을 경영자에게 보여 줄 수 있도록 개편되는 회계적 혁신(accounting innovation)이 이루어져야만 한다.

오늘날과 같이 경쟁이 치열한 시장상황하에서는 산업 내에서 세계 최고의 경쟁력을 보유하는 기업만이 생존할 수가 있다. 적자생존의 법칙에 따라 1위만이 생존하고 2위 이하는 생존하기 힘든 경쟁상황이기 때문이다. 요약해서 정리한다면, 글로벌환경하에서 기업이 생존하기 위해서는 적절한 성과측정 및 평가시스템에 의해 제조 및 물류부문의 혁신을 이룩하고 회계적 혁신을 통하여 세계 최고의 경쟁우위(Manufacturing & Logistic Excellence)를 달성하여야 한다.

제 2 절 물류의사결정의 개념과 유형

1. 의사결정의 정의

기업의 관리자나 종업원들은 각자의 일을 수행하는 데 있어 수많은 의사결정을 해야 한다. 특히 경영관리자에게 있어서는 의사결정이 매우 중요한 과업이다. 의사결정 과정은 문제를 정의하고(예컨대, 해운산업은 경쟁이 매우 치열하고 최근에 운임이 하락하고 있다는 등), 정보를 수집하며(예컨대, 손실에 대한 재무보고서의 작성), 대안을 규명하고 평가하며(예컨대, 항로별 운항스케줄을 조정하고 새로운 하주를 탐색함), 그 후에 최적대안을 선택하게 된다. 이를 그림으로 나타내면 [그림 11-3]과 같다.

이 과정을 자세히 살펴보자. 우선 문제의 정의 단계는 의사결정을 내려야 하는 조건을 탐색하는 과정이다. 이 단계에서는 의사결정 환경에 대한 탐색이 지속적으로 이루어진다. 예컨대, 운항관리 책임자는 매일 운항스케줄에 대한 보고서를 검토하고 운항에 문제가 없는지 확인한다. 영업담당책임자는 주 거래처를 정기적으로 방문하여 하주의 물류서비스에 대한 문제점이나 새로운 요구가 없는지를 파악한다.

여기서 의사결정 문제가 존재하려면 첫째, 현재의 상태와 미래의 바람직한

그림 11-3 의사결정과정

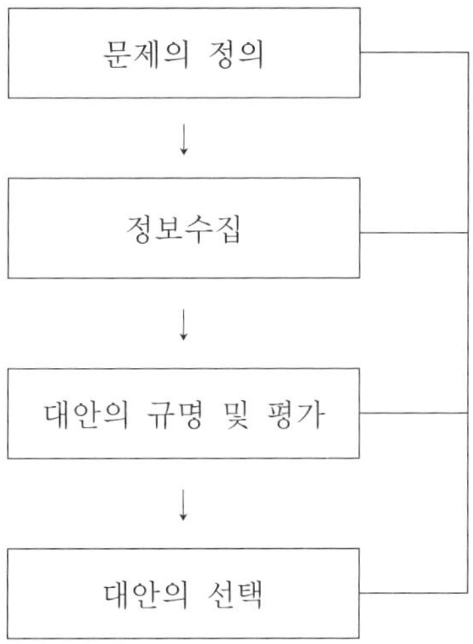

상태 간에 차이가 존재하여야 한다. 현재 상태와 미래의 바람직한 상태를 비교할 때 의사결정자의 주관적인 판단이 의사결정과정에서 도외시 될 수 없다. 이는 어떤 한 가지 현상에 대해 어떤 사람은 문제가 있다고 생각하기도 하지만 다른 사람은 문제가 없다고 생각할 수도 있기 때문이다.

의사결정 문제가 존재하기 위한 두 번째의 조건으로 현재 상태와 미래의 바람직한 상태 간의 차이를 인식하고 있는 의사결정자가 이 문제를 해결하려는 동기가 있어야 한다. 많은 경우 이러한 차이를 인식하면서도 이를 해결하고자 하는 동기가 없기 때문에 문제를 그냥 덮어두려는 경우가 발생된다. 또한 현재 상태와 미래 상태 간에 차이가 존재하고 이 문제를 해결하려는 동기가 있더라도 이 문제를 해결할 수 있는 능력과 자원이 필요하다.

둘째, 정보의 수집단계에서는 문제를 해결하기 위해 자료를 수집하고 수집된 정보가 문제를 해결하는 데 도움이 되는지를 파악하는 단계이다.

셋째, 대안의 규명 및 평가단계에서는 여러 가지 행동 대안이 설정되고 각 대안들이 분석된다. 문제의 이해, 해답의 작성 그리고 그 해답의 타당성 검증을 위한 과정이 이 단계에 포함된다.

마지막으로 대안의 선택단계에서는 문제해결에 가장 적합한 대안을 선택하여 이를 집행하는 과정이 포함된다.

의사결정 과정은 위와 같이 문제의 정의에서 시작하여 정보수집, 대안의 규명 및 평가와 가장 바람직한 대안의 선택에 이르기까지의 여러 단계들로 구성되어 있는데 이러한 단계들의 활동은 서로 연결되어 있으며, 어느 한 단계로부터 다음 단계로 진행할 수도 있고 그 이전의 단계로 되돌아갈 수도 있다.

2. 의사결정환경

기업의 관리자나 종업원들이 의사결정 할 때 환경요소들을 고려하여야 한다. 특히 통제하기 어려운 일반적인 환경요소들로는 신기술의 출현, 시장에 진입하려는 새로운 경쟁자의 출현, 새로이 정해지는 법규나 정치적인 변화 등을 들 수 있다. 해운기업의 경우에는 선박건조기술의 발달로 컨테이너선박의 고속화와 대형화 추세, 글로벌 해운기업의 출현, 항만운영시스템의 변화, 각국의 해운항만정책의 변화 등을 들 수 있다. 이러한 다양한 환경 요소들은 의사결정에 많은 영향을 미치게 된다.

의사결정이 이루어지는 환경은 크게 확실성, 위험과 불확실성으로 구분할 수 있다. 이러한 구분은 연속된 것인데 이는 다음 [그림 11-4]를 보면 잘 이해할 수 있다.

만일 환경 요소들의 잠재적인 영향을 확실하게 알고 있는 상황이라면 의사결정은 확실한 상황하의 의사결정(decision-making under certainty)이 된다. 그러

그림 11-4 의사결정 환경

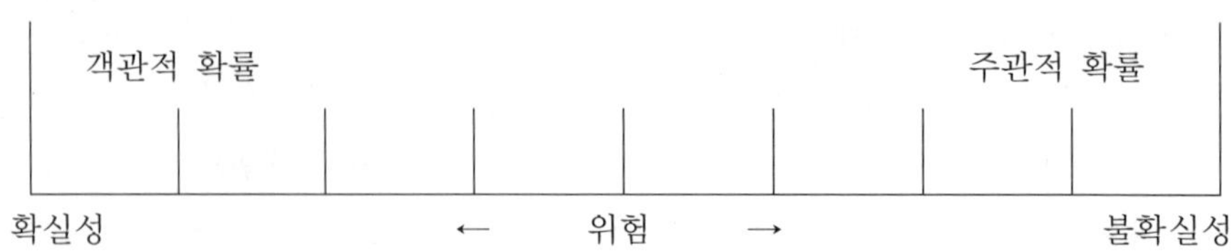

나 정보가 애매모호하거나 믿을 수 없다면 위험한 상황하의 의사결정(decision-making under risk)이 된다. 보통 사람들은 확실한 신념을 가지고 의사결정 할 수도 있고 또는 직관이나 판단을 기초로 주관적으로 의사결정할 수도 있다. 만일 거의 정보를 가지고 있지 못하거나 전혀 가지고 있지 못하다면 불확실한 상황하의 의사결정(decision-making under uncertainty)이 된다. 이러한 불확실성 때문에 의사결정자는 확실한 결정보다는 단지 합리적인 추정(reasonable guess)만을 할 수 있을 뿐이다.

1) 확실성 개념

확실성(certainty)은 문제에 대한 정보를 충분히 가지고 있고, 대안의 해결책이 확실하고, 각 해결의 결과가 명확한 상황을 의미한다. 확실성의 상황은 미래에 발생할 상황이 각 의사결정 대안별로 단 하나이고 그 확률값은 1이며, 이 때의 성과는 분명하게 알 수 있다. 미래에 발생할 상황이 알려져 있고, 그에 따른 성과가 확실한 경우에 의사결정자는 단지 최적의 대안을 계산하고 선택하면 되는 것이다. 선택의 기준은 최소의 비용이 될 수 있다. 예컨대 성능과 운영비용에 있어서 비슷한 두 대의 컨테이너선박이 있다고 가정하자. 그런데 이 두 컨테이너선박 중에서 하나의 가격이 다른 것보다 저렴하다고 할 때, 나머지 다른 조건에서 차이가 없다면, 경영자는 보다 저렴한 가격의 컨테이너선박을 구입하는 결정을 하게 된다. 이는 확실한 상황하의 의사결정의 예이다.

대부분의 중간경영자, 최고경영자 그리고 다양한 전문직에 종사하는 사람들은 불확실한 상황하에서 의사결정을 하는 경우가 많다. 이들이 부딪히는 환경은 확실한 경우가 거의 없다는 것이다. 그러나 제1선의 운항관리자들은 거의 매일 확실한 상황이나 거의 그와 유사한 상황하에서 의사결정을 하게 된다. 예를 들어, 어느 해운기업의 부산지사에서 긴급한 운항스케줄에 맞추기 위해 2명의 종업원들에게 4시간의 연장근무를 지시하였다고 하자. 일선관리자는 일인당, 시간당 추가업무비용만 알고 있다면 이들의 총 추가업무비용을 확실하게 계산할 수 있다. 또한 이들의 일인당, 시간당 선박처리량을 알고 있다면 2명의 종업원이 4시간 동안 처리한 업무량을 확실하게 예상할 수 있다.

2) 위험 개념

위험(risk)은 개개인이 문제를 정의하고, 어떤 현상의 발생 가능한 확률을 알고 있고, 대안을 확인할 수 있으며, 바람직한 성과를 가져오는 각각의 확률도 알고 있는 상황을 의미한다. 일반적으로 위험은 확실한 상태와 매우 불확실한 상태의 중간에 놓여있는 경우를 말한다.

확률(probability)은 어떤 현상이 일어날 빈도수가 비교적 장기간에 걸쳐 알려지는 경우를 의미한다. 가장 잘 알려져 있는 예는 동전을 던지는 경우이다. 우리가 비교적 많은 횟수를 통해 앞면이 나타날 확률이 50%이고, 뒷면이 나타날 확률이 50%인 것을 알고 있다.

유사한 의사결정 상황하에서 이용 가능한 정보의 양과 질은 개개인별로 다양하게 나타날 것이다. 정보의 형태, 양, 신뢰성은 위험의 정도에 영향을 주고, 의사결정자는 성과를 판단하는데 객관적 확률이나 주관적 확률을 이용할 수 있다.

(1) 객관적 확률

객관적 확률(objective probability)은 과거의 경험이나 현재의 관찰치 중에서 일부의 표본을 추출하여 구한 확률분포인데, 객관적인 사실에 기초하여 특정한 결과가 나타날 확률을 의미한다. 이 확률에 대한 신뢰도는 관찰치나 표본추출의 수에 의해 결정된다. 일반적으로 표본 추출의 수가 많을수록 불확실성은 줄어들고, 적을수록 커지게 된다. 예를 들어, 생명보험회사에서 생명보험에 가입한 고객이 몇 년 동안 생존할지 판단할 수 없으므로 생명보험에 가입한 특정 수의 고객을 추출하여 특정 기간 동안 생존한 연수로 객관적 확률을 계산할 수 있다. 이와 같이 객관적 경험이나 표본 추출을 통하여 구한 확률이 미래에도 계속 유효하다고 볼 수 있을 때에 한하여 이 확률은 객관적인 것으로 간주될 수 있다.

(2) 주관적 확률

주관적 확률(subjective probability)은 개인적인 판단과 신념을 기초로 하여 구체적인 결과가 발생할 가능성을 의미한다. 다시 말해, 의사결정자가 과거에 경험을 쌓은 바가 전혀 없기 때문에 단지 그의 판단이나 신념에 의존해야 하는 경우이다. 물론 의사결정자의 판단은 과거 경험을 토대로 형성되지만, 이러한 판단 과정은 과학적이지 못하다. 의사결정자의 판단은 일반적으로 주관적인데, 이 판단에 이르는 과정자체는 객관적이고, 공식화되어야 한다. 주관적 확률은 의사결정자가 미래에 현상이 발생할 상대적 빈도수를 보고 최선의 판단을 내리는 것이다.

3) 불확실성 개념

불확실성(uncertainty)은 개개인이 의사결정 단계에서 대안이나, 이 대안의 결과가 나타날 확률에 대한 정보를 가지고 있지 못한 상황을 말한다. 실제로, 대부분의 의사결정자들은 문제를 정의할 수 없고, 대안들을 규명할 수 없으며, 가능한 결과도 예측하지 못하는 경우가 있다. 불확실성의 특징은 문제의 정의나 대안에 대한 정보가 없으므로 애매모호하고 매우 비일상적이다.

많은 최고경영자, 다양한 전문가, 특히 연구개발에 종사하는 사람 및 시장조사자나 전략 수립자 등은 불확실한 상황하에서 의사결정하게 되는 경우가 많다. 특히 해운시장의 수요는 예측할 수 없을 정도로 불확실성이 크다. 이럴 경우, 해운경영자들은 과거의 경험이나 감각에 의존하여 미래의 선복량을 조정하여야 한다. 이러한 불확실성을 감소시킬 수 있는 방법으로 다음과 같은 것들을 들 수 있다.

(1) 불확실성의 인식 감소

이는 의사결정자가 의식적 또는 무의식적으로 불확실성을 인식하지 않으려는 경우 발생한다. 이 경우 의사결정 환경에 대해 아무리 많은 정보를 제공한다 하더라도 불확실성은 감소되지는 않는다.

의사결정자가 불확실성을 인식하지 않으려는 행동은 다음 네 가지의 경우에 일어난다. 첫째, 불확실성을 무시하는 것이다. 이는 일반적으로 인간은 불확실하거나 모호한 것을 싫어하기 때문에 의사결정 환경에서 불확실한 부분을 그냥 무시하는 것이다. 둘째, 불확실한 상황을 확실한 상황으로 어느 정도 바꿈으로써 불확실성의 인식을 감소시킬 수 있다. 셋째, 지연이다. 즉 의사결정을 단순히 지연시킴으로써 그에 포함되어 있던 불확실한 요소 중의 일부가 해결되는 경우도 있다. 넷째, 불확실성의 흡수이다. 의사결정을 위한 정보가 수집되고 이를 실제로 이용할 부분이 전달되는 과정에서 원래 포함되어 있던 불확실성이 감소되어 마치 좀더 정확해지는 것을 말한다.

(2) 불확실성을 모형화

이는 불확실성을 무시 또는 회피하는 방법 대신 불확실성을 인식하고 이를 설명하고 파악하려는 시도를 의미한다.

(3) 의사결정 대안의 생성과 검사

이는 의사결정자가 취할 수 있는 행동 대안이 불확실할 때 적절한 대안을 개발하는 것이다. 이러한 대안들을 개발할 때 여러 부류의 사람들을 함께 참가시켜 의사결정 대안을 설정하도록 촉진하는 방법을 브레인스토밍(brainstorming)이라고 한다.

(4) 좀더 완전한 정보의 취득

좀더 완전한 정보를 취득함으로써 불확실성을 감소시킬 수 있다. 이 때 정보 획득에 드는 비용을 고려하여 이 비용을 쓸 가치가 있는지 검토하여야 한다.

3. 의사결정 유형

의사결정환경은 확실성, 위험과 불확실성으로 나눌 수 있음을 앞에서 설명하였다. 의사결정 유형을 구분하기 위해서는 이 이외에도 문제의 유형과 해의 유형을 정의할 필요가 있다. 이를 하나씩 설명해 보자.

1) 의사결정 유형의 분류기준

(1) 문제의 유형

경영자나 종업원들이 부딪치는 문제의 유형은 일반적으로 알려지고 잘 정의된 것에서부터 비일상적이고 애매한 것에 이르기까지 매우 다양하다. 은행창구의 직원이 하루의 입출금이 맞지 않을 경우에 생기는 문제는 일반적으로 알려지고 잘 정의된 문제이다. 반면에 연구개발에 종사하는 직원의 신제품개발을 위한 문제는 비일상적이고 애매한 문제이다.

(2) 해의 유형

해의 유형 또한 알려지고 잘 정의된 것에서부터 경험하지 못하거나 애매한 것까지 다양하다. 은행창구 직원이 하루 동안의 잔고 계산이 틀릴 경우 모든 거래내역을 체크하여 빼먹은 것이 있는지 확인할 수도 있다. 또한 그날 거래된 모든 현금을 다시 계산하여 문제의 해를 찾을 수도 있다. 반면에 연구개발에 종사하는 직원이 새로운 아이디어를 내어 신제품을 완성했을 때 이를 기업이 개발하여야 하는지 혹은 사장시켜야 하는지는 매우 애매모호하다고 볼 수 있다. 왜냐하면 신제품이 시장에 성공적으로 소개되기 위해서는 여러 요인들이 작용하는데, 기업 내부적으로는 성공할 것으로 판단하였다고 할지라도 시장에서는 실패하는 경우도 있기 때문에, 기업들이 이를 투자해야 하느냐 혹은 투자하지 말아야 하는가는 매우 어려운 의사결정이라고 볼 수 있다.

2) 의사결정 유형

이상의 세 가지 기준을 통해 의사결정의 유형을 분류해보면 일상적 의사결정(routine decision making), 적응적 의사결정(adaptive decision making) 그리고 혁신적 의사결정(innovative decision making)으로 나눌 수 있다. 이는 다음의 [그림 11-5]와 같이 나타낼 수 있다.

그림 11-5 의사결정 유형

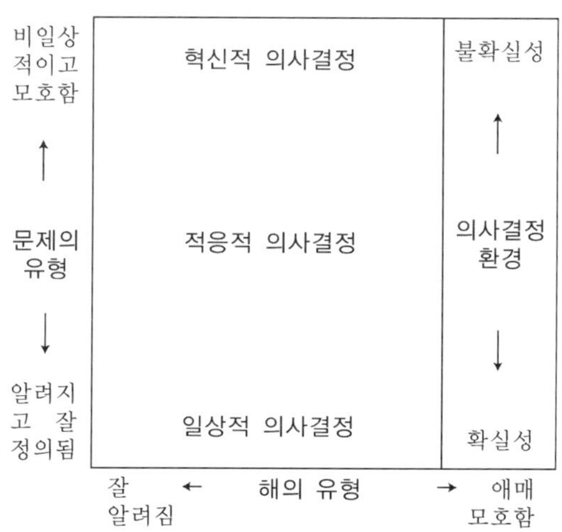

(1) 일상적 의사결정

일상적 의사결정은 의사결정환경이 확실하고, 문제의 유형도 잘 정의되어 있으며, 해의 유형도 잘 정의되어 있는 경우의 의사결정이다. 해는 이미 세워진 표준운영절차 혹은 규칙에 따라 결정된다. 연안여객선사에서 표를 예약을 하는 경우 컴퓨터 시스템이 잘 구축되어 있기 때문에 이 시스템을 활용하면 잘 해결할 수 있다. 매표행위, 종업원의 임금지불, 하주의 주문에 따라 화물을 선적하는 것 등은 일상적 의사결정에 대한 좋은 예이다.

(2) 적응적 의사결정

적응적 의사결정은 위험한 상황하의 의사결정환경이고, 문제의 유형도 잘 알려져 있지 못하며, 해의 유형도 역시 잘 알려져 있지 못한 때 할 수 있는 의사결정이다. 적응적 의사결정은 과거의 일상적 의사결정 관행을 수정하거나 개선할 때도 적용할 수 있는 의사결정이다.

과거의 관행을 끊임없이 개선하는 지속적 개선(continuous improvement)은 경영혁신에서 매우 중요한 개념이다. 지속적 개선은 매년 작은 개선이 계속적으로 꾸준하게 일어나는 결과를 가져오는 일련의 적응적 의사결정을 의미한다. 지속적인 개선은 개선을 찾기 위해 기술적, 조직적 그리고 관리적 과정에 대한 진단을 지속적으로 하는 것이 필요하다. 해가 거듭될수록 해운서비스가 점점 좋아지고 더 신뢰할 수 있으며 물동량이 증대되는 결과가 지속적으로 나타나는 것이다.

지속적 개선은 보다 나은 운송서비스를 고객에게 제공하고, 효율성을 개선하며, 고객에 대한 빠른 반응을 기업의 목표로 수립했을 때 달성될 수 있다. 지속적 개선은 다음과 같은 역할을 수행할 수 있다. 첫째, 새로운 운송서비스를 통해 고객에게 전달되는 가치를 증가시킨다. 둘째, 실수, 실패, 결점과 낭비를 줄인다. 셋째, 고객 변화와 기대에 대한 반응 속도를 높인다. 넷째, 모든 자원을 사용하는 데 있어서 운송생산성과 효과성을 향상시킨다.

(3) 혁신적 의사결정

혁신적 의사결정은 불확실한 상황하의 의사결정으로, 문제가 비일상적이고 해도 애매모호한 경우의 의사결정을 의미한다. 혁신의 정도가 큰 의사결정을 위해서는 다수의 전문가로 팀을 구성하고 이를 추진하는 데 몇 년을 소요할 수도 있다. 왜냐하면, 혁신적인 의사결정은 일반적으로 과거와의 강력한 단절을 의미하기 때문에 이러한 결정은 적응적 의사결정과는 달리 순차적인 결과로 일어나지 않는다. 또한 이러한 의사결정은 급변하고 불완전한 정보에 기반을 두고 있기 때문에 문제가 충분히 정의되거나 이해되기 전에 결정되는 경우도 있다. 혁신적 의사결정을 올바로 하기 위해서는 의사결정자는 문제를 올바르게 정의하여야 하며 앞선 행동이 후행하는 의사결정에 중요한 영향을 미칠 수 있음을 고려하여야 한다.

4. 상황에 따른 물류의사결정모형

효율적인 물류의사결정이란 물류활동에 있어서 물류효과성과 물류효율성을 증진 또는 개선하여 기업의 이익을 극대화하거나 비용을 극소화하는 것이다(Max Logistics Effectiveness & Efficiency). 이러한 물류관련 주요 의사결정 유형을 살펴보면 다음과 같다.

- ▶ 물류관련자산 취득과 리스(선박취득 또는 용선의사결정)
- ▶ 물류네트워크 결정(최적항로 및 선대배분결정)
- ▶ 물류성과시스템 결정(선대성과 측정과 평가 및 조정)
- ▶ 물류투자와 재무의사결정
- ▶ 최적운임결정, 특별운임결정, 비일상적 비정형적인 문제 등

1) 의사결정모형

(1) 의사결정모형의 역할: 효용 극대화, 기업목표 달성

의사결정모형은 개개인이 자신의 효용을 극대화하기 위하여 필요할 뿐만 아니라, 기업에서 기업의 목표를 달성하기 위해 구성된 경영통제시스템(Management Control System)에서도 중요한 역할을 수행한다. 이를 보다 부연하여 설명하면 다음의 [그림 11-6]에서와 같다.

그림 11-6 기업의 경영통제시스템

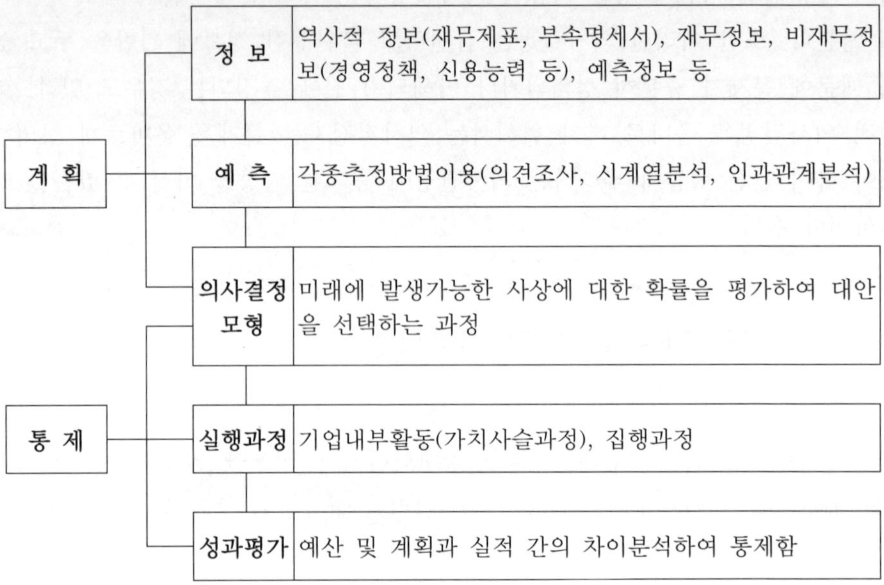

(2) 의사결정모형의 구성요소

① **의사결정 선택기준:** 이는 행동의 선택기준(Action Criteria)으로서 개개인은 기대효용의 극대화이고, 기업의 경우는 기업목표로서 이익의 극대화 또는 비용의 극소화 등으로 실제로 목표달성가능하고 계량화가 가능해야 한다.

② **선택가능한 대안(Alternative):** 행동의 집합체(Set of Action)로서, 해운선사의 경우에는 선박을 건조할 것인가 아니면 용선할 것인가 등이 구체적인 대안이 될 수 있다.

③ **발생가능한 상황(State of Nature):** 상황은 상기에서 설명한 바와 같이 확실한 상황, 불확실한 상황, 위험하의 상황 등 세 유형이 있다.

④ **상황(사상) 발생확률의 집합(확률분포):** 일반적인 상황은 대부분이 미래에 발생가능한 상황에 대한 확률값을 어느 정도 예측이 가능한 위험하의 상황이다.

⑤ **상황에 따른 행동결과(Outcome; Pay-off):** 특정 대안을 선택하였을 경우 결과치로서 주로 예상되는 이익이나 비용을 말한다.

2) 상황에 따른 의사결정모형 사례

〈사 례〉 A 해운선사에서 컨테이너 1개를 운송할 경우 5만원의 순이익이 발생될 경우, 물동량 수요분포가 다음과 같을 때 몇 개를 운송할 때 이익을 극대화할 수 있는가? (단, 수요가 있는데도 불구하고 이를 예측하지 못하여 운송하지 못할 경우에는 획득가능한 이익만큼 기회손실로 간주한다. 또한 과대수요 예측하여 선복량이 수요를 초과할 경우에도 동일한 이익만큼 초과비용이 발생한다)

이 선사가 직면하고 있는 상황은 미래의 물동량수요인데, 이 수요에 대한 확률분포가 다음과 같을 경우 각 상황에 대한 확률분포 및 예상결과표(Pay-off Table)는 다음의 [표 11-1]과 [표 11-2]에서와 같다.

표 11-1 물동량수요에 대한 발생확률분포

물동량수요(Xi)	1,000	1,100	1,200	1,300	1,400
확 률(Pr)	0.05	0.15	0.3	0.35	0.15

표 11-2 수요발생상황에 따른 예상결과표(Pay-off Table) (단위: 만원)

대안(d_i) / 상황(x_i)	1,000	1,100	1,200	1,300	1,400
1,000	5,000	4,500	4,000	3,500	3,000
1,100	4,500	5,500	5,000	4,500	4,000
1,200	4,000	5,000	6,000	5,500	5,000
1,300	3,500	4,500	5,500	6,500	6,000
1,400	3,000	4,000	5,000	6,000	7,000

(1) 불확실한 상황하의 의사결정(Uncertain Decision)

불확실한 상황은 상황이 발생할 확률도 알 수 없을 정도로 미래를 전혀 예측할 수 없는 상황을 말한다. 확률값을 알 수 없으므로 의사결정자의 경험이나 경륜에 의거하여 주관적으로 판단할 수밖에 없다. 이러한 판단은 의사결정자의 신념에 따라 크게 세 유형으로 나누어진다. 첫째, 위험추구형 의사결정자는 공격적인 또는 투기선호적인 의사결정자로서 최선의 상황만을 고려하여 최대의 이익을 추구하는 유형으로 이러한 의사결정자의 선택기준을 MAM-MAX 기준이라고 한다. 둘째, 위험중립형 의사결정자는 미래상황과는 관계없이, 즉 미래상황이 발생될 확률을 동일하게 간주하고 의사결정하는 유형으로 이러한 의사결정자의 선택기준을 Laplace 기준이라고 한다. 셋째, 위험회피형 의사결정자는 보수적인 경영자로서 최악의 상황을 고려하여 최선의 선택을 하는 유형으로 합리적인 의사결정 유형은 흔히 이를 지칭하며, 이들의 선택기준을 MIX-MAN 기준이라고 한다.

① **MAM-MAX 기준**: 주어진 상황하에서 일어날 사상과는 관계없이 가장 큰 이익을 실현하는 대안을 선택하는 의사결정기준이다(선택대안: d_5 = 1,400개, 예상이익: 7,000만원).

② **Laplace 기준**(Principle of insufficient Reason, Equally Likely Criterion): 주어진 상황하에서 각 사상이 다른 증거가 없는 한 모두 동일한 출현확률을 갖고 있다고 보기 때문에 기대평균이익이 최대인 사상을 선택하는 기준이다. 즉,

$$1/n \times \sum_{i=1}^{n} F(X_i, d_j) \times P(X_i), \qquad i = \text{발생사상},\ j = \text{대안}$$

가 최대인 대안을 선택한다.

③ **MIX-MAN 기준**: 대안별 최소 성과중에서 최대치를 갖는 대안을 선택하는 기준이다(보수적이고 회의적인 기준임). 선택대안 = d_2, d_3

(2) 위험하의 의사결정(Risky Decision)

위험하의 의사결정은 미래상황이 일어날 확률값을 알 수 있기 때문에 확률값을 고려한 기대이익(Expected Value: EV)을 극대화할 수 있는 대안을 선택하거나 기대기회손실(Expected opportunity Loss: EOL)을 극소화하는 대안을 선택하는 의사결정유형이다. 즉,

의사결정기준은 다음과 같다.

$$\text{MAX } EV_j = \sum_{i=0}^{n} F(X_i, d_j) \times P(X_i) \text{이거나}$$

$$\text{Min } EOL_{i=} \sum_{i=0}^{n} F(X_i, d_j) \times P(X_i) \text{가 된다.}$$

표 11-3 물동량수요발생확률을 고려한 대안별 기대이익

발생확률 \ 기대이익	EV1	EV2	EV3	EV4	EV5
0.05	250	225	200	175	150
0.15	675	825	750	675	600
0.30	1,200	1,500	1,800	1,650	1,500
0.35	1,225	1,575	1,925	2,275	2,100
0.15	450	600	750	900	1,050
대안별 기대이익	3,800	4,725	5,425	5,675	5,400

상기 [표 11-3]에서 기대이익이 가장 큰 대안은 물동량 수요가 1,400개인 EV4로서 기대이익은 5,675만원이다. 따라서 위험하에서 최선의 의사결정은 1,400개를 운송할 수 있는 선복량 대안을 선택하여 5,675만원의 이익을 기대하는 것이다.

기회손실이란 주어진 상황하에서 최적대안을 선택했을 때, 얻을 수 있는 이익과 최적이 아닌 대안을 선택했을 때 기대되는 이익차이로서 최적의사결정을 하지 못한 손실을 의미한다. 즉, 주어진 상황하에서 최적대안을 알 수 없을 때, 최적대안을 선택하기 위한 정보를 얻는 데 지불할 수 있는 최대의 비용을 결정하는 기준이다.

제 12 장

물류혁신을 위한 전략경영

상식적인 사고나 일상적인 의사결정에 의해서는 혁신을 도모할 수 없고 창의적이고 전략적인 사고에 의해서만 혁신을 이룰 수 있다.

무한경쟁시대에 국제적인 수직적 분업의 증대 등으로 물류패러다임이 변화하는 급변하는 물류환경 속에서 물류혁신을 도모하여 실질적으로 물류원가를 절감하고 물류수익성을 극대화하기 위해서는 체계적이고 구체적인 전략적 사고와 전략경영 의사결정이 필수적이다. 본 장에서는 물류혁신을 위한 전략경영방법론에 대해서 정리하고자 한다.

- 전략경영의 개념과 정의
- 전략경영 등장배경
- 경영전략 수립과정

제 1 절 경영전략의 개념과 정의

1. 경영전략의 개념

경영전략은 현실적으로 치열한 시장경쟁 상황 속에서 생존과 성장을 가능하게 하는 경쟁우위를 확보해가는 기술과 방법으로서, 최초에 전략(strategy)이란 말은 군사작전용으로서, '군사적 행위를 계획하고 통제하는 과학'으로 정의되었으며, 기업에서는 20세기 중반 이후 급변하는 기업환경에 보다 효과적으로 적응하기 위해 적용되기 시작하였다.

1) 전략이 지니는 6가지 개념

(1) 계획(plan) 또는 정책(Policy)으로서의 전략

전략이란 특정한 상황에 대처하기 위한 의도적인 행동방향과 지침이다. 글릭(Glueck: 1980)은 전략이란 기업이 기본 목적을 달성하기 위하여 설계한 기업 행동방향의 종합적·통합된 계획의 일종이라고 정의하고 있으며, 퀴니(Quinn)는 전략이란 기업조직의 주요 목표, 정책, 행위들을 하나의 결집체로 통합시키려는 계획이라고 규정하고 있다. 또한 케네스 앤드류스도 전략이란 기업목표를 달성하기 위한 다양한 계획이나 정책이라고 정의하고 있다.

(2) 행위유형(pattern)으로서의 전략

전략이란 기업목표를 달성하기 위한 경영의사결정과정을 결정하는 일종의 경영자의 행위유형이다. 경영자의 의사결정이 전략적인지 아닌지는 결과가 아니라 의사결정과정상의 행위유형에 따라 결정된다. 비전략적 의사결정은 운영적 의사결정(Operational Decision)이라고 한다. 가령, 해운시황이 좋지 않기 때문에 운임을 내리거나 선대를 조정하는 행위는 전략적 의사결정이며, 이러한 의사결정을 위해 회사내부 부서의 업무를 조정하거나 하주에 대한 영업활동을 개선하는 활동은 운영적 의사결정에 해당한다.

(3) 위치선정(position)으로서의 전략

전략을 '외부환경 속에서 기업조직을 적절하게 위치시키는 수단'으로 간주하며, 기업의 자원을 집중시킬 적절한 제품·시장영역을 결정해 나가는 기술과 방법이다. 포터(Porter: 1996)는 전략이란 경쟁적 환경에서 유일하고 가치있는 위치선정과 대응수단을 창조하는 것 또는 기업의 경쟁우위를 구축하고 구체적인 경영방식을 선택하는 의사결정과정이라고 정의하고 있다.

(4) 관점(perspective)으로서의 전략

위치선정으로서의 전략이 전략의 주요 기업조직 외부에 초점을 맞춘 것에 반하여 조직 내부에 초점을 맞추어, 전략이란 기업조직 구성원들이 그들의 의도한 행위를 통해 서로 공유하고 있는 특정한 관점을 의미하고 있다. 오마에 게이치는 전략이란 효율적인 방법으로 경쟁자에 비하여 기업의 경쟁우위를 향상시키려는 노력이라고 정의하고 있다.

(5) 자원배분(Resource Allocation)으로서의 전략

찬들러(Chandler)는 전략이란 기업이 장기적 목적과 목표를 결정하고 이것을 실현하기 위해 각종 행위들을 수행하고 자원을 배분하는 것이라고 정의하고 있으며, 바니(Barney: 1997)는 전략이란 기업이 성과를 개선시키기 위하여 적절하게 자원을 배분하는 하나의 패턴이라고 정의하고 있다.

(6) 고객가치(Customer Value)창출

오흐메(Ohmae, 1988)는 전략이란 고객에 대한 우월한 가치를 창조하는 정의하고 있다.

한편, 피터 드럭커(Peter F. Drucker)는 전략이란 우리의 사업은 무엇인가? 그리고 그것을 어떻게 하여야 하는가?에 대한 해답을 제시하는 것이라고 규정하고 있다. 즉, 전략은 장기적이며 집중적이고 통합적인 실제적인 의사결정이며, 선택과 집중의 문제이다. 또한 적절히 하는 것보다는 적절한 것을 하는 것이 더 중요하고 모두 잘하겠다고 하는 것은 전략이 아니며 집중적이란 경쟁력이 없는 것은 버리는 것이라고 규정하고 있다.

결론적으로, 전략이란 '시장에서 경쟁자와 어떻게 싸울 것인가'라는 문제에만 국한하는 것이 아니라, 집단적인 인식체계이자 행위체계인 기업조직의 목적이나 목표를 효율적이고 효과적으로 달성하기 위한 전략적 문제들을 포괄적이고 통합적으로 계획하고 행동대안을 형성해가는 일종의 방법론(개념체계, 방법,

기술, 과정)이라고 볼 수 있다.

2) 경영전략의 시대적 변화흐름

제2차 세계대전 이후 세계경제는 수요에 비하여 공급부족으로 지속적인 경제호황기를 맞아 생산설비와 기업을 확대하는 성장중심의 경영전략이 주효한 시기였다. 이 시기에 주요 이슈는 기업의 중장기적인 성장을 위한 중장기 전략계획을 편성하는 것이며 주요 활용한 기법으로는 중장기 투자계획 수립도구, 시장분석과 전망 그리고 재무분석 도구중심이었다. 대표적인 학자로는 앤쇼프, 앤드류 및 크리스텐슨이다.

1970년대에는 중동지역 오일쇼크로 범세계적으로 자원문제가 크게 대두되면서 기업들의 주요 전략적 문제는 보유하고 있는 자원을 어떻게 효율적으로 배분하여 수익을 창출할 것인가이다. 이러한 자원배분을 효율적으로 하기 위한 전략적 도구로서 제너럴일렉트릭(GE)이 창안한 포트폴리오 모형이 대표적인 자원배분 모형이다.

1980년대에는 정보기술산업이 발달하고 글로벌화 진행되면서 지구촌 전체가 하나의 시장으로 형성되면서 무역자유화로 기업은 산업별로 경쟁이 치열한 무한경쟁시대를 맞게 되었다. 이러한 무한경쟁시대에 기업들이 생존하기 위해서는 경쟁기업의 전략이나 고객과 공급자에 대한 세밀한 분석을 하여 경쟁우위를 확보하는 전략을 수립하는 것이 필요불가결하였다. 이러한 시대적 요구에 부응하여 나온 전략적 분석도구로 포터(Porter)의 산업구조분석기법인 5 Force Model이다.

1990년대 이후에는 기업들이 경쟁우위를 확보할 수 있는 전략을 외부환경분석보다는 내부에서 찾기 시작하였다. 기업이 경쟁기업에 비하여 경쟁적 우위를 점하기 위해서는 경쟁기업이 갖지 않은 무언가 독특한 역량이나 자원을 보유하여야 하기 때문에 이러한 내부자원이나 역량을 탐색하고 창출하는 것이 주요 전략적 이슈였다. 이에 따라 나온 전략경영이론이나 기법이 핵심역량이론, 경쟁우위요인분석 및 동태적 분석모형이다. 대표적인 학자로는 하멜, 프라하라드 등이다.

표 12-1 경영전략의 변화흐름

연도	1910~1970	1970년대	1980년대	1990년 이후
핵심 이슈	기업성장	자원배분	산업환경	내부역량
시대 여건	전쟁 이후 즉 50년대 이후 경제호황기 도래	중동 오일쇼크로 범세계적으로 자원문제	세계경제가 성숙기에 도래하면서 기업간 경쟁이 치열해짐	경쟁우위를 외부환경보다는 내부에서 탐색시도
목표	장기전략계획	효율적 자원배분	산업구조, 경쟁분석	경쟁우위 창출·유지
주요 기법	투자계획수립, 시장분석·전망, 재무분석	GE의 포트폴리오 모형	Porter의 5 Force Model	핵심역량이론, 경쟁우위요인분석, 동태적 분석
대표 학자	Ansoff, Andrew, Christensen		Porter	Hamel, Prahalad

2. 전략관리의 정의와 구성요소

전략은 기업이 복잡화되고 급변하는 환경 속에서 장기적으로 생존하고 성장하는가?라는 문제를 해결해 가는 과정(process)과 방법론(Methodology)이며, 전략관리란 일반적으로 기업목표를 달성하기 위하여 고안된 계획들을 입안하고 실천하기 위한 의사결정과 행위들의 집합이라고 정의할 수가 있다. 이러한 전략에 대한 의사결정은 주로 기업의 최고경영층에서 이루어지며 전략관리의 구성요소는 목표설정-내외부환경분석-전략대안분석-선택과 역량집중으로 구성되고 ① 전사적 수준(Corporate Level), ② 사업부 수준(Business Level) 그리고 ③ 기능별 수준(Functional Level) 차원에서 전략관리가 행해진다.

제 2 절 전략경영 등장배경

1. 기업환경변화

1) 생산환경의 변화

첫째, 1980년대 전후로 시장에서 경쟁이 격화되고 있다는 점이다. 기업이 직면하는 시장이 국내시장에서 국제시장으로 이전되면서 경쟁이 가속화되고 있다. 이러한 경쟁시장에서는 시장점유율 확대에 따른 매출규모 확대나 원가우위에 의한 가격인하전략으로 매출을 증대시키기가 상당히 어렵다. 따라서 비용을 감소시켜야 이익이 증대되는데 인건비 절감과 같은 비용절감전략도 어려운 점이 많은 것이 요즈음의 경영현실이다. 특히, 정보 및 통신기술의 발전으로 소비자들은 자신의 욕구에 맞는 제품을 전세계직으로 구입하므로 국제경쟁이 치열해지고 있는 것도 전략경영에 의한 경영혁신의 필요성을 더욱더 요구하고 있다.

둘째, 기업은 비용절감을 위해 1980년대 이후 생산설비의 자동화와 신생산기술을 개발하여 적용하고 있다. 소비자 욕구에 부응하는 제품을 생산하기 위해 개발되는 신생산기술로는 전사적 품질관리(TQC), 적시생산관리 및 적시재고관리(JIT), 종업원제안제도(Employee Involvement) 등이다. 이러한 기술의 발전으로

표 12-2 생산환경변화와 원가회계의 혁명

구분	80년대 이전	80년대 이후
경쟁	국내에서만 경쟁	국제경쟁(sales − cost = profit)
기술	노동집약적	고도의 자동화
원가구조의 변화	제조원가는 직접재료비, 직접노무비 및 제조간접비가 거의 동일한 비중으로 구성	노무비, 재고, 변동제조간접비, 부수작업 감소, 고정비 및 정보비용의 증대
원가관리	원가통제	원가통제, 시간통제, 탄력성
고객요구의 변화	저가격, 내구성 및 편리성	저가격, 내구성 및 편리성, 품질, 다양성
생산시스템의 변화	생산시스템의 변화 초래: 자동화개념 변화, FMS, CIMS, GT(유사품목을 생산하는 생산설비의 집합체(공장조직화방식)	

양질의 제품을 낮은 가격으로 판매가 가능하여 기업의 수익성을 제고시킬 수가 있는 것이다. 기업은 이러한 신생산기술의 개발과 도입 및 효율적인 활용을 위한 적절한 전략경영이 필요시 되고 있다.

기업이 타기업에 비하여 경쟁우위를 점하기 위해 1980년대 이후 나타나고 있는 생산시스템의 변화를 살펴보면 다음과 같다.

(1) 협의의 공장 자동화개념에서 광의의 공장 자동화로 변하고 있는 점이다. 두 개념의 차이를 표로 요약 정리하면 다음과 같다.

표 12-3 자동화 개념의 구분

자동화 개념	협의의 공장자동화	광의의 공장자동화
1) 목적	효율성	효율성 + 신축성
2) 원리	규모의 경제(Economic of Scale)	범위의 경제(Economic of Scope)
3) 대상	생산공정라인 일부	전체 생산시스템
4) 생산유형	표준품 대량생산	다품종 소량생산

첫째, 협의의 공장자동화개념은 주로 대량생산으로 원가절감을 목적으로 효율성(efficiency)에 중점을 두고 있지만 광의의 공장자동차 개념은 동일한 생산공정에서 다양한 제품을 신속하게 생산할 수 있는 생산의 탄력성을 중점으로 두는 개념이다.

이러한 광의의 자동화개념으로 이전하는 원인은 다음과 같이 4가지로 요약할 수가 있다.

① 제품기술변화속도가 빠르고 복잡성 증대

② 소비자 구매욕구가 가격에서 품질, 신뢰성, 혁신, 다양성으로 전환

③ 제품수명주기가 짧아짐

④ 성숙기제품도 제품 자체의 복잡성과 기능이 증가

(2) 다양한 고객요구에 대응한 다양한 제품을 신속히 생산하기 위해 탄력적 생산시스템(FMS)이 일반화되고 있다.

탄력적 생산시스템이란 자원의 효율울 동적으로 균형시키기 위하여 자동화

된 작업물 운송시스템과 중앙컴퓨터제어를 이용하여 공정순서와 공정시간이 각각 다른 작업물들을 무순서로 처리할 수 있는 자동제어기계의 집단으로 생산품의 변화 및 생산량의 변화에도 자동적으로 대처할 수 있는 생산시스템(H.T. Klahorst)을 말한다.

이러한 FMS는 자동제어공작기계, 자동반송시스템, 중앙통제컴퓨터, 자동창고시스템, 산업로봇 등으로 구성되어 있어 재공품재고의 감소, 제조소요기간의 단축, 직접노동의 감소, 공구비 절약, 간접노동의 최소화, 설비이용의 최대화, 신축성, 균등한 품질을 가진 제품생산이 FMS와 GT가 결합하면 생산효율성이 보다 극대화 된다.

(3) 컴퓨터통합 생산시스템(CIMS)이란 FMS를 중심으로 자동조립과 자동제품검사의 업무가 연결되고 다른 쪽에서는 컴퓨터지원 설계 및 생산(CAD/CAM)이 결합된 생산시스템으로서, 제품설계기술, 제조공정기술 및 생산관리기술을 통합하여 제품설계에서 완제품생산에 이르기까지 전체생산흐름이 하나의 생산단위로서 컴퓨터에 의해 통제되고 관리되는 첨단 생산시스템으로서 생산원가 절감과 생산효율성을 극대화할 수 있어 현재 보편화되고 있는 생산 시스템이다.

기업이 직면하는 환경변화로 상기와 같은 신생산기술의 도입 및 적용은 전통적 생산방식이 더 이상 경쟁우위를 창출하지 못하기 때문이다. 따라서, 기업은 생산기술우위에 의한 경쟁우위를 창출하기 위해 전략적으로 신생산기술을 개발하고 적용한 것이다. 이에 대한 내용을 간략하게 요약하면 [표 12-4]와 같다.

표 12-4 전통적 생산방식의 문제점과 신생산시스템의 특징

구분	핵심사항	내용
전통적 생산 방식	핵심성공요인	저원가
	생산방식	규모의 경제, 소품종대량생산시스템, push system
		공정의 전문화 및 표준화 → 생산설비의 기능별 배치
		불안정한 수요대비 → 정확한 수요예측
		완충재고의 중요성부각 → 재고관리(EOQ)
		통계적 품질관리(SQC)
	과학적 관리법	원재료와 노동력의 능률향상을 위한 기술개발
환경 변화	1) 치열한 경쟁	경쟁무기 (핵심성공요인)의 변화
		원가우위에서 원가우위(제품원가 및 제품수명원가), 고품질, 다양한 제품, 신속한 신제품 도입
	2) IT 기술의 발달	정보처리비용의 절감, 기술수명주기의 단축
	3) 고객의 다양한 욕구	제품수명주기의 단축
	4) 원가구조의 변화	노무비는 감소하고 제조간접비가 증대함
문제점 노출	1) 공장수 증가	기능별 생산설비 배치 → 복잡한 공장설계
	2) 완충재고	재고증가, 빈번한 작업준비, 품질문제 유발
	3) 품질관리	불량품재고, 재작업, 판매부문과 생산부문의 반복
	4) 주변환경에 대한 생산부문의 경직성 초래	
	5) 납기(Lead time)의 장기화	
	6) 결과적으로 원가증대 초래	
첨단생산기술 도입	1) 핵심성공요인	저원가, 고품질, 다양한 제품, 신제품도입
	2) 관리방식의 다양화	복잡성으로 인한 낭비제거, JIT(Just-In-Time), 칸반시스템, 집단관리방식(group technology)
	3) 간이자동화	완충재고의 역할을 신축성(flexibility)로 대체
	설계의 자동화	CAD, CAE, CAPP
	공정의 자동화	NC, CNC, DNC, CAM, CAL, Robotic, FMS
	4) 컴퓨터통합생산(CIM): 미래의 공장	
	생산시스템의 개편: 기업의 경쟁력원천은 생산기술우위를 통한 제품우위에 존재한다	

* 전통적인 원가절감방안과 품질관리로서 ABC 기법은 중점품질관리기법으로서 수량이나 비용측면에서 품목을 A, B, C로 분류하여 관리통제하는 전통적인 품질관리 기법이다. 이와 더불어 제안제도와 분임조활동(팀활동), 그리고 통계적 품질관리기법(SQC) 등을 들 수 있으며 SQC는 전사적 품질관리기법(TQC)으로 변화하고 있다.

2) 조직구조와 원가구조(특성)의 변화

상기와 같은 환경 여건의 변화는 기업의 생존과 성장을 위해 다음과 같은 조직구조와 원가구조(특성)의 변화를 요구하고 있다. 이러한 변화로 기업은 전략적인 차원에서의 원가관리의 필요성이 커지고 있는 것이다.

(1) 조직구조의 변화

첫째, 전통적인 피라미드식의 계층조직에서 의사결정의 신속화와 업무의 효율성 증대를 위해 팀조직, 매트릭스(Matrix)조직, 프로젝트조직 또는 네트워크(Network)조직으로 변하고 있다.

둘째, 공장자동화로 공장현장에서 실제 작업하는 직접종업원은 감소하고 자동화통제요원과 연구개발(R&D)요원 및 프로그램 내지는 S/W 개발요원이 증대하는 인력구조로 나타나고 있다.

따라서, 간접노무비와 S/W 개발비가 증대하고 이에 대한 회계처리 및 원가관리의 중요성이 증대되고 있다.

(2) 원가특성과 구조의 변화

첫째, 설비투자 증대로 변동비(직접비)중심에서 고정비(간접비)중심으로 원가중심이 이동한다. 이에 따라 원가배분기준이 중요시되고 있다.

둘째, 자동화된 원가추적시스템으로 과거의 제조간접비항목이 직접비화되고 있으며,

셋째, 적시재고관리시스템(JIT) 개념에 의한 무재고 추구로 재고평가의 중요성이 점차 감소되고 있으며, 전체 원가 중 직접노무비의 절감가능성이 적다. 전통적인 원가관리에 이러한 원가행태변화를 적절히 반영하지 못하고 있다.

넷째, 제품생산 이전 단계에서 발생되는 원가가 중요해지고 있다. 제품수명주기에서 제품개념정립, 가치분석 및 제품개발 등 생산 이전에 발생되는 원가가 생산원가보다 훨씬 중요하고 그 비중도 커지고 있다. 따라서 생산원가관리는 무의미하고 생산 이전에 발생되는 원가(수명원가)에 대한 전략적 관리가 중요시되고 있다. 이를 위해서는 생산부서만에서의 원가관리가 아니라, 마케팅부서, 제품개발부서, 가치분석실 그리고 생산부서가 팀을 이루어서 함께 고민하고 분석하여야만 원가관리가 제대로 수행된다. 즉, 생산단계 이전의 기획, 설계단계에서의

그림 12-1 제품수명주기 간의 원가구조의 변화

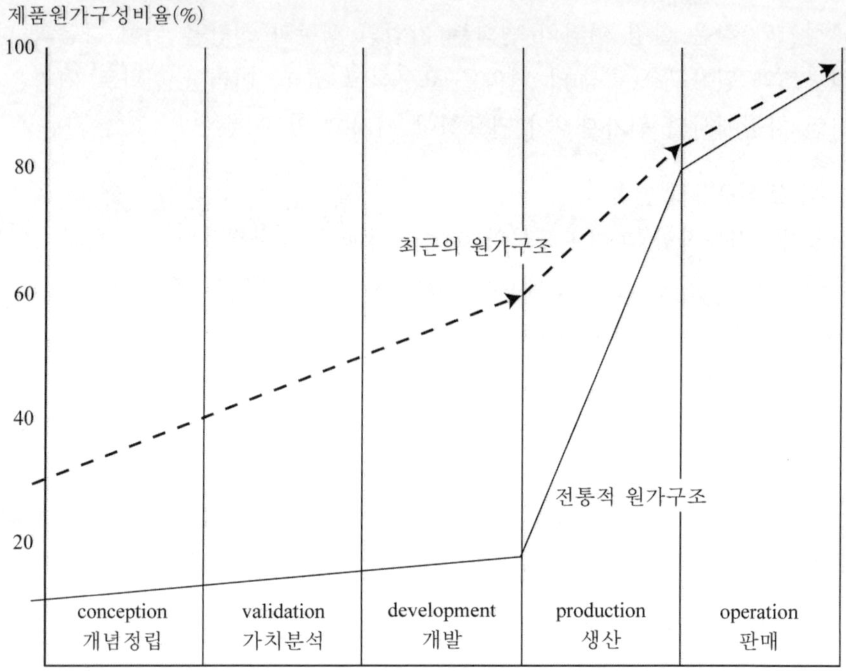

원가관리가 더욱더 중요시되고 있어, 전통적인 표준원가분석의 무의미해지고 제품수명주기별 정확한 원가식별을 위한 보다 신속하고 정확한 정보가 필요하고 제품수명주기단축에 따른 총생산비용정보가 요구된다. 이를 간략하게 도해하면 [그림 12-1]에서와 같다.

(3) 전통적 원가회계와 전략경영의 문제점

첫째, 전통적 원가회계와 전략경영에서는 저원가를 경쟁무기로 간주하고 있어 단위당 원가통제에 초점을 맞추고 있다. 이러한 저원가를 달성하기 위해 생산공정의 전문화와 분업, 소품종 대량생산, 단위당 원가통제에 관심을 기울이고 있다. 동일 제품에 대한 경쟁자의 원가측면에서 제품의 설계 및 생산을 결정하고 소비자는 대량생산된 제품을 판매하기 위한 설득대상으로 취급한다.

둘째, 원가통제의 문제점이다. 생산원가를 절감하기 위한 작업의 전문화·

분업, 대량생산 및 규모확장으로(재고증가, lead time, 작업공간, 이동거리, 납기지연, 불량률, 재작업, 소비자불만, 수요초과한 과잉생산이 커짐에 따라 제조간접비가 증대되어 단위당 원가는 감소하나 총생산원가는 오히려 증대되고 있다.

따라서, 상기와 같은 조직구조와 원가구조의 변화로 전통적인 원가관리나 전략경영은 현실에 맞지 않기 때문에 전략적 원가관리기법과 전략경영이 요구되고 있다

2. 경영시스템의 변화과정

다음의 [표 12-5]에 나타난 바와 같이 시대별로 기업이 직면하는 환경이 변

표 12-5 시대별 경영혁신기법과 핵심성공요인

연대	기업생산 및 경영방식	경영혁신기법(시스템)	수요 초점 (핵심성공요인)
60년대 이전	표준제품의 대량생산으로 규모경제실현	생산량과 생산성 극대화를 위한 과학적 관리방식(성과급제, 통계적 품질관리, 분업 및 전문화 등)	저원가에 의한 가격경쟁력으로 시장지배력 유지전략
70년대	대량생산방식을 유지하되 품질경영에 관심	TQM(전사적 품질관리): 검수부서에서만 차트나 통계적 관리가 아니라 모든 부서에서 무결점운동에 의한 고품질유지와 원가절감 실현	핵심성공요인이 저원가 이외에 고품질에도 관심을 둠
80년대	환경이 급속도로 변화함에 따라 새로운 경영혁신기법들이 출현	미국의 불황으로 원가절감과 생산성 증대를 위해 조직재설계(BPR: Business Process, Reengineering(Redesign), JIT(Just in Time, 적시생산공급체계), 전략적 원가관리로서 ABC(ABM 전략적 경영방식) 출현	저원가, 고품질, 적시성(부품의 적시공급체계, 제품의 적시출하), 서비스질 제고
90년대 이후	정보화, 국제화가속화에 따른 경영시스템의 변화가속	1. 고객만족을 위한 신기술·제품의 적시개발을 위한 목표원가관리(Target Costing)가 전략적 원가관리 및 경영혁신기법으로 출현 2. 지식경영 출현: IT 기술 및 인터넷발전의 가속화로 s/w 개발 중요성부각 및 단순한 생산시설보다는 기업가치를 증대시키는 인적자원, 시스템자산 등의 무형·지식자산의 관리가 기업경영의 핵심으로 부각됨. AMT로서 IT을 응용한 ERP를 적용하여 생산성향상에 주력	고객유형 및 고객의 요구조건의 다양화, 정보기술(IT)의 발전에 따른 신기술·신제품개발의 가속화→고객만족, 신기술·제품개발능력, e-Business

화함에 따라 기업은 경쟁력을 지속적으로 유지시키기 위하여 핵심성공요인과 경영혁신기법들을 적용해 왔다.

제 3 절 경영전략 수립과정

1. 경영전략의 유형

경영전략은 조직의 어떠한 단계에서 수립하는가에 따라 다음과 같이 크게 세 가지 유형으로 구분할 수 있다.

1) 전사적 경영전략(Corporate Strategy)

전사적 경영전략은 기업의 최고경영층 단계에서 수립되는 전략으로서 일반적인 전략은 바로 이를 말한다. 전사적 경영전략은 다음과 같은 세 가지 수립과정을 거치게 된다. 첫째, 전사적(기업 전체의 통합적) 관점에서 기업이 나아가야 할 방향이나 임무인 미션과 비전 및 목표를 설정하여야 하는데, 이를 위해서는 기업이 직면하고 있는 외부환경과 내부역량 및 보유자원을 분석하여야 한다. 외부환경분석에 의해 환경이 기업에 미치는 기회요인과 위협적 요인을 탐색해내고 내부역량분석에 의해 기업의 강점과 취약점을 찾아내어 이러한 내·외부 환경에 적절하게 대처할 수 있는 미션과 비전 및 목표를 설정해야 한다.

둘째, 목표를 달성하기 위해 기업이 참여할 수 있는 사업의 유형과 범위를 결정해야 한다. 최적의 사업유형과 범위를 결정하기 위해서는 어떠한 사업영역에서 경쟁하고 사업 포트폴리오를 어떻게 구성하는 것이 경쟁우위를 가져올 수 있는지를 세밀하게 분석해야 한다.

셋째, 결정된 사업에 투입될 자원을 어떻게 조달하고 배분할 것인가를 결정하여야 한다. 이러한 전사적 경영전략 수립에 자주 이용하는 전략사례로는 다각화, 아웃소싱, 기업 인수합병, 핵심역량강화전략 등이다.

2) 사업부전략(Business Strategy)

사업부전략은 기업의 각 사업단위에서 경쟁우위를 확보하기 위해 구체적이고 실천적으로 수립되는 전략을 말한다. 사업부전략을 수립하는 사업단위를 일명 전략사업단위(strategy business unit: SBU)로 칭하며 계열회사(subsidiary), 지역사업부(division), 생산라인(product line)이 대표적인 유형들이다. 사업부전략은 전사전략을 기초로 구체적인 사업의 범위를 결정하고 사업단위의 경쟁우위를 획득하고 유지할 수 있는 근거를 마련하기 위한 전략으로 포터 교수의 본원적 전략(원가우위전략, 차별화전략, 집중화전략)이 대표적인 실례이다.

3) 기능별 전략(Functional Strategy)

기능별 전략은 기업의 각 기능부서인 연구개발, 생산, 구매, 재무, 인사 등의 각 기능별 세부전략을 의미하며 전략이라기보다는 전술개념에 가까운 전략 유형이다.

2. 경영전략 수립과 주요 고려요인

경영전략 수립과정은 다음과 같이 크게 내·외부 환경분석, 전략수립 및 실행방안으로 구분할 수 있으며 보다 효율적 전략이 수립되기 위해서는 전담 TF팀을 구성하고 일정계획과 예산 및 절차를 수립하여야 한다.

보다 실행가능하고 기업에 공헌할 수 있는 경영전략을 수립하기 위한 필요충분조건은 다음과 같으며 경영전략 수립과정은 [그림 12-2]에 나타난 바와 같다.

1) 필요조건

① 목표의 명료성, 구체성, 실행가능성

② 임직원의 행동방향을 제시하고 수용가능성

③ 경쟁기업에 대한 대응을 고려

2) 충분조건

① 전략들 간의 조화 여부, 사업과의 연계성

② 내부의 핵심역량을 최대한 활용가능성

③ 전략의 지속성, 성과의 지속인 개선에 기여도

그림 12-2 경영전략 수립과정

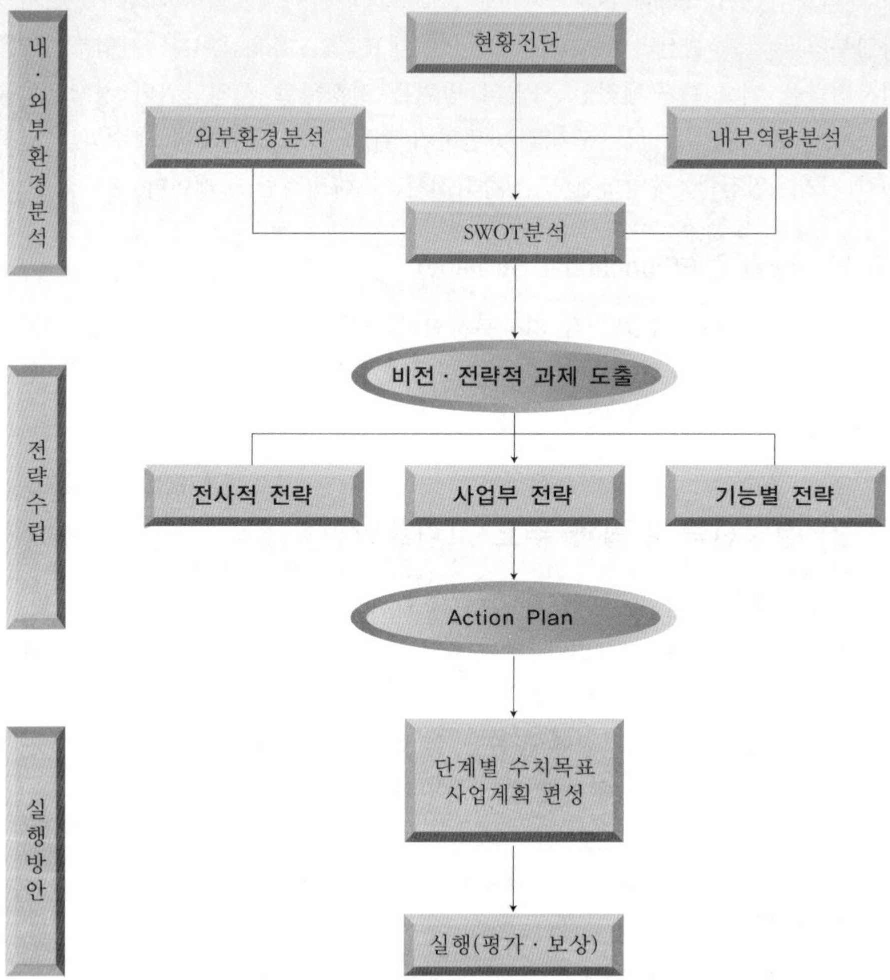

다음은 경영전략 수립과정을 단계별로 설명하고자 한다.

3. 단계별 경영전략 수립과정

◇ 1단계: 현황진단

현황진단은 현재의 기업의 비전·목표·전략과 사업구조가 무엇인지를 파악하고 전략적 이슈를 탐색하여 경영전략을 수립하기 위한 추진조직의 구성 및 상세추진계획을 수립하는 단계를 말한다. 이 단계에서는 회사의 현황파악을 위한 조직도와 임직원에 대한 설문 및 면접조사가 활용되며 현황진단결과 출력물로는 전략수립추진 팀조직도, 임직원면담결과표, 사업관련성 현황도표 등이다.

◇ 2단계: 외부환경분석

외부환경분석은 환경과 기업의 상호작용을 분석하여 환경이 기업에 미치는 위협요인과 기회요인을 탐색하는 과정이다. 기업에 영향을 미치는 환경은 크게 거시적 환경인 일반환경과 미시적인 환경인 산업환경으로 구분되며 산업은 기업과 일반환경이 접점을 이루는 곳이며 기업이 환경 창조도 가능하여 적극적이고 동적으로 이해하여야 한다.

외부환경분석에서 주로 활용하는 자료로는 산업통계자료, 판매·공급망자료, 기존조사보고서 등이며 이러한 자료를 활용하여 거시 및 미시환경을 분석하고 시장동향이나 동종업계의 현황을 파악하여야 한다. 주요 적용기법으로는 포터교수의 경쟁구조분석, 포지셔닝맵 분석, GE 매트릭스분석 등이 있으며, 분석결과 출력물로는 환경분석 자료, 산업영향력 지도, 산업매력도 진단도표, 시장동향분석 자료, 경쟁기업분석자료, 포터의 경쟁구조분석도표, 기회 및 위협요인분석자료 등이다. 이에 대해서 보다 상세하게 설명하면 다음과 같다.

1) 거시(일반)환경분석

거시(일반)환경분석에서 주로 고려해야 할 요인은 다음과 같다.

(1) 정치적 요인: 국가 및 지역내 경제협력 정도, 물류관련법규, 독점금지법, 세법, 노동법

(2) 경제적 요인: 국민소득수준, 경기변동, 금리수준, 무역규모, 실업률 등

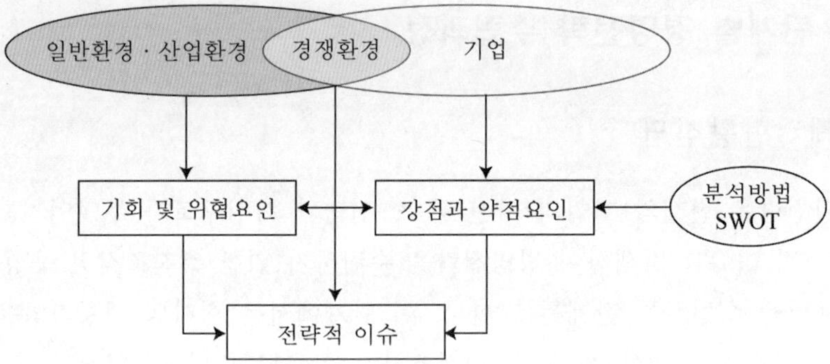

(3) 사회문화적 요인: 소비자행태, 교육수준, 인구, 소득분배 정도, 라이프스타일

(4) 기술적 요인: 연구개발지출수준, 기술혁신수준, 기술이전 등

2) 미시(산업)환경분석

(1) 산업현황분석

(a) **정의:** 산업현황분석은 산업의 본질적 특성을 이해하고 과거, 현재, 미래를 시계열적으로 분석하여 거시적 추이를 파악하는 분석과정이다.

(b) **산업현황분석의 내용**

① 산업가치체계분석: 자사가 속한 산업의 원재료 공급자로부터 최종소비자에 이르기까지 활동요소의 흐름을 체계화하고 각 활동단계에서 창출되는 가치를 분석하여 산업의 수익창출동인이 무엇인지를 파악하는 것을 의미한다. 주요 분석절차로는 산업의 핵심적인 활동흐름과 각 활동단계에서 창출되는 가치의 규모와 추이를 파악(부가가치)하고 전체 가치흐름에서 가장 핵심적이고 주도적 활동단계를 확인하여 해당 기업이 속한 활동단계의 위상을 평가하는 것이다. 가치체계분석은 주요 개별기업의 수익창출동인을 진단하기 위한 것으로 마이클 포터 교수가 제안한 것으로 내부역량분석에서 보다 상세하게 다룰 것이다.

② 성장성분석: 산업의 규모변화를 분석하는 것으로서 대표적인 분석지표로는 산업라이프사이클추이, 매출액증가율, 총자산증가율 등이 있다.

③ 수익성분석: 대표적인 산업의 수익성분석지표로는 매출액이익률, 영업이

익률, 매출원가율, 경상이익률 등이 있으며, 부가가치율이나 자본생산성 및 노동생산성 등의 생산성지표와 같이 고려해야 한다.

④ 안정성분석: 일반적으로 산업이나 기업의 안정성은 주로 재무구조의 안정성을 의미하는데, 주로 활용하는 분석지표는 부채비율, 자본의 고정화 정도를 나타내는 고정비율, 고정장기적합률 등이다.

⑤ 경쟁도분석: 산업의 경쟁도분석에서 흔히 활용되는 지표는 시장점유율이나 업체수 등으로 분석한다.

(2) 산업구조분석

(a) **정 의**

현재 산업동향과 산업의 역동성, Life Cycle 분석 및 경쟁사 분석 등을 통하여 산업의 핵심성공요인을 파악하고 경쟁우위 확보를 위한 핵심역량 강화 및 사업방향 등의 전략대안을 도출하기 위한 것으로 분석단위는 전략적 사업단위(SBU, Strategic Business Unit)로 구분하여 분석하는 것이 일반적이다. 마이클 포터 교수는 기업의 수익성은 해당 기업이 속한 산업의 구조적 특성에 의해 결정되므로, 기업이 경쟁우위를 지니기 위해서는 산업특징을 이해하고 산업 내에서 적절한 위치(positioning)를 정하는 것이 전략의 기본이라고 주장하고 있다. 그는 산업의 매력도를 결정하는 요인을 기존기업간 경쟁, 고객, 공급자, 대체재 및 신규진입위험 등 5가지 구조적 경쟁요인으로 구분하고, 이에 대한 분석 및 전망을 통하여 경쟁의 원천과 유형 및 영향 정도를 파악하여 해당 기업에 미치는 기회요인과 위협적요인 및 전략적 시사점을 도출하는 과정으로 제안하여 이를 포터 교수의 5요인 경쟁구조분석모형(Five Competitive Force Model)이라고 한다.

[그림 12-3]에서 보는 바와 같이 5요인 경쟁구조분석에 의거하여 산업의 성공요인과 산업수익성 및 산업매력도에 어떠한 영향을 미치며, 경쟁이 유발되는 원천과 경쟁우위요인이 무엇인지를 진단하여 해당에 미치는 기회요인과 위협적요인을 진단하는데 유용한 도구로 활용되고 있다.

그림 12-3 산업구조분석의 틀

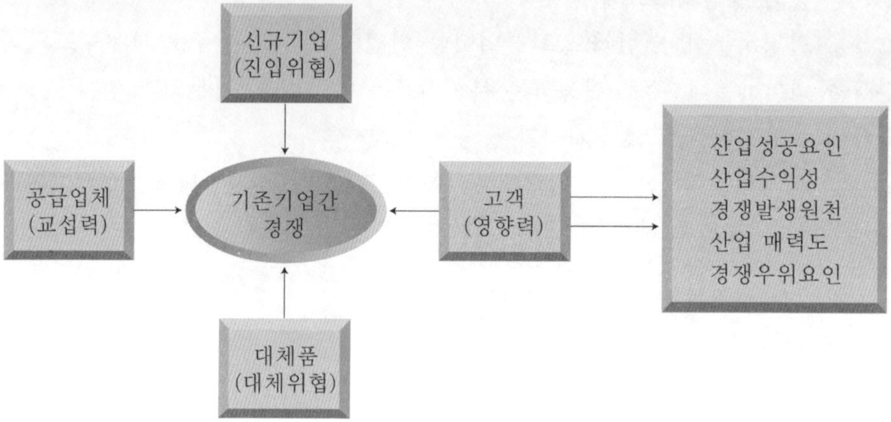

(b) **5 유형의 산업구조분석**

① **기존 기업간 경쟁요인:** 산업 내에서 기존기업간 경쟁이 높을수록 수익성이 낮아진다. 이러한 기존 기업간 경쟁 정도에 영향을 미치는 중요한 요인으로는 산업의 성장률, 경쟁기업의 집중과 균형, 차별화 정도 및 교체(전환)비용,

기존 기업간 경쟁강도에 영향요인	경쟁강도	산업수익성
산업성장성이 높을수록(↑)	낮아짐(↓)	높아짐(↑)
경쟁자의 집중과 균형이 높을수록(↑)	낮아짐(↓)	높아짐(↑)
제품 및 서비스차별화 정도가 높을수록(↑)	낮아짐(↓)	높아짐(↑)
제품전환비용이 높을수록(↑)	낮아짐(↓)	높아짐(↑)
규모/학습의 경제효과가 높을수록(↑)	높아짐(↑)	낮아짐(↓)
변동비 대비 고정비율이 높을수록(↑)	높아짐(↑)	낮아짐(↓)
초과설비가 많을수록(↑)	높아짐(↑)	낮아짐(↓)
철수장벽이 높을수록(↑)	높아짐(↑)	낮아짐(↓)
정보의 복잡성이 많을수록(↑)	높아짐(↑)	낮아짐(↓)
경쟁기업의 다양성이 클수록(↑)	높아짐(↑)	낮아짐(↓)

주: 규모/학습의 경제효과가 높을수록 기업규모가 주요 경쟁요인이 되어 시장점유를 높이기 위해 공격적으로 경쟁할 유인이 발생한다.

규모·학습의 경제효과와 고정비대비 변동비 비율, 초과설비 및 철수장벽 등이다. 기존 기업간 경쟁강도가 낮을수록 산업수익성은 높아지고 경쟁강도가 높을수록 산업수익성은 낮아진다.

② **신규진입위협요인:** 신규진입위협이 높을수록 산업수익성과 산업매력도는 낮아지고 진입위협이 낮으면 산업수익성과 산업매력도는 높아진다.

신규진입위협의 영향요인	위협강도	산업수익성
규모경제효과(연구개발, 브랜드 지명도, 유형설비규모)가 높을수록(↑)	낮아짐(↓)	높아짐(↑)
시장선점효과(독점적 제품차별성 — 계약·허가권, 학습효과, 전환비용)가 높을수록(↑)	낮아짐(↓)	높아짐(↑)
유통망(판매망 접근 및 개발비용 높음)이 높을수록(↑)	낮아짐(↓)	높아짐(↑)
법적장벽(특허권, 저작권, 면허, 정부정책 등)이 높을수록(↑)	낮아짐(↓)	높아짐(↑)
소요자본이 많이 들고, 압도적 비용우위가 높을수록(↑)	낮아짐(↓)	높아짐(↑)

③ **고객의 협상력요인:** 고객행동을 분석하여 구매결정요인과 시장매력도를 진단하거나, 시장세분화 정책 및 목표시장을 결정하는 데 있어 고객의 협상력은 매우 중요한 영향을 미친다. 이를 도표로 요약하면 다음과 같다.

구매자의 협상력에 영향요인	위협강도	산업수익성
총구매가격이 높고 제품차별성이 낮고 전환원가가 낮을수록 가격민감도가 높을수록(↑)	높아짐(↑)	낮아짐(↓)
상대적 협상력(수요자 수, 구매규모, 대체재 수, 교체원가 규모, 후방통합위협)이 높을수록(↑)	높아짐(↑)	낮아짐(↓)

④ **대체재의 위협요인:** 대체제품의 진입위협이 산업수익성에 미치는 영향을 요약하면 다음과 같다.

대체제품의 위협에 영향요인	위협강도	산업수익성
대체제품의 성능대비 가격이 높음	낮음	높음
대체제품의 전환비용이 높음	낮음	높음
대체제품에 대한 구매자의 성향(의지)이 낮음	낮음	높음

⑤ **공급자의 협상력요인:** 공급자의 협상력 역시 산업수익성에 영향을 미치며 주요 요인에 대해 요약하면 다음과 같다.

공급자의 협상력에 영향요인	위협강도	산업수익성
상대적 협상력(공급자 수와 대체재 수가 적음, 전방통합위협)이 높음	높음	낮음
가격민감성(총비용 중 원자재 비중, 공급자 이윤율, 제품품질의 중요성 등)이 높음	높음	낮음

(3) 고객분석

고객은 크게 가치영향고객, 가치구매고객, 가치전달고객으로 구분할 수 있으며 이들의 현재 및 잠재고객분석을 통해 고객의 특성과 변화방향을 예측하여 고객관리에 대한 전략적 시사점을 도출하는 데 있다. 이러한 고객분석과정은 첫째로 고객의 구매결정과정과 결정요인을 파악하여 고객행태를 규명하며, 둘째, 지리적 인구통계 및 라이프사이클의 속성을 활용하여 고객그룹을 적절히 세분화하고, 셋째, 세분된 시장의 매력도를 평가하여 목표시장을 선정하고, 마지막으로 목표시장별로 제품위치화(Positioning)전략을 수립한다.

(4) 경쟁기업분석

경쟁기업분석을 통하여 경쟁기업의 전략적 영향을 파악하고 시사점을 도출하는데 있다. 경쟁기업 선정기준으로는 해당 기업과 직접적으로 경쟁하고 있는 기업, 산업의 선도기업 또는 최근에 경영성과가 급증한 기업으로 하는 것이 바람직하다. 이러한 경쟁기업에 대한 주요 분석내용으로는 경쟁기업의 비전 및 목표, 전략, 강점 및 약점 등이다.

◇ 3단계: 내부역량분석

1) 정 의

산업 내에서 기업이 경쟁력을 확보함에 있어서 강점과 약점으로 작용할 수 있는 내부적 영향요인을 도출하고 그 유형, 원인 및 결과를 분석함으로써 전략적 시사점을 도출하는 과정으로서 해당 기업의 현재와 미래의 경영능력을 진단하여 비전을 실현할 수 있는 능력을 파악하는 데 목적을 둔다. 즉 기업이 내부적으로 보유하고 있는 인적 및 물적 자원, 운영하고 있는 사업의 역량을 평가하여 강점과 약점을 도출하는 데 목적을 둔다.

따라서 기업의 수익창출의 원동력인 핵심프로세스의 역량을 평가하는 것으로서 사업의 전략적 포지션, 성과 및 매력도뿐만 아니라 이에 영향을 미치는 사업구조, 기술력, 생산력, 제품기획능력, 영업능력, 종합관리능력, 재무능력, 조직력 및 경영자능력 등을 종합적으로 진단하고 평가하는 과정이다.

2) 내부역량분석의 일반적인 틀

그림 12-4 내부역량분석의 특

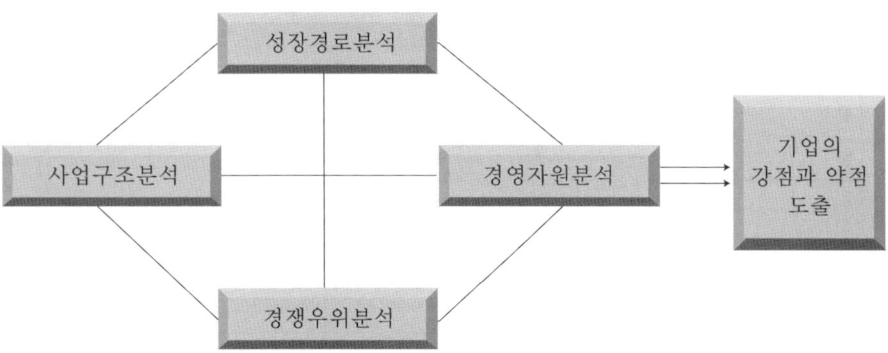

(1) **사업구조분석**은 현 사업구조를 이해하고 사업의 수익성, 성장성, 매력도 등을 평가하여 사업구성의 강점과 단점을 도출하고 바람직한 사업구조 대안을 제시하는 데 있으며 주요 기법으로는 BCG 매트릭스와 GE 매트릭스 등의 포트

폴리오 모델이다.

(2) **성장경로분석**과 **경쟁우위분석**은 기업의 성장성, 경쟁요소, 고객충성도 등을 평가하는 분석으로서 주로 재무제표수치에 의한 재무분석, 시장점유율분석, 중요도·성과(I/P MATRIX) 분석 등의 기법을 활용한다.

(3) **경영자원분석**은 기업이 보유하고 있는 자원이나 시스템의 경쟁력 여부를 평가하는 분석으로서 가치사슬분석(Value Chain Analysis), 핵심역량분석, 7S 분석 등의 기법을 활용한다.

3) 가치사슬분석

(1) 정의와 의의

기업의 활동을 전략적으로 연관된 본원적 활동과 지원적 활동으로 구분하고 기업의 궁극적 가치인 이윤에 의해 결정적 영향을 미치는 경쟁력의 원천을 비용의 개념 하에서 파악하는 분석방법으로서 마이클 포터 교수가 주로 제조업을 대상으로 분석한 가치사슬은 다음과 같다.

그림 12-5 가치사슬분석

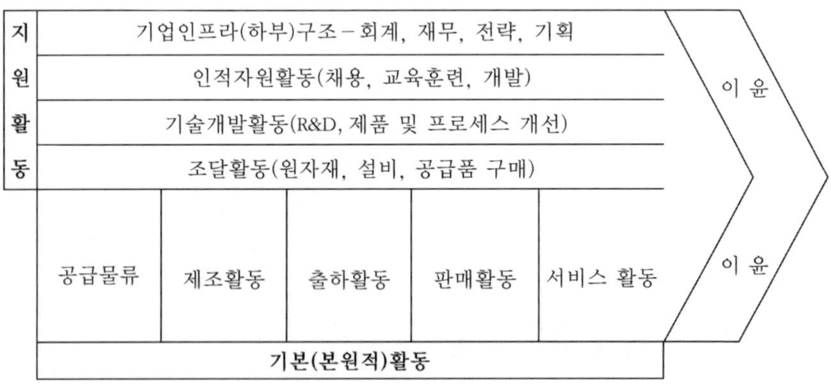

(2) 활동의 유형

① 본원적 활동

- 공급물류활동(INBOUND LOGISTICS): 투입요소를 구입, 저장, 운반하는 활

동(예: 자재관리, 저장, 재고관리, 장비사용계획, 공급자에 대한 반품 등)

- 제조(운영)활동(OPERATIONS): 투입요소를 최종제품으로 만드는 활동(예: 기계작업, 포장, 조립, 설비유지, 검사 등)
- 물류산출활동(OUTBOUND LOGISTICS): 제품을 구매자에게 유통시키는 활동(예: 완성품 보관, 주문처리, 유통계획 등)
- 마케팅 및 판매활동: 구매자가 제품을 구입하도록 하는 활동(예: 광고, 판매촉진, 판매원 및 판매량 할당, 경로관리, 가격설정 등)
- 서비스 활동: 제품의 가치를 유지, 증진시키는 활동(예: 제품설치, A/S, 사용자교육 등)

② 지원적 활동(Support Activities)

- 획득활동(Procurement): 구매되는 투입요소 및 이와 관련된 활동(예: 공급자관리, 구매정보 등)
- 기술개발활동(Technology Development): 제품의 공정을 개선하기 위해 수행되는 활동(예: 제품 & 공정 연구개발 등)
- 인적자원관리 활동(Human Resources Management): 인사관리의 전반적인 활동(예: 채용, 교육, 평가보상 등)
- 기업하부구조활동(Infrastructure): 가치사슬 전체를 지원하는 활동(예: 기획, 재무, 회계, 경영정보 등)

(3) 가치사슬분석단계

① 기업의 활동을 세분화된 각각의 활동분야로 구분하여 분리된 개별활동이 그 제품의 총비용에서 차지하는 상대적인 중요도를 파악한다. 이에 따라 기업의 어느 활동 분야가 핵심분야인지 알 수 있고, 비용절감에 대한 아이디어를 구할 수 있다.

② 각 활동부문에서 비용결정요인을 분석한다. 이런 과정을 통해 임금, 규모의 경제, 투입요소비용 중의 어떠한 요인이 비용을 결정하는 데 중요한 역할을 하는지를 파악할 수가 있다.

③ 각 단계마다의 비용의 연관성을 파악하고, 구체적으로 어떻게 비용을 줄여야 할 것인가를 분석한다. 다음 사례는 월마트의 가치사슬분석을 통한 원가우위 원천이 어떠한 활동에서 발생하는지를 보여 주고 있다.

월마트의 가치사슬-원가우위의 원천

구분	내용	이윤
하부구조	소규모 본사 및 검소한 기업문화	이 윤
인적자원관리	낮은 임금, 권한이양, 성과급 지급	
기술개발	첨단 POS시스템 인공위성 정보	
구매활동	대량구매를 통한 구매가격의 인하 효율적인 상품 구성	

공급물류	제조(운영)활동	출하활동	마케팅활동	서비스 활동	이윤
효과적 구매물류 시스템 지역물류센터	창고형의 매장 운영 재고의 최소화 낮은 임대료		EVERY DAY LOW PRICE 판매비용의 최소화, 할인판매 최소화	셀프 서비스 배달의 최소화	이 윤

4) 7S 구조 — 내부역량 핵심요인분석

이 분석은 기업의 내부역량 핵심요인을 7개 요인으로 구분하여 이들 간의 연계관계를 분석하여 핵심역량이 무엇인지를 파악하는 분석기법이다. 이들 7개 요인은 다시 논리성 및 합리성을 바탕으로 비교적 모방이 가능한 조직혁신을 가

구 분	개 념
경영전략 (Strategy)	경쟁우위를 확보하기 위하여 경영자원을 배분하는 계획과 행동패턴
조직구조 (Structure)	조직의 구성단위 및 이들 사이의 관계를 연결시키는 방식
운영체제 (System)	일상적으로 업무가 수행되는 경영과정의 흐름 및 절차
구성원 (Subject)	조직구성원을 확보하고 활용하기 위한 제도 및 조직구성원의 특징
조직풍토 (Status)	경영층 및 구성원이 시간과 관심을 배분하고 상징적 활동을 하는 양태
조직능력 (Synergy)	조직 및 구성원의 시너지 효과에 의한 조직 전체의 고유한 능력
공유가치 (Share Value)	조직 및 구성원에게 공유되어 있는 전통적 가치판단기준

시적으로 표출하는 경영전략, 조직구조, 운영체제와 인간의 감성 및 감각이 반영되어 모방이 불가능하며 조직혁신의 기반이 되는 요소인 공유가치, 조직능력, 구성원, 조직풍토로 구분되어 관련성을 분석하여야 한다.

5) I/P MATRIX 분석

I/P 매트릭스분석은 고객의 입장에서 경쟁력의 평가요소를 도출하여 각 평가요소의 중요성(Importance)과 성과(Performance)를 측정하는 기법으로서 일반적으로 고객설문조사를 통하여 수행하는 기법이다. I/P 매트릭스 작성방법은 첫째로 경쟁력 평가요소를 도출하고, 둘째로 평가요소를 중요성 및 성과로 10등급으로 측정하고, 셋째로 중요성을 종축, 성과를 횡축으로 하는 매트릭스에 평가요소별 측정치를 표시하여 경쟁력 평가요소의 중요도 대비 성과를 평가한다.

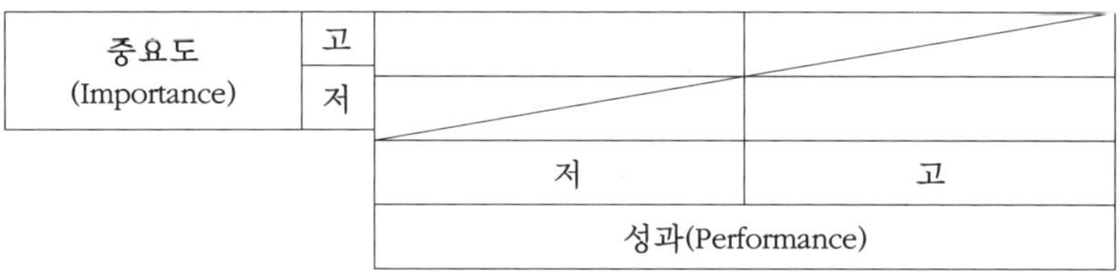

6) 핵심역량분석

핵심역량은 경쟁우위를 창출할 수 있는 기업 특유의 능력으로 고객의 가치를 높이거나 그 가치가 전달되는 과정을 효율적으로 할 수 있는 특정한 방법 또는 노하우이다. 이러한 능력은 기업이 신규사업에 진출할 수 있는 능력이며 (Hamel & Prahalad), 기업을 “사업단위의 묶음”으로 보는 견해에서 “핵심역량의 묶음”으로 보는 견해로 관점이 전환된 것이다. 좁은 의미의 핵심역량은 다른 기업과 구별될 수 있는 특유한 지식, 능력 및 노하우이며 넓은 의미의 핵심역량은 다른 기업에 비해 고객에 대한 경쟁적 우위를 창출할 수 있는 유형(물적 재산, 금융자산), 무형(기술, 명성, 기업문화) 및 인적 자원(노하우, 의사소통, 동기부여)을 포함한다.

이러한 핵심역량 분석의 의의는 첫째로 기존사업의 경쟁력 유지를 위한 지침이며, 둘째로 신규사업으로의 다각화를 위한 지침이며, 셋째로 조직 활성화의 방향성을 제시하고 마지막으로 핵심역량의 외부적 확보를 위한 전략적 제휴의 지침을 제공하는 것이다.

핵심역량의 활용을 위한 질문

<table>
<tr><td rowspan="2">핵심
역량</td><td>신규</td><td>기존시장에서 경쟁적 지위를 유지하기 위해서는 어떠한 핵심역량을 보완해야 하는가</td><td>장래의 매력적 시장에 진입하기 위해서 요구되는 핵심역량은 무엇인가?</td></tr>
<tr><td>기존</td><td>현재 보유한 핵심역량을 활용하여 기존시장에서 경쟁력을 향상할 수 없는가?</td><td>현재 보유한 핵심역량을 재배치, 재결합하여 신상품과 서비스를 얻을 수 없는가?</td></tr>
<tr><td></td><td></td><td>기존시장</td><td>신규시장</td></tr>
<tr><td></td><td></td><td colspan="2">시 장</td></tr>
</table>

◇ 4단계: 비전·전략적 과제 도출과 전략수립

1) 경영전략 수립 구조

제 1 단계의 현황진단에 이어서 제 2 단계의 외부환경분석에 의해 기업의 외부환경에 대한 기회요인과 위협요인을 도출하고 제 3 단계의 내부역량분석에 의해 강점과 약점을 도출하여 비전과 전략적 과제를 도출하여 전략을 수립하게 된다. 전략은 크게 전사적 전략과 사업부 전략 그리고 기능별 전략으로 세부하여 수립하게 된다. 이를 그림으로 표시하면 [그림 12-6]과 같다.

그림 12-6 비전·전략적 과제 도출

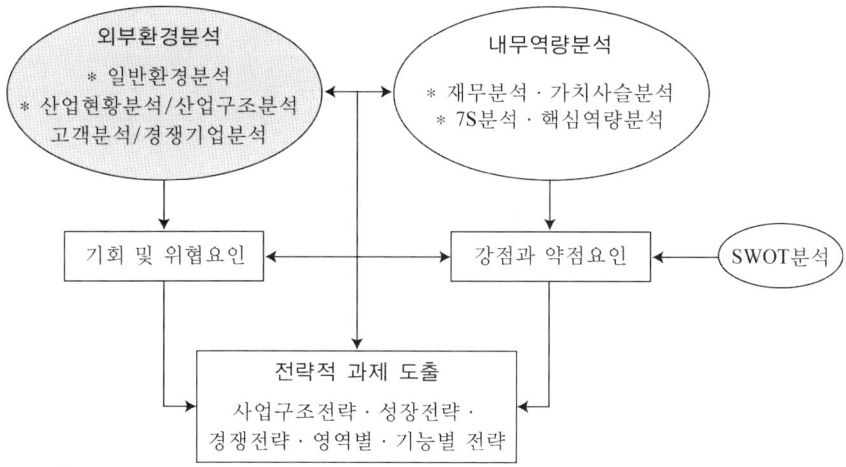

2) 비전·전략적 과제 도출

(1) SWOT 분석

SWOT 분석은 기업이 구체적으로 경영전략을 세우기 전에 행하는 자기분석 및 평가를 위한 전략도구로서, 강점(Strength), 약점(Weakness), 기회(Opportunity), 위협(Threat)의 첫 글자로 구성되며, 외부환경이 주는 기회와 위협과 기업이 보유한 내부역량의 강점과 약점을 정확히 파악하고 강점은 최대한 육성하고 약점은 보완하는 전략을 수립하는 분석기법이다.

표 12-6 일반적인 SWOT 분석의 실례

내 부 역 량 / 외 부 환 경	강점(S) • 핵심제품(시장리더십) • 우수한 품질, 가격경쟁력 • 핵심기술 선도능력, 자금력	약점(W) • 미래성장엔진 미흡 • 사업구조 불균형 • 조직 비효율, 인적 역량 미흡
기회(O) • IT 신기술 발전 • 글로벌라이제이션 • 중국시장 급팽창 • 물류패러다임 변화	S/O 전략(활용) • 핵심역량기반 사업강화·확장 • 해외시장 적극진출 • 신규사업 진출 • 글로벌 전략적 제휴	W/O 전략(탐구) • 사업구조 재구축 • 조직혁신 강화 • 글로벌 인재 육성 • 글로벌공급사슬체제 구축
위협(T) • 경쟁심화, 낮은 진입장벽 • 주력시장 성장둔화 • 글로벌기업 진입가능성 • 세계경제 침체	S/T 전략(맞섬) • 사업에 선택과 집중 • 신사업모델 개발 • 신기술 개발 • 해외 유망 신시장 개척	W/T 전략(회피) • 저수익사업 철수 • 조직·인력 재구축 • 전략적 아웃소싱

실례로 한국외항선사에 대한 SWOT분석을 한 결과는 다음과 같다.

표 12-7 한국외항선사의 SWOT 분석결과

내 부 역 량 / 외 부 환 경	강점(S) • 해운노하우 축적 • 숙련된 노동력 • 물류네트워크 구축	약점(W) • 글로벌선사에 비해 高해운원가 • 재무구조의 취약과 자본영세성 • 낮은 국제신인도로 高자본비용
기회(O) • 동북아 비즈니스권의 대두 • 동북아화물수요증가추세 • 한중일 경제협력 가능성 대두 • 양호한 지정학적 입지 • 우수한 정보통신 인프라 • 저렴한 항만비용 • 우수한 해운인력공급잠재력	S/O 전략(활용) • 신규물동량 창출전략 모색 • 선사간 선박공유·공동운항 • 화주와의 파트너십 강화 • 화주에 대한 운송서비스 차별화전략 모색	W/O 전략(탐구) • 원가경쟁력 제고를 위한 전략 개발 • 국제신인도 제고를 통한 선박확보시 자본비용 최소화전략 모색 • BSC 구축으로 전략관리체제 강화 • 글로벌공급사슬체제 구축
위협(T) • 신규선박발주 지속으로 과잉선복량 및 운임저하 • 운임·물동량 변동의 불확실성 • 환적화물의 감소추이 • 유가·환율변동의 불확실성	S/T 전략(맞섬) • 선대 합리화주력 • 부산, 광양항을 전략거점 터미널 기지화로 글로벌 경쟁력 강화 • 시황분석 및 예측력 강화	W/T 전략(회피) • 시장변화에 대응한 탄력적 조직체계(철수대비전략) • 물류정보체제의 고도화 추진 • 시장안정화전략 모색 • 성과중심·변화혁신형 조직 구축

(2) 비전 도출

비전은 기업이념과 도메인(Domain)에 의해 도출된다. 기업이념은 기업의 사회적 책임, 목적, 사명 및 경영자의 철학에 대한 것으로 기업내외적으로 일관성있게 주장되는 것을 말하며, 도메인은 기업이 지향하는 사업영역, 존재의의 및 제공하는 가치 등을 나타내는 것으로 생존영역이라고도 말한다. 외부환경분석과 내부역량분석에 의한 SWOT 분석에 의해 기업의 강점을 살리고 약점을 보완하기 위한 전략이 제대로 수립되고 이정표 역할을 하기 위해 이러한 기업이념이나 도메인으로부터 비전이 도출된다.

비전은 크게 기업문화비전, 사업비전 및 경영비전 또는 조직·프로세스 비전으로 분류할 수 있다. 기업문화비전은 기업이 지녀야 할 문화적 모습과 구체적인 행동으로 연결시키기 위한 행동규범으로서 기업특성과 이미지(Identity), 구성원의 공유가치와 미래상이며, 사업비전은 전략사업단위가 나가야 할 방향이나 목표로서 사업영역, 사업의 위상, 사업의 가치이며, 경영비전 또는 조직·프로세스 비전은 조직구조나 기업경영의 프로세스가 보여주어야 할 모습으로 경영스타일, 조직개발방향 및 중점개발방향 등이다.

혁신적인 비전 창출(Innovative Vision Creation)		
• 기업문화 비전 - 기업특성, 이미지(Identity) - 공유가치 - 구성원 미래상	• 사업비전 - 사업영역 - 기존사업의 위상, 위치 - 신규사업의 가치	• 경영기능(조직·프로세스) 비전 - 경영스타일 - 조직개발방향 - 중점개발분야

비전이 수립되면 비전을 달성하기 위한 경영전략을 수립하여야 한다. 적절한 경영전략이 수립되기 위해서는 구체적으로 사업구조분석을 하여야 하는데, 대표적인 사업구조분석도구로는 보스턴컨설팅그룹이 창안한 BCG 매트릭스분석과 제너럴일렉트릭회사에서 제안한 GE 매트릭스분석으로서 이에 대한 설명하면 다음과 같다.

3) BCG 매트릭스분석

BCG모형은 사업수명주기의 관점에서 기존사업을 평가하는 것으로서 포트폴리오 분석의 대표적인 모형으로서 복수의 사업을 보유한 기업에 적합한 모형이며 자원배분 의사결정의 준거를 제시하는 모형의 특성을 지니고 있다.

BCG모형의 평가요소로서 세로축은 자금유출을 표시하는 산업성장률이며 가로축은 자금유입을 가능하게 하는 시장점유율이며 일반적으로 최대경쟁자와 동등한 점유율(1,0)을 중심으로 매트릭스를 구성한다.

그림 12-7 BCG모형의 자금흐름과 사업수명주기

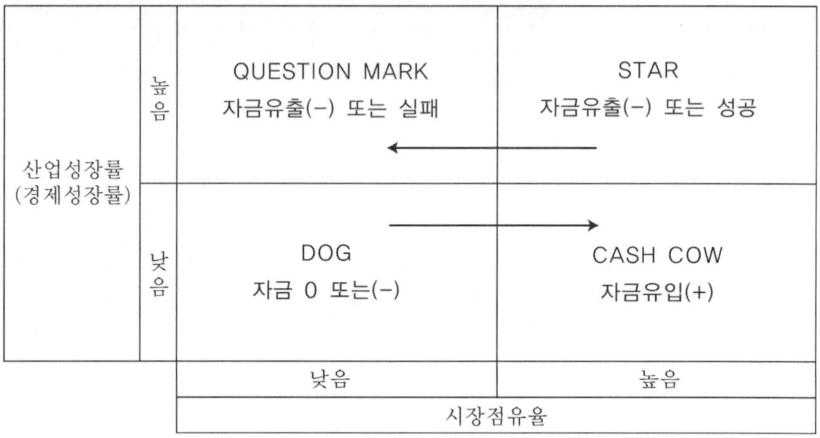

BCG모형은 현재의 사업은 어떻게 구성되어 있으며, 사업의 변화방향과 속도에 대해서 시각적으로 보여 주기 때문에 사업전략을 어떻게 해야 할 것인가에 대한 해답을 제시해준다. 이러한 BCG모형의 기본전략으로는 첫째, STAR 및 QUESTION MARK 사업은 성장 내지는 투자전략이 적절하며 CASH COW 사업은 이익창출 내지는 사업안정화전략이 주효하며, DOG 사업은 철수하는 것이 바람직하다. 그러나 BCG모형의 한계점으로 사업단위 간의 상호관련성을 통한 시너지 효과를 간과하고 있으며 시장점유율만이 경쟁력의 원천으로 간주하는 단점이 있다.

4) GE 매트릭스분석

(1) 의 의

GE 모형은 복수의 사업을 가진 기업을 대상으로 각 사업의 시장 매력도와 기업경쟁력의 수준을 비교평가함으로써 자원배분 의사결정의 기준을 제시하여 사업의 경쟁력을 측정하는 데 유용한 분석도구이다.

(2) GE 모형의 분석절차

1단계: 분석의 수준과 단위를 설정

2단계: 시장매력도 및 기업경쟁력의 평가요소를 도출

3단계: 각 평가요소에 가중치를 부여

4단계: 각 사업을 평가하고 총점을 집계

5단계: 기존의 전략하에서 각 사업의 미래위치를 투사

(3) 시장매력도와 기업경쟁력 요소

구 분		실 례
시장 매력도	1) 시장요인	시장규모, 시장성장률, 시장수명주기, 시장다양성, 가격탄력성, 구매자 교섭력
	2) 경제·기술요인	투자규모, 투자특성, 산업공급능력, 진입/진출장벽, 기술수준, 원료 접근성 경쟁
	3) 경쟁	구조, 경쟁자 유형, 경쟁자 차별성, 대체위협 등
	4) 환경	규제, 사회적 수용성, 노동조합 등
기업 경쟁력	1) 시장 위상	상대적 점유율, 점유율 추이, 차별성, 제품구색, 기업이미지 등
	2) 경제·기술요인	상대적 원가수준, 설비가동률, 기술수준, 특허권 등
	3) 역량	경영의 심도 및 넓이, 마케팅능력, 유통시스템, 노조관계, 대정부관계 등

(4) GE 평가모형의 전략내용

산업매력도	기업경쟁력		
	강	중	약
강	PROTECT POSITION -시장지위향상이 최대 목표, 리스크 감수 선행했던 최대 규모의 투자 허용	INVEST TO BUILD -업계리더를 목표로 리스크를 감수하며 적극 확대	BUILD SELECTIVITY -우위성의 사수
중	BUILD SELECTIVITY -필요한 최소한의 투자, 한정확대 및 손실 방지노력	BUILD SELECTIVITY OR MANAGE FOR EARNING -수익과 자금의 안정적 확보를 중시 균형 있는 사업 확대	LIMITED EXPANSIONOR HARVEST -우위성을 유지하면서 약한 부문도 기회가 있으면 확대
약	PROTECT & REFOCUS -손실과 다른 사업에의 영향을 최소화	MANAGING FOR EARNING -마켓쉐어 저하인정 단기적 자금수지 극대화	HARVEST -중립적 자금수지의 극대화

5) 사업구조전략

사업구조전략은 시장에서 경쟁우위가 있는 사업이 무엇인지를 선택하여 이에 역량을 집중하는 전략을 말한다. 사업구조전략은 기업 전체 차원에서 중·장기적 관점에서 수립하는 것이 일반적이다. 이러한 사업구조전략의 도구로서 기존사업에 대해서는 사업집중, 사업유지, 사업축소, 사업철수전략이 있으며 신규사업에 대해서는 관련다각화와 비관련다각화전략을 들 수 있고 인수합병(M&A)이나 전략적 제휴도 하나의 사업구조전략으로 볼 수 있다.

6) 사업다각화전략

사업다각화전략은 성장전략의 일부로서 관련다각화와 비관련다각화로 구분할 수 있는데 관련 다각화전략은 수직통합전략으로서 기존 가치시스템과 직접적으로 연계된 사업으로 다각화 전방통합/후방통합이 있으며, 수평통합전략으로 기존의 가치시스템과 수평으로 연계된 사업으로의 통합전략이다. 그리고 비관련 다각화전략은 현 사업과 전혀 상관이 없는 사업영역으로 진출하는 전략을 의미한다. 이러한 다각화전략의 목적은 성장추구, 위험분산, 시장지배, 내부시장

활용, 범위의 경제효과를 달성하는 것이다.

7) 성장전략

성장전략은 기본적으로 시장영역 또는 제품영역을 확대하거나 기존의 사업영역을 심화시키는 전략으로서 앤소프의 매트릭스분석에 의해 다음과 같이 네 가지 유형의 성장전략을 추진할 수가 있다. 앤소프의 매트릭스분석은 기존시장, 신규시장 및 기존제품, 신규제품을 기준으로 한 4분면의 매트릭스에서 기업성장 방향을 설정하는 분석방법으로서 단일제품, 단일시장을 중심으로 한 기업이 성장을 모색하는 경우에 적합한 분석도구이다.

그림 12-8 앤소프의 매트릭스분석

		시 장	
		기존 시장	신규 시장
제품	기존 제품	시장침투전략	시장개척전략
	신규 제품	제품개발전략	다각화전략

8) 제품수명주기에 의한 경쟁전략

제품수명주기는 제품이 시장에 도입되어 소멸될 때까지 매출액을 시간의 경과와 관련하여 양적으로 표현한 것으로 이러한 제품수명주기에 따라 전략을 수립하는 것을 의미한다. [표 12-8]은 제품수명주기에 따른 경쟁전략을 요약하여 나타낸 것이다.

[표 12-8] 제품수명주기에 의한 경쟁전략

구분			도입기	성장기	성숙기	쇠퇴기
특징	매출		낮음	성장	낮은 성장/정체	하락
	경쟁자		소수	증가	최다	감소
	구매자		혁신자	조기모방자	일반	보수 추종자
전략	목표		시장 설정	시장침투	시장방어	시장 수확/철수
	경영초점		연구개발	시장확대	생산성	자금회수
			시장반응	광고	원가우위	대체품준비
			제품기능	품질/광고	가격	가격/품질
	믹스전략	제품	기본형	표준화	차별화	기본형
		가격	최고	하락	최저	저조
		촉진	제품인식	상표선호도	상표충실화	제품희소성
		유통	파편적	집중적	집중적	선택적

9) 본원적 전략

본원적 경쟁전략은 특정산업에서 경쟁을 위하여 기업이 선택할 수 있는 가장 기본적인 전략으로서 마이클 포터 교수가 분류한 경쟁전략이다. 본원적 전략은 세 가지 전략유형이 있는데 원가우위 전략은 전반적인 비용상의 우위를 목표로 여러 가지 기능상의 방책들을 통해 특정산업에서의 원가우위를 달성하는 전략이며, 차별화전략은 기업이 판매하는 제품이나 용역을 차별화시키는 전략으로서 활동하는 산업 전체에서 다른 모든 제품이나 용역과 구별되는 독특한 것으로 인식시키는 전략이다. 마지막으로 집중화전략은 특정한 구매집단이나 생산라인별 부문, 또는 지역적으로 한정된 시장을 집중적인 목표로 삼는 전략을 말한다.

		전략적 우위요소	
		고객이 인식하는 제품특성	원가 우위
전략적 목표	산업 전체	차별화	원가 우위
	산업 특정부문	집중화	

한편 본원적 경쟁전략 중에서 원가우위전략과 차별화전략을 실현시키는 주요 요소를 살펴보면 다음과 같다.

구분		실현요소	실례
원가우위	원가동인통제	규모의 경제 학습의 통제 조업도의 영향통제 연계의 통제 상호관련성의 통제 통합의 통제 타이밍의 통제 선택 가능한 정책의 통제 입지의 통제 제도적 요인의 통제	M&A를 통한 규모확대 학습결과의 독점화 원료투입의 안정화 유통경로와의 협력 일부활동의 공동수행 업무프로세스의 혁신 구매시기의 적정화 불필요한 지출의 억제 최적입지의 선택 정책변경의 요구
	가치사슬구성	획득활동의 재편 가치사슬의 재구성 하류문화의 재배열, 집중화	구매자원의 명세조정 생산공정의 자동화 유통경로의 개발 특정세분시장의 선택
차별화	차별화	원천의 강화 원가의 경쟁우위 전환 유발요인의 변경 가치사슬의 재배열	차별화원천의 다양화 저비용의 차별화 추구 기술자의 판매활동 참여 중간유통경로의 배제

또한 본원적 경쟁전략과 투자수익률의 관계를 살펴보면 전략이 없는 기업은 투자수익률이 전반적으로 낮으며 원가우위전략은 시장점유율과 투자수익률이 모두 높으며 차별화전략을 수행하는 기업은 시장점유율은 낮지만 투자수익률은 비교적 높게 나타나고 있다.

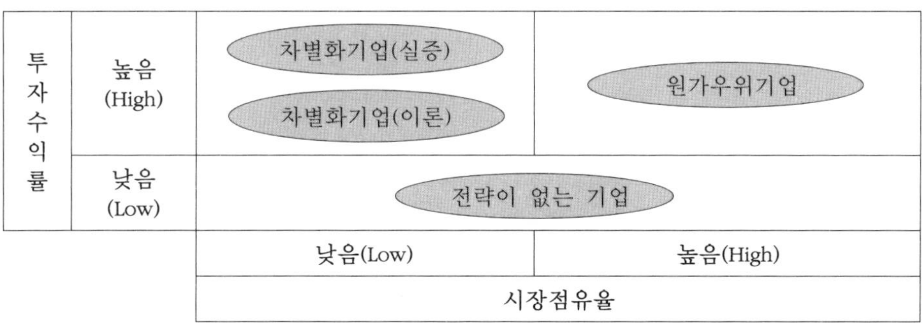

제 13 장

전략적 물류원가관리

물류원가 절감과 경쟁력 제고를 위해서는 전략적 물류원가관리가 필수적이다.

경쟁이 치열한 기업환경 속에서 원가절감이나 수익성 제고는 쉽지 않다. 전략경영적 의사결정이 수행되어야만 실질적인 원가절감과 수익성을 제고할 수 있다. 전략경영상황에 따라 원가분석결과가 달라진다. 본 장에서는 물류원가를 실질적으로 절감할 수 있는 전략적인 원가절감방안에 대해서 정리하고자 한다.

- 전략적 원가관리의 필요성과 개념
- 경쟁력 제고를 위한 통합원가관리
- 물류경영혁신을 위한 전략적 원가관리의 유형

제 1 절 전략적 원가관리의 필요성과 개념

1. 전략적 원가관리의 필요성

경쟁이 치열한 환경 속에서 기업이 목표이익을 달성하기는 쉽지가 않다. 이익을 창출하기 위해서는 수익을 증대시키거나 비용을 줄여야 한다. 수익을 증대시키기 위해서는 판매가격을 높이거나 시장을 확대하여 판매수량을 늘여야 한다. 그런데 가격인상이나 매출수량 확대 모두 경쟁이 치열한 글로벌 시장하에서 쉬운 일은 아니다. 다른 방안은 비용을 절감하는 것인데 이 방안 역시 만만치 않은 방안이다.

이미 설명한 바와 같이 글로벌 환경하에서 기업에서 원가를 절감하기 위해서는 제조원가와 더불어, 제조 이전에 발생되는 시장조사비, 제품개발비와 같은 제조 이전의 사전원가뿐만 아니라 공급사슬망에서 발생되는 연결원가를 포함하는 총원가를 전략적으로 관리하여야만 궁극적으로 원가절감을 이룩할 수가 있다. 물류환경 역시 경쟁이 치열하고 불확실성이 높기 때문에 물류원가의 절감을 실현하기 위해서는 역시 전략적이고 체계적인 원가절감 노력이 필수적이다. 전장에서 설명한 바와 같이 1970년대 초기부터 기업이 경쟁력을 제고하기 위해 환경변화에 따른 전략경영을 강조하여 왔고 이에 따라 전략경영기법들이 개발되어 되었다.

전략경영은 크게 전략수립, 하위조직에 대한 전략전달, 전술개발과 실행 그리고 전략성과에 대한 적절한 통제방안 개발 및 시행으로 구성되어 이루어지고 있는데, 원가관리회계의 역할은 경영자의 사업전략 수립 및 실행을 용이하도록 지원하는 것이다. 경영자는 전략경영과정에 초점을 두어 원가정보를 분석하여야 하며, 전략경영상황에 따라 원가분석결과가 달라진다. 본 장에서는 물류원가를 실질적으로 절감할 수 있는 전략적인 원가절감방안에 대해서 서술하고자 한다.

2. 전략적 원가관리의 목적

전략적 원가관리의 궁극적인 목적은 전략경영이 효율적이고 효과적으로 수행되어 기업가치의 창출에 있는데 이를 위해서는 원가관리의 기본목적인 적정한 제품원가계산목적과 환경변화에 적절히 대처할 수 있는 의사결정지원목적이 동시에 달성되어야 한다.

① 투입 자원의 활용에 관한 정보와 간접부문원가의 투명성 증대를 위한 전략적 원가관리에 의한 원가관리

② 관리자의 행동이나 업무활동에의 영향: 원가유발요인과 이에 대한 관련 정보는 관리자의 성과평가기준이 된다. 전기 성과와 당기 성과의 기간별 비교, 부문간 비교, 경쟁회사와 비교에 활용된다. 또한 신제품개발에 종사하는 설계담당자는 목표원가하에서 통제되고 있는 경우 원가유발요인의 비율이나 배부율은 제품설계에 영향을 미친다.

③ 전략적 원가관리(SCM)에 의한 예산관리: 원가유발요인(CD)의 계량적 이용가능성은 각 활동의 부담척도가 되며, 장래에 필요한 생산자원을 예측하는 기초정보이다. 원가차이분석틀을 제공한다.

④ 경영리엔지니어링이나 조직재설계(BPR) 등을 가능하게 한다.

가령 다음과 같은 사항은 전략적으로 관리되어야 할 물류원가 내역들이다.

- 인플레이션과 같은 경기변동추이에 대한 운송원가(연료원가)의 변화추이
- 운송수단의 가격(선박가격 등)에 중요한 영향을 미치는 금리의 변화추이
- 불경기나 경쟁 정도에 따른 유휴물류시설의 원가수준
- 현 수송수단과 대체 수송수단 간의 보다 정확하고 적시성있는 원가·서비스에 대한 정보
- 물류서비스와 물류원가 간의 불규칙적인 함수관계에 대한 보다 효과적인 정보

상기와 같은 물류원가특성의 변화와 물류원가정보 요구사항의 변화에 맞는 전략적 원가관리시스템이 필요하다. 특히 시장에서 물류원가와 물류품질 및 물류기능을 고려하면서 보다 우수한 물류서비스를 제공하기 위해 효율적인 물류자원이용을 지원하는 정보를 제공하는 것을 목표로 하는 전략적 물류원가관리시스템을 구축하여 물류원가의 절감 및 개선하여 기업경쟁력을 강화해야 한다.

3. 전략적 물류원가관리의 개념

전략적 물류원가관리의 목적은 한마디로 경쟁력 원천에 대한 전략적 물류원가정보 제시하는 데에 있다. 이러한 목적을 달성하기 위한 전략적 물류원가관리 시스템은 다음과 같은 기본적인 개념을 갖추어야 한다.

1) 기본 개념

- 사전성: 물류원가기획과 이익지향의 목표물류원가
- 전체성: 전사적 원가개념(Total cost)
- 적시성: 적시성과 자동적 물류원가관리
- 시장지향적 물류원가관리

2) 기본적인 틀(Framework)

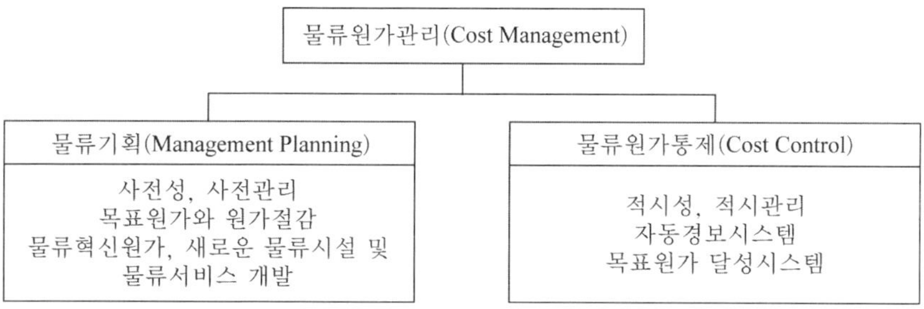

그림 13-1 전략적 물류원가관리

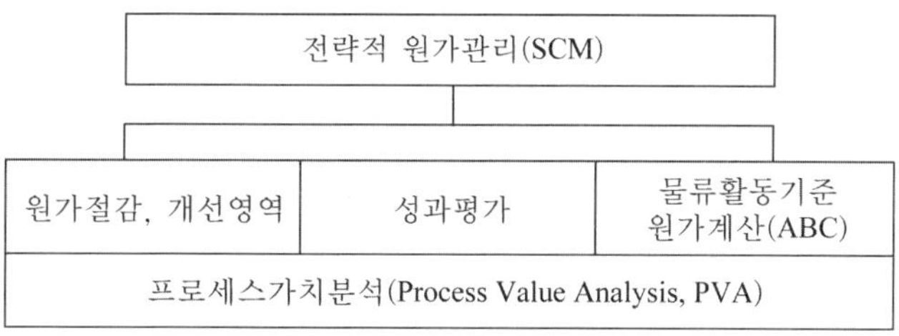

물류원가관리는 크게 물류기획과 물류원가통제로 구분할 수 있는데, 이것이 효율적이고 효과적으로 수행되기 위해서는 전략적으로 관리되어야만 궁극적으로 원가절감을 실현하여 물류경쟁력을 도모할 수가 있다.[1] 전략적 물류원가관리의 기본은 모든 물류관련활동에 대해서 프로세스가치분석을 수행하여 부가가치활동과 비부가가치활동을 구분하는 것이다. 이를 위해서는 물류활동기준원가계산시스템이 구축되어야 한다.

또한 모든 구성원이 기업이익에 공헌할 수 있는 물류활동을 자율적이고 효율적으로 수행할 수 있도록 유인하는 성과평가시스템이 매우 중요하다. 결국 전략적 물류원가관리는 물류활동에 대해서 물류활동기준원가계산과 성과평가에 의해 원가절감과 원가개선을 궁극적으로 달성하는 원가관리시스템이라고 볼 수 있다.

제 2 절 경쟁력 제고를 위한 통합원가관리

1. 의 의

원가관리는 일본 제조기업에서 체계적으로 발전되어 왔다. 1950년대에는 원가계산기준에 의거 표준원가계산시스템을 제도화하였고, 1960년대 이후에는 원가관리 지침(Cost Management Basis)을 발표하여 원가계획의 중요성과 수익과 관련성 중시를 중시하였으며, 70년대 이후 현재에는 통합원가관리시스템 개념(Integrated Cost Management, ICM)을 체계화하여 원가관리를 체계적으로 실시하고 있다. [표 13-1]에서는 원가관리와 관련하여 구체적으로 정리하고 있다.

이러한 통합원가관리시스템이 개념(Integrated Cost Management, ICM)화되고 성립시키는 데 작용된 주요 환경은 다음과 같다.

① 글로벌라이제이션(Globalization): 현지생산, 현지판매 등의 현지경영이

1) 전략적 원가관리의 필요성은 다음과 같은 이유 때문이다. 첫째로, 글로벌라이제이션과 정보화로 기업환경이 무한경쟁으로 경쟁이 치열해짐에 따라 전략적 원가관리를 하지 않고서는 목표이익을 달성할 수가 없다. 둘째로, 원가절감을 위해 국제적으로 수직적 분업의 증대 등 현지경영이 일반화되는 추세 속에서 물류경쟁력이 기업경쟁력에 핵심성공요인으로 부각되는 물류패러다임의 변화로 단순한 원가절감이 아닌 전사적인 전략차원에서 원가관리의 필요성이 증대되었기 때문이다.

일반화되고 있다.

② 정보통신 발달과 정보시스템 변화: 생산기술중심으로 기술혁신과 통신기술의 발전은 탄력적 생산시스템(FMS), 컴퓨터지원설계(CAD·CAM), 공장자동화(FA), 컴퓨터통합생산(CIM) 등의 신생산시스템을 도입시켜 원가관리에 새로운 문제로 제기되고 있다.

③ 소비자 니즈(needs)의 다양화와 제품라이프사이클의 단축은 표준제품대량생산방식에서 다품종소량생산방식으로 전환되고 이에 따라 원가 및 수익구조의 변화가 초래되었다.

표 13-1 기존 원가관리와 통합원가관리의 비교

항 목	전통적 원가관리	통합원가관리
기업환경	수출촉진, 대량생산 산업구조의 고도화	국제화, 고도정보화와 기술발전 다품종소량생산(소비자 니즈의 다양화)
기업목적	이익목적 중심	기업존속, 성장, 발전
지도원리	수익력 강화	효과성 달성
체계	계획과 통제	혁신, 개선, 유지
조직체계	피라미드 조직	종 및 횡조직(팀, 프로젝트, 매트릭스 등)
대상기능	제조, 판매	연구개발, 기획, 설계, 제조, 판매, 보수, 운용, 처분
주요 기법	표준원가계산, 예산통제 변동원가계산, 가치분석 특수원가분석	표준원가계산, 예산관리 원가기획, 원가개선, 원가유지, 가치분석, 수명원가계산, 품질원가계산, 일본적 현장개선기법
적용영역	제조업중심	제조업 및 모든 서비스업종

2. 원가 및 수익구조 변화

1980년대 이후 기업들의 원가와 수익구조의 주요 변화행태는 다음과 같이 세 가지로 요약할 수 있다.

① 제조원가에서 외주가공비, 임차료, 감가상각비, 운반비 및 보관비 등의 물류비가 현저히 증대됨

② 연구개발비, 광고선전비 그리고 감가상각비의 증대
③ 매출이익률의 저하경향

3. 통합원가관리(ICM)의 개념과 특징

1) 정 의

신기술의 연구개발에서 신제품 또는 모델변경제품의 기획, 설계, 제조, 판매촉진, 물류, 사용자의 운용, 보수, 처분에 이르기까지 전 프로세스에 대해 국제적인 시야에서 제품, 소프트 및 서비스의 원가관리를 효율적으로 수행하여 종합적인 원가관리시스템을 기업목적의 달성을 향해 행동하도록 하는 원가관리방법이다.

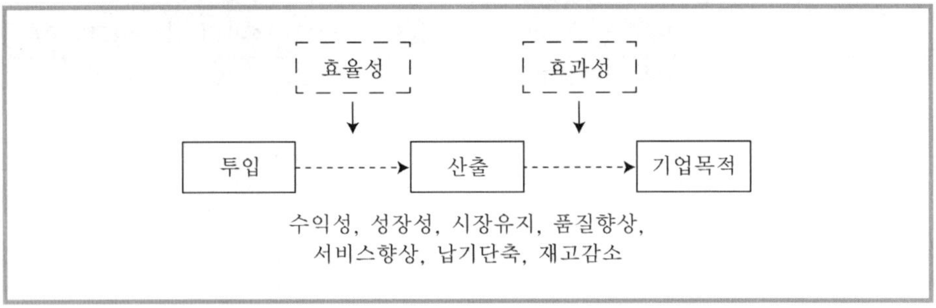

2) 기업목적: 조직의 지속적인 존속, 성장, 발전

3) 원가관리의 지도원리와 기업목적

4) 통합원가관리의 원가관리체계

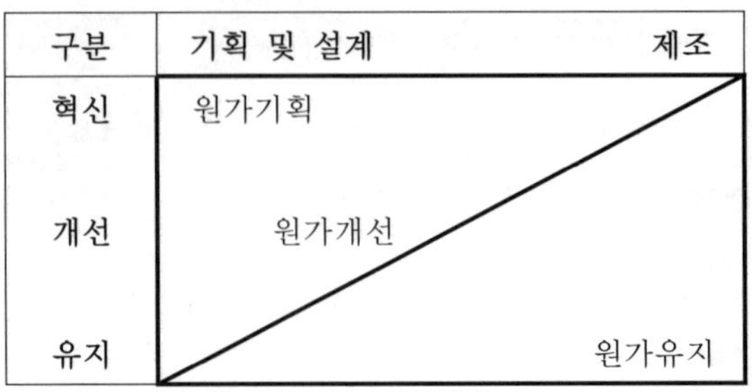

- 혁신: 신기술 및 설비투자의 결과 초래되는 극적인 개선
- 개선: 현재 노력의 결과로서 현상에서 이루어지는 개선
- 유지: 현재의 기술, 경영 및 업무상의 표준을 유지하기 위한 활동

① **원가기획:** 제품의 기획, 설계단계로부터 중심으로 기술, 생산, 판매, 경리 등 관계부서의 합의를 결집하여 종합적인 원가인하를 의도하는 원가관리개념으로서 원가기획결과 혁신을 촉진시킬 수가 있다.

② **원가개선:** 기존의 제품에 대한 제조 및 판매단계에서 행해지는 원가절감활동을 말한다. 현재 노력의 결과로서 현장에서 이루어지는 원가절감활동을 의미하며 엄밀하게는 원가카이젠이다. 표준원가 그 자체의 절감을 목적으로 하는 것으로서 부문별 원가개선활동과 구별된다.

③ **원가유지:** 현재의 기술, 경영 및 업무상의 표준원가를 유지하는 활동(표준원가시스템). 전기말의 실적을 당기의 기준치로 간주하고 실적원가가 이 기준치를 상회하지 않도록 유지하는 것임. 신제품은 원가기획 상의 목표원가를 실현하는 것이 원가유지활동이다. 원가기획은 제품의 기획, 설계단계에서의 원가계획 활동이며, 원가개선은 주로 양산단계를 중심으로 행해지는 원가절감활동으로서 이들 모두 시장지향, 고객지향의 원가계획을 중심으로 한 원가관리활동이다.

4. 통합원가관리의 내용과 기법

1) 기업경쟁력 강화요인

기업경쟁력의 핵심성공요인(CSF)는 가격, 품질, 납기준수(시간)이다. 즉, 가격이 경쟁기업보다 낮고 품질수준이 높으며 고객에게 적시에 빠르게 배송된다면 기업은 시장에서 경쟁우위를 점하게 된다. 이를 수식으로 표현하면 다음과 같다.

기업의 경쟁력(Competitive Power) ↑ = f(가격 ↓, 품질 ↑, 납기 ↓)

(1) 가격 = f(원가), 가격 = 원가 + 이익

가격은 원가에 이익을 합한 것으로서 원가와 함수관계가 있다. 따라서, 가격경쟁력을 제고시키기 위해서는 원가를 절감하든가 이익을 줄여야 한다. 이익억제력은 재무전략과도 밀접한 연관이 있기 때문에 이를 고려해야 한다.

(2) 품질 = f(기능, 성능, 디자인, 신뢰성)

제품 또는 제공되는 서비스의 품질수준은 기능, 성능, 디자인 및 신뢰성수준에 따라 결정된다. 이러한 요인을 어느 정도 수준으로 하는가에 따라 품질수준이 결정된다.

(3) 납기 = f(생산공정시간)

납기는 생산공정시간과 함수관계가 있다. 생산공정시간이 짧을수록 그만큼 고객에게 빠르게 제품을 배송할 수가 있다. 생산공정시간 단축은 탄력적인 생산시스템 등의 기업이 채택하고 있는 첨단생산시스템에 따라 좌우된다. 이러한 기업경쟁력의 핵심성공요인인 가격, 품질, 납기는 서로 상충관계(Trade-off relationship)를 보이고 있다. 즉, 가격경쟁력을 높이기 위해 원가를 낮추면 품질수준이 낮아지고(cost↓ ⇒ Quality↓), 납기를 줄이려면 원가가 높아지고 품질이 떨어질 가능성이 있다. 따라서, 기업에서 시장상황을 고려하여 3개 요소 간의 최적관계를 실현하는 것이 경쟁력을 강화하는 것이다. 이들 세 개 경쟁력요소를 최적배합하여 경쟁력을 도모하기 위하여 일본에서는 전사적 품질관리(TQM), 전사적 생산설비보전관리(TPM, Total Productive Maintenance), 가치공학(VE, Value Engineering) 및 적시재고·생산시스템(JIT, Just-in-Time)을 원가관리기법과 통합관리하여 품질향상, 생산성의 향상, 원가절감을 유도하여 효과적으로 경쟁력을 제고시키는 것이다.

2) 현장개선기법의 발전

1950년대에는 품질관리(QC)서클활동중심 품질관리와 미국에서 도입한 설비보전관리(PM) 기법이 주로 활용되었고, 1960년대에는 전사적 품질관리(TQM)와 전사적 설비보전관리(TPM)활동이 주로 현장에서 활용되고 있다. 이들은 설비의 효율화 목적으로 한 구성원 전원이 자발적으로 참여하는 설비보전활동과 품질개선활동으로서 가치공학(VE)기법과 함께 원가관리에 응용되고 있다.

3) 현장개선기법의 현대적 의의

(1) 전사적 품질관리(TQM)

전사적 품질관리는 고객이 만족하는 품질의 제품이나 서비스를 적정한 가격으로 제공할 수 있도록 기업내의 모든 부문이 일체가 되어 품질개선을 꾀하는 활동으로서 대표적인 기법으로는 품질개선집단(QC), 무결점운동(ZD, 자발적인 품질개선 소집단활동)이 있으며, 이러한 활동은 원가관리와 납기관리활동과 매우 밀접하게 관련되어 있다.

(2) 전사적 생산설비보전관리(TPM)

설비보전뿐만 아니라 설비의 설계, 제작부문이나 설비를 사용하는 제조부문 등의 관련부문이 모두, 즉 관련경영자와 관리자에서 현장감독자와 작업자에 이르기까지 전원이 참가하는 생산보전활동(자발적인 소집단활동)이다. 설비효율은 설비의 수명주기에 걸쳐서 추구되어야 하며 이러한 활동에 의하여 생산설비의 신뢰성이 제고되어 고객에게 제공되는 제품이나 서비스의 품질수준이 높아진다.

신뢰성 = 내구성 + 보전성(수리용이성) + 설계신뢰성

(3) 가치공학(VE)

가치공학은 고객이 당해 제품(서비스)에 진정으로 요구하는 기능과 품질수준을 분명히 하여 가장 낮은 원가로 실현하기 위한 방법을 고정관념을 취하지 않고 널리 탐색하고 발견하는 기법이다. 이러한 가치공학의 특성으로는,

첫째, 원점으로 돌아가서 제품의 존재의의부터 검토하여 통상의 관념에서 생각할 수 없는 혁신적인 아이디어를 유도하며,

둘째, 설계부문, 생산기술, 구매, 제조, 영업 등 여러 부문의 활동에 참가시켜 이들의 공동작업에 의해 단독으로 할 수 없었던 아이디어 시너지효과를 유도하여 궁극적인 원가개선과 원가절감을 실현시킬 수가 있다. 가치공학은 주로 기능제고보다는 원가절감을 통해 가치의 증대를 유인하는 데 있다.

$$V = \frac{F}{C} \quad \text{단, } V\text{: 가치, } F\text{: 기능, } C\text{: 원가}$$

그러나, 가치공학의 핵심은 기능분석인데 기능분석은 불필요한 기능, 고정관념에서 생긴 기능, 원가에 비해 중요도가 낮은 기능을 제거하여 실질적인 원가개선을 유인하는 것이다. 필요한 기능이라도 특수한 설계방법의 도입으로 발생된 기능이라면, 설계착상을 변경하여 기능을 제거하며 보다 저렴한 재료의 구입을 유인하고, 생산방법 내지는 공정통합을 유인하여 원가절감을 도모하여야 한다.

4) 통합화에 대한 시도

그림 13-2 원가관리기법의 통합효과

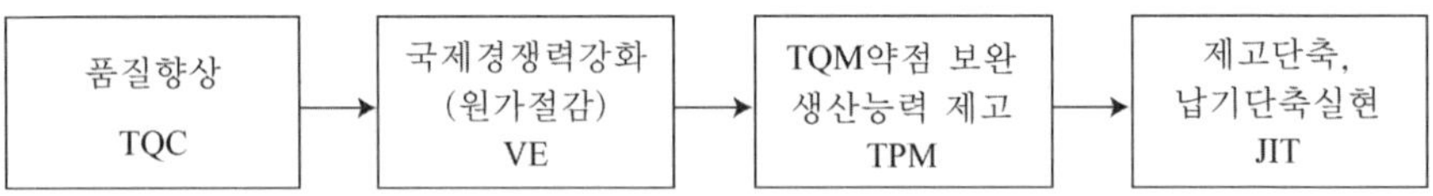

그림 13-3 원가관리기법의 통합내역

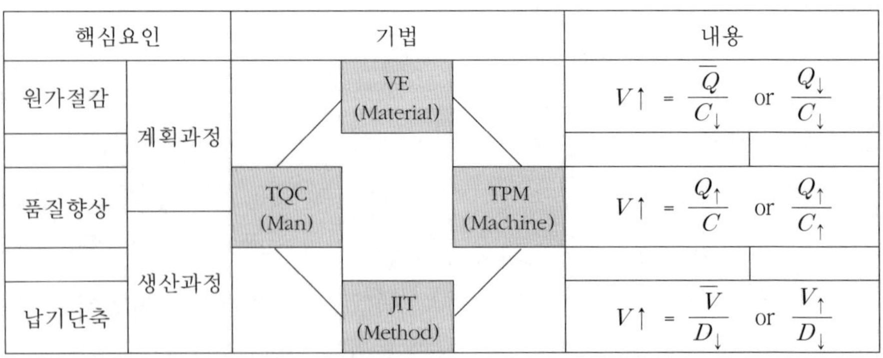

주: V: 가치, C: 원가, Q: 품질, D: 납기

[표 13-3]에서 가치공학(VE)기법은 원재료관리(Material)를 효율적으로 하여 원가를 절감하는 방식이며, 전사적 품질관리는 구성원(Man)의 노력으로 품질을 향상시키는 기법이고 전사적 생산설비보전관리(TPM)은 생산설비(Machine)을 효율적으로 보전하여 품질향상을 도모하는 기법이다. 마지막으로 적시재고·생산시스템(JIT)은 생산흐름과 물류흐름을 개선(Method)하여 생산공정시간과 납기를 단축하여 경쟁력을 증대시키는 기법이다.

제 3 절 물류경영혁신을 위한 전략적 원가관리 유형

전략적 원가관리의 궁극적인 목적은 기업의 가치를 창출하는 데에 있다. 이를 위해서는 가치사슬분석을 통한 기업에서 가치가 창출되는 위치를 탐색하여야 하고 가치를 창출하는 경쟁우위요인과 이를 위한 원가유발요인의 탐색 및 재무적 분석을 통하여 하여 기업경쟁력을 도모하는 데에 있다. 즉 전략적 원가관리의 핵심내역은 목표원가관리(Target Cost Management, TCM), 가치사슬분석 또는 프로세스가치분석, 품질원가분석, 경쟁우위전략분석, 원가유발요인분석 그리고 재무요인분석이라고 볼 수 있다.

1. 목표원가관리

1) 목표원가관리의 등장배경과 의의

목표원가관리(Target Cost Management, TCM)란 제품의 기획, 개발, 세부 설계를 동시에 실행함으로써 목표원가를 달성하는 것이다. 목표원가관리는 1963년 일본 도요타에서 시작되어, 일본의 다른 자동차 회사들과 제조업체들에 퍼져 나갔다.[2)]

목표원가관리는 대부분의 비용은 제품개발 초기 과정에서 결정된다는 개념 아래 만들어졌다. 따라서 제품개발과정에서 비용을 현저히 줄이기 위하여서는 목표원가관리는 효율적인 방법이다. 제품개발 과정에서 목표 비용, 제품 품질, 신제품의 시기적절한 시장 출시 등의 목적을 달성하기 위해서는 개품개발에 책

2) Tani, T., Okano, H., Shimizu, N., Iwabuchi, Y., Fukuda, J. and Cooray, S., "TCM in Japanese companies; current state of the art," Management Accounting Research, 5, 1994, pp. 67~81.

임이 있는 관리자 등이 개발 전 과정에 참여하여 상호 협조하여야 한다. 이것은 전통적인 '바톤 릴레이' 형식의 제품개발과는 아주 다르다. '바톤 릴레이' 형식에서는 명확한 일련의 과정을 따라 제품기획, 제품개발, 세부 디자인 설계, 제품준비, 제품제조를 했다. 그러나 목표원가관리에서는 제품의 개발과 세부 디자인의 설계 초기 과정에서부터 관련된 관리자의 의견을 반영하여 제조 단계에서 상당한 비용을 절감하였다. 이러한 경우, 제품 준비는 제품 개발과 동시에 이루어진다. 또 어떤 경우에서는, 제품 기획과 개발 관리자들은 다음 단계 관리자들의 활동을 감독하여, 초기 제품 구상이 지켜지도록 한다. 목표원가관리에 있어서 제품의 기획과 비용에 관한 회의는 관리자들 간의 상호 통제를 위한 수단이 되며, 따라서 동시성공학(simultaneous engineering)의 적용이 효과적이다.

제품개발에 참여한 관리자들이 직접적 책임이 없는 제품개발 단계에서도 서로 영향력을 미칠 수 있으므로 제품 기획과 비용에 관한 회의는 제품개발의 전 단계에 걸쳐 개최되어야 한다. 목표원가관리에서의 상호통제는 제품개발과 비용절감을 위한 창의적인 발상을 끌어내고 전략적 비용관리를 위한 핵심 시스템이다. 또한 비용회의를 통한 수직적 상호작용이 필요하며, 관리자들과 중간관리자들 간의 수직적 상호작용은 제품 기획 회의의 필수불가결한 요소이다.

목표원가관리에 있어서 동시성공학(simultaneous engineering)의 적용은 제품개발과 세부 설계 단계에서 일어난다. 제품 준비에 참여하는 제품 관리자들은, 동시에 제품 개발에도 참여하여 생산에까지 그 의견을 내어, 제품 개발 단계에서 상당한 비용 절감을 가져오게 한다.

또 다른 예는, 제품 개발에서 구매 담당자의 참여이다. 만약 부품조달행위가 상세 설계 과정이 끝난 단계에서만 일어난다면 비용절감의 기회는 한정된다. 차라리 부품의 수를 줄이거나 제품 개발의 초기 과정에서 제품에 공통 부품을 사용하는 것을 고려하는 것이 더 낫다. 따라서 이러한 경우 구매 담당자에게 제품 개발의 초기 과정에 참가하기를 요청할 필요가 있게 된다. 반면에 제품 기획 담당자는 제품 개발과 상세 설계 과정에 그저 의견을 제시하는 수준이어서는 안 된다. 그들은 개발과 상세 설계과정의 관리자들이 정해진 제품 구상에서 벗어나지 않고 참여하는지를 확인하고 감시할 책임이 있다. 따라서 동시성공학은 최소한 두 개 이상의 부서가 제품 개발의 각 단계에 참여하여야 한다고 강조한다.

동시성공학은 최소한 두 가지 교훈을 준다. 첫째, 현저한 비용 절감은 부서

간의 협력이 없이는 일어나지 않는다. 만약 제품 생산 단계에서 부품의 배치(layout)가 효율적인 생산에 부적절하다고 발견한다면 이미 너무 늦었다.

둘째, 부서 간의 협력은 전략을 만들어내는데 매우 중요하다. 목표원가관리는 다른 기능과 훈련을 받은 사람들이 모여 이루어진다. 그들 간의 상호작용은 종종 전략적으로 대단히 중요한 발상을 만들어낸다.[3] 따라서 동시성공학을 통한 독창적인 비용절감 아이디어와 엄격한 비용목표는 구성원들로 하여금 완전히 새로운 방식으로 최소한의 비용을 실현시킬 수 있게끔 자극을 준다.

목표원가관리의 핵심 배경

1) 다품종 소량생산 및 제품수명주기 단축

2) 공장자동화

- 원가의 발생은 생산판매에서 70~80%가 발생하고
- 원가의 결정은 기획, 설계, 생산준비 등 사전단계에서 90%가 이루어짐

2) 목표원가관리의 개념과 목적

목표원가: 기업이 경쟁업체와의 경쟁을 통해 수익을 실현하는 가운데 시장에 계속 머물러 있거나 새로이 진출할 수 있도록 해주는 장기추정원가(Estimated Long-run cost)이다.

목표원가(허용원가) = 추정매출액 - 목표이익

- 매출액을 추정하기 위해 시장분석에서 출발하여 제조단계보다는 제품기획 및 설계단계에서의 원가절감을 강조하며,
- 목표원가를 달성하기 위해 제품의 기획, 설계단계를 중심으로 판매, 기술, 생산, 개발, 관리부문 등 회사 내의 관련부서의 업무를 연계하여 종합적으로 원가절감을 시도하려는 활동이다.

원가기획은 처음에는 최종원가와 제품품질수준을 바람직한 수준으로 만드는 데 목적이 있었으나 고객의 욕구가 다양해지고 변화가 수시로 이루어지는 상황하에서는 당초의 목적 이외에 고객욕구에 맞는 제품개발과 신제품의 적시출시에도 목적을 두고 있다.

---

3) Nonaka, "A Theory of Knowledge Creation(in Japanese)," Tokyo, Nihon Keizai Shinbunsha, 1990.

3) 목표원가관리(원가기획)의 특징

기획, 설계	생 산
원가기획 영역	표준원가 영역

- 원가기획은 원가통제수단이 아니고 원가설계 내지는 원가절감 수법임.
- 원가기획은 다품종 소량생산형태를 전제로 함.
- 원가기획은 설계방법이나 생산방법과 같은 기술을 통제하는 관리기법임. VE, TQC, JIT 등 관리 공학적 기법이 회계기법과 함께 활용됨
- 원가기획은 회계부분을 조정자로 판매, 기술(기획, 설계), 생산부문의 협력을 필요로 하는 판매, 기술, 생산의 통합시스템이다.

4) 목표원가관리(원가기획)의 절차

① 제품기획

② 원가기획

  - 원가기획 목표의 설정

그림 13-4 도요타 자동차의 원가기획과정

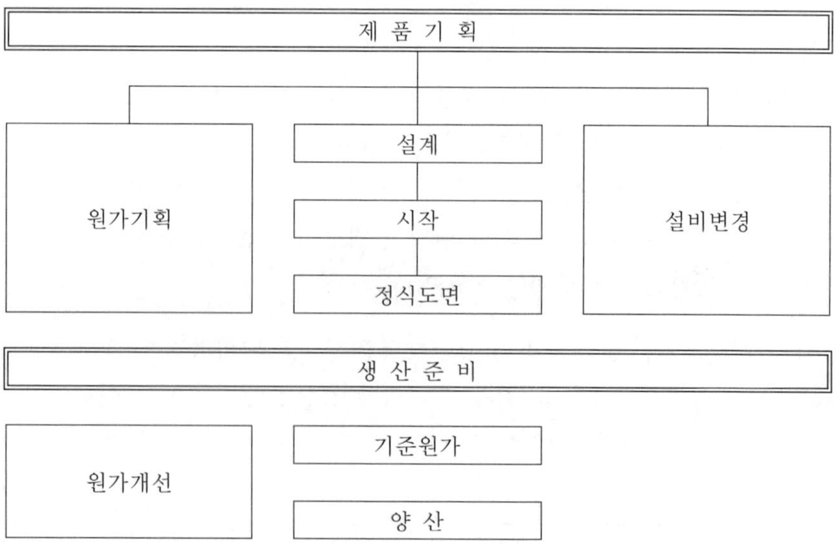

- 설계단계에서의 원가기획 추진(설계-시작-정식도면) ⇔ 설비변경

③ 원가개선단계(기준원가 결정)

(도요타 승용차 개발의 일정계획상 목표원가 설정 및 원가기획 추진절차)

그림 13-5 도요타 자동차의 신제품 기획과정

발매까지의 월수	-36 -30 -24 -18 -12 -6 0
제품기획	개발제안 전면생산준비 양산지시서
디자인	스타일승인 디자인 검토
설계	1차시작도면-2차-3차-정식도면
시작	1차시작 -2차시작-3차시작-양산시작 [VE 활동]
원가	목표원가
생산준비	설비투자계획 설비공사 ------------➤ 라인조 교체 부품준비 양산형 준비 양산---➤

(1) 제품기획 단계

① 제품의 사양

② 개발비 예산(주로 시험제작비)

③ 개발일정

④ 판매가격 및 판매대수

- 신모델가격 = 현모델가격 + 추가된 기능의 시장가격
- 판매대수(과거실적, 시장동향, 경쟁제품 상황의 확실성이 중요함)

(2) 원가기획 단계

(a) 원가기획 목표의 설정

제품기획단계에서 제시된 목표매상고에 대한 목표이익을 달성가능케 하는 원가로 설계단계에서 절감해야 할 목표를 설정하는 것임. 원가기획의 목표는 현

실적으로 달성가능한 견적이익과 목표이익의 차이를 없애주는 것이다.

원가기획 목표 = 목표이익 - 견적이익
= (목표매상고 - 목표원가) - (목표매상고 - 견적원가)
= 견적원가 - 목표원가
= 0

① 목표이익 = 목표매상고 × 매상고 이익률 = 목표매상고 - 목표원가(허용원가)

- 목표이익은 제품의 수명기간(통상 4년)의 총매상고에서 획득되는 이익
- 목표매상고 = 판매가격 × 판매대수
- 매상고 이익률 = 장기목표이익률

② 견적이익 = 목표매상고 - 견적원가(누적방식으로 계산하는 차액견적)

- 견적원가: 모든 비용을 처음부터 산정하지 않고 현행모델과의 차액만 집계함.
- 견적원가 = 현행모델원가 + 설계변경에 의한 원가증감액

따라서 차액견적방식은 설계활동에 의한 원가의 변화이외의 요인에 의한 원가변화(임율, 부문간접비변동 등)는 제외하고 있다.

(b) 원가기획 추진

원가기획목표는 설계 각 부문에 배분되고, 배분된 목표를 달성하기 위한 각 부문이 가치공학 활동이 이루어지고 이러한 활동의 결과 정식설계도면이 나오는 절차를 거치게 된다.

① 원가기획 목표의 배분

원가기획 목표는 설계활동에서 개선해야할 원가액으로 기획되고 있는 신제품 총원가에서 달성해야할 원가절감목표이며, 설계 각 부로 배부는 임률적으로 이루어지는 것이 아니며, 이제까지의 실적, 경험을 근거로 설계 각 부서간의 조정으로 결정된다.

② 가치공학 활동

- 분배된 목표를 달성하기 위한 설계 각 부서의 활동
- 배분된 목표액에 대한 달성방법은 각 부서의 창의적 연구
- 가능과 원가고려
- 원가표의 활용

③ 양산단계에서의 검토(Follow up)

- 원가기획목표는 설계에 반영되므로 미달가능성은 없지만 기획상태의 진행 여부 확인을 위해 Follow up 필요
- 원가기획: 표준적인 원가표에 의한 차액견적
- 양산시: 제품입장에서의 최적이 아닌 회사 전체의 최적(카이젠 예산)

(c) 원가기획의 적용

① 원가기획개념을 실제 적용시 업종별, 생산형태별 적용가능성 여부 검토가 필수적이다.

- 원가목표 설정의 합리성문제
- 수요예측에 의한 원가목표 설정
- 원가배분의 설득력
- 원가견적이 설계를 기준으로 이루어지므로 이의 정확성 여부
- 최종제품생산의 경우는 고객에 대한 영향이 크므로 원가설정에 세심한 주의 필요

② 가공조립형 산업: 모델변경시 원가기획 검토

③ 다품종소량생산형태에서는 제품종류가 많아지므로 제품의 유지와 보증을 위해 검토해야 할 항목이나 특성이 많아지므로 품질관리를 위한 작업량이 증가하게 되어 생산에 종사하는 모든 종업원이 품질을 관리를 하는 전사적 품질관리방식이 필요하게 되며, 품질의 변환이 빈번하게 행해지게 되면 피드백 정복에 근거한 시정조치(표준원가)보다도 계획에 중점을 둔 방법이 훨씬 효과적이다. 또한 기술진보가 빠른 경우 처음부터 가격절감을 고려한 원가관리가 필요시 된다.

5) 경영리엔지니어링(BR)과 원가기획 간의 관련성

경영리엔지니어링(Business Re-engineering, BR)은 고객을 경영프로세스한 중심에 위치시키고 우수한 고객서비스 제공을 목적으로 하고 있다. 이러한 경영리엔지니어링은 고객만족관점을 포함한 원가기획에 의해 구현되고 Mass-Customization(다품종 소량생산지향적 경영)의 실천수단이 되기도 한다.

원가기획의 특징은 프로세스(Process)를 강조하는 동시성 공학(concurrent engineering) 방식에 의거하여 고객 요구에 부응하는 신제품을 체계적으로 개발

하는 일종의 경영혁신으로서 제품개발초기단계부터 구매부서가 참여하는 부품수의 삭감과 부품의 공유화를 이루어 목표원가를 달성하고 목표이익을 달성한다. 즉, 상품기획회의와 원가회의가 동시에 진행됨으로써 원가절감과 개발리드시간을 단축하는 점에서 경영리엔지니어링 목적과 연계된다.

관리자들 간에 다양한 상호작용 통제(interaction control)를 통하여 전략적 아이디어의 창출이 가능하는 점에서 팀 중심의 업무수행을 강조하는 BR과 일맥상통한다고 볼 수 있다(programmed control).

2. 가치사슬분석 또는 프로세스가치분석

가치사슬분석(Value Chain Analysis) 또는 프로세스가치분석(Process Value Analysis)은 전략적 원가관리(SCM)로 응용되어 마케팅전략이나 생산전략과 연계하여 원가절감 영역을 파악하고 이를 효율적이고 체계적으로 관리하여 기업경쟁력을 강화하는 수단으로 활용되고 있다. 이러한 전략적 원가관리기법과 밀접한 경영혁신기법이 경영프로세스 재설계(Business Process Redesign)와 공급사슬관리(Supply Chain Management, SCM)이다.

1) 경영프로세스 재설계(BPR)의 개념

BPR이란 개념을 처음 시작한 미국의 해머(Michael Hammer)[4] 교수는 비용, 품질, 서비스, 속도 등의 기업핵심 성과요소를 극적으로 향상시키기 위하여 업무 프로세스를 근본적으로 다시 생각하여 완전히 새롭게 재설계하는 것이라고 정의하였다. 해머는 조직의 경영환경을 변화키는 핵심적인 동기를 고객(customer), 경쟁(competition), 변화(change)의 3C로 설명하면서 조직은 변화하는 경영환경에 대응할 수 있도록 조직구조와 업무프로세스를 재구축하여야 한다고 했다. 즉, 고객(customer)의 기대와 선호가 적극적으로 바뀌었고, 경쟁(competition)

---

4) 마이클 해머는 세계 최고의 경영사상가로 평가받고 있으며, MIT 대학공학학사, 전기공학석사, 컴퓨터 공학박사학위를 취득하였으며, 1973년부터 1982년까지 MIT 대학의 컴퓨터공학교수를 거쳐 첨단기술 기업의 설립자이자 임원으로 활동하고 있다. 현재 Hammer and Champy의 대표이사이며, 현대 비즈니스 세계를 변모시킨 리엔지니어링과 프로세스 중심 기업의 창시로서 조직의 근본적인 바람을 몰고 오려는 선도적인 경영자들을 대상으로 교육과 강연을 실시하고 있다.

이 더욱 치열해졌으며, 빠른 속도로 기술변화 및 시장변화(change)가 일어나고 있으므로 그에 대응할 수 있도록 조직구조와 업무프로세스를 재구축해야 한다는 것이다.

BPR의 핵심은 프로세스의 존재이유부터 재 고찰하는 '기본적' 사고를 통해 기존 프로세스를 '근본적'으로 재설계함으로써 기업성과의 점진적 향상이 아닌 '극적' 향상으로 추구하는 것이며 BPR의 특징은 다음의 다섯 가지로 정리될 수 있다.

첫째, **고객가치 지향적**(customer value oriented)이다.

BPR은 기본적으로 고객의 입장에서 과거의 경험과 관행에 도전하여 새로운 업무처리방식을 설계한다. 따라서 조직 내부의 관리목적보다는 고객에 대한 서비스를 향상시키고 시장에 대한 대응성을 높이는 데 있기 때문에 BPR의 궁극적인 목적을 고객만족(customer satisfaction)을 실현하기 위한 것이라고 볼 수 있다.[5] 이러한 맥락에서 BPR은 고객과 환경에 보다 잘 대응할 수 있도록 조직의 현행 가치체계나 사고방식을 획기적으로 전환시키려는 관리자층 주도의 노력이며, 고객의 가치창조에 대한 기여를 평가하기 위한 비용, 서비스, 품질 등과 관련된 평가척도를 적용한다.

둘째, **제로베이스 발상**(zero-based visioning)이다.

BPR의 정신은 전무에서 출발(starting from scratch)하는 것으로, 무에서 시작하라(start from scratch)는 접근방법은 "무엇(what)"보다는 "어떻게(how) 재설계할 것인가?"라는 의미이다.[6] "과거의 경험을 파괴"하는 근본적인 개혁을 요구한다.[7] 즉 현재의 업무처리 프로세스에 대한 개선방법을 모색하는 것이 아니라 백지(zero-base) 상태에서 업무처리방식을 재설계한다. 따라서 BPR에서는 '지금 있는' 것을 무시하고 '반드시 있어야 할' 것에 집중되어야 한다.

셋째, **기본적인 틀**(framework)에 도전하는 것이다.

BPR에서는 최적 업무흐름 구축에 장애가 되는 제도, 조직구조, 규칙, 업무절차, 정보시스템의 근본적인 변화를 추구하는 완전히 새로운 방법을 모색하게 된다, 따라서 지금까지의 전통적인 분업화, 전문화의 원칙 등의 규칙이 무너지게 되며 기존의 제도, 조직구조, 업무절차 등이 새로운 업무방식을 설계하는 데

5) 홍석보·송병선·김창원·이내풍, 「전략적 경영혁신 기법」, 학문사, 1999, p. 95.
6) 유홍림 외 공저, 「조직형태의 이해」, 대영문화사, 2003, pp. 561~562.
7) 조동성·신철호, 「14가지 경영혁신기법의 통합모델」, 아이비에스 컨설팅그룹, 1996, p. 227.

에 제약요인이 되어서는 안 된다.

넷째, **프로세스 중심**(process centered)이다.

BPR을 실현하는 중점영역은 업무를 수행하기 위한 업무단위의 기능부서라기보다는 시장과 고객을 위해 특정 제품이나 서비스를 생산하는 일련의 상호 교차적(cross-functional) 업무프로세스이다. BPR은 개별적인 업무보다는 전체 업무를 대상으로 하며 경계부분(white space, 공백영역)에 관한 해결을 모색하고 있다. 이런 의미에서 프로세스란 기능적, 지리적, 조직적 단위에 걸쳐 있는 규정된 업무를 수행하기 이하여 논리적으로 연결된 과업들의 집합체 또는 고객에 대하여 가치 있는 결과를 위해 조직원이 공동으로 노력하는 일들의 집합(a group of tasks that together create a result of value to customer)이라고 정의할 수 있다.[8)]

다섯째, **성과향상의 목표**(performance-up target)중심이다.

BPR은 업무의 개선을 목표로 하지 않고 혁신을 지향하기 때문에 고객에 대한 서비스나 업무생산성을 현재 수행하는 업무의 개선보다는 의도한 기간 내에서 비약적인 업무성과의 향상이라는 기대효과를 가지고 출발해야 한다.

이러한 BPR 특징을 종합해서 살펴보면 BPR은 고객과 조직의 핵심역량과 서비스 실현에 초점을 맞춰 구체화하여야 하고, 고객가치의 중요성을 인식하는 것이 BPR의 출발점이자 조직구조와 체질혁신을 위한 근간이다.

BPR은 조직 내의 모든 업무과정이 대상으로 되는 것은 아니며 조직 내의 핵심 업무과정(core-process)을 선택하여 그것들을 중심적으로 재설계하는 것이다, 이때 어떠한 업무과정이 핵심적인가를 결정하는 일이 중요한 것으로 대두되는데 BPR은 고객의 가치를 가장 중요한 판단 기준으로 삼는다.

BPR은 1993년 이후 급격하게 국내에 도입 및 확산되기 시작하여 조직의 개혁, 업무프로세스의 개선 등에 기여하였다. 한편, 1998년 주간매일경제에서 조사한 "우리나라 100대 기업 경영혁신기법 도입현황분석"의 조사결과에 의하여 우리나라 100대 기업 중 경영혁신기법 도입의 성공률은 45.1%로 나타나 절반에도 미치지 못하였다.[9)] BPR 도입의 실패사유를 살펴보면 지속적인 관리 부족, 최고경영층의 이해 및 지원부족, 특히 BPR을 구조조정의 인원원감축의 수단으로만 활용하게 되고 그러한 상황이 조직내부의 반발을 불러일으키는 데서 기인한다고 할 수 있다.

8) Davenport, T. A. & Short, J. E., "The New Industrial Engineering: Information Technology and Business Process Redesign," *Sloan Management Review*, 31(4), 1990, pp. 25~31.

9) "국내 100대 기업 경영혁신기법 도입 실증분석," 주간매일경제, 1998.8.12

2) 경영프로세스 재설계(BPR)의 추진과정[10)]

경영프로세스 재설계의 일반적인 추진과정은 다음과 같다.

① 경영전략 및 비전수립
② 대상 프로세스 선정
③ 핵심 프로세스 이해
④ 벤치마킹(BM)
⑤ 필요한 정보기술 및 전산화분석
⑥ 새로운 프로세스 도출

표 13-2 프로세스 개선과 경영프로세스 재설계의 비교

항목	PI(프로세스 개선)	BPR(혁신)
1. 변화수준	점진적	급진적
2. 출발점	현행 프로세스	백지상태
3. 변화빈도	일회성/연속	일회성
4. 소요시간	단기	장기
5. 참여	하의상달식(down-top)	상의하달식(Top-down)
6. 전형적 범위	국부적, 업무기능내	광범위, 기능상호간
7. 위험도	보통	높음
8. 주요 추진요인	통계적 관리	정보기술(IT)
9. 변화형태	문화적	문화적/구조적

BPR은 주요 전략적 변수의 통합적 관리를 통하여 지속적인 경쟁우위를 추구하는바, 고객만족(CS)경영보다 구체적이고 실행적[11)]이며 특별조직을 통하여 급진적인 혁신을 꾀하는 구체적인 방법론으로서 광범위한 프로세스(Process)를 대상으로 근본적인 재설계를 도모하는 점에서 단순한 프로세스 개선과는 근본적으로 다르다.

전사적 품질관리 또는 경영(TQM)은 정규팀으로 구성된 품질중심으로 지속적인 개선을 통하여 기업의 총체적인 성과향상을 추구하는 경영철학 내지는 경

10) Davernport, T., "Process Information : Reengineering Work through Information Technology," HBR Press, 1990.

11) Harrington, H., Business Process Improvement, N.Y.: McGraw-Hall, 1991.

영방식이며, 이에 비하여 BPR의 중요과정인 벤치마킹(BM)은 프로세스(Process) 혁신을 통한 경영리엔지리어링 실천수단이다.

3) 벤치마킹(Bench Marking, BM)

① 벤치마킹은 최선의 실무모방으로 프로세스를 개선하는 기법(best Practice)으로 조직 내외부에서 파악되는 최선의 성과로 경영혁신분야에서 월등한 성과를 보이는 선도적 기업을 기준으로 자사의 수준을 비교, 평가하는 경영방식이다.

② 1970년대 말, 제록스사 품질관리책임자인 R. Camp가 우수품질과 이를 위해 무엇을 해야 하는가에 대한 해결책으로서 일본기업의 실무를 탐구하는 데에서 비롯되었다.[12)]

③ 우수한 프로세스(process)의 기초에 깔려있는 실행방법에 초점을 두는 일종의 경영혁신기법이라고도 볼 수 있다.

④ 변화도모의 주체인 종업원에게 자극을 주는 소위 변화를 관리하는 공식화된 방식으로 혁신적 창조를 꾀하는 학습과정이다.

4) 경영혁신기법과 원가관리회계의 관계

기업에서 가치창출을 위하여 경영혁신 대상을 선정할 때에는 핵심성공요인(CSF)과 관련 있는 프로세스(Process) 중심의 가치사슬관점에서 선정되어야 한다.

그림 13-6 경영리엔지니어링(BR)과 원가관리회계의 관계

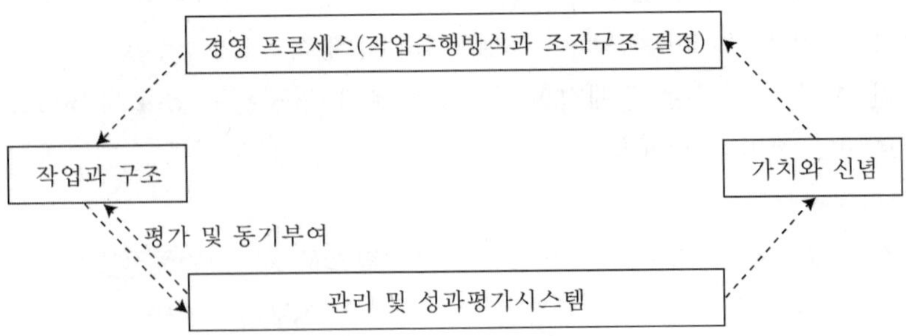

12) Watson, G. H., "Process for Competitive Edge," The TQM Magazine, July-Aug., 1992.

관리 및 성가평가시스템에서 원가관리회계시스템은 프로세스(Process) 관점에서 발생하는 문제점을 지적 가능해야 하며, 경영리엔지니어링(BR) 효과를 효율적으로 측정하여 부가가치활동과 비부가가치활동의 구분(프로세스 가치분석, PVA)해야 한다. 이러한 과정은 전사적 품질경영(TQM)의 기본수단이 되기도 한다([그림 13-6] 참조). 또한 원가관리회계는 기업의 핵심성공요인과 생산의 경쟁력 확보(manufacturing excellence)를 지원할 수 있는 원가 및 사용된 자원에 대한 비재무적 측정치를 중시하고 과업활동에 관한 상세하고 정확하고 적시의 관리회계정보를 제공하여 기업의 경영혁신이 제대로 올바르게 수행되도록 하는 이정표 역할을 수행하여야 한다([그림 13-7] 참조).

그림 13-7 경영혁신 지원을 위한 원가관리회계의 역할

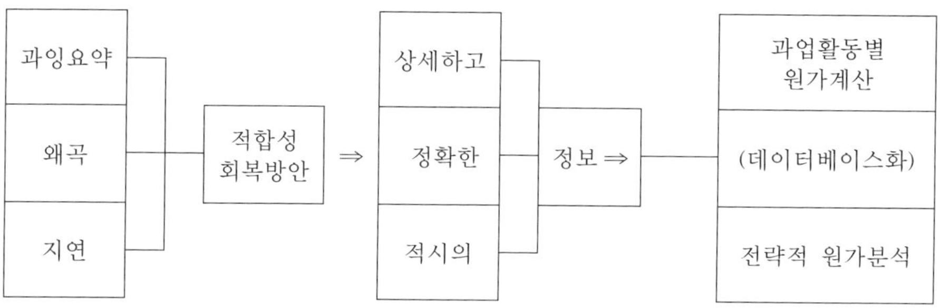

5) 가치사슬분석의 개념

부품납품업자에서부터 제품을 소비자에게 인도하는 일련의 프로세스가 가치창출활동이며, 기업은 이러한 가치창출활동의 일부이다. 기존의 부가가치 관점에서는 기업의 가치 즉 이익창출은 제품이나 서비스를 창출하는 생산중심의 기업내부활동으로 국한하여 원가의 개념도 제조원가중심이었다. 이 개념하에서는 원가관리도 전통적인 제조원가(재료비, 노무비, 제조경비) 중심이었지만, 고객의 요구조건이 다양화하고 복잡해짐에 따라 생산 이전이 발생하는 시장조사비와 제품개발비와 설계비 등의 사전원가규모가 커지고 소비자 요구조건에 부응하기 위한 서비스원가관리가 중요해짐에 따라 원가관리범위가 고객(소비자)까

지 확대되어 제품수명원가(Product Life Cycle Cost)에 대한 전략적 관리가 중요시 되었다.

그림 13-8 기업의 가치창출과정

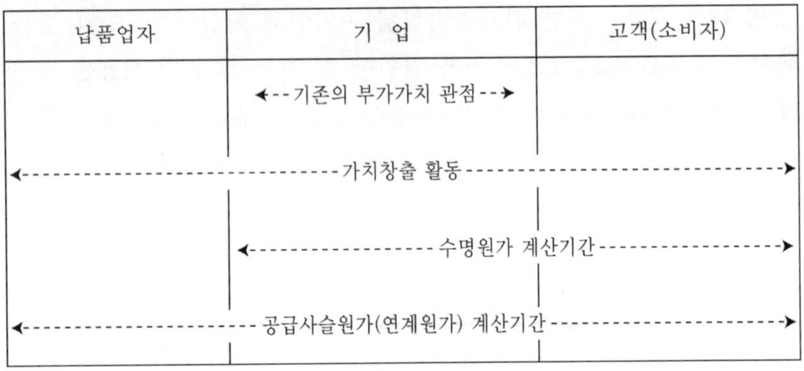

이러한 제품수명원가의 계산과 관리의 장점으로는 다음과 같다.

첫째, 고객의 요구조건에 부응하는 신제품개발을 보다 효과적으로 하고 고객서비스를 체계적으로 제공하게 함으로써, 포괄적이고 궁극적인 제품수익성의 향상을 꾀할 수 있다.

둘째, 효과적인 시장차별화와 제품선정정책 결정을 가능하게 함으로써 기업이 생산한 제품이나 제공한 서비스에 대한 경쟁우위를 확보하게 하는데 적합한 정보를 제공하여 수명원가의 최소화는 강력한 전략경쟁무기가 되며, 일본기업의 경쟁력원천이 되었다.

6) 공급사슬관리(Supply Chain Management, SCM)

공급사슬관리(Supply Chain Management, SCM)는 가치사슬과정을 기업의 협력파트너인 공급업체까지 확대한 개념으로서 관리대상 원가개념도 공급업체에서 소비자까지 이르는 모든 프로세스에서 발생되는 원가로 이를 연계원가(Landed Cost)라고 한다. 공급사슬관리는 가치사슬상에 있는 모든 프로세스의 흐름, 즉 공급, 생산 및 운영, 조달, 물류, 유통, 고객 등의 전 단계에 걸쳐 최적화

를 도모하는 시스템이라 할 수 있다.[13)]

공급사슬관리의 주된 목적은 모든 가치사슬 단계에서의 전체 가치를 극대화시켜 고객요구를 충족시키는 데 있다. 즉, 공급사슬관리는 고객 서비스수준을 향상시키면서 전반적인 원가(연계원가, Landed Cost)를 최소화시킴으로써 공급사슬 전체에 대한 경쟁력을 향상시켜 기업에게 지속가능한 경쟁우위를 줄 수 있어야 한다. 따라서 공급사슬관리는 전략적으로 연계원가를 극소화시키는 전략적인 원가관리방법이라고 볼 수 있다.

3. 경쟁우위전략분석과 원가유발요인분석

1) 경쟁우위전략분석

경쟁전략에 따라 경영자의 경영관리초점이 달라지므로 경쟁전략방안에 따라 원가분석의 역할이 다르다.

[표 13-3]에 나타난 바와 같이 기업이 취하는 경쟁우위전략(Strategic Positioning)으로서 원가우위전략을 취할 경우, 사업부나 경영자의 성과평가시 표준원가의 역할, 제조원가 통제상 변동예산의 역할, 예산목표달성, 가격결정시 제품원가의 역할은 매우 중요하지만 경쟁기업에 비하여 광고나 품질 및 다자인 등에서 차별

표 13-3 경쟁우위전략에 따른 원가분석의 중요성과 역할

경쟁우위전략유형 / 분석요인	경쟁우위전략	
	차별화	원가우위
1. 성과평가시 표준원가	약간 중요	매우 중요
2. 제조원가 통제시 변동예산	중요하지 않음	매우 중요
3. 예산목표달성	중요하지 않음	매우 중요
4. 가격결정시 제품원가	중요하지 않음	매우 중요
5. 마케팅 원가분석	매우 중요	중요하지 않음
6. 경쟁자 원가분석	매우 중요	중요하지 않음

13) Cooper M., ellram, L., Gardner, J. and Hanks A., "Meshing multiple Alliances," Journal of Business Logistics, Vol. 18, No. 1, 1997a, pp. 67~89; Tam J. M., Yen D. C. and Beaumont M., "Exploring the Rationales for ERP and SCM Integration," *Industrial Management & Data Systems*, Vol. 102, No. 1, 2002, pp. 26~34.

화전략을 취할 경우에는 별로 중요하지 않다. 반면에 마케팅 원가분석이나 경쟁자 원가분석은 차별화전략에서는 매우 중요한 분석요인이지만 원가우위전략에서는 중요하지 않은 요인이다. 이처럼 기업이 취하는 경영전략 유형에 따라서 원가분석의 중요성과 역할은 상이하므로 전략에 기여할 수 있는 원가분석정보가 제공되어야 의사결정이 제대로 이루어질 수 있다.

2) 원가유발요인분석

전통적 관리회계상의 주요 원가유발요인은 조업도와 생산에 대한 학습 정도이다. 그러나 치열한 경쟁환경에서 기업이 생존하기 위해서 기업간 인수합병(M&A)과 전략적 제휴가 빈번하게 이루어지고 있고 생산설비가 자동화되고 컴퓨터 통합생산이 이루어지고 있으며, 고객의 다양한 요구조건에 부응하기 위해 제품수명주기가 짧아지고 신제품 및 신기술개발이 중요시 되고 있다. 이러한 생산환경하에서는 다양한 원가유발요인이 발생하고 있으므로 이를 고려하여 원가배분하고 원가관리가 이루어져야만 보다 정확한 제품원가계산을 할 수 있고 경쟁력을 확보할 수 있는 전략적 원가관리를 할 수 있다. 이처럼 기업활동에 따른 주요 원가유발요인을 사례로 예시하면 다음과 같다.

[표 13-4]에 나타난 바와 같이, 기업활동에 따른 원가유발요인을 크게 구조적 유발요인과 관리적 유발요인으로 구분할 수가 있다. 구조적 유발요인은 기업의 투자규모, 생산라인의 통합 정도와 복잡성 정도, 생산경험축적 정도, 생산기술수준, 관련 사업부나 협력업체 간의 전후방 통합 정도 등으로서 최고경영층의 경영전략 수행과 관련된 기업구조나 시스템과 관련된 전략적 원가유발요인이다.

표 13-4 기업활동과 원가유발요인의 관계

범 주	원가 유발요인 항목
구조적 유발요인 (Structural Cost Driver)	투자규모, 수직적 통합 정도, 경험축적 정도, 생산기술, 제품라인의 복잡성 정도
관리적 유발요인 (Executional Cost Driver)	원가절감을 위한 종업원 참여호응 정도 제품품질향상을 위한 노력 및 성취 정도 생산설비활용도, 작업장배치 효율성 정도 제품설계의 효과성 정도 납품업자와 소비자와의 가치사슬활용 정도

이에 비하여 관리적 유발요인은 원가절감을 위한 종업원 참여호응 정도, 제품품질향상을 위한 노력 및 성취 정도, 생산설비활용도, 작업장배치 효율성 정도, 제품설계의 효과성 정도, 납품업자와 소비자와의 가치사슬활용 정도 등으로서 관리방법의 변경이나 생산현장의 관리 여부에 따라 발생하는 전술적인 원가유발요인이다. 따라서 상기와 같은 구조적 및 관리적 원가유발요인을 전략적이고 전술적 측면에서 관리하여야만 치열한 경쟁환경하에서 실질적인 원가절감을 실현할 수 있다.

급변하는 기업환경변화 속에서 기업이 가치를 창출하기 위해서는 전략적 원가관리가 필요한 데 이러한 전략적 원가관리에서는 기존 원가회계 패러다임(Paradigm)의 변동이 불가피하다. 즉, 생산시설이 자동화되고 생산공정이 복잡화되어 제조원가보다는 수명원가나 공급사슬원가가 원가관리에서 중요시되는 오늘날 같은 생산현장에서는 조업도 중심의 원가계산이나 원가통제는 맞지가 않고 상기와 같이 다양한 원가유발요인을 고려하여 원가계산하고 전략적 및 전술적 원가관리가 이루어져야만 제대로 원가절감을 실현할 수가 있다. 또한 기업이 취한 경쟁우위전략에 따라 관리되어야 원가개념도 변경되어야만 한다. 이를 위한 대표적인 방법으로서 활동기준원가계산(ABC)과 품질원가계산이 있다.

첫째, 기존 개념을 새로운 환경변화에 적합하게 수정하는 것이다. 이에 대한 실례로 앞에서 이미 설명한 활동기준 원가회계시스템(Activity Based Costing, ABC)이 여기에 속한다. 즉, 기존의 전통적인 개별원가계산시스템이나 종합원가계산시스템은 오늘날과 같은 생산환경변화에 맞지 않기 때문에 생산된 수량이나 투입된 작업시간과 같은 단순한 조업도 개념이 아닌 실제로 자원을 소비하는 부가가치 작업활동을 원가유발요인으로 측정하여 생산된 제품이나 서비스의 원가를 계산하여야만 생산된 제품이나 서비스가 기업의 가치에 얼마나 기여하는지를 정확하게 평가할 수가 있다.

둘째, 오늘날 기업환경변화에 적합한 신규개념의 도입이 필요한데, 가령 품질원가(Cost of Quality) 개념이 여기에 속한다고 볼 수 있고, 기존 개념의 포기 또는 변경으로는 특수의사결정시 단순한 공헌이익분석보다는 다양한 요인을 고려하든가 확률이론을 감안한 공헌이익분석이 필요시되고 있다. 다음에서는 품질원가분석의 개념과 그 유용성에 대해서 설명하기로 한다.

3) 품질원가분석

(1) 품질원가의 개념

품질원가 또는 품질비용을 간단히 정의하자면, 품질 좋은 제품과 서비스를 만드는 데 사용된 모든 비용이다. 여기에는 예방비용, 평가비용, 내부실패 비용, 외부실패 비용, 고객의 요구를 초과하여 충족시켜 주기 위한 비용 그리고 상실한 기회의 비용 등이 포함된다.

1950년대에 J. M Juran et al[14)]의 "Quality Control Handbook"에서 품질에 관한 경제학이 소개되면서 품질에 관련한 개념이 금전적 맥락)에서의 사고로 전환되게 되었다. 또한 그는 품질비용을 불량품과 관련되어 발생되는 비용, 불량품의 생산비용, 불량발견비용으로 구분하고, 개선비용 등 양품의 생산비용은 제외하였다.

1960년대 Feigenbaum[15)]은 종합적 품질관리(TQC: Total Quality Control)를 제시하여 품질은 모든 사람의 일이라는 원칙을 세워서 품질비용이 단지 제조분야에만 국한되는 것이 아님을 명확히 했다. 여기에 J. M. Groocock[16)]는 품질비용에 대한 정의를 실제로 제품을 생산하고 판매하는 데 발생되는 비용과 이상적 비용 간의 차이로 발전시켰다.

Carr[17)]는 품질비용뿐 아니라 경영의 제반 활동과 프로세스를 측정하고 해당 항목의 원천 요인을 추적하여 관리하는 것은, 성과측정의 측면뿐 아니라 장기적인 기업전략 수립의 토대가 되나 너무 세부적인 항목들의 측정에 대한 요구는 오히려 품질경영활동의 성과를 저해하는 요소가 될 수 있다 하였다.

Ansari et al.[18)]은 품질에 초점을 준 경영시스템의 프로세스 단계별로 품질비용이 어떻게 연관되는지를 [그림 13-9]로 설명하였다.

---

14) J. M., Juran et al., "Quality Contol Handbook," New York: McGraw-Hill Book Company, 3rd ed., 1974.

15) A. V. Feigenbaum, "Total Quality Control," 3rd ed., McGraw-Hill Book Co., 1985, p. 5.

16) J. M. Groocock, "Quality Cost Control in ITT Europe," Proceeding of 25th EOQC Conference, vol. 2, June, 981, p. 250.

17) L. P. Carr, "Applying Cost of Quality to Service Business," *Solan Management Review*, Summer 1995, pp. 72~77.

18) S. Ansari, J. Bell, T. Klammer and C. Lawrence, "Measuring and Managing Quality Cost: Management Accounting-A Strategic Focus," McGraw-Hill, 1997, pp. 4~5.

그림 13-9 경영시스템의 프로세스와 품질비용의 연관도

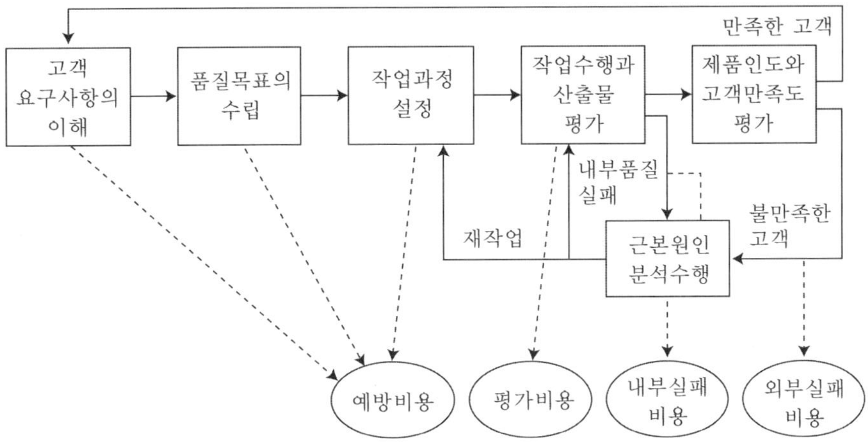

자료: S. Ansari, J. Bell, T. Klammer & C. Lawrence, Measuring and Managing Quality Cost; Management Accounting-A Strategic Focus, McGraw-Hill, 1997, pp. 4~5.

(2) 품질원가분석의 목표

Yoshihiro Ito[19]는 두 가지의 품질원가분석의 목표가 있다고 하였다. 첫째, 품질원가를 통해서 각 제품 또는 제품그룹의 수익률에 관련된 정보를 알게 된다. 경쟁에서 우위를 점하고 제품 전략에서 품질을 개선시키고자 하는 필요가 커질수록 수익률에 대한 정보의 필요성 증가된다. 그러나 품질일치성보다는 조직 내부의 협력이 강조되면서, 품질원가를 예상하기는 더욱 어려워졌는데, 실패비용에 관해서는 더욱 그러하다. 이는 저품질로 인해 생겨난 영업기회 상실 등은 그 비용을 측정하기가 굉장히 어렵기 때문이다. 따라서 정확한 품질원가자료를 활용하기 위해서는 다음의 두 가지 필수 조건을 만족시켜야 한다.

첫째, 고객불만과 요구에 대한 즉각적이고 상세한 정보의 수집
둘째, 조직의 예방 및 평가활동의 실제 상태에 대한 종합적인 이해

컴퓨터 네트워크를 구축하고, ISO 9000을 통해 품질경영책임을 명확히 함으로써 많은 회사들이 두 번째 조건을 구비할 수 있다. 그러나 첫 번째 조건의 경

19) Yoshihiro Ito, "Strategic goals of quality costing in Japanese companies," *Management Accounting Research*, 1995, June, p. 396.

우 몇몇의 OEM 방식의 제조업자나 공급자들만이 그 조건을 만족시킬 수 있다. 품질원가의 두 번째 목표는, 품질원가 측정과 의사소통을 통한 자가조직화(self-organizing)의 촉진이다.

비록 이러한 목적으로 사용한 품질원가 자료가 품질개선 및 의사결정에 별로 이용가치가 없는 부정확하고 모호하고 미완성된 정보라 하더라도 조직 구성원의 의사결정과정에 미치는 영향은 효과적이며 조직의 활동에 급격한 변화를 이끌어 낼 수 있다고 본다.

따라서 제품 기획과 개발 과정에서 품질원가의 측정과 분석은 위에 언급된 두 가지 목표 중 어느 것이든 달성하고자 하는 회사에게도 중요한 문제가 되며, 전략적 원가관리에 없어서는 안 될 도구가 된다.

다음 그림은 총품질원가를 극소화시키는 적정한 품질수준이 어디인지를 나타내고 있다. 즉, 내부실패비용은 요구되는 품질수준이 높아짐에 따라 증가하지만, 예방비용인 외부실패비용은 품질수준이 높아짐에 따라 감소한다. 따라서 이 둘을 합친 총품질비용(원가)이 최소화되는 점에서 비용과 품질수준을 고려한 적정품질수준이 되는 것이다.

- 총품질원가(Cost of Quality) = 외부실패원가 + 내부실패원가
- 외부실패원가 = 불량품 예방 및 교육훈련·감독원가, 평가비용 등
- 내부실패원가 = 폐기비용, 재작업비용, 외주불량비용, 부적합 식별비용, 시정조치비용 등

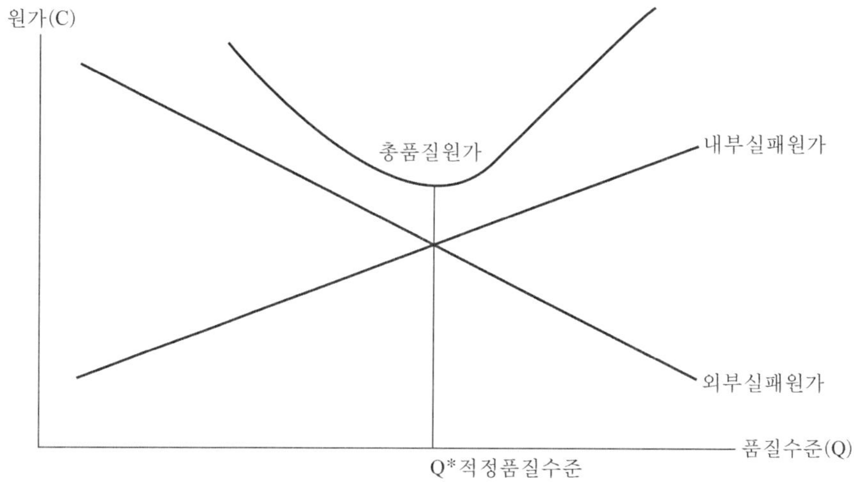

(3) 해운품질원가(비용)분석의 선행연구

김영모·이종인[20]은 해운기업의 품질원가 관리에 대한 연구를 통해서 및 현재 우리나라 해운기업이 기업회계에서 분류하고 있는 계정과목과 세목을 중심으로 다음과 같이 해운품질비용을 분류하였으며 해운기업과 제조업체의 품질비용을 비교분석하였다.

표 13-5 해운기업의 품질비용 분류(I)

구분	유형별 비용	정 의
예방비용	품질계획 및 개발비용	품질정책 및 계획의 수립과 회사의 품질개선을 위한 조사·분석·연구와 품질관리시스템 개발을 위해 투입되는 시간과 비용
	품질교육훈련 비용	품질개선을 위하여 공식적인 품질교육 프로그램을 개발하고 운영하는 데 소요되는 비용
	협력업체 지도 비용	협력업체가 제공하는 서비스 및 공급품의 품질 개선을 위해 소요된 협력업체 지도 및 평가에 소요된 비용
	인정시험 비용	협력업체 제품의 인정시험에 투입되는 시간과 비용
	품질관리 비용	품질관리를 위한 관련부서의 관리활동 비용
	화주 계몽 비용	화주의 화물관리 소홀로 인한 손해발생을 줄이기 위한 계획과 대책에 소요되는 비용

20) 김영모·이종인, "해운산업의 품질비용 관리,"「한국해운학회지」, 한국해운학회 21호, 1995, p. 69.

	품질향상비용	품질향상을 위하여 추가로 투입된 시설이나 인적자원 비용
	기타 비용	상기 이외의 예방활동과 관련한 제비용
평가 비용	도입검사 비용	선박이나 기자재의 구입시 해당 설비의 적합성을 검사하는데 소요되는 비용
	공정검사 비용	선박운항과 관련하여 선박과 설비의 감항성 유지를 위해 행해지는 각종 검사에 소요되는 비용
	완공검사 비용	선박수리나 기자재 설치완료시 최종검사에 소요되는 비용
	내부심사 비용	내부 안전·품질심사와 관련된 비용
	검사기기 보전 비용	검사·시험기기의 유지·정비 및 교정에 소요되는 시간과 비용 및 사외 검교정 수수료
	품질인증 비용	공인된 외부기관으로부터 ISO/ISM 안전·품질인증을 취득하는 데 소요되는 비용
	기타 비용	상기 이외의 검사 및 심사와 관련한 제 비용

[표 13-5]에서 보는 바와 같이 국내·외 일반 제조업체의 품질원가별 구성분포와 비교할 때, 해운기업의 예방비용을 비교하여 해운기업의 예방비용이 일반 제조기업에 비해 높게 나타난 반면, 평가비용은 상대적으로 매우 낮은 수준이며, 실패비용은 다소 높게 나타나고 있다고 하였다.

표 13-6 해운기업의 품질비용 분류(II)

구분	유형별 비용	정 의
내부 실패 비용	폐기 비용	적정기준에 미달함으로써 폐기하는 손실비용
	재작업 비용	회사 책임사유의 재작업(재수리, Cargo Rehanling 등)을 실시할 경우의 비용
	외주불량 비용	사외로부터 구입한 자재나 외주가공품의 불량으로 발생되는 비용
	부적합식별 비용	고장이나 불량의 원인을 규명하는 데 소용되는 시간과 관련된 비용
	시정조치 비용	불량대책을 마련하고 시정하기 위한 회의·시험·조치·보상 등에 투입된 비용, 소요되는 시간과 관련 비용
	신용저하 소실 비용	품질 및 신용상실로 야기된 기대이익의 상실금액
	기타 비용	상기 이외의 내적 실패와 관련한 제 비용

외부 실패 비용	선박손해배상 비용	선박충동 등으로 타선에 이빈 선체 및 기부속의 손상에 대한 수리비, 손해배상비 및 불가동 손실비용
	화물손해배상 비용	화물손해로 인해 화주에게 배상한 비용
	인병재해보상 비용	운송에 관여하고 있는 인적 자원의 사고로 인해 발생한 작업 손실 시간 및 상해보상비용
	오염방제배상 비용	오염사고로 발생한 피해보상과 방제비용 및 벌과금
	육상설비손해 비용	육상설비에 입힌 고장의 수리비용 및 불가동 손실비용
	대품서비스 비용	운송서비스의 결함을 대체하기 위해 제공된 무상서비스 비용
	기타 비용	상기 이외의 외적 실패와 관련한 제 비용

표 13-7 제조기업 품질원가 구성비교

연구자(빌표연도)	예방비용	평기비용	실패비용	자료
Juran(1970)	0.5 ~ 5%	10 ~ 50%	50 ~ 90%	미국
Gryna Jr.(1980)	0.5 ~ 5%	10 ~ 50%	45 ~ 80%	미국
Feigenbaum(1961)	5%	25%	70%	미국
Fegenbaum(1980)	5 ~ 10%	20 ~ 25%	60 ~ 70%	미국
Margan & Ireson(1964)	5 ~ 10%	10 ~ 30%	40 ~ 60%	미국
Kirkpatrick(1970)	10%	25%	50 ~ 75%	미국
Gilmore(1970)	12%	35%	53%	미국
Roertson(1971)	5%	30%	65%	영국
이순룡(1984)	17%	22%	61%	한국
해운기업 평균(2001)	24.3%	3.8%	71.8%	한국

자료: 이순룡, "제품품질원가의 행태분석," 동국대학교대학원 박사학위논문, 1984. p.91에서 재인용.

동 연구에서는 해운기업의 실패비용이 높게 나타나는 현상은 선박운항상의 평가시스템 부족과 비능률적인 예방활동에 그 원인이 있을 것으로 추정할 수 있다고 하였다. 또한 3개 표본기업을 대상으로 한 변인들 간의 단순상관관계를 분석하여 다음과 같은 해운품질원가의 상관관계를 규정하였다([표 13-7] 참조).

① 우리나라 해운기업은 업종(취항항로, 국적, 선종)에 관계없이 품질원가 상호 간에 유사한 영향을 끼치고 있다.
② 총 품질원가과 예방·평가비용이 정의 상관관계를 가지고 있음은 아직까지 우리나라 해운기업의 품질관리가 초기단계에 있음을 사시한다.
③ 기업 간의 평가비용의 많고 적음이 실패비용에 영향을 미친다.
④ 기업 간에 예방비용의 많고 적음이 실패비용에 영향을 미친다.

A. V. Feigenbaum[21]은 품질원가의 효용에 대한연구를 실시하고 효용을 다음 네 가지로 구분하였다. 첫째, 품질원가는 측정평가의 기준으로 이용된다. 둘째, 품질원가는 공정품질의 해석기준으로서 이용한다. 셋째, 품질원가는 계획을 수립하는 기준으로서 이용한다. 넷째, 품질원가는 예산편성의 기초자료로 이용한다.

4) 전략적 원가관리기법으로서의 물류활동기준 원가계산시스템

(1) 의 의

활동기준 원가계산시스템을 전략적 원가관리기법으로 인정하는 이유는 다음과 같으며 보다 자세한 내용은 제 7 장에서 다루고 있다.

첫째, 기존의 원가계산시스템에서 조업도 기준에 따라 무조건 원가를 배부하는 것과는 달리 실제로 고객가치를 증대시키는 작업에만 자원을 할당하기 때문이다. 실제로 미국제조기업의 작업활동 중 50%에서 90%가 부가가치 창출과 관련이 없는 불필요한 작업인 경우가 많다. 이처럼 불필요한 작업활동에 원가를 부단하거나 자원을 할당하게 되면 단위당 원가통제의 역효과가 발생하고 자원 낭비가 발생한다.

둘째, 국제적 우량기업의 특성은 고객가치 증대를 위한 연속활동흐름을 가능한 빠르게 하고 있다. 오늘날과 같이 스피드한 초경쟁환경하에서 기업의 핵심 성공요인으로 중요하게 부각되는 요인으로 저원가, 고품질, 다양한 제품생산뿐만 아니라 고객이 원하는 시점에 원하는 제품과 서비스를 제공할 수 있는 능력인 스피드관리능력이다. 이를 위해서는 적시생산시스템이나 적시제고관리시스템과 같이 적시시스템(Just-in-Time, JIT)과 같은 개념 적용이 필요하다. 미국기업

21) A. V. Feigenbaum, "Total Quality Control," New York: Mcgraw-Hill Co., 1961, p. 52.

은 이처럼 고객가치를 증대시키는 활동이 어떠한 활동인지를 주로 정보에 의하여 판단하고 일본기업은 경험과 직관에 의존에 판단한다. 아무튼 고객가치를 증대시키는 활동이 어떠한 활동인지를 파악하여 원가관리하는 작업활동기준 원가계산시스템의 유용성이 입증되고 있다.

(2) 주요 특징

① 계량적이고 재무적인 자료(가령, 생산수량, 작업시간 등)뿐만 아니라 비재무적 자료(품질만족도, 반품회수, 불량률 등)로도 작업활동결과를 측정하고,

② 고객가치 증대와 관련성 여부를 평가하여 부가가치를 창출하지 않는 작업활동을 발견하여 제거하며,

③ 전사적 품질관리활동(TQC)이나 적시시스템(JIT)에 의해 기존 작업방법을 수정하여 부가가치를 창출하지 않는 작업활동의 원인을 제거하고,

④ 실무작업자에게 작업활동의 고안, 집행권한을 부여하며,

⑤ 발생된 원가는 생산량의 함수가 아니라 작업활동의 함수로 본다.

(3) 활동기준 원가회계시스템(ABC)과 활동기준 경영(ABM)의 관계

그림 13-10 활동기준 원가회계시스템과 활동기준 경영의 관계

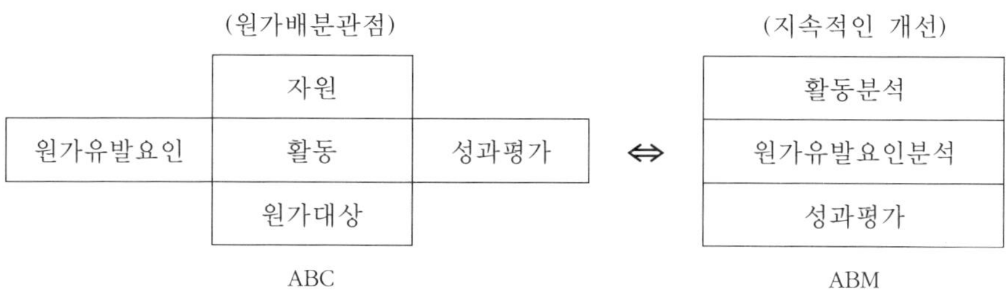

자료: Raffish & Turney Model, 1991 인용.

[그림 13-10]에 나타난 바와 같이, 활동기준 원가회계시스템(ABC)은 원가유발요인을 조업도가 아닌 활동으로 보고 이를 원가대상으로 선정하여 자원을 적정배분하여 원가를 계산하는 고객에 제공된 제품 또는 서비스의 원가계산시스

템이다. 활동기준 경영(ABM)은 활동기준 원가회계시스템(ABC)에 의거하여 활동분석과 원가유발요인분석으로 활동을 수행한 사업부나 임직원의 성과를 적절하게 평가하여 기업목표 달성에 유인하는 동기부여를 제공하는 경영관리시스템이다. 이러한 측면에서 볼 경우, 활동기준 원가회계시스템(ABC)은 활동에 초점을 둔 경영혁신의 실현수단으로 보고 있다.

4. 전략적 원가관리기법으로서 적시물류시스템(JIT)

1) 적시물류시스템의 특징

적시생산관리 또는 적시재고관리 등으로 불리우는 적시물류시스템(Just in Time, JIT)은 물류관리에서 많이 활용하는 전략적 원가관리기법으로서 경영혁신기법이다. 제조기업에서의 적시생산시스템의 개념은 무재고를 달성하기 위해 시장수요에 따라 생산계획을 일(日)단위로 수행하고 생산공정의 신축성과 준비시간(set-up time)의 감소를 목표로 하기 때문에, 수요에 맞는 생산율과 신축성이 결합되어 작은 생산로트(lot) 규모를 만드는 특징을 보이고 있다.

즉, 적시물류시스템의 기본철학은 무재고로 재고의 비효율성을 제고하고 적시에 100% 물류흐름을 완결하며 이러한 과정을 지속적으로 개선하는 경영혁신 개념을 담고 있다. 즉, 제품경쟁력 강화 목적으로 사내외의 물류비와 재고비용 절감 및 고품질을 유지하여 제품시장의 유지 및 확대를 꾀하는 물류혁신기법이다. 이러한 적시물류시스템의 특징을 요약하면 다음과 같다.

- 무재고 추구(물류흐름에서 지연되는 요소를 완전 제거하여 공급사슬망이 파이프라인으로서 막힘없이 원활한 흐름 달성)
- 물류자동화 구축으로 물류비용 절감과 노무비 의존성 감소 추구
- 물류운영시스템의 유연성 개선으로 물류신뢰성, 물류서비스 및 물류품질 제고로 고객만족도 증대

2) 적시물류시스템의 구축과정

이러한 적시시스템의 핵심과정은 [그림 13-11]에 나타나 있다. 이는 기업목표와 전략을 분명히 확인하고 이를 달성하기 위한 프로세스와 활동에 대한 분석

그림 13-11 JIT의 핵심과정

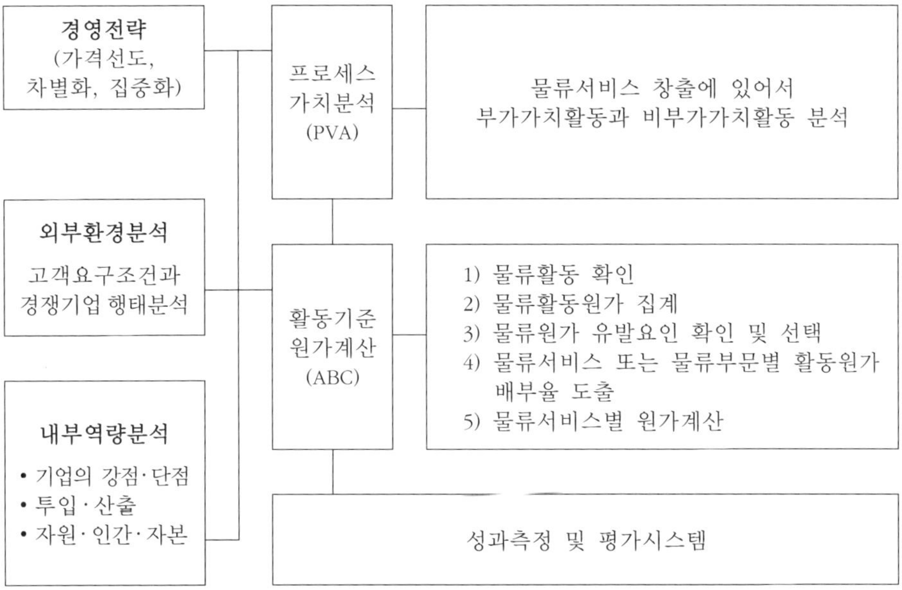

주: PVA, ABC는 이론연구보다는 사례연구로 연구해야 함.

을 하여 가치를 증대시키는 활동을 인식하는 프로세스가치분석(PVA) 과정과 이러한 활동에 대한 전반적인 성과평가와 동기부여를 하여 기업가치를 극대화하는 활동기준 원가회계시스템 그리고 성과측정 및 평가시스템으로 구성된 전략적 원가관리기법으로서의 경영혁신기법이라고 볼 수 있다.

적시물류시스템(JIT)은 물류경쟁력을 확보하기 위한 전략적 원가관리시스템으로서 크게 프로세스가치분석과 활동기준원가계산과정 그리고 성과측정 및 평가시스템으로 구성되어 있다. 이러한 세 가지 프로세스는 기업의 경영전략, 고객의 요건조건과 경쟁기업 행태 및 기업의 내부역량을 고려하여 수행되어야 한다. 이를 요약하면 다음과 같다.

첫째, 기업의 추구하는 경영전략이 무엇인지에 따라 행해지는 물류활동이 물류가치와 상관이 있는 활동인지 아니면 상관이 없는 활동인지를 구분할 수가 있다. 물류가치는 고객의 요구조건을 충족시킬 경우에 달성할 수 있기 때문에 고객요구조건이 무엇인지 파악하는 것이 중요하다. 그뿐만 아니라, 시장상황이나 경쟁기업의 물류행태가 어떠한지도 기업의 의사결정이 중요한 영향을 미칠 수 있기 때문에 물류활동분석에 있어서도 이를 고려하는 것은 필수적이다.

또한 물류서비스를 제공하는 데 있어서 우리 기업의 역량이 어떠한지를 살피는 것도 매우 중요하다. 시장에서 우리 기업이 지니고 있는 강점이 무엇이며 단점은 무엇인지를 파악해야 하며, 물류서비스 제공하는 데 있어 필요한 투입자원이 무엇이고 이에 따라 창출되는 공헌이익이나 산출물이 무엇인지를 면밀하게 하고 이를 실행할 수 있는 내부자원과 종업원의 역량 및 자본역량 등을 면밀하게 살펴서 의사결정하여야만 한다.

둘째, 프로세스가치분석(Process Value Analysis, PVA)는 기업내부 또는 기업외부에서 수행되는 모든 활동을 분석하여 물류가치를 창출하는 데 공헌하는 물류부가가치 활동과 그렇지 않은 비부가가치 활동을 구분해 내는 분석활동이다. 이러한 활동은 제공되는 물류서비스에 대한 물류원가를 계산하는 데 반드시 선행되어야 할 분석과정이다. 제조기업에서는 제품을 생산하는 활동은 조립과 가공하는 생산라인(프로세스)과 검사활동, 재작업활동, 부품이동활동, 저장활동 등으로 구성되는데, 제품가치 증진과 관련없는 재작업활동이나 저장활동은 최소화시키는 프로세스가치 분석활동이다. 해운선사와 같은 전문물류기업이나 일반기업에서의 물류부문에서는 운송활동이나 보관, 하역활동이 주요 물류활동으로서 이들 활동 중에서 가치증진이나 개선에 불필요한 활동과 물류가치 증진과 무관한 활동을 제거 내지는 최소화하기 위한 프로세스가치 분석활동이라고 볼 수 있다.

셋째, 프로세스가치 분석에 의하여 물류활동 분석이 이루어지면, 이에 의거하여 물류서비스 제공을 위해 수행된 물류활동에서 소비한 물류원가를 정확히 계산하기 위해 활동기준 원가계산시스템의 적용이 필요하다. 활동기준원가계산시스템은 물류활동과 관련이 있는 물류원가 유발요인을 확인하여 원가절감 영역을 탐색하여 원가개선 및 절감방안을 강구하는 과정으로서 이미 제 8 장에서 설명한 바와 같이 크게 5단계 과정을 거쳐 이루어진다. 5단계 과정은 첫 단계로 물류서비스 제공에 따른 물류활동을 확인하고, 두 번째 단계는 물류활동별로 자원이 소비된 물류원가를 집계하며, 세 번째 단계는 물류원가를 유발하는 요인(원가동인이라고도 함, Logistics Cost Driver)을 확인하고 선택하는 단계이며, 네 번째 단계는 발생된 물류활동원가를 원가유발요인으로 나누어 활동원가 배부율을 도출하는 단계이며, 마지막 단계는 도출된 활동원가 배부율에다 특정 물류서비스나 물류부문에서 소비된 활동동인량을 곱하여 물류원가를 계산한다.

넷째로, 적시물류시스템(JIT)의 마지막 단계는 물류서비스를 제공하기 위해 수행된 물류활동에서 소비된 물류원가의 적정성 여부를 평가하는 성과측정 및 평가과정이다. 성과측정과 평가에 의해 보상이 제대로 이루어져야만 물류가치 창출을 보다 지속할 수 있고 물류경쟁력을 도모할 수가 있다.

제 14 장

물류성과측정과 평가

물류성과측정과 평가의 목적은 핵심성공요인을 모든 물류프로세스에 연계시켜 지속적 개선을 유인하여 경쟁력을 도모하는 것이다

적정한 성과평가 없이는 물류혁신을 도모할 수 없다. 본 장에서는 물류혁신을 이룩하여 물류경쟁력을 확보하기 위한 적절한 성과측정과 평가 방법론에 대해서 정리하고자 한다.

- 성과측정 및 평가의 필요성과 개념
- 성과평가시스템의 개발과정
- 성과측정 및 평가방법
  - 계량적이고 재무적 지표: 투자수익률, 잔여이익, EVA
  - 비계량적이고 비재무적 지표: 균형성과모형(BSC)

제 1 절 성과측정 및 평가의 필요성과 개념

1. 성과측정의 개념과 정의

측정은 조직구성원의 행동에 영향을 미친다. 즉, 측정된다는 것은 무엇인가 이루어진다는 것을 의미한다. 조직을 변화시킬 수 있는 가장 빠른 방법은 측정시스템을 변화시키는 것이다.[1] 성과측정시스템을 명확하게 이해하기 위해서는 먼저 성과측정과 성과측정치에 대해 정의할 필요가 있다.

Neely et al.(1995)는 성과측정을 행동의 효과성과 효율성을 계량화하는 과정이며, 성과측정치는 행동의 효과성과 효율성을 계량화하는 데 사용되는 수단으로 정의하고 있다.[2] 효과성은 결과를 중시하는 것으로, 고객의 요구사항을 충족시키는 정도로 정의할 수 있으며 효율성은 프로세스를 중시하는 것으로써, 일정수준의 고객만족을 제공할 때 기업의 자원이 얼마나 경제적으로 활용되었는지를 나타내는 측정치이다.

효과성 및 효율성은 두 가지의 기본적인 성과차원을 확인시켜줄 뿐만 아니라, 특정행동을 추구하는 논리적 근거를 제공한다는 점에서 매우 중요하다.[3] 예를 들어, 품질과 관련된 성과차원의 하나인 제품 신뢰성의 경우 효과성은 보다 높은 수준의 제품 신뢰성을 확보함으로써 보다 큰 고객만족을 가져올 수 있다는 것이다.

효율성의 관점에서 본다면 현장에서의 고장이나 제품결함에 따른 배상 및 보상을 줄임으로써 비용을 최소화시키는 것을 의미한다. 성과측정은 기업프로세스의 언어인 동시에 조직이 어떠한 상황에 처해있고 어떤 방향으로 향하고 있는지에 관한 정보를 제공해 준다. 따라서 성과측정은 수립된 목표를 향한 조직의 진척상황을 알려 주고, 결함이나 정체상태를 식별할 수 있게 한다. 이러한 목

---

1) 측정할 수 없다면 관리할 수도 없다(If we can't measure it, we can't manage it)는 문구는 성과측정시스템의 중요성을 강조한 말이다.

2) A. Neely, M. Gregory and K. Platts, "Performance Measurement System Design: A Literature Review and Research Agenda," *International Journal of Operations & Production Management*, Vol. 15. No. 4, 1995, pp. 80~81.

3) N. Slack, *The Manufacturing Advantage: Achieving: Competitive Manufacturing Operations*, Mercury, 1991, pp. 88~89.

적을 달성하기 위해서는 올바른 방법으로 올바른 것을 측정하는 것이 중요하다.

이상에서 논의된 내용을 바탕으로 성과측정을 정의하면 다음과 같다.

> 성과측정이란 사업목표 달성을 지원하고 원가개선 및 프로세스 운영성과 도모에 관련된 조직활동을 동기부여하기 위한 사업활동을 측정하는 프로세스이다(P.M. is a process to define & measure business operation to motivate organizational activity which improve cost and operational performance and support business goals).

2. 성과측정과 평가의 목적

1) 기업의 핵심성공요인이 무엇인지 조직 모든 부서와 종업원에게 공유하게 하며(Relate CFS to all Processes)
2) 프로세스 가치분석을 통하여 원가유발요인의 지속적인 개선으로 실질적인 원가절감을 실현하게 하고(Relate to cost drives(from PVA) for contionous improvement)
3) 적시에 적절한 정보(Timely Information)를 제공하며
4) 원가절감은 물론 고객의 만족과 품질의 향상을 도모하고
5) 보상시스템과 연계하여 기업성과를 달성하도록 동기부여한다(Relate to reward system).

Parker(2000)는 성과측정에 있어서 다음과 같은 점을 고려해야 한다고 주장하였다. 첫째, 성과측정치는 조직과 연계될 필요가 있다. 둘째, 하위단위의 개별 성과측정치는 조직 전체의 성과측정치와 통합되어야 한다. 셋째, 측정은 성과측정시스템에 따라 시스템적으로 이루어져야 한다. 넷째, 측정은 성과에 영향을 미쳐야 한다. 다섯째, 측정치는 신뢰할 수 있어야 한다.[4)]

한편 여러 가지 개별적인 성과측정치는 기업의 성과측정시스템에 도입되어 운영되기 마련이다. 따라서 성과측정의 또 다른 중요한 고려사항은 선정된 성과측정치들이 기업전략과의 연계를 통하여 성과측정시스템으로 도입되어야 한다. 더 나아가 비록 성공적으로 성과측정치가 성과측정시스템에 도입되었다 하더라도, 성과측정시스템 내에서 운영되는 성과측정은 기업환경요인에 의해서 효과성

---

4) C. Parker, "Performance Measurement," *Work Study*, Vol. 49, No. 2, 2000, pp. 64~65.

과 효율성 모두에 영향을 받게 된다. 따라서 적절한 성과측정이란 적절한 개별 성과 측정치의 선정과 이의 성과측정시스템 내의 도입 그리고 전체 기업환경과의 적절한 조화 등이 모두 고려되어야 할 것이다.

성과측정을 위한 틀을 개별적 측정단계, 성과측정시스템단계, 기업환경과의 단계로 구분한다면 각 단계에 따른 분석방향은 달라질 수 있으며, 이러한 성과측정을 위한 틀은 다음과 같은 점을 시사하고 있다.5)

첫째, 개별성과측정치만으로 기업성과를 파악하는 것은 기업 전체의 관점에서 볼 때 극히 일부분에 지나지 않는다. 둘째, 개별 성과측정치 간의 일정한 연계성이 존재할 수 있다. 셋째, 개별 성과측정치와 기업전략 및 기업환경과의

표 14-1 측정수준에 따른 고려사항

개별적인 성과 측정치	어떤 성과측정치가 사용되어야 하는가? — 이해가능성, 목표적합성 등 측정지표의 설정기준
	성과측정치는 무엇을 위해 사용되어야 하는가? — 성과측정의 목표
	성과측정치를 얻는 데 비용이 얼마나 드는가? — 비용-효익기준에의 부합성
	성과측정치는 어떠한 효익을 제공하는가? — 측정의 목적
성과측정 시스템	모든 적절한 요소(내부적, 외부적, 재무적, 비재무적)들이 포함되었는가? — 다양성
	개선율과 관련이 있는 측정치가 도입되었는가? — 성과개선에 기여도
	기업의 장·단기 목표와 관련이 있는 측정치가 도입되고 있는가? — 목표와 관련성
	측정치가 수평적·수직적으로 통합되어 있는가? — 측정지표의 포괄성, 의사소통기능
	측정치들 간의 갈등은 없는가? — 측정지표의 일관성
기업환경	측정치가 기업의 전략을 강화시키는가? — 전략관리도구로의 유용성
	측정치가 조직의 문화에 부합되는가? — 조직 및 상황적합성
	측정치가 기존의 인식 및 보상구조와 일치하는가? — 구성원 수용성과 보상과 연계
	측정치가 고객만족에 초점을 맞추고 있는가? — 성과측정의 초점과 목표
	측정치가 경쟁력 유지에 초점을 맞추고 있는가? — 성과측정의 초점과 목표

자료: A. Neely, M. Gregory and K. Platts, op. cit., 1995, pp. 81~83.

5) A. Neely, M. Gregory and K. Platts, op. cit., 1995, p. 81.

일치에 대한 추구는 성과측정을 위한 보다 타당한 접근방향을 제시할 수 있다. 이에 대한 각 단계별 고려사항을 정리하면 [표 14-1]과 같다.

[표 14-1]과 같이 성과측정은 개별적 단위에서 독립적으로 이루어지는 것보다 기업 전반에 걸친 다양한 요소를 함께 고려하여 측정하는 것이 보다 바람직하다. 또한 다수의 기준선정과 그들 간의 관계설정은 기업성과 평가에 크게 영향을 미칠 수 있다.

그러나 이러한 개별적인 성과측정치가 기업의 전략적 방향과 일치되는 것이 중요하지만, 이와 같은 전략과의 일치성은 기업별로 다르게 접근될 수 있다. 따라서 기업의 전략적 방향 및 기업환경과의 일치성은 일반화된 연구로는 적용될 수 없으며, 기업별로 성과측정시스템을 구축하는 과정에서 고려되어야 한다.

3. 전통적 모델과 신규 모델 간의 차이점

전통적인 성과측정 및 평가모델과 오늘날 새로운 성과측정 및 평가모델 간의 차이점을 설명하면 다음의 [표 14-2]와 같다.

표 14-2 전통적(Traditional) 모델과 신규(New) 모델 간의 차이점

구 분	전통적 성과측정 모델	신규 성과측정 모델
측정대상	부서 또는 기능(생산부, 영업부, 개발부 등)	프로세스 중심
정보유형	목표대비 실적의 재무적 차이 (financial variance)	목표대비 실적의 재무적 차이 및 비재무적 차이(financial & non financial variance) — 고객만족감, 품질, 납기준수 등)
측정기간	단기(주당순이익, 매출이익률 등)	장기(판매성장률 증대, 핵심성공요인 및 프로세스 개선 등)

첫째, 전통적인 모델에서는 성과측정과 평가가 부서별로 독립적으로 수행되었기 때문에 부서 간의 유기적인 협력이 미흡하여 부서의 이익이 오히려 조직 전체성과 증진에 역행하는 역기능이 빈번하게 발생하였고 부서간의 갈등이 많이 성과측정과 평가의 본래목적이 심하게 왜곡되는 현상이 발생하였다. 이러한 문제점을 해결하기 위해 새로운 모델하에서는 부서별 평가가 아니라 팀워크

(Teamwork)를 강조하는 프로세스 중심의 성과측정과 평가가 수행되고 있다.

둘째, 성과측정 정보유형면에서도 전통적인 모델에서는 주로 목표대비 실적의 재무적 차이(financial variance)로 부서의 성과를 측정하여 평가하였다. 즉, 측정대상인의 부서의 투자수익률, 매출이익률, 매출액규모, 순이익 등의 재무제표상의 재무적 및 회계적 자료에 의거하여 평가하였다. 이러한 재무적 수치중심의 성과측정을 활용하는 이유는 화폐가치로 계량화가 가능하기 때문에 측정과 평가가 용이하고 최고경영자나 주주는 구체적이고 세세한 운영지표보다는 이러한 결과의 요약정보인 재무적인 성과정보를 더 선호하고 경영자에 대한 평가가 주로 재무적인 성과지표이기 때문이다. 그러나 구체적인 업무활동에 대한 정확한 평가가 이루어지기 힘들기 때문에 일선현장에서 수행되는 품질관리활동, 고객만족활동의 중요성을 종업원들에게 정확하게 인식시키기 위한 현장활동에 대한 비재무적 성과지표가 필요하다. 이에 따라 신규모델에서는 불량률, 생산공정시간, 반품률, 고객만족감, 품질, 납기준수 등과 같은 비재무적인 자료를 활용하여 성과를 측정하고 있다. 다음 [표 14-3]은 재무적 성과지표와 비재무적 성과지표를 비교한 것이다.

표 14-3 재무적 성과지표와 비재무적 성과지표의 비교

특 징	재무적 성과지표	비재무적 성과지표
지 향 성	결과지향적	과정지향적
시 야	단기적	장기적
자료성격	회계 및 재무 자료	생산운영 및 마케팅 자료
구 체 성	추상적임	구체적임

셋째로 측정 및 평가기간도 전통적인 모델에서는 주로 연차별, 반기별 또는 분기별로 단기의 성과를 측정하고 있지만 신규모델에서는 측정대상인 프로세스의 기업의 핵심성공요인인 판매성장률 증대, 저원가 달성 정도, 고품질 유지 및 프로세스 개선 여부 등과 같은 중장기적인 목표의 달성에 초점을 맞추어 측정하고 평가하고 있다.

표 14-4 연도별 기업의 경영관리 시스템의 변화과정

연도	1970년대	1980년대	1990년대 이후
경영관리 초점	외형(규모) 확대	이익극대화	기업(주주 및 고객)가치 극대화
조직구조	부서별 기능 중심조직 (원가 중심점)	사업부 중심조직 (이익 중심점)	사업부 중심조직 (가치 중심점)
목표설정과 경영계획 방식	물량 중심의 Bottom-up (하위상달식)	이익 중심의 Top-down (상위하달식)	가치 중심의 Top-down (상위하달식)
성과측정과 평가시스템	- 외형수주와 비용분석 - 재무분석 중심	- 다차원 수익성분석제품, 고객, 유통채널 중심 분석	- 부가가치 프로세스분석(PVA)에 의한 가치창출요인 탐색 - 핵심성공요인과 핵심성과지표분석
보상시스템	- 물량성장성 중심보상	- 이익성과 중심보상	- 부가가치 · 핵심성과지표달성 보상
성과관리 시스템	재무회계시스템	손익관리시스템	전략적 경영관리시스템

연도별 기업의 경영관리 시스템의 변화과정을 보면 [표 14-4]에서 보는 바와 같이 1970년대에는 경영관리초점이 외형(규모) 확대로서 성과측정 및 평가도 기능조직인 부서별로 매출액과 매출원가, 영업비규모와 같은 외형 중심이고 재무회계자료 중심으로 수행되었다. 그러나 기업이 직면하고 있는 환경이 보다 경쟁적인 상황인 1980년대에는 단순한 외형 증대보다는 이익창출력에 초점을 맞추어 사업부 중심의 경영관리를 하였다. 이 시대의 성과측정과 평가도 고객에게 판매되는 제품, 고객, 유통채널중심의 다차원 수익성분석에 의한 이익 중심의 보상이 주류를 이루어 성과관리도 손익 중심의 경영관리에 초점을 맞추는 경영시대이었다.

1990년 이후에는 기업가치를 중시하는 가치경영시대이다. 기업의 소유주인 주주의 부와 기업가치의 궁극적인 근원인 고객의 가치를 실현하기 위해 기업활동과 기업조직을 어떻게 관리할 것인가에 초점을 맞추는 경영관리시대이다. 가치경영을 위해 기업조직을 가치를 창출하는 사업부 중심(가치중심점, value center)으로 개편하여 사업부에서 수행하는 모든 활동에 대한 부가가치 프로세스분석을 통하여 가치창출 유발요인을 탐색하여 핵심성과지표를 관리하고 이에 따라 성과를 측정하고 관리하는 경영관리시대이다. 가치를 창출하는 활동을 분석하는 데에는 재무적 지표만으로는 불가능하고 비재무적 지표를 활용해야 하기 때문에 오늘날 전략관리 및 성과측정과 평가시스템은 재무적 지표와 비재무적 지표의 균형을 고려하는 균형성과표(BSC)에 의한 성과측정 및 평가시스템이 구축되어 활용되고 있는 실정이다.

제 2 절 성과측정과 평가시스템 개발과정

성과평가의 목적은 조직을 관리 및 운영하는 사람들의 사고와 행태를 바꾸어 조직성과를 극대화하는 것이다. 이러한 목표를 달성하기 위한 성과평가시스템이 적정하게 구축되기 위한 개발과정은 다음과 같이 네 단계로 구성되어 있다.

1단계: 기업의 핵심성공요인 확인과정

성과평가시스템 구축과정의 첫 단계는 성과평가의 목적인 기업의 핵심성공요인을 파악하는 단계이다. 우리 기업이 무엇을 하는 것인지, 그리고 기업의 목표달성을 위해서 가장 필요한 분야가 무엇이며 성과평가로 도출되는 핵심결과가 무엇인지를 분명하게 파악하는 단계이다.

기업의 핵심성공요인(Critical Success Factor, CSF)은 크게 내부요인과 외부요인으로 구분할 수 있는데, 기업이 추구하는 비전이나 목표에 따라 다를 수 있다.

1) **내부적 핵심성공요인(internal CSF):** 원가(cost) 절감, 이익(profit) 극대화, 생산성(productvity) 증대, 생산시간(cycle time) 감축, 불량률(rate of defacts) 감소, 적시배송(on time delivery) 등
2) **외부적 핵심성공요인(external CSF):** 매출성장률(sales growth) 증대, 시장규모(market share) 확대, 고객만족(customer satisfaction) 제고, 품질(quality) 향상 등

Kaplan과 Norton(1992)은 바람직한 성과측정지표가 개발되기 위해서는 네 가지 관점에 의해 핵심성과지표(Key Performance Index, KPI)들이 개발되어야 한다고 주장하였다.[6)]

첫째, "비전을 달성하기 위하여 우리 회사는 고객에게 어떻게 보여야 하는가?"라는 고객관점으로써 고객에게 가치를 전달하기 위하여 시간, 품질, 서비스, 비용 등을 고객의 입장에서 지표화하는 것을 의미한다.

둘째, "주주와 고객을 만족시키기 위하여 우리 회사는 어떤 내부 프로세스에 탁월해야 하는가?"라는 내부 프로세스 관점에서 고객관점을 만족시키기 위하여 경영관리 측면에서 필요한 프로세스·의사결정·조직을 통한 기업의 강점에 대한 지표들로 이루어져 있다.

셋째, "비전을 달성하기 위하여 우리 회사는 변화하고 또한 이를 개선하는 능력을 어떻게 유지할 것인가?"라는 학습 및 성장관점에서 기업이 기존제품과 프로세스를 지속적으로 개선시키도록 하며, 이에 따라 기업을 동태적인 환경에 유연하게 대처할 수 있는 능력이 지표화되어야 한다는 것이다.[7)]

마지막으로 "재무적으로 성공하기 위하여 우리 회사는 주주에게 어떻게 보여야 하는가?"라는 재무관점으로써 이는 기업의 전략, 업무수행이 실질적으로 주주의 이익실현에 얼마나 공헌하였는가를 보여주는 지표이다.

Kaplan과 Norton(1993)은 성과측정치를 선정할 때 무엇보다 중요한 것은 기업의 입장뿐만 아니라 고객의 입장도 충분히 반영하는 성과측정치를 선정해야 한다는 것이다.[8)] 또한 성과측정치를 선정할 때 핵심성공요인을 식별하여 네 가지 관점 각각에 있어 일반적으로 3~5개 정도의 핵심성과측정치를 구성하는 것이 바람직하다고 한다. 이는 너무 많은 것을 측정하게 되면 잘못된 것을 측정하는 오류를 범할 수 있기 때문이다.

---

6) R. S. Kaplan and D. P. Norton, "The Balance Scorecard-Measures That Drive Performance," *Harvard Business Review*, January-February, 1992, pp. 71~79.

7) Kaplan과 Norton은 1992년도 초기시기에는 '혁신과 학습(Innovation and Learning)관점'이라는 표현을 사용하였으나 1996년부터 '학습과 성장(Learning and Growth)관점'이라고 표현을 바꾸었다.

8) R. S. Kaplan and D. P. Norton, "Putting the Balanced Scorecard to Work," *Harvard Business Review*, September-December, 1993, p. 86.

2단계: 성과측정치 개발단계

1단계에서 기업의 핵심성공요인을 확인하게 되면 이를 효율적이고 효과적으로 달성하기 위해서는 종업원을 어떻게 동기부여할 것인가를 고려하여 성과측정지표를 개발하여야 한다. 동기부여 중심의 전략적 성과평가시스템이 되기 위해서는 조직이 추구하는 혁신목표를 전 구성원이 공유가능토록 유인하고 이를 위해서 피평가자에 미치는 효과를 사전에 충분히 감안하여 측정치를 개발하여야 한다. 외부고객만족지수(Customer Satisfaction Index, CSI)뿐만 아니라 내부종업원만족지수(Employee Satisfaction Index, ESI)가 무엇인지를 파악하여 성과측정치를 개발하는 것이 중요하다. 적절한 성과측정지표를 개발하기 위해 고려하여야 할 조건은 다음과 같다.

적절한 성과측정지표 개발을 위한 다섯 가지 지침(조건)

1) 성과측정지표는 모든 구성원이 충분히 이해가능하고 명확·단순해야 한다(Simple & easy to understand)

성과측정의 목적은 기업목표를 달성할 수 있도록 모든 조직구성원의 사고와 행동을 유인하는 것이므로 구성원이 성과측정의 목표를 충분히 이해하고 명확하여야만 성과측정과 평가를 수용할 수 있다. 종업원이 납득할 수 없는 성과측정은 오히려 조직의 갈등과 유발시키고 조직목표 달성을 저해하기 쉽다.

2) 성과측정지표는 계량화가 가능하고 측정가능해야 한다(Quantitative & Measurable)

성과측정지표가 모호하거나 평가자의 판단에 따라서 상이하게 측정되면 피평가자의 갈등과 불만을 야기시킬 수가 있다. 따라서 성과측정지표는 누구나 인정할 수 있게 분명하게 측정되어야 하므로 가급적이며 객관적으로 계량화되어야 하며 측정가능하여야 한다.

3) 성과측정지표는 원가유발요인과 연계되어야 한다(Relate to cost drives)

성과측정지표는 조직에서 투입된 자원대비 산출물이다. 따라서 조직구성원이 업무를 수행하는 활동에 대한 자원 소비 정도가 정확하게 연계되어 측정되어야만 구성원의 업무수행활동을 정확하게 측정할 수가 있다. 해당 구성원의 업무활동과 관련이 없거나 관리할 수 없이 발생하는 자원소비(원가)를 측정하게 되면 측정의 왜곡되고 피평가자의 불만과 반말을 야기하게 된다.

4) 성과측정지표는 재무적 지표뿐만 아니라 비재무적 지표로도 측정되어야 한다(Both financial & non financial Index)

전통적인 성과측정지표는 측정의 간편성을 고려하여 투지수익률이나 매출액 등의 재무적인 수치로 개발되었으나, 오늘날 조직이나 구성원의 활동이 다양해짐에 따라 재무적인 지표로만 성과를 측정할 수 없는 경우가 많다. 즉, 고객만족도, 품질개선활동, 협력업체와의 유대관계, 조직 이미지 제고활동, 조직성과를 제고할 수 있는 창의적인 아이디어 고안활동, 동료들과의 원만한 인간관계 등과 같은 요인들은 조직성과 창출에 매우 중요한 활동이지만 재무적인 수치로 계량화할 수 없는 것들이다. 성공적인 성과측정과 평가가 되기 위해서는 이러한 요인들을 적절하게 측정할 수 있는 비재무적인 성과측정지표가 개발되어야 한다.

5) 성과측정지표는 원가-효익 기준에 부합되고 자료수집이 가능해야 하며 적절하게 정보로 보고되어야 한다(Cost-Benifit, Data collection, Information Reporting)

아무리 좋은 성과측정지표이더라도 측정지표를 개발하는 데 드는 비용에 비하여 성과측정으로부터 얻는 이익(효익)이 적을 경우에는 적합한 성과측정지표라고 볼 수 없다. 조직활동이나 인간활동에서 가장 기본으로 고려해야 하는 것이 원가-효익기준이다. 경제적인 의사결정이나 활동이 되기 위해서는 반드시 투입되는 자원(원가)에 비하여 그로부터 얻는 이익(효익)이 커야 한다. 이는 관리회계의 대명제이기도 하며 인간의 경제적 행위의 근간이 되기도 한다. 또한 적절한 성과측정지표가 되기 위해서는 객관적인 자료수집이 가능해야 하고 해당 구성원이나 조직에 적절하게 보고되어야만 구성원의 반발과 갈등을 방지할 수가 있다.

기업성과는 항상 동일한 차원 내에서 존재하는 것이 아니다. 일반적으로 기업성과의 적절한 측정을 위해서는 성과측정의 대상, 자료의 형태 및 특성, 측정치의 상대성 그리고 성과 간의 인과관계 등 여러 사항을 함께 고려해야 한다.

다음은 적절한 성과측정지표가 개발되기 위해서 연구한 학자들의 주장하는 내용들이다.

Eccles(1991)는 새로운 성과측정지표를 선택하는 방안에 대하여 다음의 몇 가지 사항을 고려해야 한다고 주장하였다. 첫째, 부문, 부서, 개인의 목표가 고객의 요구와 일치되도록 측정지표가 마련되어야 한다. 둘째, 측정지표개발에 종업원의 참여가 필요하다. 셋째, 측정치는 업무방식의 개선과 관련된 지표가 포함되어야 하고 이를 바탕으로 종업원의 참여를 통해 종업원 자신이 분위기를 주도하는 방향으로 이루어져야 한다.[9] 이러한 주장은 거시적 혹은 포괄적 접근을 통한 기업성과 측정의 위험성을 지적한 것이다. 또한 그는 단순히 수치의 나열로 이루어지는 단편적인 성과측정은 기업의 지속적 성장에 아무런 기여를 하지 못한다고 주장하였다.

Neely et al(1995)은 성과측정을 위한 세 가지의 기본적인 접근방향을 제시하였다. 첫째, 성과측정치에 중요한 영향을 미칠 수 있는 모든 적합한 차원들을 망라한 개별 성과측정치들을 설정한다. 둘째, 이들 개별 성과측정치들을 통합하는 성과측정시스템들을 구축한다. 그리고 마지막으로 구축된 성과측정시스템과 기업환경과 관계를 파악한다. 이들은 개별 성과측정치의 내용으로 품질·시간·원가 및 유연성을 제시하였다.[10]

Schneiderman(1999)은 훌륭한 성과측정치의 특성을 다음과 같이 제시하고 있다.[11] 첫째, 이해관계자의 만족을 반영한다. 둘째, 개선해야 할 부분을 지속적으로 관리함으로써 성과개선을 도모할 수 있도록 약점이나 결점 등을 중심으로 지속적으로 평가한다. 셋째, 단순하고 이해하기 쉽다. 넷째, 명확하고 일관성 있게 구체적으로 정의되어 있다. 다섯째, 성과측정치를 사용하는 사람들이 쉽게 접근할 수 있다. 여섯째, 성과표상에 나타난 차이의 근본적인 원인을 규명하는 시스템에 연계되어 있다. 마지막으로 지속적인 검토와 수정을 하기 위한 공식적인 프로세스가 존재한다.

이상에서 살펴본 바와 같이 성과측정의 차원과 접근법은 매우 다양하다. 따

9) R. G. Eccles, "The Performance Measurement Manifesto," Harvard Business Review, January-February, 1991, pp. 131~137.

10) A. Neely, M. Gregory and K. Platts, op. cit, 1995, p. 86.

11) A. M. Schneiderman, "Why Balanced Scorecard Fail," Journal of Strategic Performance, January, 1999, pp. 6~11.

라서 이들 제안들이 공통적으로 제안하는 몇 가지의 특성을 파악할 필요가 있다. 최근까지의 성과측정에 관한 문헌에 나타나는 성과측정치의 주요 특성을 요약하면 [표 14-5]와 같다.

표 14-5 성과측정치의 주요 특성

특 성	연 구 자
전략으로부터 도출	Globerson(1985), Maskell(1989), Dixon et al.(1990), Lynch and Cross(1991), Neely et al.(1996), Kaplan and Norton(1992)
확실한 목적을 가지고 명확하게 정의	Globerson(1985), Neely et al.(1996)
관련성이 있고 유지하기 쉬어야 함	Maskell(1989), Lynch and Cross(1991)
이해하고 사용하기 위해 단순해야 함	Maskell(1989), lynch and Cross(1991), Neely et al.(1996), Kaplan and Norton(1992)
빠르고 정확한 피드백을 제공	Globerson(1985), Dixon et al.(1990), Maskell(1989), Neely et al.(1996)
운영목표와 전략목표와의 연계	Lynch and Cross(1991)
지속적인 개선을 유인해야 함	Lynch and Cross(1991), Neely et al.(1996)

3단계: 성과측정시스템 개발

세 번째 단계는 제 2 단계에서 개발된 성과측정지표를 기반으로 측정시스템을 구축하는 단계인데 다음과 같이 세 가지 조건을 갖추어야 한다.

첫째, 성과측정시스템은 조직목표에 적합해야 한다(Goal congruence).

성과측정의 목표는 조직구성원이 조직목표를 달성하도록 유인하는 것이다. 따라서 성과측정시스템 자체가 조직목표 달성을 유인할 수 있게끔 구축되어야 하는 것은 당연하다. 기업이 직면하고 있는 상황이 수시로 변함에 따라 조직목표도 이에 맞게 변하는 오늘날과 같은 환경하에서는 성과측정시스템도 이에 맞게 수정되어야 한다.

둘째, 성과측정시스템은 통제가능해야 한다(Controllable).

성과측정은 각 부문이나 구성원들에게 주어진 권한이나 책임의 수행 여부를 평가하는 것이며 업무수행의 책임과 권한이 주어진 단위를 책임회계단위 또는 책임중심점(Responsibility Center)이라고 한다. 이러한 책임회계단위별로 부여된 업무수행의 권한범위 내에서 적절한 성과측정지표로 업무수행의 적절성 여부를 평가하는 것을 책임회계(Responsibility Accounting)라고 한다. 기업의 책임중심점은 크게 원가소비에 책임과 권한이 있는 원가중심점(Cost Center), 수익창출에 책임과 권한이 있는 수익중심점(Revenue Center) 그리고 투자활동에 책임과 권한이 있는 투자중심점(Investment Center)으로 구성된다.

원가중심점은 일반제조기업의 경우 공장의 각 부문이며 물류회계에서는 물류원가를 발생시키는 운송활동, 보관활동, 하역활동 등을 수행하는 부문이며 수익중심점은 일반적으로 기업의 마케팅 또는 영업부서이며, 투자중심점은 기업의 징·단기 투자의사결정에 책임과 권한이 있는 기획조정실이 이에 해당한다. 이처럼 부문이나 개개인들이 통제가능한 업무와 원가소비활동에 대해서 성과측정과 평가가 이루어져야 하는 것을 통제가능성의 원칙(Controllability Principle)이라고 한다. 통제 또는 관리할 수 없는 성과측정시스템은 무용지물이다. 계획대비 실적에 대한 적절한 성과측정이 이루어지면 반드시 이에 대한 수정조치가 이루어져야 한다. 시스템이 환경에 적응하고 외부환경으로부터 지속적으로 자원을 받기 위해서는 외부에 산출물(제품, 서비스, 성과 등)을 내놓아야 한다. 외부에 출하하는 산출물이 목표에 미달할 경우에는 내부 경영활동이 문제가 있다는 것이므로 이에 대한 적절한 통제(또는 피드백)가 필요하다.

이러한 통제(피드백) 기능은 크게 두 가지 유형이 있는데, 하나는 소극적인 피드백(Negative Feedback)으로서 성과와 목표를 비교하여 수정조치(피드백)를 하는 것으로 생산한 제품의 품질 여부를 검사하는 품질관리가 이러한 통제유형이다. 또 다른 통제유형은 적극적인 피드백(Positive Feedback)으로서 성과(결과)를 예상목표로 유인하는 통제유형으로서 기업에서 행하는 각종 판매촉진정책이 이러한 통제유형이다.[12] 성과측정시스템에서 소극적인 피드백(Negative Feedback)은 목표대비 미달되는 실적에 상응하는 벌칙(penality)을 부과하는 것이지만 오늘날

12) 윤재홍·안기명·안영면, 「현대경영학원론」, 박영사, 2002년.

조직에서는 거의 사용하지 않고 있다. 적극적인 피드백(Positive Feedback)은 성과가 미달되는 원인을 찾아내어 원인을 치료하고 동기부여 함으로써 자극적으로 조직목표 달성에 기여하도록 유인하는 것으로서 오늘날 대부분 조직에서는 이러한 구성원의 업무에 대한 자율적인 책임의식을 강화시키는 인센티브제도를 많이 활용하고 있다.

셋째, 성과측정시스템은 반드시 보상시스템과 연계되어야 한다(Relate to Reward System).

성과를 유인하기 위해서는 적절한 보상이 주어져야 한다. 성과가 측정되면 이에 대한 보상이 반드시 이루어져만 성과측정의 효과를 달성할 수 있는 것이다. 보상시스템은 구성원의 목표달성을 위한 행동을 유인하는 동기부여 시스템 또는 인센티브 시스템을 의미한다. 조직이 보유하고 있는 자원이나 조직문화, 직면하고 있는 외부환경, 구성원의 개성과 행태 등을 고려하여 최적의 보상시스템의 구축이 성공적인 성과측정시스템의 구축에 필요불가결한 요소이다.

4단계: 보고메커니즘 개발

성과측정과 평가의 근본적인 목적은 조직의 비전과 목표를 조직 전체에 전파하여 모든 구성원들이 공유하고 이러한 조직목표달성에 구성원들을 유인하는 것이다. 따라서 이를 위한 적절한 보고메커니즘 개발이 필수적이다. 바람직한 보고메커니즘이 되기 위한 조건으로는 첫째로, 단순하고 이해하기 쉽게 보고되어야 한다는 것이다. 성과측정과 평가보고서가 너무 복잡하고 난해하면 조직구성원이 이를 납득할 수가 없어 성과측정과 평가 자체가 무용지물이 되기 수비다. 둘째로는 원가-효익기준에 부합해야 한다. 아무리 좋은 보고메커니즘이라도 구축에 드는 비용에 비하여 그로부터 얻는 혜택이 낮을 경우에는 역시 바람직한 보고시스템이라고 볼 수 없다. 셋째로는 적시에 보고되어야 한다는 점이다. 조직목표달성에 구성원의 행위를 효과적으로 유인할 수 있도록 적시에 적절한 보고가 이루어져야만 성과평가의 효과를 극대화할 수 있을 것이다. 이러한 보고메커니즘이 되기 위해서는 보고되는 정보의 유형과 양이 다음과 같은 두 가지 조건이 충족하여야 한다.

1) 성과평가 정보를 이용하는 의사결정계층에 따라 정보의 유형(Types of Information)이 달라져야 한다.

그림 14-1 의사결정계층에 따른 필요한 성과정보유형

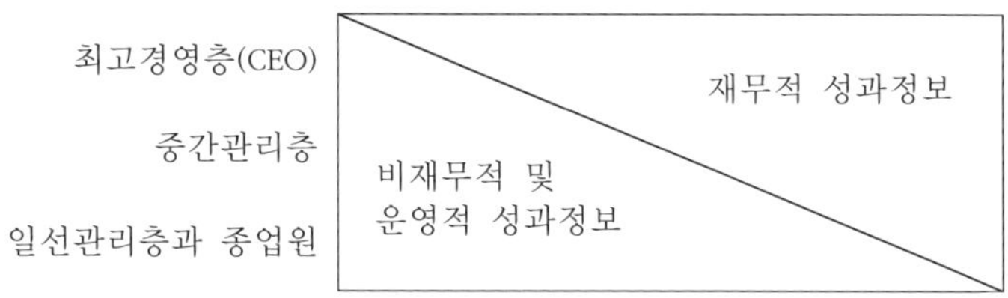

최고경영층은 올해의 매출목표나 목표투자수익률 및 목표이익 등과 같은 포괄적인 재무적인 경영지표에 주로 관심이 많다. 따라서 조직의 상위층인 최고경영층에게 보고되는 성과평가보고서는 주로 재무적인 평가정보로 구성되어야 한다. 이에 반하여 일선현장에서 작업을 하는 현장종업원이나 일선관리자는 주로 반복적으로 수행하는 현장업무가 제대로 효율적으로 수행되는지에 대한 성과지표에 관심심이 많다.

따라서 이들에게 필요한 성과평가정보는 재무적 지표보다는 일선현장업무의 효율적인 수행 여부를 측정 및 평가할 수 있는 비재무적이고 운영적인 정보형태(작업방법, 공정흐름, 작업생산성 등)로 구성되는 것이 바람직하다. 중간관리층은 최고경영층과 일선관리자간의 의사소통을 매개하고 부서 간의 업무를 조정하는 역할을 주로 수행하기 때문에 이들에게는 재무적 성과지표와 비재무적인 현장성과지표가 적절하게 조화된 형태가 유용하다([그림 14-1] 참조).

2) 성과평가 정보를 이용하는 의사결정계층에 따라 정보의 양(Amount of Information)이 달라져야 한다.

일선관리계층이나 일선종업원에게는 현장에서 수행되는 작업이 제대로 이루어지기 위한 세세한 작업방법이나 운영지침 등과 같은 세분화되고 자세한 정보가 필요하기 때문에 정보의 양도 많다. 그러나 최고경영층에게는 기업의 핵심역량이나 핵심성공요인을 관리할 수 있는 핵심적이고 중요한 정보만이 필요하지 일선현장관리 정보까지는 알 필요가 없다. 따라서 전통적인 성과평가시스템

표 14-6 물류성과측정 및 평가시스템의 개발과정

<table>
<tr><th>단계</th><th>핵심요인</th><th>내 용</th></tr>
<tr><td rowspan="2">STEP 1</td><td rowspan="2">핵심성공 요인확인</td><td>물류 핵심역량강화요인 탐색 및 평가결과의 영향 진단</td></tr>
<tr><td>① 내부요인(internal): 물류원가(수익성), 물류생산성, 운송시간, 하역시간, 운송서비스
② 외부요인(external): 매출성장률, 시장규모, 고객만족도, 물류품질</td></tr>
<tr><td></td><td>↓</td><td></td></tr>
<tr><td>STEP 2</td><td>측정지표 개발</td><td>개발지침(Guide lines)
- 구성원들이 이해하고 쉽고 수용가능
- 측정가능하고 계량화가능성
- 물류원가 발생과 연계가능성(원가유발요인)
- 재무적 지표와 비재무적 지표
- 성과평가의 효익존재, 객관적인 자료 수집가능성</td></tr>
<tr><td></td><td>↓</td><td></td></tr>
<tr><td></td><td>물류프로세스 가치분석</td><td>부가가치활동과 비부가가치활동 분석으로 원가유발요인 진단</td></tr>
<tr><td></td><td>↓</td><td></td></tr>
<tr><td>STEP 3</td><td>측정시스템 개발</td><td>개발지침(Guide lines)
- 기업의 물류목표에 적합성
- 통제 및 관리가능성(주어진 책임과 권한수행 여부)
- 보상시스템과 연계가능성</td></tr>
<tr><td></td><td>↓</td><td></td></tr>
<tr><td>STEP 4</td><td>보고메커니즘 개발</td><td>개발지침(Guide lines)
- 구성원들이 이해하고 쉽고 수용 가능
- 적시 보고체제 확립
- 계층별 성과보고정보의 양과 질의 결정
- 적절한 보상체제와 연계
- 기업목표달성 유인에 기여 가능성</td></tr>
</table>

하에서 보고되는 성과정보도 일선관리층이나 종업원에게 정보가 가장 많고 그 다음으로는 중간관리층이고 최고경영층이 제일 적게 보고되었다. 그러나 오늘날과 같이 경쟁이 치열하고 의사결정이 신속하게 이루어져야하는 상황하에서 부서 간의 조정과 의사소통이 주요시되고 있기 때문에 중간관리층은 수직적 및 수평적 의사소통과 조정을 원할히 하기 위해 성과평가정보를 가장 많이 인지하고 있어야 한다([표 14-6] 참조).

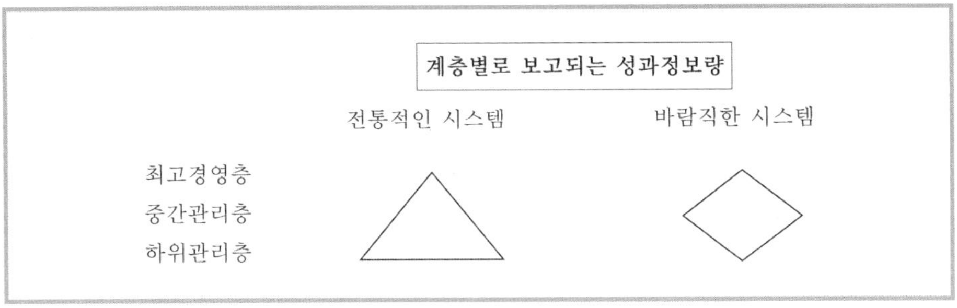

제 3 절 성과측정치의 유형

1. 투자수익률(ROI) — 전통적인 투자성과 평가지표

투자수익률(Return on Investment, ROI)은 가장 대표적인 수익성비율(Profitability ratio)이다. 수익성비율은 기업의 수익창출능력을 평가하기 위하여 계산되는 비율로서 주로 투자평가기준으로 많이 활용되고 있는 재무비율이다. 이 비율계산에서 분모는 투하된 자본이며 분자는 투하자본으로 산출된 이익으로 표시하고 있다.

$$\text{투자수익률} = \frac{\text{투자이익}}{\text{투자자본}}$$

투자이익은 순이익, 영업이익, 경상이익, 매출총이익, 법인세차감전순이익 등을 주로 이용하고 투자자본은 총자본(총자산), 자기자본, 자본금, 영업자본 등을 활용하여 분석목적에 맞는 수익성비율을 산출하고 있다.

투자성과지표로 활용되고 있는 투자수익률은 기업에서 투자한 총자본(= 총자산)에 대해 얼마나 이익을 산출하였는가를 나타내는 총자본이익률 또는 총자산이익률이다. 총자산이익률은 당기순이익을 총자산으로 나눈 비율로서 기업이 보유하여 운용하고 있는 모든 자산에 대한 수익창출능력을 나타내는 지표이다. 즉, 이 비율은 기업이 보유하고 있는 모든 자산의 효율적 이용에 따른 포괄적인 수익성을 나타내 주는 지표로 투자평가기준으로 일반적으로 활용되고 있다. 또한 이 지표는 미국의 대표적인 종합화학회사인 듀퐁사가 개발하여 투자성과지표로 처음 활용하였다고 해서 듀퐁분석지표라고도 한다.

이 비율을 다음과 같이 세분하여 살펴보면 보다 기업의 수익성을 면밀히 관찰할 수가 있다.

$$\text{총자산이익률(ROI)} = \text{매출이익률} \times \text{총자산회전율}$$

$$\frac{\text{이익}}{\text{총자산}} = \frac{\text{이익}}{\text{매출}} \times \frac{\text{매출}}{\text{총자산}}$$

매출이익률(Return on Sale)은 매출수익성 평가지표로 당해기업의 판매정책, 신용정책 및 가격정책의 효과성을 측정하는 지표이며, 총자산회전율(Asset Turnover)은 총자산 운용상태의 평가지표로서 자산평가, 고정자산임차 여부, 자산규모의 적정성 여부에 대한 지표이다. 따라서 총자산이익률은 이러한 두 지표의 결합에 의해 도출되므로 기업이 보유하고 있는 모든 자산의 평균수익성, 즉 전반적인 영업효율의 측정지표이라고 말할 수가 있다.[13)]

사례를 들어 투자수익률에 의해 다음의 두 기업의 성과를 비교해보자. 두 기업 모두 총자산투자액은 모두 2,000억이고 당해 연도의 매출액은 1,000억원으로 같고 비용항목이 다음과 같다.

(단위: 억원)

손익항목	A 기업		B 기업	
	금액	비율(%)	금액	비율(%)
1) 매출액	1,000	100	1,000	100
2) 매출원가	500	50	600	60
3) 매출총이익	500	50	400	40
4) 판매관리비	200	20	150	25
5) 영업이익	300	30	250	25

13) 백태영, 「원가관리회계」, 신영사, pp. 590~592.

1) 두 기업의 투자수익률을 계산해보면, 총자산회전율은 같으나 A기업에 비하여 B기업의 매출이익률이 낮아 투자수익률이 낮게 나타나고 있다. 동일한 투자규모하에서 비용이 많이 발생하는 기업이 수익성이 낮아 투자수익성도 낮아지는 것은 당연한 이치이다.

$$\text{A기업 투자수익률} = \frac{300}{1,000} \times \frac{1,000}{2,000} = 30\% \times 50\% = 15\%$$

$$\text{B기업 투자수익률} = \frac{250}{1,000} \times \frac{1,000}{2,000} = 25\% \times 50\% = 12.5\%$$

2) 만일 A기업의 총자산투자규모는 2,000억원이고 B기업의 총자산투자규모가 절반인 1,000억원이고 여타 항목들은 동일하다면, B기업의 총자산회전율이 두 배로 증대하여 투자수익률이 두 배로 높아졌다. 투자수익률은 매출수익성뿐만 아니라 투자한 자산을 얼마나 효율적으로 활용하였는가에 따라서 영향을 받는 종합적인 성과평가지표로 활용되고 있다.

$$\text{B기업 투자수익률} = \frac{250}{1,000} \times \frac{1,000}{1,000} = 25\% \times 100\ \% = 25\%$$

매출이익률과 총자산회전율을 더 세분하여 기업의 종합적인 수지상태와 자산관리 여부를 파악할 수가 있다.

$$\text{매출이익률} = \frac{\text{이익}}{\text{매출}} = \frac{\text{매출} - \text{비용}}{\text{매출}} = 1 - \frac{\text{비용}}{\text{매출}}$$

$$= 1 - \frac{\text{매출원가}}{\text{매출}} - \frac{\text{영업비용}}{\text{매출}} - \frac{\text{영업외비용}}{\text{매출}} - \frac{\text{특별비용}}{\text{매출}}$$

$$\text{총자산회전율} = \frac{\text{매출}}{\text{총자산}} = 1 \div \frac{\text{총자산}}{\text{매출}}$$

$$= 1 \div \left(\frac{\text{유동자산}}{\text{매출}} + \frac{\text{고정자산}}{\text{매출}}\right)$$

$$= 1 \div \left(\frac{\text{현금성자산}}{\text{매출}} + \frac{\text{매출채권}}{\text{매출}} + \frac{\text{재고자산}}{\text{매출}} + \frac{\text{기타유동자산}}{\text{매출}}\right.$$

$$\left. + \frac{\text{유형자산}}{\text{매출}} + \frac{\text{무형자산}}{\text{매출}} + \frac{\text{투자 및 기타자산}}{\text{매출}}\right)$$

(단위: 억원)

항 목	현 재	추가 사업	사업 추가 후
이 익	15	4	19
투자액	100	40	140
투자수익률	15%	10%	13.6%

3) 투자수익률 평가의 역기능

투자수익률은 비율이기 때문에 비율의 특성으로 투자의사결정을 왜곡시키는 역기능이 발생하기 때문에 주의하여야 한다. 이를 사례를 들어 설명하면 다음과 같다.

현재 100억원을 투자하여 15억원의 이익을 내고 있을 경우 투자수익률은 15%이다. 추가로 40억원을 투자하여 4억원의 이익을 내는 추가 사업에 투자할 경우, 총투자액은 140억원이고 총이익은 19억원으로 사업 추가 후 투자수익률은 13.6%가 된다. 투자수익률이 15%에서 13.6%로 낮아지기 때문에 경영자는 추가 사업을 포기하려 할 것이다. 만일 투자의 기준이 되는 요구수익률이 6%이라면 추가사업의 투자수익률이 10%이기 때문에 기업은 추가사업에 투자함으로써 총수익을 증대시킬 수 있지만 사업추가 후의 투자수익률의 하락으로 인한 자신의 성과가 낮아지는 것을 회피하기 위해 투자를 기피하는 투자의 역기능문제가 발생하는데 이를 준최적화(Sub-optimization) 문제라고 한다.

이러한 문제를 회피하기 위한 것이 잔여이익에 의한 투자성과를 평가하는 것이다.

2. 잔여이익방법 — 자본비용을 고려한 이익

잔여이익(Residual Income)은 영업이익에서 투자액의 조달비용인 자본비용을 공제한 금액이다. 일반적으로 자본비용은 조달되는 자금형태에 따라 다르다. 주식을 발행하여 자기자본을 조달할 경우에는 주주에게 지급되는 배당금으로 결정되는 배당수익률로 계산되며 차입금의 경우는 지급이자이다. 외부에서 조달되지 않은 여유자금이더라도 자기자금에 대한 기회비용(정확히는 암묵적 원가로 외부에서 차입할 경우 지급될 이자금액)만큼은 고려하여야만 사업투자의 성과를 정확히 평가할 수가 있다. 왜냐하면 사업의 기회비용 이상으로 수익이 창출되지 않으면 사실상 투자가치가 없기 때문이다. 또한 투자되는 사업의 성과를 평가하는 데에는 사업의 위험수준도 고려하여야 한다. 위험이 높은 사업일 경우에는 위험에 상응하여 위험에 대한 보상(프리미엄)이 높아야만 투자가치가 있다고 볼 수 있기 때문이다. 따라서 이러한 요소들을 모두 고려하여 기업에서는 투자사업의 성과평가기준이 될 수 있는 수익률을 최저필수수익률(Minimum Necessary Rate of Return) 또는 요구수익률(Required Rate of Return)이라고 하며 이 요구수익률에 투자액을 곱한 금액 이상의 이익이 발생하여야만 투자가치가 있다고 볼 수 있다.

잔여이익 = 영업이익 − (투자액 × 요구수익률)

가령 요구수익률이 6%이고 상기 사례를 잔여이익방식으로 추가사업의 투자성과를 평가해 보자.

(단위: 억원)

항 목	현 재	추가 사업	사업 추가 후
이 익	15	4	19
투자액	100	40	140
자본비용	6 (100×6%)	2.4 (40×6%)	8.4 (140×6%)
잔여이익	9	1.6	10.4

상기 표를 살펴보면, 현재의 잔여이익은 9억원이지만 요구수익률 6%를 초과하는 추가사업을 실행함으로써 사업 추가 후의 잔여이익이 10.4억원으로 증대되어 기업수익성이 높아지므로 투자하는 것이 바람직하다는 결론을 내리게 된다. 만일 경기가 악화되고 기업의 재무조건이 악화되어 자본비용이 커져서 요구수익률이 11%로 높아졌다고 할 추자사업의 투자 성과를 평가해 보자.

(단위: 억원)

항 목	현 재	추가 사업	사업 추가 후
이 익	15	4	19
투자액	100	40	140
자본비용	11 (100 × 11%)	4.4 (40 × 11%)	15.4 (140 × 11%)
잔여이익	4	△ 0.4	3.6

상기 표에서 계산된 바와 같이 요구수익률이 11%로 높아졌을 경우, 추가사업의 잔여이익이 -0.4억원이 되어 회사 전체의 잔여이익이 4억원에서 3.6억원으로 감소하게 된다. 즉 요구수익률이 추가사업의 투자수익률보다 높은 경우에는 추가사업의 잔여이익이 손실이 발생하여 전체 투자성과가 감소하여 투자해서는 안된다는 결론을 얻게 된다. 이에 따라 잔여이익을 다음 같은 식으로 표현할 수가 있다.

잔여이익 = 영업이익 - (투자액 × 요구수익률)
= 투자액 × (영업이익 / 투자액 - 요구수익률)
= 투자액 × (투자수익률 - 요구수익률)

3. 경제적 부가가치(EVA) — 현금흐름을 고려한 기업가치 평가기준

1) 도입배경

회계처리를 현금주의에서 하는 것이 아니라 실질적인 경제적인 거래나 사건발생에 입각한 발생주의에 의해 수행하기 때문에 손익계산서에서 계산된 이익과 현금흐름과는 일치하지 않는다. 따라서 손익계산서상에 이익이 많이 발생하였더라도 현금은 한 푼도 없을 수 있다. 따라서 이익중심의 경영을 할 경우 오늘날처럼 경제 불황으로 재고가 누적되고 매출채권 회전율이 저조할 경우에는 현금 이외의 자산에 현금이 묶여서 이익이 발생하더라도 현금부족으로 흑자도산하는 기업이 흔히 발생한다. 또한 손익계산서상의 이익은 타인자본에 대한 이자비용만 고려하고 자기자본에 대한 비용은 반영하지 않고 있어 주주입장에서의 기업가치 증대로 볼 수 없다.

이와 같은 한계점을 극복하고자 1980년대 후반에 미국의 경영컨설팅사인 Stern Stewart & Co.는 새로운 경영평가 지표로 기업의 현금창출능력을 고려한 포괄적인 이익개념인 경제적 부가가치(EVA, Economic Value Added)를 개발하였고 이러한 EVA는 기존 손익계산서뿐만 아니라 대차대조표상의 항목들에 대한 여러 조정과정을 거쳐 현금흐름에 입각하여 기업의 기본활동인 영업활동을 통해 창출된 영업이익을 바탕으로 타인자본뿐 아니라 자기자본에 대한 비용도 함께 고려하였다. 우리나라에서는 한국신용평가정보(주)나 한국증권거래소에서 매년 주요 기업의 경제적 부가가치를 발표하고 있다.

2) 개념과 정의

경제적 부가가치(EVA)는 회계상 공포된 세후 영업이익에서 자본비용을 차감한 잔액을 말하며, 현금흐름의 현재가치에 의한 투자수익이 자본비용을 초과하는 크기의 합계로 계산된다. 여기서 자본비용이란 투자자(채권자 및 주주)들이 제공한 투하자본에 대한 비용이라는 개념으로, 외부차입에 의한 타인 자본비용과 주주 등의 이해관계자가 제공한 자기자본비용의 가중평균값(WACC)말한다. 경제적 부가가치(EVA)는 투자된 자본을 빼고 실제로 얼마나 이익을 냈는가를 보여주므로, EVA를 통해 기업경영을 점검해 나간다면 모든 경영활동의 목표를 현금흐름의 유입을 기준으로 기존사업의 구조조정, 신규 사업의 선택, 업무흐름을 재구축시킴으로써 기업의 현금흐름을 개선시키고 궁극적으로 기업가치를 제고시킬 수 있으며 주주가 투자한 자기 자본에 대한 재무상의 이익을 측정할 수 있는 성과 평가에도 활용할 수 있다.

경제적 부가가치(EVA) = 세후영업이익 − 투자자본비용

세후영업이익(NOPLAT: Net Operating Profit Less Adjusted Taxes)
= (영업이익 + 영업외손익 및 특별손익 중 영업손익조정) × (1 - 유효법인세율)
= (영업관련 경상이익 - 법인세)

투자자본비용 = (타인자본비용 + 자기자본비용)
= 투하자본 × 세후 가중평균자본비용(WACC: Weighted Average Capital Cost)
투자자본(IC: Invested Capital) = 이자가 발생하는 부채 + 자기자본
= 조정자산 - 무이자 부채
= 유동자산 + 고정자산(연구비 자산화와 비영업자산 제외) - 무이자 부채

(1) 투자자본(IC: Invested Capital)은 이자비용을 발생시키는 타인자본인 부채와 자기자본의 합이다.

단기부채인 유동부채 중에서 대부분을 차지하는 매입채무(외상매입금)는 이자가 발생하지 않으므로 투자자본에서 제외하고 이자를 발생시키는 단기차입금과 지급어음은 포함시킨다. 장기부채인 비유동부채는 대부분 이자가 발생하는 회사채와 장기차입금으로 구성되기 때문에 포함된다. 수선충당금이나 퇴직급여충담금과 같은 부채성충당금은 이자가 발생하지 않기 때문에 제외된다. 자기자본(대차대조표 자본총액)은 이자가 발생하지 않지만 기회비용이 발생하므로 투자자본에 포함된다.

(2) 가중평균자본비용(WACC: Weighted Average Capital Cost)은 타인자본과 자기자본의 자본비용을 구성비율(자금규모이며 장부가액보다는 시가로 하는 것이 보다 정확함)로 가중평균한 값이다.

(2-1) 부채인 타인자본의 자본비용은 실제 지급된 이자비용이나 기업이 발행한 회사채의 수익률을 사용하는 데 이자비용에 법인세율을 곱한 금액만큼 법인세절감효과(Tax Saving Effect)가 발생하기 때문에 이를 제외하고 산출한다.

$$\text{부채비용} = \text{실질이자율} \times (1 - \text{법인세율})$$

$$\text{실질이자율} = \frac{\text{명목이자} - \text{사용이 제한된 예금}}{\text{명목차입금} - \text{제비용} - \text{사용이 제한된 예금}}$$

한편 타인자본은 고물가 시대에는 인플레에 따른 실질 이자비용의 감소라는 내재 이익을 누릴 수 있는 장점이 있기 때문에, 타인 자본의 도입규모와 시기가 매우 중요한 요인이 된다. 인플레이션을 감안할 때의 부채비용은 다음과 같이 산출된다.

$$\text{물가상승률을 고려한 실질이자율} = \frac{\text{실질이자율}}{(1 + \text{물가상승률}) \times (1 - \text{법인세율})}$$

(2-2) 자기자본의 기회비용은 주주에게 귀속되는 몫인 배당금으로 측정된다. 따라서 발행된 주식당 배당률은 배당금을 주가로 나누어서 계산하는 배당평가모형과 발행된 주식의 기대수익률(위험조정수익률)을 계산하는 자본자산가격모형(CAPM, Capital Asset Pricing Model)이 있다. CAPM에 의한 위험조정수익률은 주식발행기업의 위험수준을 나타내는 체계적 위험계수(β_i)와 자본시장의 초과수익률(Market Risk Premium)인 $(R_m - R_f)$을 곱한 금액에다 국공채 또는 예금과 같은 무위험(Risk-free) 자산의 수익률을 합한 금액으로 계산한다. R_m은 자본시장의 평균수익률(Expected Rate of Return of Market)로서 종합주가지수의 예상 연평균 성장률이 사용될 수 있다. 즉, i 주식의 기대수익률은 $R_i = R_f + \beta_i \times (R_m - R_f)$와 같이 계산된다.

그러나 CAPM에 의한 위험조정수익률 계산에서 해당주식의 체계적 위험계수(β_i)의 객관적인 추정이 쉽지가 않으므로 다음과 같은 고든(Gordon)의 배당평가모형에 의해 자기자본의 자본비용을 산출한다.

$$\text{자본금 자본비용} = \text{시가배당률} + \text{배당성장률} = \frac{\text{배당금}}{\text{주가}} + \text{배당성장률}$$

그러나 우리나라의 자본시장이 아직도 효율적이지 못해 이러한 모형들을 그대로 쓴다는 것은 무리이다. 즉 한국 자본시장의 역사가 짧고 성숙도가 낮아 시가배당이 아닌 액면배당률이 시행되고 있을 뿐 아니라, 기업의 가치 성장에 따라 반드시 배당이 성장되는 추세도 아니므로 고든(Gordon)의 배당평가모형 적용은 무리이며 다음과 같이 현실적으로 자본비용을 도출한다.

$$\text{자본금 자본비용} = \frac{\text{평균배당률} \times \text{주식액면가액}}{\text{발행비용을 공제한 주식의 발행가격}}$$

자기자본은 주식을 발행하여 조달된 자본금 이외에도 영업이익이 유보된 이익잉여금(유보이익)이 있다. 주주의 입장에서는 유보이익에 대해 최소한 보통주의 수익률만큼을 요구할 것이므로 유보이익에 대한 자본비용도 보통주 비용에 준하여 계산해야 한다. 따라서 유보이익의 자본비용 산출시에 보통주의 순발행가격을 사용하는 대신에 시장가격을 사용하게 되어 보통주의 자본비용과 약간의 차이가 있다. 결국 유보이익의 자기자본 비용은 보통주의 자기자본비용보다 다소 낮게 나타나게 되는데, 이는 발행비용과 보통주의 할인 발행에서 비롯된 것이다.

$$\text{유보이익 자본비용} = \frac{\text{평균배당률} \times \text{주식액면가액}}{\text{보통주식의 시장가격}}$$

따라서 가중평균자본비용(WACC)은 다음과 같이 계산한다.

$$\begin{aligned}\text{가중평균자본비용(WACC)} &= \text{타인자본비용} + \text{자기자본비용} \\ &= \text{실질이자율}(1 - \text{법인세율}) \times \frac{\text{부채}}{(\text{부채} + \text{자기자본})} + \text{자본금비용}\end{aligned}$$

$$\times \frac{\text{자본금}}{(\text{부채} + \text{자기자본})} + \text{유보이익비용} \times \frac{\text{유보이익}}{(\text{부채} + \text{자기자본})}$$

* 구성비율 계산에서 부채규모나 자기자본은 시장가격으로 하는 것이 정확한데 시장가격(시가)의 확인이 불가능할 경우에는 장부가액으로 계산한다. 이익잉여금은 유보이익은 장부가액으로 할 수밖에 없다. 일반적으로는 주식으로 발행하여 조달된 자본금이나 유보이익 모두 자기자본항목으로 자본금과 유보이익을 구분하지 않고 통합하여 자본비용을 계산하고 있다.

(3) 경제적 부가가치는 잔여이익과 유사하지만 다음과 같은 점에서 차이점이 있다.

첫째, 법인세를 고려한다는 점이다. 법인세는 실질적인 현금유출로서 투자의사결정에서 반드시 고려되어야 한다. 경제적 부가가치(EVA)는 한 기업의 실질적인 경제적 이익을 계산하기 위한 재무적 성과측정 방법으로서 세후 영업이익에서 세후 자본비용을 차감하여 계산하고 있다는 점이다.

둘째, 경제적 부가가치(EVA)는 이익개념보다는 현금흐름을 고려한 조정된 이익개념이다.

세후영업이익(NOPAT) 계산은 영업이익에서 영업외 손익항목 중 영업관련 항목을 조정한 것으로 가장 대표적인 것은 연구비이다. 회계기준에서 연구비 지출은 전부 당기비용으로 처리하나 연구비 지출은 실질적인 자산가치, 즉 경제적 부가가치 창출에 기여한다고 보고 투자자산에 산입하고 연구비상각분만 비용으로 차감하여 영업이익을 조정한다. 그리고 특별손익 영업손익조정 항목으로는 자산평가 및 처분손익으로서 영업이익에서 조정한다.

연구개발비를 경제적 부가가치를 산출하는 데 고려해야 하는 이유를 사례를 들어 설명해보자. 2009년부터 2013년까지 연구개발에 대한 투자가 없을 경우 투자액이 50억원이고 자본비용률이 연간 10%이며 매년 세후영업이익은 15억원일 경우 경제적 부가가치는 매년 10억원씩 발생하고 있다.

(a) 연구개발 투자가 없는 초기 상황

(단위: 억원)

항목	2009년	2010년	2011년	2012년	2013년
세후순영업이익	15	15	15	15	15
자본비용	5	5	5	5	5
EVA	10	10	10	10	10

(b) 연구개발비 투자가 10억원이고 2009년부터 5년간 수익흐름이 다음과 같을 때 내부수익률(IRR)을 계산하면 31%가 되기 때문에 투자가치가 매우 높은 투자이다.

(단위: 억원)

항목	2009년	2010년	2011년	2012년	2013년
투자수익흐름	4	3	5	5	5

이러한 연구개발비를 현행회계기준에 따라서 비용처리하였을 경우 경제적 부가가치를 계산하면 다음과 같다.

(단위: 억원)

항목	2009년	2010년	2011년	2012년	2013년
세후순영업이익	15	15	15	15	15
연구비투자의 이익	-6	-3	2	7	12
자본비용	5	5	5	5	5
EVA	4	7	12	17	22

2009년도 연구개발투자이익은 초기투자액 10억원에서 1차년 수익인 4억원을 공제하여 -6억원이고 2010년도는 2차년 투자수익까지 공제한 금액으로 -3억원 그리고 2011년부터는 투자액을 회수하고도 남는 금액인 2억원(10억원 - 4억원 - 3억원 - 5억원)이 된다. 2012년과 2013년도는 5억원씩 추가되어 7억원과 12억원로 계산되고 있다. 따라서 2011년부터는 경제적부가가치가 크게 발생함에도 불구하고 2009년도와 2010년도 경제적 부가가치는 4억원과 7억원으로 연구개발투자를 하지 않은 초기부터 훨씬 낮기 때문에 연구개발투자를 하지 않으려고 할 것이다. 이러한 문제점을 해소하기 위해 연구개발비를 자본화할 경우 자본화이익과 이에 따른 자본비용을 조정하여 경제적 부가가치를 계산하면 다음과 같다.

(단위: 억원)

항목	2009년	2010년	2011년	2012년	2013년
세후순영업이익	15	15	15	15	15
연구비자본화의 이익	2	3	6	9	12
조정된 자본비용	5.9	6.6	7.1	7.4	7.5
EVA	11.1	11.4	13.9	16.6	19.5

상기 표에서 연구개발비 자본화이익은 수익누계액에서 연구개발비상각누계액을 공제한 금액이다. 즉 2009년도 연구개발비 자본화이익은 2009년도 투자수익 4억원에서 1차년 연구개발비상각액인 2억원을 공제하여 2억원이고 2010년도는 2차년까지 투자수익누계액인 7억원에서 2차년 연구개발비상각액인 2억원과 전년도 상각액 2억을 포함한 상각누계액 4억원을 공제한 금액으로 3억원이다. 이러한 방식으로 계산하면 2011년부터 2013년까지는 각각 6억원, 9억원, 12억원이 된다. 조정된 자본비용은 초기투자액 50억에 연구개발비 평균투자의 누계액을 합산한 금액이다. 즉 2009년도에는 2009년도 기초투자액이 10억원이고 기말장부가액이 8억원이므로 평균투자액은 9억원이 된다. 이 금액에 초기투자액인 50억원에 합산한 59억원에 10%를 곱하면 5.9억원이 된다.

초기상태, 연구개발비를 비용화했을 경우 그리고 자본화하였을 경우의 연도별로 경제적 부가가치(EVA)를 도표로 표시하면 다음과 같다.

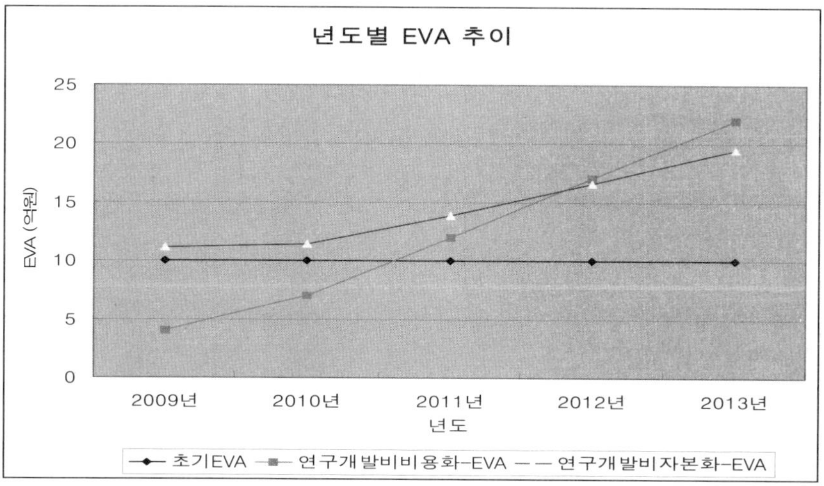

(4) 경제적 부가가치(EVA)는 현금흐름과 부가가치 창출 측면에서 측정된 개념이다.

부가가치는 회사의 이익을 주주에게 귀속되는 순이익에 국한하지 않고 기업의 이해관계인(Stakeholders)에게 귀속되는 이익으로 볼 수 있다. 이러한 부각가치는 창출 측면과 분배 측면에서 측정될 수 있는데 경제적 부가가치(EVA)는 현금흐름과 부가가치 창출 측면에서 측정된 개념이고 기업경영분석통계에서 흔히 이용되는 개념은 분배 측면에서 접근한 개념이다. 분배 측면에서의 부가가치는 기업 자체의 부가가치(주주의 몫)인 영업잉여(Operating Surplus, 영업손익 + 대손상각비 - 금융비용)에 종업원의 몫인 인건비와 채권자 몫인 금융비용, 정부의 몫인 조세공과 그리고 재투자분인 감가상각비를 합한 금액으로 구성하고 있으며, 손익계산서와 제조원가명세서(해운선사에서는 운항원가명세서)에 나타난 해당항목들을 합산하여 산출하고 있다.[14] 이 중에서도 가장 핵심인 기업자체의 부가가치(주주의 몫)인 영업잉여와 종업원의 몫인 인건비 및 채권자 몫인 금융비용을 합쳐서 요소비용 부가가치라고 한다.

이렇게 도출된 경제적 부가가치(EVA)는 기업의 수익과 주주 또는 채권자들이 기대하는 최소한의 수익과의 차이의 추정치이다. 또한 시장기반 부가가치(MVA)는 기업의 주가로 계산되기 때문에 부서 또는 사업부별로 측정이 불가능하지만 경제적 부가가치(EVA)는 부서(전략적 사업단위, SBU) 수준에서 계산될 수 있다. 자기자본 측정과는 달리 경제적 부가가치(EVA)는 유량(flow)이며 일정기간 동안 성과평가를 위해 활용될 수 있고 영업이익이나 순이익과 같은 단순한 회계적 이익과도 달리, 경제적 가치를 고려하고 기업은 반드시 운영비용과 자본비용을 충당해야 된다는 사고에 기반한 것이다.[15]

자기자본 비용을 포함한 모든 자본비용을 고려함으로써 EVA는 한 회계기간에 기업이 창출하거나 잃어버린 재산상황을 보여준다. 다시 말하면, EVA는 주주가 정의하는 이익으로 볼 수 있다. 만일 주주가 그들의 투자에 대해 10%의 수익을 기대하고 있다면, 세후영업이익(NOPAT) 중에서 투자한 자본의 10%만 자신들의 지분이고 초과하는 수익분은 위험이 높은 사업에 투자하여 기업에 축적되는

14) 한국은행, 「기업경영분석」, 2007.

15) www.12manage.com 인용. 참고도서: S. David Young, Stephen F. O'Byrne, *EVA and Value-Based Management*. Aswath Damodaran, *Investment Valuation: Tools and Techniques for Determining*. James R. Hitchner, *Financial Valuation: Applications and Models*.

경제적 부가가치로 보는 것이다. 그러므로 EVA는 어떠한 의사결정이 주주를 위한 의사결정인지를 판단하는 데에 도움을 줄 수 있으며, EVA의 지속적인 증가로 인해 기업의 시장가치(주가)는 증가할 것이다. 따라서 EVA는 조직 목표를 설정하고 성과 측정 및 기업 가치분석도구로서 유용하게 활용되고 있다

4. 투자여부결정을 위한 가중평균자본비용(WACC)의 활용

가중평균자본비용을 계산한 후 이를 투자분석지표로서 활용하고자 하는 경우에는 다음과 같은 제한적 요인을 고려해야 한다.

첫째, 새로운 투자의 조달자금은 기존의 투자구성 비율과 동일하게 조달되어야 이미 산출된 가중평균 자본비용을 수익성의 지표로서 사용할 수 있다. 자본 구성비가 다른 경우에는 자기 자본비용과 타인 자본비용을 개별 추정한 뒤, 투자 1차년도 또는 정상가동 1차년도의 투자사업에 대한 자본 구성비를 적용하여 가중평균 자본비용(WACC)을 산출하는 방법이 적용될 수 있을 것이다.

둘째, 새로운 투자 안의 위험이 기업의 기존 경영위험과 동일하여야, 이미 계산된 가중평균자본비용으로 새로운 투자안을 평가할 수 있다. 위험도가 다를 경우에는 동종업체의 자본비용을 개별 추정한 뒤, 투자사업에 대한 자본구성비를 적용하여 계산하는 방법이 활용될 수 있다.

셋째. 자본비용은 시장가치에 의해 결정되어야 하나, 우리나라 자본시장의 현실상 산출된 시장가치의 적정성 문제로 인하여 시장가치 대신에 장부가치 이용도 고려할 수 있다. 그러나 이때 실제가치를 제대로 반영시킬 수 없다는 문제점이 발생한다. 따라서 투자수익률 평가시 사용하는 자본비용(Cut-off Rate)인 할인율을 산출할 때, 미래의 불확실성에 따른 사업의 위험보상 프리미엄과 내부적으로 설정한 목표이익률도 고려되어야 한다. 다음은 가중평균 자본비용(WACC)를 고려하여 선박투자 여부를 결정하여 보자.

〈최적자본구조 결정 사례문제〉

H 해운회사는 2000년 12월 31일 현재 다음과 같은 자본구조를 나타내고 있다.

부채(9%)	8,000,000원
자기자본	12,000,000원
보통주자본금	3,000,000원
유보이익	9,000,000원
총자본	20,000,000원

차년도에 신규선박에 투자하기 위해 가능한 투자재원을 조사해보니 이용가능한 자금원은 다음과 같다.

1) 유보이익 1,000,000원(자본비용 10%)

2) 외부 자기자본(신주발행)

0~2,000,000원	자본비용 = 11.1%
2,100,000~5,000,000원	자본비용 = 12%
5,100,000~8,000,000원	자본비용 = 15%

3) 타인자본(부채조달)

0~2,000,000원	자본비용 = 9%
2,100,000~4,000,000원	자본비용 = 10%
4,100,000~6,000,000원	자본비용 = 11.5%

법인세율(t)는 50%이고 최적자본구조를 유지하기 위한 부채비율이 총자본의 40%일 경우 다음 물음에 답하시오.

물음 1. 선박투자금액이 15,000,000원이고 법인세차감 후 평균수익률이 11%일 경우, 신규 투자금액의 가중평균자본비용을 계산하여 투자의 적정 여부를 판단하라.

물음 2. 투자계획을 5백만원 단위로 분할이 가능하고 각 투자안의 수익률이 모두 11%라면, 투자금액이 5백만원 증가할 때마다 한계자본비용을 계산하여 최적투자금액을 계산하라.

물음 3. 물음 2의 세 투자안의 수익률이 10%, 11%, 12%일 경우에는 어떠한가?

(해답 1) 물음 1의 경우, 선박투자금액 15,000,000원 조달의 자본비용을 계산하면,

1) 타인자본 15백만원 × 0.4 = 6천만원

타인자본 자본비용 2,000,000 × 9%(1 − 0.5) = 90,000원
2,000,000 × 10%(1 − 0.5) = 100,000원
2,000,000 × 11.5%(1 − 0.5) = 115,000원

소 계 **6,000,000원** **305,000원**

2) 유보이익 자본비용 1,000,000원 × 10% = 100,000원

3) 신주발행자본비용 2,000,000 × 11.1% = 222,000원
3,000,000 × 12% = 360,000원
3,000,000 × 15% = 450,000원

소 계 **8,000,000원** **1,032,000원**

가중평균자본비용(K_w) = 총자본비용 / 총자본조달액 = 1,437천원 / 15백만원
= 9.58%

결론: 투자수익률(11%)이 자본비용(9.58%)보다 크기 때문에 선박투자가치가 있는 것으로 평가된다.

(해답 2) 투자재원을 5백만원 단위로 조달할 경우, 현재 부채비율 40%를 유지할 경우, 부채규모는 2백만원이며 점차 자본비용이 낮은 것부터 조달함.

1) 제 1, 5백만원 조달시 자본비용

타인자본 2,000,000 × 9%(1 − 0.5) = 90,000
유보이익 1,000,000 × 10% = 100,000
신주발행 2,000,000 × 11.1% = 222,000
412,000원

K_w = 총자본비용 / 총자본조달액 = 412천원 / 5백만원 = 8.24%

2) 제 2, 5백만원 조달시 자본비용

타인자본 2,000,000 × 10%(1 − 0.5) = 100,000
신주발행 3,000,000 × 12% = 360,000
460,000원

K_w = 총자본비용 / 총자본조달액 = 460천원 / 5백만원 = 9.2%

3) 제 3, 5백만원 조달시 자본비용

타인자본 2,000,000 × 11.5%(1 − 0.5) = 115,000

신주발행 3,000,000 × 15% = 450,000

565,000원

K_w = 총자본비용 / 총자본조달액 = 565천원 / 5백만원 = 11.3%

선박투자여부 평가: 1, 2 투자안은 투자가치가 있으나 제 3 투자안 자본비용이 투자수익률을 초과하여 투자가치가 없으며 총투자규모는 1천만원이다.

경제적 부가가치(EVA) 개념에 의한 가치경영의 필요성의 역사적 배경

1970년대를 주당순이익(EPS) 증대에 초점을 맞춘 경영시대라 하면, 1980년대는 LBO에 의한 경영시대라 할 수 있으며, 그 이후의 시대를 경제적 부가가치(EVA)에 의한 가치창조경영의 시대라고 할 수 있겠다. 이는 각 시대에 따라 그 시대에 주류를 이루는 경영지표가 무엇인가에 따른 구분이다. 각 시대의 주요 경영지표의 흐름을 살펴봄으로써, 어떠한 배경에서 경제적 부가가치(EVA)가 주요 경영지표가 되었는가를 살펴보기로 하겠다. 미국에서 70년대까지는 경상이익의 증가를 통한 주당순이익, 즉 EPS의 증가가 기업가치(주가)의 증가로 이어지는 것으로 생각되어 왔고 이에 따라 각 기업들은 경상이익의 증대 및 안정화를 위해 비관련 업무에로의 사업다각화를 추구하여 기업의 Conglomerate화를 추진하여 왔다.

그러나 당초 기대대로 EPS은 안정적으로 성장하고 있음에도 불구하고 다수의 Conglomerate의 주가는 특정분야에 특화하는 동 유사기업의 주가수준보다 낮아지는 현상을 보였다. 1965년 이후의 미국기업의 EPS 추이를 살펴보면, 1970년까지는 거의 횡보경향을 보이다 이후 1980년까지 연 11.5%의 높은 성장을 기록하였다. 이와 대조적으로 주가수익비율(PER)은 1970년대에 지속적으로 하락하는 경향(1970년대 PER의 하락률은 연평균 11%였음)을 보였다. 결국, EPS는 증가하는 반면 PER는 하락세를 보여 1970년대의 미국기업의 주가는 보합세를 기록하였다.

1970년대의 높은 EPS의 증가에도 불구하고 기업가치 증대(주가상승)를 실현할 수 없었던 Conglomerate의 사업재편의 기법으로 1980년대에 새롭게 이용되기 시작한 것이 LBO(Leveraged Buyout)이다. LBO는 합병대상기업의 자산을 담보로 한 부채에 의해 자금의 대부분을 조달하여 기업을 합병하고, 이후 피합병기업의 이익이나 자산의 매각대금으로 이들 채무를 상환해나가는 기업합병방식이다. 미국에서는 피합병기업의 사업부문을 타 기업에 매각하는 동시에 나머지 사업부문의 생산성향상에 주력하여 동 기업의 가치를 증가시키는 방식이 주류를 이루어 왔다.

LBO 기업 경영효율화의 주안점은 극도의 채무 레버리지 효과에 의존하는 것으로 조달자금의 이자 및 원금지급이 원활하게 이루어질 수 없으면 이는 곧바로 회사의 도산으로 이어질 수 있다는 위기감이 경영효율화의 강력한 동기로 이어지게 된다는 것이다. 다시 말하면, 기업가치의 원천은 회계상의 이익이 아닌 현금흐름(cash flow)이고, 기업의 이익이 투자가의 기대수익률, 즉 자본비용률을 상회하지 않으면 가치증가로 연결될 수 없다는 귀중한 교훈을 제공하게 되었다. LBO 기업에 있어서는 주된 투자가가 주주가 아닌 채권자이므로 경영자는 EPS를 높이기 위해 회계상의 이익증대를 도모할 필요보다는 매기 거액의 이자지불에 필요한 현금확보를 위해 회계상의 이익보다도 현금을 중시하여야만 하였다.

제 4 절 물류가치 극대화를 위한 지식경영시스템

1. 지식경영시스템의 필요성 — 기업경쟁력과 물류경쟁력의 유지목적

오늘날처럼 경쟁이 치열한 글로벌 시장에서 기업이 생존하기 위해서는 기업의 핵심역량을 극대화하여 기업의 경쟁력을 유지하고 증대시켜야 한다. 기업의 핵심역량은 결국 기업이 보유하고 있는 자원과 자산에서 도출되는데 예전과 달리 눈에 보이는 유형자산, 가령 해운회사의 경우에는 선박과 같은 물리적 자산만을 효율적으로 관리한다고 경쟁력이 유지할 수 없다. 오히려 종업원의 혁신적이고 창의적인 사고, 경영자의 경영능력, 고객이 생각하는 기업이미지, 신제품 및 신기술 창출능력, 조직시스템 등과 같은 눈에 보이지 않는 무형자산(이를 지식자산이라고 부른다)이 기업경쟁력 확보에 보다 중요한 자산으로 부각되고 있다. 그런데 이러한 무형자산들은 계량적으로 측정가능한 재무적 자료에 입각한 전통적인 성과측정과 관리시스템에서는 측정상 문제로 도외시되어 얼마만큼 기업의 핵심역량 제고에 기여했는지를 측정하지 않았고 또한 제대로 관리되지 못해 기업경쟁력 제고에 연결시킬 수가 없었다. 이러한 문제점을 해결하기 위해 나온 것이 어떻게 기업의 핵심역량인 무형자산(지식자산)을 효율적이고 객관적인 측정할 수 있는 것인가에 대한 지식자산회계와 이러한 지식자산을 기업의 핵심역량 제고에 어떻게 연결시켜 기업경쟁력을 극대화할 것인가인 지식경영이 오늘날 기업에서 주요 관심사로 부각되고 있다. 무형자산, 특히 지식 자산의 가치를 측정하는 방법론의 필요성이 점차 대두되면서 다양한 방법들이 개발되어 왔다. 현재까지 제시된 지적자산 가치평가 방법론을 관찰해보면, 크게 간접적인 평가 방식과 직접적인 방식으로 구분할 수 있다. 간접적인 평가 방식은 기존의 재무지표에 토대를 두고 기업의 지적 자산을 측정하는 것이다. 대표적인 예는 초과자산 수익률, 자본시장 프리미엄 방식, 지식은행 등이 있다. 그에 반해 직접적인 평가 방식은 기업 내부의 비재무적인 평가 대상을 측정해서 기업 전체의 지적 자산을 측정하는 것으로서 대표적 예는 스칸디아 모형, 균형 평가표 등이 있다.

1) 경쟁력: 세계시장에서 이길 수 있는 제품·서비스 창출능력

2) 경쟁력을 유지하기 위해서는 시장에서 전략적 위치 확보 및 유지 필요

3) 전략적 위치 확보 전략: 제품차별화, 저원가, 집중화 전략

4) 전략적 위치 확보 위해서는 지속적인 경영능력과 물류혁신이 필요하며 이를 위해서는 창조적인 혁신을 도모하는 지식경영이 필요하다.

2. 지식경영과정

지식경영과정은 크게 조직 외부로부터의 획득과정과 조직 내부로부터는 창출, 확산, 공유, 저장 및 활용과정으로 구성되며, 이러한 지식경영과정에는 지식자산의 측정과 평가과정과 이에 적절한 조직설계 및 인적자원관리과정을 필요로 하고 있다.

3. 지식의 자산화와 측정

기업이 지니고 있는 지식을 자산화하고 효율적으로 관리하여 기업의 목표(기업가치의 극대화)를 달성하는 데 활용해야 하며 기업가치(기업의 시장가치)는 크게 재무적 자산(자본: Financial Asset)과 지식자산(Intellectual Capital)으로 구성되며 다음과 같이 두 가지 방법에 의해 측정한다.

기업가치 측정방법

1) 경제학적 방법: 미래현금(수익)흐름의 현재가치화
2) 회계학적 방법: 기업이 보유하고 있는 자산의 장부가치(Book value)
   총자산 - 총부채 = 순자산가치

4. 지식자산의 구조와 측정

지식자산은 눈에 보이지 않지만 초과수익창출능력(영업권)을 갖춘 무형자산으로서 다음과 같이 세 가지로 구성되어 있다.

지식자산 = 현행 재무제표에 자산가액으로 표시되지 않는 무형자산
= 시장가치 - 장부가치 = 영업권(Goodwill)

- **인적자산(Haman Asset, 소유불능자산)**: 종업원 능력, 지식, 기술, 경험, 창조성, 혁신성
- **구조적 자산**: 경영시스템, 조직구조, 정보시스템, 고객데이터베이스, 특허, 상표권
- **고객 자산**: 회사 이미지, 고객관계, 공급자 관계, 전략적 동업자 관계 등

지식자산은 대부분 계량화가 쉽지 않는 숨겨진 가치(Hidden Value)로 구성되고 있기 때문에 회계정보시스템을 이용하여 자산화하는 과정이 필요하다.

그리고 자산화된 지식자산은 정보시스템에 의거하여 기업경영에 적극 활용하고 이를 외부에 공시하여 기업가치를 증대시켜야 한다. 이러한 지식자산을 구체적으로 측정하는 방법으로는 다음과 같이 크게 세 가지로 구분할 수 있다.

1) 초과자산 수익률법(ROA)

이 방법은 당해 연도의 부가가치를 고려하는 경제적 부가가치(Economic Value Added, EVA)와 같은 개념으로 초과자산 수익률에 기초로 한 것이다. 초과자산 수익률은 기업의 당기순이익을 자산 총액으로 나누어 구한다. 산업의 평균적인 초과자산 수익률과 자사의 초과자산 수익률을 비교해서 차이가 0 이하이면, 그 기업은 산업의 평균치에 비해 저조한 무형자산 보유기업이 되며 기 기업의 무형자산의 가치는 0으로 간주된다. 그러나 그 차이가 0보다 큰 양의 값이라면 상대적으로 초과 무형자산을 가지고 있는 것이 되고, 이러한 초과자산 수익률에 기업의 총 유형자산이 곱해져서 무형자산의 가치를 평가하는 방법이다.

$$\text{지식자산 평가액} = \frac{\text{지식자산의 예상초과이익}}{\text{자본비용률}} \text{ 또는}$$

$$= \text{초과자산수익률} \times \text{총 유형자산}$$

$$\text{초과이익} = \text{예상이익} - \text{자산} \times \text{평균이익률}$$

$$= \sum_{i}^{n} \frac{(\text{예상초과자산수익률}_i \times \text{총유형자산가치})}{(1+r)^i}$$

γ = 할인율(자본비용률)

2) 시장자본화가치법(Market Capitalization Mehod, MCM)

지식자산 평가액 = 자본시장가치(주식 시가총액) − 장부상 자본가치
= 기업시장가치 − 총투자액(미국 Holt사)

- 장부가치는 물가지수와 대체원가에 의해 조정필요
- 총투자액 = 장부상 자산 + 감가상각누계액 + 설비비용 − 투자수익

자본시장프리미엄(Capital Market Premium)에 기초한 방법으로 주주의 지분에 대하여 시장자본화 초과를 계산하여 무형자산의 가치를 측정한다. 시장자본화 초과는 기업의 가치가 장부가치보다 높게 평가되어 발생하는 가치이다. 예를 들어, 주식가격의 시가에 기초한 회사의 시장가치가 1억이고 회사의 장부가치가 천만원이면 기업의 무형자산은 9천만원이다. 자본시장프리미엄접근법을 더 정확하게 계산하기 위해서는 재무제표가 물가인상이나 대체원가에 의해 조절되어야 한다. 이 방법은 자본시장이 전적으로 효율적이라는 가정에 기초하고 있고, 주식가격이 단기적으로 변할 때마다 기업의 무형자산의 가치가 급변하는 단점을 가진다. 주가의 변동이 심하고 주식시장이 수시로 변하는 한국 상황에서 자본시장 프리미엄접근법으로 기업의 가치를 평가하는 것은 위험한 일이다. 예를 들어, 닷컴 기업의 가치가 주식 투자의 붐을 타고 고평가되었다가 도산하는 예를 흔히 볼 수 있다. 그러나 자본시장 프리미엄 방식은 특정 시점에서 무형자산 규모를 계산하는 방법으로서 그다지 복잡하지 않으며, 이를 기초로 기업간 비교가 용이하다는 점이 장점을 가지고 있다.

3) 직접추정법(Direct Intellectual Capital Method, DIC)

이 방법은 직접적으로 기업내 무형자산의 지표를 생성하고 측정하는 것으로 고객 밀접도와 같은 시장자산, 특허와 같은 지적 자산, 노하우와 같은 기술자산, 교육 및 학습 조직 구축과 같은 인적 자산, 정보시스템 등의 구조적 자산을 평가한다. 대표적인 예로 스웨덴의 Skandia 모형, 미국의 균형성과표(Balanced Scorecard), 영국의 Annie Brooking에 의한 모형이 있다.

(1) 스칸디아 모형

스웨덴의 금융회사인 Skanidia AFS사가 1995년에 재무제표의 부속서류를 공개하면서 대중에게 알려졌다. 이 회사는 재무, 고객, 프로세스, 갱신과 개발, 인간에 대한 5가지 측정잣대를 개발하여 측정하였다. Skandia Navigator는 일종의 평가 점수표로서 가치창조 모델을 기초로 하였다.

Skandia 모형은 직접적이 평가표의 하나로서 Skanadia 사에서 고안하여 직접 회사 운영에 도입한 모형이다. Skandia 사는 고객가치창출을 위하여 지적자본 색인을 개발하고 이를 매년 회계연감에 재무제표와 더불어 수치를 공개하고 있다.

지적자본이란 바로 재무가치와 시장가치의 차이를 말한다. 지적자본에는 일반적인 지식근로자들의 지식이나 경험인 인적자산과 이들이 창출한 명시적인 결과로서 나타나는 지적재산권, 특허, 도구 등의 구조적 자산으로 나눌 수 있다.

지적자산 중 특히 고객자산인 고객가치를 96년도부터 개발하여 고객가치창출 전략을 수행하고 있다. 말로만의 고객만족이나 고객가치창출이 아니라 이를 정확히 측정할 수 있는 프로세스와 수치를 통하여 21세기의 비즈니스를 이미 창출하고 있다.

이들은 매년 지적자산과 연계되는 분야를 매년의 회계연감에 보충 보고서로 출간하고 있는데, 96년에는 바로 고객자산을 다루고 있다. Skandia에서는 재무가치와 지식가치사이의 연계를 통하여 진정한 지속적인 수익을 관리 유지해오고 있다. Skandia Navigator는 이 같은 지식이 상호 작용하는 프로세스, 능력, 가치창조 등을 실제로 눈으로 보이게 하도록 노력해왔다.

Skandia는 현재 무려 800만 여의 고객을 유지하고 있다. 이러한 고객을 유지한다는 것은 바로 투자인 것이다. 이를 위하여 장기적으로 고객과의 유지를 위한 투자를 한다. 이 보고서는 어떻게 지속적으로 고객유지를 하고 있으며 고객은 바로 Capital 임을 밝히면서, 그 결과를 수치로 측정하여 보여주고 있는 것이다.

고객의 가치란 무엇인가? 이를 어떻게 수치로 나타낼 수 있는가? Skandia 모형에서 지속적으로 관심을 갖는 분야는 바로 주주들의 가치이다. 이들 주주들의 가치 속에는 바로 회사의 장부가치와 회사의 마켓가치 사이의 차이점인 지식가치를 개발하고 양육하는 것이 들어있다. 이는 보통 우리가 회계연감에 나타내는 것보다는 훨씬 광범위한 비즈니스를 포함한다. 따라서 Skandia 사에서 만든 보충보고서는 고객만족, 지식공유조직, 업무프로세스, 서비스 및 시스템이 종합적으로 들어 있다.

시장가치는 주주관련 재무가치와 지적자산으로 나뉘고, 지적자산은 인적자산과 구조적 자산으로, 구조적 자산은 고객자산과 조직자산으로, 조직자산은 혁신자산과 프로세스 자산으로 나뉜다.

가치창조란 이들 가치 요소들이 서로 상호작용함으로써 창조되는데 다음 가치창조 다이어그램의 왼쪽 원이 인적자산, 오른쪽 원이 조직자산, 하단의 원이 고객자산이고, 이들이 상호 작용하는 공통부분이 시장가치 그리고 중앙의 핵이 재무가치이다([그림 14-2] 참조).

그림 14-2 Skandia 모형에서의 시장가치와 재무가치

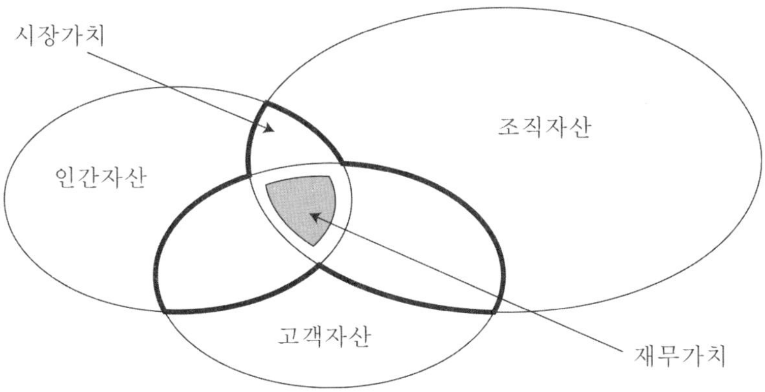

이들이 추구하는 것은 일반적인 회계기준인 재무중심, 고객을 위한 서비스에 관점을 둔 고객중심, 업무 프로세스의 개선에 중점을 두는 프로세스 중심 그리고 지속적인 연구개발 프로세스, 이 모든 프로세스가 바로 인간중심에서 나오는 것이다.

유능한 회사들은 지식을 구축하는 데 전념을 다한다. 지식을 성장시키는 데는 지식을 수집하고 바로 모두에게 공유케 하는 두 가지의 프로세스를 거친다. 이러한 지식을 활용하지 않거나 무시한다면 그 지식은 가치가 없다. 하지만 잘 활용한다면 그 지식은 직원 개인, 고객 그리고 비즈니스 파트너들에게 유익한 가치를 창출한다. 21세기를 앞둔 현재의 시대에는 기존의 자산에 대한 수익률은 점점 더 줄어들고 있지만 바로 지식에 대한 한계효용법칙은 점점 더 증가하고 있다. Skandia의 지식탐색테이블에는 여러 가지 지식의 역할과 고객과의 관계 등이 가치창조와 어떠한 관계를 가지고 있는지가 나타나 있다.

Skandia 회사는 지적자본(IC)을 회사연감에 보충보고서로 작성하기 시작했는데 1994년도부터 하였다. IC가 회사의 성공에 미치는 연관성 및 가치평가를 나타낸 것이다. 이로부터 IC의 지속적인 축출과 개발의 방법을 연구하고 이를 표출시키는 수치를 연구하고 있다. 그럼으로써 IC를 수치화하는 데 성공하였으며 지금도 지속적인 개발연구를 하고 있다. 앞으로는 이들 IC의 가치들을 하나의 측정치로 나타내는 평가지표를 연구하고 있다. Skandia는 이들 지식의 가치

를 수치로 나타내는 방법을 회사의 특허 상표로 획득하고 있는데 이를 지적자산 색인이라 부른다. 이들 IC 개발 모델을 도표 나타내고 이들 모델은 주주들로 하여금 새로운 지식경제에 대한 눈을 뜨게 하고 있다. 이 회사의 잠정적인 미래의 성공가치는 바로 지식이다.

Skandia 모델에서는 위의 구성요소를 측정한 후 이들을 종합하는 지표인 지적자본의 효율성계수를 계산하고 여기에 지식자산절대치를 곱하여 기업 내 지식자산의 가치를 절대적 수치로 표현하였다.

- Skandia 모형 지식자산 평가액 = 효율성 계수 × 지식자산 절대치
- 효율성 계수 = 시장점유율, 고객만족지수, 리더십지수, 동기유발지수, R&D지수, 교육훈련지수, 성과품질지수, 종업원지수, 관리효율성 등의 평균치
- 지식자산 절대치 = 달성가능한 높은 수준의 지식자산액

여기서 효율성계수는 시장점유율, 고객만족지수, 리더십지수, 동기유발지수, 연구개발지수, 교육훈련지수 등의 세부적인 평가지표 등의 평균이고, 지식자산 절대치는 기업이 달성 가능한 최상의 지식자산액이다. 그러나 지식자산절대치가 임의의 요소이므로 객관적인 지표로서의 존재가치는 떨어진다.

(2) 균형성과표(Balanced Scorecard)

균형성과모형은 1992년에 Kaplan과 Norton에 의해 개발되었다.[16] 이들은 기업을 분석하는 데에 재무제표 뒤에 숨겨진 이면의 것에 관심을 두게 되었고, 기업전략에 도움을 주는 요인들에 경영자가 관심을 쏟도록 고안하였다.[17] 균형성과모형은 1994년에 「The Balanced Scorecard」라는 책으로 출판되었고 코르뷔스 소프트웨어(CorVu's Software)의 응용으로 실제 적용되어 쓰리엠(3M), 바르클레이스 은행(Barclays Bank)과 같은 기업에서 사용하고 있다.[18] 이에 대해서는 다음 절에서 상세하게 기술하고자 한다.

16) R. S. Kaplan and D. P. Norton, op. cit., 1992, pp. 71~79.
17) R. S. Kaplan and D. P. Norton, op. cit., 1996(a), pp. 75~85.
18) R. S. Kaplan and D. P. Norton, "Linking the Balanced Scorecard to Strategy," *California Management Review* Vol. 39, 1996(b), pp. 53~79.

제 5 절 성과 및 전략관리도구로서 균형성과표

1. 균형성과표의 필요성과 의의

투자이익률 혹은 영업이익 등과 같은 재무적 측정치를 중시하는 과거 지향적이고 전통적인 재무적 성과측정시스템은 오늘날의 프로세스 중심의 조직에 내재되어 있는 복잡성과 가치를 파악하지 못하여 원가를 왜곡하는 경우가 있다. 따라서 재무회계와 달리 성과 측정치를 내부관리 목적으로 이용하는 관리회계의 관점에서 볼 때 전통적인 재무적 성과측정시스템에는 그 한계가 있는 것이다.

또 다른 문제점은 전통적인 재무적 성과측정시스템은 단기적인 성과를 지나치게 강조한 나머지 장기적인 개선을 희생시킨다는 점이다. 또한 성과가 어떤 특정 수준으로 달성되고 나면, 추가적인 개선을 위한 인센티브가 파묻혀 버린다. 이러한 문제점들이 발생하는 이유는 전통적인 재무적 성과측정시스템이 원가회계와 재무정보에 기초하기 때문이다.

Fisher(1995)는 전통적인 재무중심의 성과측정시스템의 문제점으로 과거 지향적인 역사적 지표로 미래성과 예측에 미흡하고 단기적이고 조직목표에 부합되지 않는 행위에 대해서도 보상이 이루어지며 기업의 핵심 변화요인을 포착하지 못하거나 너무 늦게 포착한다는 것이다. Vitale et al.(1994)은 기회인식, 학습속도, 혁신, 사이클타임, 품질, 유연성, 신뢰성 및 대응성 등에 관심을 기울이는 조직들은 역량을 측정하는 시스템을 필요로 한다고 주장하였다.

상기와 같은 전통적인 재무적·계량적 성과측정 및 평가시스템의 문제점을 보완하는 시스템으로 1990년대에 하버드 대학교수인 로버트 카플란(Robert Kaplan)과 기업컨설턴트인 데이비드 노턴(David Norton)은 경영자에게 경쟁 전략적이고 종합적인 비전을 갖게 해주는 균형성과표(Balanced Scorecard, BSC)를 제안했다.[19)]

균형성과표에는 재무관점 측정치뿐만 아니라 고객관점, 기업 내부프로세스

19) 이는 포춘지 선정 1,000대 기업의 절반 이상에 적용되었으며, 확대추세임. 비영리 및 공공기관에까지 확대되고 있으며, 하버드 비즈니스 리뷰에서 20세기에 가장 큰 영향을 미친 75개 개념 중 하나로 인정하고 있다.

관점, 성장과 학습관점의 비재무적 성과평가 측정치들도 포함시켰다. 이는 비재무적 성과평가측정치들이 장기적으로 미래의 재무적 성과를 나타내는 동인이 되기 때문에 이들을 측정하지 않고는 올바른 성과평가가 이루어지지 않는다고 생각했기 때문이다. 균형성과표가 처음 도입되었을 때에는 전통적인 재무적인 측정치에만 한정하여 기업의 성과를 평가하는 것에 대한 한계를 극복하고자 하는 목적에서 재무적 측정치뿐만 아니라 재무적 측정치의 동인이 되는 비재무적 측정치에도 초점을 맞춘 균형 잡힌 성과평가의 틀로서 유용성이 있다고 볼 수 있다.

균형성과모형은 단순히 조직의 지적가치를 측정하고 평가하는 도구가 아니라, 조직의 비전과 전략을 조직의 목표로 전환시키고 장·단기 지표와 원인과 결과지표 간의 균형을 통한 이정표의 역할과 조직구성원들 간의 의사소통의 활성화를 통하여 경영성과의 증대를 꾀하는 전략적 성과측정시스템으로써 조직의 전사적 정보를 적절한 시기에 일목요연하게 파악할 수 있게 하는 성과평가도구이다.

이를 위해 균형성과모형에서는 기존의 주요 측정목표인 재무지표를 재무와 비재무지표, 즉 고객지표, 내부프로세스지표, 학습과 성장지표로 확대하여 다양한 관점에서의 측정을 시도하고 있다. 최근에는 균형성과모형과 IT시스템을 통하여 적시에 핵심성과지표와 관련된 정보를 분석할 수 있게 됨으로써, 조직에서 개인과 팀의 목표설정, 보상, 자원배분, 예산과 기획 및 전략적 피드백과 학습 등이 중심적인 틀로 활용되며, 성과개선에 기여할 수 있는 유용한 기법으로 급속한 확산이 이루어지고 있다.[20)]

2. 균형성과모형(BSC)의 개념

균형성과모형에는 실행결과를 나타내는 재무측정지표와 이를 보완하면서 미래의 재무성과에 영향을 주는 운영활동인 고객만족, 내부프로세스, 조직의 학습 및 성장 능력 등과 관계된 세 가지의 운영 측정지표가 포함되어 있다. 그리고 경영자들에게 네 가지 관점에서 본 정보를 제공하고 사용하는 측정지표의 수

20) D. J. Knight, "Performance Measures for increasing Intellectual Capital," Strategy and Leadership, March-April 1999, pp. 23~27.

를 줄이고 제공될 정보의 양을 최소화시켜 줌으로써 경영자들에게 가장 중요한 몇 가지 측정지표에만 집중할 수 있게 한다. 따라서 균형성과모형은 기업의 비전과 경영전략을 실행목표로 전환시킨 다음 그 실행목표를 기업구성원이 얼마나 달성했는지를 경영진에서 볼 수 있게 한다.

균형성과모형은 경영성과를 판단하는 데 필요한 다양하면서도 상호 이질적인 평가요소들, 즉, 고객지향도, 반응시간단축, 신제품 출시시간 단축, 장기적 안목에서의 관리 등의 성과를 단일 보고서에서 함께 보여준다. 그리고 부분 최적화를 방지해 준다. 즉 균형성과모형은 경영에 필요한 운영측정 지표들을 한꺼번에 보여주기 때문에 경영자들은 어떤 영역의 개선이 다른 영역을 희생하면서 달성된 것인지 여부를 파악할 수 있다. 균형성과모형과 무형자산과의 관계는 매우 명확하다. 균형성과모형의 네 가지 요소 중의 세 가지는 내부프로세스관점, 학습과 성장관점, 그리고 고객관점이다. 이러한 세 가지의 요소들은 무형지식자산에서 구조적자본, 인적자본 그리고 고객자본과 대응된다. 여기에 재무적 관점을 추가함으로써 균형성과모형은 기업의 재무적인 성과들을 추적할 수 있다.

좀더 자세히 살펴보면, 균형성과모형은 일차적으로 고객관점에서의 경영활동을 평가하는 데 초점을 두고 있다. 따라서 경영자들은 균형성과모형을 통해서 자사의 고객 서비스에 관한 비전을 고객들의 주요 관심사항을 반영한 구체적인 측정지표로 바꾸어야 한다는 것을 알 수 있다.

다음으로 경영자는 고객관점에 기반을 둔 측정지표를 토대로 하여 자사가 고객들의 기대에 부응하여 내부적으로 무엇을 해야 하는가에 대한 측정지표를 구해야 한다. 균형성과모형의 내부프로세스 측정지표들은 고객만족에 가장 큰 영향을 미치는 업무프로세스에서 나와야 한다. 균형성과모형상에 있는 고객관점의 측정지표와 내부프로세스관점의 측정지표는 기업이 경쟁에서 이기기 위해 가장 중요하게 고려해야 할 요인들을 식별하는 데 도움을 준다.

그러나 성공을 위해서 설정한 목표 그 자체는 환경에 맞추어 끊임없이 변해야 한다. 기업의 혁신과 개선 그리고 학습능력은 그 기업의 가치창출과 직결된다. 재무성과 측정지표들은 기업의 전략, 실행 그리고 손익개선에 기여하고 있는지를 가르쳐준다. 기존의 측정시스템은 재무기능에서 나왔기 때문에 통제측면을 강조하는 데 집중되어 있다. 즉, 기존의 성과측정시스템은 종업원들이 취할 행동을 구체화하고, 종업원들이 이런 행동을 실제적으로 행하였는지를 살펴볼 필요성으로 측정을 행하는 구조이다. 결과적으로 기존 성과측정시스템은 행동을 통제하는데 주력하게 된다. 반면에 균형성과모형은 기업들이 앞으로 구축하기 원하는 조직형태와 잘 부합된다. 그리고 개념의 중심을 통제가 아닌 전략과 비전에 두고 목표를 설정하며, 앞으로 이 목표를 받아들이고 반드시 그 목표에 도달해야 한다는 것을 가정한다.

균형성과모형은 [그림 14-3]에서 보는 바와 같이 기업의 경영전략을 수립하거나 기업의 진행방향을 모니터링하기 위한 리스트 기반의 방법이다. 기업은 고객, 재무, 학습과 성장, 내부프로세스에 대한 세부 전략적 목표를 수립한다. 이

그림 14-3 균형성과표 모형

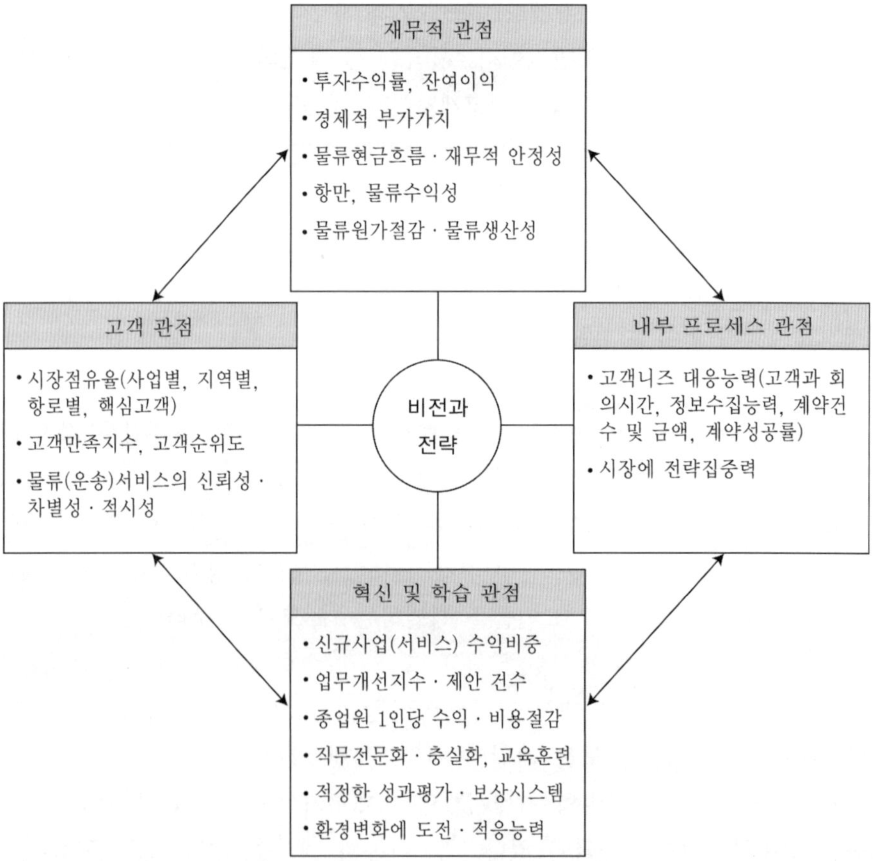

러한 세부적인 항목을 측정하고 실제 달성치와 설정목표를 비교한다. 그 후 목표달성 여부를 확인하고 향후 사업계획을 수립하는 과정을 반복한다.

그러나 균형성과모형은 무형자산의 측정에 충분한 방법은 아니다. 왜냐하면 균형성과모형은 무형자산의 가치평가에 관심을 두지 않고, 기업의 비전을 이루어 가는 과정에 관심을 집중하기 때문이다. 균형성과모형은 재무, 고객, 내부프로세스, 학습과 성장의 관점들을 결합함으로써 경영자들에게 이들의 상호관계를 이해하는 데 도움을 준다. 그리고 이러한 이해를 바탕으로 경영자들은 기존 성과측정시스템의 한계를 극복하고 궁극적으로는 의사결정과 문제해결 능력을 향상시킬 수 있다.

3. 전통적 성과측정시스템과의 차이점

많은 기업들은 기업의 부문활동을 측정하고자 운영지표와 재무적 지표를 사용하고 있다. 이러한 지표들은 기업전략과 무관하게 결정된 하의상달식 지표인 경우가 많으며, 임시방편적으로 도출되어 제대로 기업활동을 측정하고 전략에 활용하지 못하는 경우가 허다하다. 균형성과모형에서 활용되는 지표들은 기업의 전략적 목표와 경쟁상황을 고려하여 추출할 뿐만 아니라, 균형성과모형을 통해서 네 가지 관점(고객, 내부프로세스, 학습과 성장 및 재무적 관점)으로 핵심 지표를 선정함으로써, 전략적 비전에 초점을 맞출 수가 있다.

기업활동을 측정하는 데 주로 이용되는 기존의 재무적 지표들은 향후 기업성과를 어떻게 향상시킬 것인가에 대한 고려 없이 단순히 과거에 발생한 성과에 대해서만 측정하고 보고한다. 반면에, 균형성과모형은 기업의 현재와 미래 성공의 기초정보로 역할을 수행할 수가 있다.

네 가지 관점(고객, 내부프로세스, 학습과 성장 및 재무적 관점)에서 제공되는 정보는 단순한 영업이익이나 당기순이익 등과 같은 외부 성과지표뿐만 아니라, 신제품 및 신기술개발과 같은 내부 성과지표 사이에 균형을 제공한다. 이들 일련의 균형성과모형상의 측정지표들은 각 성과측정지표들 간에 어떠한 상충관계가 있는지를 알려줄 뿐만 아니라, 핵심성공요인 사이에 아무런 상충관계를 발생시키지 않고 목표를 달성할 수 있게 한다.

한 부문에만 초점을 맞춘 개선프로그램(리엔지니어링, 전사적 품질경영 등)

을 실시하는 기업은 비전과 전략에 대한 인식이 결여되어 있다. 그러나 균형성과모형은 경영자, 종업원, 투자자 심지어는 고객에 이르기까지 개선 프로그램의 우선순위 결정과 조직 내 확산을 위한 노력들을 한 곳에 집중시키는 역할을 수행한다. 균형성과모형은 모든 프로젝트나 산업 전반에 동일하게 적용 가능한 고정된 틀이 아니라 사업마다 시장상황, 제품, 전략, 경쟁 환경이 상이한 만큼 이에 적합한 균형성과모형이라 할 수 있다.

4. 균형성과표의 유용성(적용효과)

1) 전략달성의 촉진

현대 기업경영에 있어서 조직 운영상의 주요 문제점은 사업의 기본방향 조차 조직구성원에게 제대로 전달되지 못하고 있으며, 수립된 전략이 달성 가능하도록 지속적인 관리가 이루어지지 않는다는 점이다.[21] 이에 균형성과모형은 비전과 전략 수립방향을 제시할 뿐만 아니라, 실질적으로 수립된 비전과 전략이 달성 가능하도록 촉진하는 수단의 역할을 수행한다.[22]

구체적으로 살펴보면, 균형성과모형은 기업을 비롯한 조직의 본원적 가치 창출원천을 관점을 통하여 구체화시킴으로써 전략수립 기준을 제시할 수 있으며, 조직가치가 어디에서 발생 가능한가를 파악할 수 있기 때문에 조직 내에서 실질적으로 가치증대 활동이 가능하도록 도움을 줄 수 있다. 가령 외항선사의 기업가치 창출원천을 고객관점에서 볼 때, 외항선사가 대상으로 하는 고객을 정의하고 세분화하여, 세분화된 고객에게 어떤 해운서비스를 제공할 것인가에 대한 전략의 구체화가 가능하다. 이는 핵심성과지표로 전환되어 전략달성 여부의 검정도 가능하다.

이에 대해서 보다 구체적으로 부연 설명하면 다음과 같다.

첫째, 균형성과모형은 전략달성을 위해 조직별로 업무를 구체화하고 적절

21) 김희경·성은숙, "BSC 실천 매뉴얼, 시그마 미래조직연구서 6," *SIGMA INSIGHT*, 2001, pp. 30~53.; R. S. Kaplan and D. P. Norton, op. cit., 1996(b), pp. 75~85.

22) 경영자들이 주로 전략수립에 관심을 두고 전략실행을 등한시하는 것이 현대기업의 전략관리의 문제점으로 지적되고 있다. 성과달성에 있어서 중요한 초점은 전략수립보다는 전략실행이다. 수립된 전략이 제대로 수행되기 위해서는 전략을 실제로 실행하는 중간 및 하부계층이 기업의 비전과 전략을 충분히 이해하고 이를 수용하여야 하는데, 조직 내의 의사소통상의 문제점으로 제대로 이루어지지 않는 점이 현대경영의 문제점으로 지적되고 있다.

한 책임과 권한을 부여하여 현행 전략 수행결과를 차기 전략수립 프로세스에 반영한다. 이러한 과정을 통하여 비전달성에 영향을 미치게 된다. 즉, BSC는 전략 성공 여부를 검정하고 차기 전략적 행동의 지침을 제공함으로써, 전략수립에만 관심이 있고 달성에 이르는 전 프로세스를 관리하지 못하는 조직운영상의 한계점을 보완할 수 있다.

둘째, 균형성과모형은 경영현상 및 결과에 대한 원인을 조기 파악하여 적절한 전략적 조치를 가능하게 하고 있다. 기업경영자들이 가장 중요시하는 것은 매출수익이다. 매출액의 변동은 기업조직의 생존과 밀접하게 관련되어 있기 때문에 이 지표에 대한 관심이 지대하다. BSC는 이러한 매출액 변동의 근본현상이 무엇인가를 파악하기 위하여 전략과 지표 간의 연계관계를 파악하여 물음에 대한 해결책을 제시하여 준다.

셋째, 균형성과모형은 조직의 핵심역량에 자원을 집중하여 전략달성을 효과적으로 지원하는 것이 가능하며, 핵심역량이외의 활동은 아웃소싱하여 효율을 증대시키고 비용감소가 가능하게 한다. 균형성과모형의 핵심성과지표는 조직성과의 핵심적 근원이 무엇인지 알려주며, 조직자원을 어디에 집중해야 하는지에 대한 지침 역할을 하여 줄 수 있다. 또한 기업조직 내에서 사업부(해외영업소 등), 부서 및 팀은 무엇을 잘할 수 있는 가에 대한 해답을 제시하는 것이 가능하다.

2) 균형잡힌 성과평가

단순히 기업활동의 재무적인 성과결과인 재무제표에서만 기업활동 결과를 찾는 것은 위험한 일이다. 왜냐하면, 과거 수행된 활동결과 측정뿐만 아니라, 미래 달성하고자 하는 성과에 대한 예측이 보다 중요한 성과평가의 역할이기 때문이다.

즉, 경영자에게 필요한 정보는 단기적인 재무적 성과뿐만 아니라, 장기적인 비전과 전략 달성 여부가 중요하기 때문이다. 기업조직뿐만 아니라, 외항선사조직의 효과성을 평가하는 데 단순히 재무적인 사업성과만으로 평가하는 것은 미래 조직이 나아가야 할 방향을 제대로 제시할 수 없다.

따라서 조직경쟁력을 증대시키기 위한 관점 간의 균형(Balanced)의 의미란 다음과 같다. 첫째, 재무적 및 비재무적 성과평가를 모두 고려하는 것이다. 둘째, 단기적인 성과관리뿐만 아니라, 장기적인 관점에서 성과관리를 모두 고려하는 것이다. 셋째, 결과중심이 아니라 성과를 발생시키는 원인에 대한 근본관리를 중시하면서 선행지표와 후행지표(Lagging Indicators) 간의 균형으로 균형된 시각을 조직관리자에게 제공한다는 것이다.

3) 책임경영의 실현

조직의 시너지효과를 극대화하기 위해서는 모든 사업부서와 팀의 균형이 절대적으로 필요하다. 이는 조직의 전체와 부분을 동시에 보도록 함으로써, 자신이 수행하는 업무와 타 부서와 어떠한 관련이 있는가를 파악하고 결과에 대한 책임소재 때문에 발생되는 조직 간의 갈등을 미연에 방지할 수 있게 한다. 이러기 위해서는 성과지표에 대해 단일조직과 공동조직의 책임이 명시되어야 한다.

4) 조직변화 촉진

균형성과모형은 전략과의 유기적인 연결과 변화를 가능하게 함으로써, 조직이 왜 변화해야 하는가에 대한 물음에 해답을 제시한다. 즉 조직구성원이 자발적으로 변화주체가 되도록 함으로써 조직혁신 과정에 대한 정당성을 부여하는 것이다.

즉, 성과평가지표는 모든 혁신활동을 전략에 연계시키고, 조직의 변화관리를 전략방향과 일치시킴으로써, 조직역량의 집중이 가능하고 조직구성원의 학습능력을 증대시켜 변화 추진력을 증대시킬 수 있다. 보수적인 기업조직의 경우, 규정이나 지침에 얽매어 능동적으로 업무를 추진하기보다는 주어진 업무에만 급급하여 업무수행의 형식화와 수동화가 이루어지는 경우가 많다. 일반적으로 새로운 시스템을 도입할 경우 대부분의 조직구성원들은 일하기도 바쁜데, 왜 필요없는 일까지 시키는가를 반문하게 된다. 균형성과모형은 조직구성원이 균형성과모형의 목적을 충분히 공유하고 적극적으로 업무프로세스를 변화시킬 수 있도록 유도하는 데에 그 목적이 있다.

5) 의사소통의 활성화

현대 기업경영이나 조직운영의 문제점 중 하나는 직원들은 바쁘게 일하는데 왜 매출(업무성과)은 둔화되는지와 조직비전의 허구성이다. 조직의 목표를 조직구성원이 분명히 인식하고 있어야 하는데 의사소통의 장애는 이러한 공동목표를 수행하는 데 어려움을 준다. 이러한 의사소통의 장애유형에는 수직적 및 수평적 장애가 있으며, 특히 수직적 장애의 원인은 주로 상의하달식과 공표형식의 의사전달방식에 기인한다. 균형성과모형은 이러한 문제점에 대한 해결방안을 제시할 수 있다. 즉, 균형성과모형은 수직적·수평적 의사소통을 원활하게 지원하여 조직비전과 전략달성을 위한 핵심적 역할수행을 가능하게 하며, 조직간 상충된 목표를 조정함으로써 자원배분이 원활하게 이루어지게 하고, 조직상호간 이해를 돕는 의사소통 수단으로 활용된다. 또한 조직 및 개인의 성과에 대한 피드백을 통해 지속적인 성과를 달성하도록 하고 정보기술을 활용하여 정보공유를 촉진케 하는 것이 가능하다.

6) 조직의 신뢰성 확보

균형성과모형은 조직의 미래가치가 조직가치 창출의 원천임을 보여줌으로써, 적시에 투자자금 확보와 조직가치 극대화를 유도할 수 있다. 미국의 공인회계사협회에서는 기업의 각 활동들 간의 관계를 상세히 분석하여 활동 간의 결과와 재무적 영향 간의 관계를 재무제표에 제시토록 하였다. 즉, 기업의 수익성지표, 생산성/효율성지표, 혁신, 핵심자원의 양/질, 비용/원가 등의 성과측정치를 제시토록 하였다. 이는 기업가치 창출의 원천에 대한 정보욕구가 증대하는 것을 반영한 결과이다. 외항선사의 경우에도 조직의 비전과 전략방향 그리고 수행되는 사업의 가치가 고객들로 부터 신뢰성과 정당성이 부여되어야만 조직 가치를 극대화할 수 있다.

외항선사조직의 경쟁력 유지에 균형성과모형의 유용성

외항선사가 해운환경 변화에 적절히 대처하여 경쟁력을 유지하기 위해서는 다음과 같은 점에서 일련의 조직혁신 노력을 기울여야 한다.

첫째, 국내외 해운환경 변화에 따라 해운기업이 경쟁력을 유지하는 데 필요한 핵심성공요인 — 신항로개발, 보다 정확한 해운수요전망과 이에 부응하는 적정선복량 유지와 탄력적 용선전략, 적정한 해운서비스 제고를 통한 고객가치의 창출 — 을 찾아내고 이를 체계적이고 효율적으로 관리하는 것이 필요하다.[23]

---

23) 국적외항선사는 규모면이나 영업성격이 동일하지 않고 다양하다. 외항선사의 특성을 크게

둘째, 해운기업에서 수행하는 다양한 과업활동을 적절히 배분하여 부문별 효율을 향상시키고, 조직의 역기능적 행동은 최소화하며 조직 전체의 효과성을 극대화하여야 한다.

셋째, 조직 내의 모든 하부단위를 연결하여 의사소통을 개선하며, 조직변화 및 혁신의 시급성과 중요성이 조직 전체에 파급되게 할 뿐만 아니라, 관련선사와 포워딩업체 및 화주에 대해서도 적절한 홍보가 이루어지게 하여야 한다.

넷째, 지속적인 개선을 통하여 조직업무의 단순화, 자동화 및 정보의 공유와 활용을 통하여 종업원이 기업가치 창출에 기여하는 여건을 조성하여야 한다.

다섯째, 국내외 해운환경과 경쟁전략의 틀 내에서 외항선사의 사업모델을 선택하고, 사업대안의 개발과 수익성 있는 사업진출을 이루고 보다 고객 지향적이고 시장 지향적으로 내부 활동을 활성화시킨다.

여섯째로, 수행된 사업과 업무의 효과와 부서 간에 정확한 조직의 가용자원 및 원가배분을 통하여 조직자원 사용에 대한 상세하고 정확한 정보가 적시에 제공되게 하여 외항선사의 역량을 극대화하도록 해야 한다.

상기의 필요한 과정들이 제대로 수행되어 외항선사 조직의 목표가 차질 없이 이루어지기 위해서는 균형성과모형과 같은 전략적 성과평가시스템에 의거한 적절한 성과측정과 평가가 수행되어야 한다. 이러한 성과측정과 평가시스템에 의하여 외항선사조직의 목표와 전략방향 달성에 조직 구성원의 활동을 적절히 유인함으로써 조직혁신을 이루고, 핵심성공요인을 달성하기 위하여 각종 조직혁신기법을 적용함으로써, 해운서비스와 새로운 해운사업 개발을 효과적으로 수행하여 조직의 경쟁력 제고와 국가경쟁력에 공헌할 수 있다. 또한 급변하는 국내외 해운환경 변화에 적절히 대처할 수 있는 조직적응력을 제고시킬 수 있다.

구분한다면, 컨테이너선을 운항하는 정기선사와 주로 벌크화물을 취급하는 부정기선사로 분류할 수 있다. 기업가치를 제고하기 위한 신항로 개발이나 고객인 화주에 대한 고객만족경영의 중요성은 주로 영업특성상 정기선사에 해당하며, 부정기선사에게는 그 중요성이 미약하다.

5. 전략도출과 관리를 위한 핵심프로세스로서의 균형성과표의 유용성

기존의 주요 성과측정 지표로 활용되는 각종 재무지표들은 결과에만 초점을 맞추어 기업들이 수립한 전략이 제대로 운영되고 있는가에 대한 정보를 제공하지 못하는 단점이 있다. 즉 경쟁우위 확보에 필요한 핵심역량을 창출해 내는 과정을 제대로 검토하지 못하고 단지 피상적인 수치에만 관심을 쏟는 경향이 있다. 이러한 추세에 부응하여 개발된 것이 Kaplan과 Norton(1992)의 균형성과모형이며 이 균형성과모형은 장기적인 차원의 전략경영시스템 구축에 활용되는 시도가 최근 널리 진행되고 있다.[24)]

즉, [그림 14-4]에서 보는 바와 같이 균형성과모형에 내재된 네 가지 핵심프로세스가 기업의 단기적 활동과 장기적 목표를 연결시켜줌으로써, 전략경영시스템 구축의 기반을 제공해 준다는 것이다. 균형성과모형의 네 가지 핵심프로세스(비전 전이, 의사소통과의 연계성, 사업계획과 목표수립, 전략적 피드백과 학습)를 통해 경영자는 기업내 전 계층에 자사의 전략을 효과적으로 전파하고 이를 개별차원의 목표와 연결시킬 수 있다. 또한 그동안 서로 별 연관성이 없이 수립된 사업계획과 재무계획을 통합하여 수립함으로써 자원배분 및 운용을 효과적으로 수행할 수 있게 된다. 더불어 초기에 수립된 전략에 대한 다양한 검토 작업을 통해 경영자는 여러 활동에 대한 피드백과 학습이 가능하게 되어 이후 보다 발전된 전략수립에 활용할 수 있게 된다. 이러한 Kaplan과 Norton(1992)의 네 가지 핵심프로세스 모형은 다음과 같다.

BSC의 성과평가지표(점수카드, Scorecard)는 기존의 경영관리시스템의 치명적인 결함들을 발견하고 교정할 수가 있다. 기존 관리시스템의 중대한 결함들이란 주로 기업의 장기 전략을 현재 또는 단기 행동(의사결정)에 연계시키지 못하는 것이다. 이러한 BSC의 유용성을 활용하여 최근의 기업들은 BSC를 신전략관리시스템으로 활용하기 시작하였다.

24) 현대경제연구원, "성과측정," 21세기북스, 2000.

그림 14-4 전략도출과 관리를 위한 네 단계의 핵심 프로세스

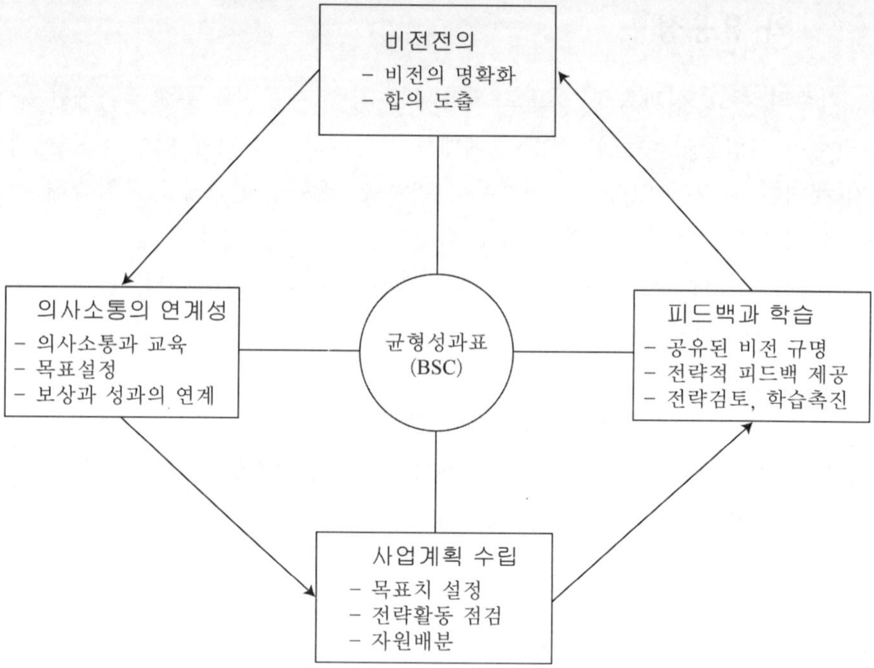

자료: R. S. Kaplan, and D. P. Norton, op. cit., 1996, pp. 75~85.
Robert S. Kaplan and David P. Norton, "Using the Balanced Scorecard as a Strategic Management System," *Harvard Business Review*, January-February, 1996, pp. 75~85.

대부분의 기업에 있어서 운영시스템이나 관리시스템의 치명적인 취약점은 재무적 측정치나 목표가 장기적인 전략목표를 성취시키는 데 필요한 기업프로그램과 무관하게 설정하고 있다는 점이다. 이러한 취약점으로 말미암아 기업의 단기적이고 재무적 측정치는 전략의 개발(수립)과 실행 간에 차이(갭)를 유발시킨다. 따라서 BSC의 성과평가지표는 기업의 장기적인 전략목표를 현재 또는 단기의 의사결정(행동)에 연계시킬 수 있도록 유인하는 새로운 전략관리프로세스를 필요로 하며 전략도출과 관리를 위한 네 단계의 핵심 프로세스를 요약하여 설명하면 다음과 같다.

1단계: 비전의 전이(Translating the Vision)

첫 번째 프로세스로서 비전의 설정은 경영자는 조직전체가 납득할 수 있는 비전과 전략을 설정하는 과정이다. 조직부문과 모든 구성원이 수긍할 수 있는 목표나 임무(mission)로 구체화하는 과정을 의미한다. 가령, 목표고객에게 최상의 서비스를 제공하는 것, 차별화된 이미지를 제공하는 등이다. 비전을 수립할 때 비전과 전략을 실제로 수행하는 조직부문이나 종업원이 관리가능하도록 비전을 설정하여야 하는데, BSC의 성과평가지표는 수립된 비전이 수치적으로 표현된 기업의 재무적 예산과 전략적 목표를 연계하도록 하는 데 유용하다.

단지 '업계에서 최고가 되는 것' 또는 '업계에서 가장 경쟁력이 있는 기업으로 성장하는 것', '최상의 공급체인관리시스템을 구축하는 목표' 그 자체만으로는 기업의 하위단계의 행동(의사결정)을 효율적으로 유인할 수가 없다(Lofty vision and strategy statements don't translate easily into action at the local level). 조직구성원들이 비전과 목표를 실질적으로 수행하기 위해서는 모든 관리자들이 동의하고 장기적인 성과를 유인할 수 있는 목표치와 측정치의 연계되는 형태로 바뀌어져야 한다.

2단계: 의사소통과 연계과정(Communicating and Linking)

두 번째 프로세스는 의사소통과 연계하고 정렬하는 과정이다. 설정된 비전과 전략을 조직의 상하위를 막론하고 조직 전체에 전파(Communicating)시키고 조직 각 부문이나 개개인의 목표와 연계(Linking)시키는 프로세스이다. 기존의 관리시스템에서는 부문의 성과는 재무적인 성과치로 평가받고 개개의 종업원들의 성과급은 주로 단기적인 재무적 목표달성 여부에 따라 결정되었다. BSC의 성과평가지표는 기업 내의 모든 부서가 기업의 장기 목표를 이해하고 부문 또는 개개인의 목표가 기업의 장기목표와 연계(align)되어 있음을 확인시켜 준다.

BSC는 기업조직이 주주나 고객을 위해 무엇을 해야 하는지를 구체적으로 보여주는 관리도구이지만 종업원 개개인의 성과를 조직 전체의 전략과 연계시키기 위해서는 BSC를 활용하는 경영자들은 다음과 같은 세 가지의 활동을 일반적으로 수행한다. 즉, 조직 전체에 대한 의사소통과 구성원에 대한 교육(Communicating and Educating), 구성원이 수긍하는 적절한 목표설정(Setting goals) 그리고 성과측정을 보상에 연계(linking rewards to performance measures)하는 것이다. 전략을 수행하는 것은 우선 이러한 전략을 실행하는 관리자나 종업원을 교육시키는 것부터 시작된다. 조직의 맨 상층에서 말단까지 전략을 전파시키고 정렬시키는 것이 필요하다. 개인적인 BSC의 성과평가지표는 기업목표나 각 사업부문목표를 업무를 직접 수행하는 종업원이나 팀에게 전달하는 데 유용하다.

3단계: 사업계획화 과정(Business Planning)

세 번째 프로세스는 기업의 사업계획과 재무계획을 통합시키는 사업계획화 과정이다. 오늘날 대부분의 기업들은 직면하고 있는 환경의 변화, 활용가능한 자원의 한계, 경영자의 역량수준 등으로 그들의 사업프로그램을 수시로 변경하고 있다. 주어진 자원으로 설정한 목표를 가장 효과적으로 달성하기 위해서는 적절한 자원의 배분, 사업의 우선순위 결정, 사업 간의 조정, 부서간의 협력 등이 제대로 이루어져야 한다.

4단계: 피드백과 학습과정(Feedback and Learning)

네 번째 프로세스는 피드백과 학습과정 또는 전략적 학습화(strategic learning)과정이라고 한다. 기존의 피드백이나 평가는 주로 기업의 각 부문이나 개개의 종업원에게 주어진 예산으로 설정된 재무적 목표의 달성 여부에 초점을 맞추고 있다. BSC의 성과평가지표를 관리시스템의 핵심으로 운용하는 기업에 있어서는 부문이나 개인 단기적인 성과결과를 고객관점이나 내부프로세스관점 및 학습과 성장관점에서 조정할 수 있고 전략을 이러한 최근의 성과측면에서 평가할 수 있다. 따라서 BSC의 성과평가지표는 기업으로 하여금 전략수립에 실시간 학습화과정을 반영시키는 것을 가능하게 한다.

미국의 100개 이상의 대기업을 실증한 바에 의하면, BSC의 성과평가지표는 단순히 성과측정치 개념을 넘어서서 네 가지의 전략관리프로세스(비전 전이, 의사소통과 연계, 사업계획과 재무계획의 통합, 투자안에 대한 자금배분 등)를 효율적으로 운영하는 데 유용한 것으로 나타나고 있다. BSC의 성과평가지표는 신규 전략의 수립에 도움을 줄 뿐만 아니라, 기업의 관리시스템을 철저하게 분석하고 진단할 수 있도록 도움을 주고 있다.

BSC의 성과평가지표는 전략적 학습화(strategic learning)과정에 기초가 되는 다음의 세 가지 요소들을 제공한다.

첫째, 기업의 공유된 비전을 구체화하고, 명백히 규정하며 달성가능한 목표 내지는 운용지표로 전환한다. BSC의 성과평가지표는 사업단위목표에 개개인의 노력과 성취욕구를 연계하고 유인하는 전체모형을 분명히 알게 한다.

둘째, BSC의 성과평가지표는 전략적 피드백 시스템을 가능하게 한다. 기업전략은 인과관계로 표시되는 가설들의 집합체이다. 전략적 피드백시스템은 사업단위전략으로 구체화되는 이러한 가설들을 검증하고 수정하고 평가하는 것이며 이에 BSC의 성과평가지표가 유용하게 활용될 수 있다.

셋째, BSC의 성과평가지표는 전략적 학습화과정을 가능하게 한다. 주기적인 성과평가회의를 통하여 전략을 수립하고 업무를 실행하여 학습화하는 데 평가지표가 유용하다.

상기와 같이 전략의 수립과 수립된 전략의 운영을 보다 효율적으로 연계시키고 관리가 가능한 균형성과표를 신전략관리시스템으로서 유용성을 정리하면 다음과 같다.

- 전략의 명확화와 개선(update)이 가능하고,
- 전략을 조직 전체에 전파시키고 정렬시킬 수 있으며,
- 전략을 사업부문이나 개인목표에 연계시키는 것이 가능하며,
- 장기목표와 연간예산에 전략적 목표를 연계 및 정렬이 가능하며,
- 전략적 핵심요인(Initiative)를 확인하고 정렬(align)시킬 수 있으며,
- 전략을 개선하고 학습하기 위해 주기적으로 성과를 점검하고 평가하여 전략적 학습화가 가능하다.

6. 균형성과표(BSC) 개발과정

1) 외부환경과 내부역량분석 — SWOT 분석

가장 많이 사용되고 있는 기업의 내·외부 환경분석 방법은 SWOT 분석방법이다. 여기서 S는 강점(Strength), W는 약점(Weakness), O는 기회(Opportunity) 그리고 T는 위협(Threat)의 머리글자이다. 강점과 약점은 기업이 가진 내부 역량

분석에 해당되고 기회와 위협은 기업의 외부 역량 분석에 해당된다. 효율적인 기업전략의 틀은 강점과 기회를 극대화시키고 약점과 위협을 최소화시키는 것이다. SWOT 분석은 성공적인 전략 수립의 강력한 기본 틀을 제공해주고 있으며 본 논문에서도 기업의 내·외부 환경분석의 기본 도구로 사용한다.

기업의 강점은 경쟁자에 비해 상대적으로 우위에 있다고 판단되는, 경쟁업체와는 차별화된 모든 기업 내 자원을 말한다. 기업의 대외 이미지, 브랜드 로열티, 시장점유율, 고객과의 관계 등 다양한 형태가 있다. 약점은 기업의 효율적인 업무수행에 지장을 초래하거나 경쟁자에 비해 상대적으로 열세에 있다고 할 수 있는 부족한 기업 역량을 의미한다. 경쟁사의 강점은 자사의 약점의 원인이 된다. 즉, 강점과 약점은 경쟁기업 간의 서로 유기적이고 상대적인 관계를 가진다. 기회란 시장 상황을 포함한 기업 회부환경에서의 모든 긍정적 상황을 말한다. 시장상황의 흐름은 기회에 있어서 주요한 요소로 작용한다. 틈새시장의 부상, 기술의 변화, 공급자 및 구매자와의 관계 호전 등이 예이다. 위협은 반대로 기업성장에 악영향을 끼치게 될 바람직하지 않은 시장 진입, 시장성장률의 둔화, 공급자나 구매자와의 교섭력 약화 등을 예로서 들 수 있다.

SWOT 분석은 다양한 방법으로 응용될 수 있다. 기업의 현 상황을 체계적으로 분석하고, 어떠한 전략적 형태를 취할 것인가를 선택할 수 있게 한다. 같은 업종에 있는 두 회사에서 SWOT 분석을 실시했을 때, 서로 상이한 결과를 나타낸다면, 서로 다른 시각으로 접근하고 있다고 볼 수 있다. SWOT 분석은 가장 뛰어난 기업의 역량분석 방법은 아니지만, 연역적인 접근방법으로의 전략경영적 기업모형과는 잘 부응하는 분석방법이다.

이러한 네 가지 내외부환경요인에 따른 적절한 전략수립방법은 [표 14-7]과 같다.

표 14-7 SWOT 요인에 따른 네 가지 유형의 전략수립

외부환경 \ 내부환경	강점(Strength)	약점(Weakness)
기회 (Opportunity)	**S/O 전략(활용)** 강점과 기회를 활용하여 적극적으로 시장확대하는 공격적 전략	**W/O 전략(탐구)** 기업의 취약점을 보완하면서 기회를 탐색하는 전략(전략의 변화)
위협 (Threat)	**S/T 전략(맞섬)** 강점을 십분 발휘하여 위협요인에 적극 대응하는 다각화전략	**W/T 전략(회피)** 경기침체와 같은 위협적인 시장상황에서 약점을 축소 및 회피하는 방어전략

2) 관점 설정(Perspective Setting)

설정된 비전과 목표를 조직의 모든 구성원이 달성하도록 유인하고 동기부여하기 위해 적절하게 성과 측정하여 평가하여야 한다. 측정하여야 할 지표는 재무적 지표와 비재무적 지표를 모두 고려한 네 가지 균형성과지표이다. 이러한 네 가지 균형성과지표는 조직의 모든 구성원이 수행하는 활동을 가치사슬 분석하여 핵심성공요인과 이에 따른 핵심성과지표를 추출하여 네 가지 관점별로 설정한다.

(1) 재무적 관점(Financial Perspective)

기업가치를 극대화하는 관점으로 일반적으로 주주의 부의 극대화를 목표로 하는 관점으로 전통적인 재무지표로 사용하고 있으며 기업의 최종목표이기도 하다.

(2) 고객 관점(Customers Perspective)

재무적 성과지표를 달성하기 위해서는 고객만족이 성행되어야 한다. 고객만족에 의한 고객가치를 증대시켜야만 기업의 재무적 성과를 달성할 수가 있다. 이에 대한 지표로는 고객만족도 지표, 고객확보율, 고객유지 및 이탈률, 반복구매율 등이 있다.

(3) 내부프로세스 관점(Customers Perspective)

기업은 외부에서 자원(자본)과 노동을 투입하여 고객을 만족시킬 수 있는 제품이나 서비스를 창출하는 하나의 조직체이다. 투입된 자원(자본)과 노동을

어떻게 결합하고 변형(Transformation Process)하여 목표고객을 만족시킬 것인지는 기업의 목표나 전략에 따라 다양하게 이루어지기 때문에 기업내부에서 이루어지는 프로세스를 불랙박스(Black Box)라고도 한다. 이러한 기업 내부에서 수행되는 업무프로세스가 효율적이고 효과적으로 관리되어야만 고객가치를 극대화하여 기업목표를 달성할 수가 있다. 내부프로세스 활동이 효율적이고 효과적으로 수행되는 여부를 측정하는 관점지표로는 불량률, 생산공정처리시간, 제고자산회전율, 납기준수율 등으로 이러한 내부프로세스 관점지표들은 고객관점과 직결되는 지표들이다.

(4) 학습과 성장 관점(Learning & Growth Perspective)

기업 내부에서 이루어지는 모든 업무프로세스는 종업원이 수행한다. 종업원이 자신이 수행하는 업무를 정확하게 파악하지 못하거나 왜 이 업무를 수행하는지를 인식하지 못할 경우에는 효율적이고 효과적인 업무수행이 이루어질 수가 없다. 자신이 수행하는 업무가 기업목표달성에 얼마나 중요하며 어떻게 일을 하여야만 가장 효율적이고 효과적으로 조직성과에 기여할 것인가를 분명하게 인식시키고 유인하여야(동기부여) 하는 관점이 학습과 성장 관점(Learning & Growth Perspective)이다. 즉, 조직의 모든 구성원들을 조직목표달성에 유인하고 잠재능력을 극대화할 수 있도록 혁신을 자발적으로 유인하는 성과측정관점으로 종업원 역량과 만족도 측정지표이다.

이러한 관점지표로는 창이적인 아이디어 창출정도, 업무성과개선도, 업무혁신 여부, 신규업무에 도전능력, 새로운 교육훈련에 투자비중, 직무충실도 및 종업원만족도 등이 있다.

(5) 관점지표 간의 상호 연관성 존재

상기의 네 가지 관점지표들은 서로 밀접한 상호연관성이 존재한다. 가장 근본적이고 기초적인 관점지표는 종업원이 기업을 위해 자발적으로 노력할 수 있는 분위기와 역량을 제고하는 학습과 성장관점이다. 이 학습과 성장관점은 내부프로세스 관점지표에 영향을 미쳐 기업내부에 수행되는 업무의 효율성과 효과성을 증진시킨다. 내부프로세스의 효율성과 효과성이 증진되면 고객에 제공되는 제품과 서비스에 대한 품질, 납기 등이 개선되어 고객만족이 제고되어 시장이 확대되고 매출이 늘어나 기업이익이 개선되는 재무적 성과도 개선되는 효과가 발생한다. 따라서 네 가지 관점은 서로 보완적이면서 밀접한 인과관계가 형성되어 있어 네 가지 관점이 균형을 유지하여야만 기업목표를 궁극적으로 달성할 수가 있는 것이다.

이러한 네 가지 관점지표를 설정하기 위해 우리나라 외항선사의 부가가치를 창출하는 가치사슬과정을 분석하여 핵심성공요인(CSF)와 핵심성과지표(KPI)를 도출하여 이를 네 가지 관점으로 분류해 보면 다음 [그림 14-5]와 같다.

그림 14-5 외항선사의 가치사슬과정

외항선사의 주요 가치창출활동은 신규항로개발활동, 선원·선박관리활동, 마케팅·영업활동, 운송활동 그리고 적절한 재무·위험관리활동이며, 이러한 가치창출활동을 극대화하기 위한 핵심성공요인은 물동량 및 운임수입의 증대, 운송서비스의 제고, 적정선복량의 유지와 적시운송체제 유지로 볼 수가 있다.

상기와 같은 핵심성공요인을 달성하기 위해 각 지역본부 산하의 팀별 및 개인별로 세부과제가 설정되는데 이것이 핵심성과지표이며, 설정된 과제의 목표치와 실적비교에 의하여 팀과 개인의 성과가 평가된다. 세부과제는 상부에서 일방적으로 결정되는 Top-Down 방식이 아니라 팀에서 의견수렴되어 최종적으로 본부장이 결정하는 것이며 개개의 지표들의 가중치 역시 팀의 의견수렴과정에 의하여 결정된다. 핵심성과지표는 CEO의 의지와 비전, 조직형태 등에 따라 선사별로 다소간의 차이를 보이고 있고 학습과 성장관점요인은 주로 개인별 및 팀별 평가지표항목이며, 내부프로세스는 대부분이 팀별 평가지표이고 고객관점과 재무적 관점은 지역본부단위에 대한 평가지표로 구성되어 있다.

3) 핵심성공요인(CSF; Critical Success Factor) 추출

핵심성공요인은 기업이 속한 산업 내에서 생존하고 번영하기 위하여 가장 중요한 요소로서 기업 혹은 단위 영역의 존재 목적을 달성하고 목표시장에서 만족할 만한 성과를 거둘 수 있도록 하는 요소 및 요구조건으로 고객이 원하는 것을 제공해야 하고 경쟁자들보다 우위를 가질 수 있는 주요 요인들을 의미한다.

핵심성공요인에 대한 정의는 학자들마다 다양하지만 기업이 속한 환경 내에서 생존과 번영을 지속하기 위하여서는 두 가지 요건을 충족시켜야 한다. 첫째는 고객들이 원하는 재화나 서비스를 제공해야 한다는 것이며, 두 번째 기준은 경쟁자들 보다 우위를 가져야 한다는 점이 핵심성공요인의 "핵심"이라 할 수 있다. 고객의 요구를 충족시키기 위해서는 조직에 수익을 가져다 줄 고객이 누구인지를 먼저 파악해야 한다.

특정 고객집단들마다 가지고 있는 상이한 선호사항이 무엇인지를 정확하게 알아야 하며 고객들이 그들의 욕구를 충족시키기 위해서 왜 특정기업들을 선택하여 구매하게 되는지 그 근본원인을 파악해야 한다. 그 다음 산업의 경쟁 정도를 파악해야 한다. 이를 위해서는 기업이 속한 산업의 경쟁 정도를 파악한다. 전사적 수준에서 산업의 핵심성공요인이 결정되면 각 사업부 단위의 비전 및 전략을 전사와 균형을 맞추어 도출하고 이러한 비전 및 전략을 달성할 수 있는 사업부별 핵심성공요인을 도출한다. 그 결과, 도출된 핵심성공요인을 균형성과평가표의 핵심성과지표로 이용함으로써 측정과 관리의 자료로 가능해진다.

4) 핵심성과지표(KPI; Key Performance Indicator)

핵심성과지표란 급변하는 환경 속에서 무엇을 관리하는 것이 핵심이며 궁극적으로 조직의 전략과 비전을 달성할 수 있는 지표가 무엇인지에 초점을 맞춘다. 과거의 재무자료 위에 비재무적 자료를 측정해야 하는 필요가 요구되고 그에 알맞은 데이터와 측정치를 제공하기 위하여 과학적이고 통계적인 측정치를

표 14-8 외항선사의 핵심성공요인(CSF)과 핵심성과지표(KPI)

핵심성공요인	물동량 증대와 운임수입 증대	운송서비스 제고	적정선복량 유지	적시 운송체제
핵심성과지표	- 신규항로 개발능력 - 물동량 창출능력 - 재무적 인정성 - 운영비 절감능력 - 항로별 수익성	- 화주만족도 - 글로벌 네트워크 - 글로벌 선사화 - 운송서비스의 차별성 - 운송서비스의 신뢰성	- 화주정보 수집능력 - 시장변화 대응능력 - 사업전략과 위험관리 - 선대관리능력 - 선박취득 및 용선	- 적시운송률 - 공선율 - 운송관리

개발하여 이를 핵심성과지표라 한다. [표 14-8]은 외항선사에서 적용 가능한 핵심성공요인(CSF)과 핵심성과지표(KPI)를 선행연구를 통하여 정리한 표이다.

5) 전략지도와 균형성과표 작성

상기 핵심성공요인과 핵심성과지표와 4대 관점요인과 연계하여 작성한 표는 [표 14-9]와 같으며, 상기의 네 가지 관점을 외항선사에 적용하여 전략지도를 그리면 [그림 14-6]과 같다.

표 14-9 외항선사의 핵심성공요인과 핵심성과지표

<table>
<tr><th>핵심
성공
요인</th><th colspan="2">물동량 증대와
운임수입 증대</th><th>운송서비스 제고</th><th>적정선복량 유지</th><th>적 시
운송체제</th></tr>
<tr><td rowspan="4">핵심
성과
지표</td><td>학습과
성장
관점</td><td colspan="4">1) 경영자원을 효율화할 수 있는 직무전문화와 충실화 여부
2) 고객서비스 제고를 위한 교육훈련의 적정성 여부
3) 업무개선효과를 극대화하기 위한 첨단물류교육훈련 여부
4) 물류경영목표를 명확히 이해하기 위한 물류전문인력 양성 여부
5) 팀의 안정성과 공정성유지를 위한 솔선수범능력
6) 업무충실도를 지원하는 보상제도
7) 공정하고도 객관적인 평가시스템
8) 평가지표 설정시 다양한 의견수렴과정
9) 평가결과에 대한 임직원의 수용성
10) 환경변화에 대한 도전 및 적응능력</td></tr>
<tr><td>내부
프로세스
관점</td><td colspan="4">1) 고객에 대한 정확한 정보수집 등 요구조건 대응능력
2) 시장변화에 대한 세분화능력
3) 시장에 대한 전략집중력
4) 본부의 사업전략과 위험관리능력의 적절한 조화능력
5) E-Business(ERP) 활용수준
6) 효율적으로 정보시스템을 활용하는 지식능력
7) 경영합리화 등의 경영혁신수행능력</td></tr>
<tr><td>고객
관점</td><td colspan="4">1) 타 회사(타 조직)과 차별화된 운송(고객)서비스 제공능력
2) 타 회사(타 조직)에 비해 신뢰할 수 있는 운송(고객)서비스 제공능력
3) 글로벌 네트워킹능력
4) 글로벌 선사화능력</td></tr>
<tr><td>재무적
관점</td><td colspan="4">1) 신규항로 개발능력
2) 신규물동량 창출능력
3) 재무적 안정성 유지 및 제고능력
4) 운영비 절감능력
5) 담당항로의 수익성 제고능력</td></tr>
</table>

그림 14-6 한국외항선사의 전략지도(map) 구상

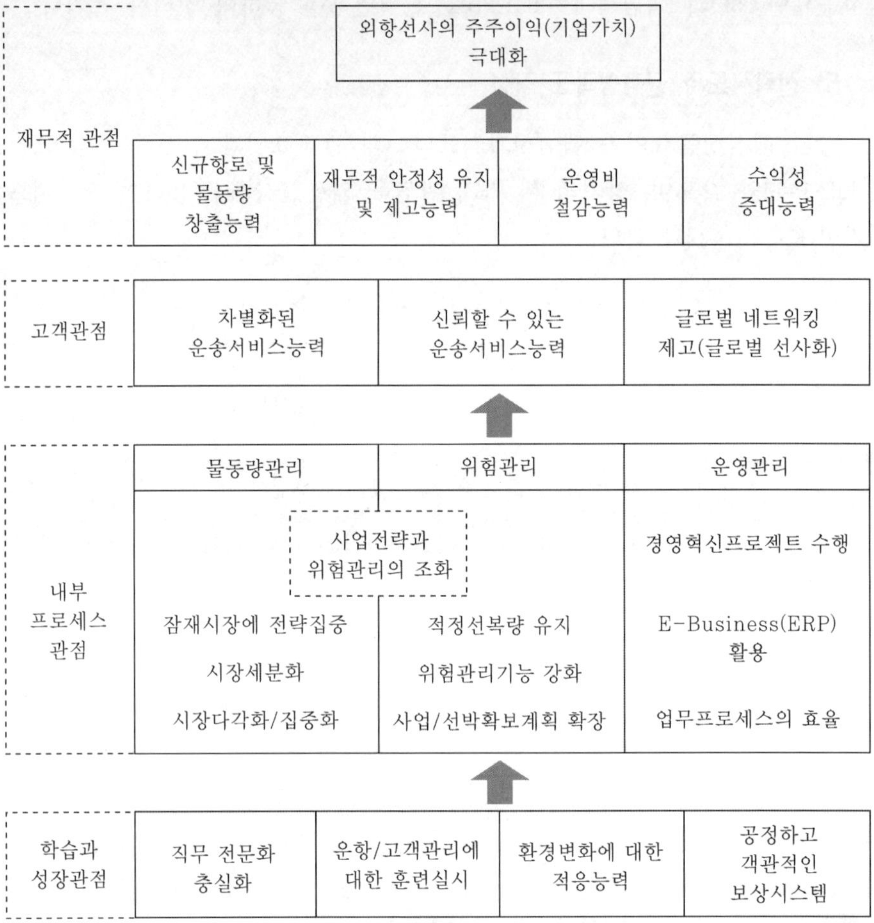

자료: Robert S. Kaplan & David P. Norton, *Strategy Maps*, Harvard Business School Publishing Corporation, 2004, pp. 11~125을 기초로 하여 저자가 재구성.

04 투자의사결정과 항만회계

제15장 투자의사결정과 항만회계

제 15 장

투자의사결정과 항만회계

항만건설과 운영에는 막대한 자금이 소요되므로 최적항만건설을 위한 효율적인 항만투자와 운영관리가 절실하다.

오늘날 항만은 단순한 양하역 기능에서 벗어나 물류거점으로서 국가경제의 경제중심지로 정착되고 있다. 글로벌 항만으로서 항만경쟁력을 확보하기 위한 항만투자와 임대료 산정 및 운영기법에 대해서 정리하고자 한다.

- 효율적인 투자의사결정방법
- 항만회계의 필요성과 유형
- 항만임대료 산정절차와 방법
- 항만건설 공사원가 도출과정

제 1 절 자본예산편성 개념과 투자평가방법

기업의 자금흐름과 관련된 의사결정은 크게 재무의사결정(Financial Decision)과 투자의사결정(Investment Decision)으로 구분된다. 재무의사결정은 경영활동에 필요한 자금을 조달하는 의사결정으로 크게 주식을 발행하여 자기자본을 조달하는 의사결정과 은행에서 차입하는 부채조달의사결정으로 구분된다. 자기자본과 같은 장기성 자금(주식발행과 회사채 발행)을 조달하는 곳은 자본시장(Capital Market) 또는 증권시장(Security Market)이라 하며, 은행과 보험회사에 기업이 필요한 자금을 조달하는 시장을 금융시장(Money Market)이라 한다. 따라서 자본시장과 금융시장에서 자금조달하는 의사결정이 바로 재무의사결정이며, 재무의사결정의 핵심은 자금을 조달할 때 발생하는 각종 자본비용(Capital cost, 지급이자, 주식발행비용, 배당금 등)을 최저로 하는 자금조달규모(최적자본구조, Optimal Capital Structure)를 결정하는 것이다.

조달된 자금을 투자하여야만 기업의 수익성이 창출되는데, 투자대상이 자산(Asset)이므로 투자의사결정을 자산관리(Aesset Management)라고 한다. 투자의사결정도 크게 두 가지로 구분된다. 첫째로, 자금의 유동성(Liqudity) 확보 및 관리를 목포로 유동자산에 투자하고 관리하는 운전자본관리(Working Capital Management)가 있다. 운전자본 또는 영업자본은 유동자산을 말하기도 하기도 하지만 엄밀하게 말하면 유동자산에서 유동부채를 차감한 개념이다. 둘째로, 기업의 수익성 창출을 목표 장기성자산(주로 선박과 같은 물류고정자산과 투자자산)에 투자하는 장기투자의사결정이라 한다. 장기투자의사결정은 투자대상이 되는 자산의 투자규모, 미래수익흐름, 투자위험, 투자에 필요한 자본조달 규모와 비용 등을 면밀하게 검토(즉 프로제트 사업성 분석)하는 과정이 필요하다. 이러한 과정을 자본예산편성과정(Capital Budgeting)이라고 한다.

1. 회수기간방법(Payback Period Method)

자본제약범위 내에서 회수기간이 짧은 투자안을 선택

- 장점: 위험 및 유동성지표로 활용, 단순하여 이해하기 쉬움
- 단점: 회수기간 이후 현금흐름 무시, 화폐의 시간적 가치 무시, 회수기간의 합리성결여

2. 회계적 이익률 방법(Accounting Rate of Return Method)

회계적 이익률(ARR) = (평균순이익 / 평균투자액)이 목표이익률을 초과하는 투자안을 선택하는 방법이다.

- 단점: 화폐의 시간적 가치를 무시, 회계처리방법의 자의성, 목표수익률기준의 자의성.

3. 순현재가치방법(NPV Method)

투자안의 순현재가치(Net Present Value: NPV)는 투자로 인한 수익(현금)흐름의 현재가치 합에서 투자금액을 차감한 금액으로 이 금액이 0보다 커야 투자가치가 있는 투자안으로 선택하는 방법이다. 투자안을 선택할 때 물론 투자금액이 기업이 허용하는 자본제약 범위 내에서 선택하여야 한다.

- 장점: 화폐의 시간적 가치 고려, 의사결정의 객관성, 가법성의 원칙(Additivity rule) 적용가능

$$NPV = \frac{\sum_{t=1}^{n} 현금유입_t}{(1+k)^t} - C_0, \qquad k = 자본비용(Capital\ Cost),\ C_0 = 투자금액$$

4. 내부이익률방법(IRR Method)

내부수익률(Internal Rate of Return: IRR)은 투자의 순현재가치가 0이 되는 자

본비용으로 투자대상의 투자수익률(ROI, Return on Investment)로 불리운다. 화폐의 시간적 가치를 고려하는 점에서 순현재가치방법과 동일하지만, 내부수익률을 계산하는 과정이 복잡하고 투자기간이 장기일 경우, 발생하는 수익을 계속하여 재투자된다는 가정이 비현실적인 측면이 있다. 의사결정은 내부수익률이 자본비용을 초과할 때 투자가치가 있는 것으로 보는 평가방법이다.

- NPV와 IRR의 비교

1) NPV 〉 0 ⇔ IRR 〉 K

2) NPV 〈 0 ⇔ IRR 〈 K

3) NPV = 0 ⇔ IRR = K

[사례] 투자금액이 4,000원이고 투자로 인해 첫 번째 연도에 예상되는 수익(현금흐름, C_1)이 2,000원이고 두 번째 연도에 예상되는 수익(현금흐름, C_2)이 4,000원일 때 내부수익률(IRR)은 얼마인가 ?

$$\frac{\sum_{t=1}^{2} 현금유입_t}{(1+k)^2} = C_0$$ 에서 k값이 내부수익률이다. 따라서

$$\frac{2,000}{(1+k)^1} + \frac{4,000}{(1+k)^2} = 4,000$$ 식에서 k값을 계산하면, IRR = 28%가 된다.

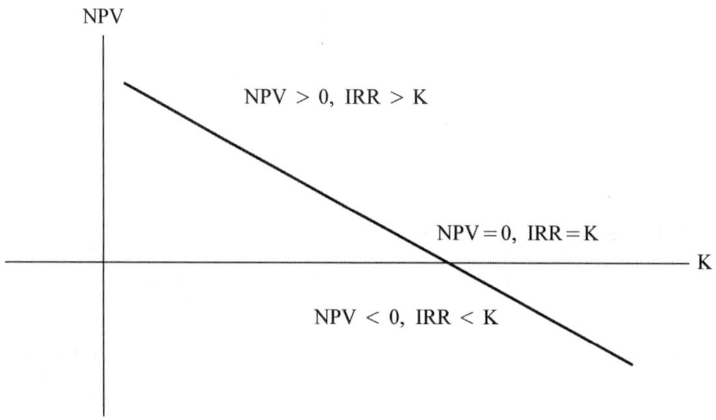

제 2 절 물류설비(선박) 대체의사결정

물류기업에서 중요한 물류설비는 운송수단이다. 해운선사의 경우에는 선박이 된다. 이러한 중요한 영업용 고정자산의 대체 또는 폐기문제는 물류기업으로서는 핵심적인 대체의사결정(Replacement Decision)이 된다.

의사결정에 고려되는 항목은 크게 두 가지이다. 하나는 대체로 인하여 추가로 유입되는 총 현금흐름액(ΔTCF)이고 다른 하나는 추가로 지출되는 총현금유출액(ΔCo)이다. 그런데 현금 유입되는 기간이 대부분 장기이므로 반드시 매년도 들어오는 현금유입액을 현가계산하여야만 올바르게 의사결정을 할 수 있다.

1. 추가로 유입되는 총현금흐름액(ΔTCF) 결정요인

1) 매기 추가로 유입되는 현금흐름액(ΔCF)

매기 추가로 유입되는 현금흐름액은 다음과 같이 4가지 요인으로 결정된다.

(1) 물류설비 대체로 추가로 유입되는 수익액(ΔR)

(2) 물류설비 대체로 추가로 지출되는 비용액(ΔC) = 영업비(ΔO) + 감가상각비(ΔDep)

(3) 현금지출 없는 비용(주로 감가상각액임)(ΔDep)

(4) 법인세율(t)

상기 네 가지 사항을 고려하여 추가로 유입되는 현금흐름액(ΔCF)을 계산하면 다음과 같다.

$\Delta CF = (1 - t) \times (\Delta R - \Delta C) + \Delta Dep = (1 - t) \times (\Delta R - \Delta O) + t \times \Delta Dep$로 결정된다. ΔCF 식은 크게 두 부분으로 구성되는데, $(1 - t) \times (\Delta R - \Delta O)$은 법인세공제 후 영업이익 증가분이고 $t \times \Delta Dep$은 설비대체로 발생하는 감가상각비추가액에 대한 법인세 절감액이다. 이를 현금지출 없는 비용의 법인세 절감효과(Tax Saving Effect)라고 한다. ΔCF 금액은 매기 발생하므로 투자기간(내용연수) 동안 현재가치화하여 계산되어야 한다.

2) 잔존가치 증가분(ΔSL)

$$\text{매기마다 유입되는 현금유입액}(\Delta CF)\text{의 현재가치} = \frac{\sum_{t=1}^{n} (\Delta CF)_t}{(1+k)^t}$$

n = 투자기간(내용연수)

물류설비는 대부분 규모가 크고 금액이 막대하므로 잔존가치(Salvage Value, SL) 또한 큰 금액이다. 일반적으로 잔존가치는 총취득원가의 10%가 일반적이지만 고정자산의 유형에 따라 다소 다르다. 물류설비를 대체하여 구형설비와 신형설비 간에 잔존가치가 차이가 나면 이 금액도 투자기간(일반적으로 내용연수임)이 끝나는 시점에 회수되므로 현재 가치화하여 추가로 유입되는 현금흐름 계산에 산입하여야 한다.

$$\text{잔존가치 증가분}(\Delta SL)\text{의 현재가치} = \frac{(\Delta SL)}{(1+k)^t}$$

t = 투자기간(내용연수)

2. 추가로 유출되는 현금흐름액(ΔCo) 결정요인

1) 추가투자액
2) 구형물류자산(선박) 처분액
3) 고정자산 처분손익의 법인세절감 및 추납액
4) 투자세액공제액

추가로 유출되는 현금흐름액(ΔCo) = 추가투자액 − 구형물류설비처분액 − 처분손실의 법인세절감액(+ 처분이익의 추가납부액) − 투자세액공제액

3. 대체의사결정에 대한 순현재가치 증가분(ΔNPV)

추가로 유입되는 총현금흐름액의 현재가치가 추가로 지출되는 총현금유출액보다 많아야만 설비대체로 기업에 이익을 가져다 줄 수가 있다. 따라서 물류설비 대체시 올바른 의사결정은 ΔNPV가 0보다 커야 한다.

$$\text{의사결정: } \Delta \text{NPV} = \frac{\sum_{t=1}^{n} (\Delta CF)_t}{(1+k)^t} + \frac{(\Delta SL)}{(1+k)^t} - \Delta \text{Co} > 0$$

n = 투자기간(내용연수)

4. 투자기간(내용연수)이 상이한 경우 대체의사결정

투자기간(내용연수)이 다른 경우에는, 잔존기간 동안에만 고려하는 경우와 연속적으로 대체될 경우로 나누어 생각하여야 한다. 잔존기간만 고려할 경우에는 잔존기간에 대해서만 현금유출액의 현재가치를 계산하는 Chain Analysis 방법을 사용하여야 하고, 연속적으로 무한히 대체되는 것으로 가정할 경우에는 연금계산방식(Equivalent Annual Annuity Method), 일종의 영구채권의 현재가치 계산방식에 의하여 계산할 수 있다. 즉, 매기 C 금액을 이자를 무한히 받지만 원금상환이 없는 영구채권의 현재가치(현재 구입액)를 계산하면 다음과 같다.

$$\text{영구채권의 현재가치} = \sum_{t=1}^{\infty} \frac{C_t}{(1+r)^t} = \frac{C}{r}$$

단, 할인율 = r에 의거하여 산출할 수 있다.

[사 례]

사례 내역	물류설비 A	물류설비 B
취득원가	36,100천원	57,500천원
내용연수	5년	10년
세금공제 후 현금흐름	9,700천원	9,500천원
자본비용(할인율) = 10%		
순현재가치(NPV)	671천원	874천원

(1) Chain Analysis(**연속적인 대체가 아님**)

물류설비 A의 순현재가치(NPVa) = $671 + \dfrac{671}{(1+0.1)^5}$ = 1,088천원

물류설비 B의 순현재가치(NPVb) = 874천원

물류설비 A의 순현재가치가 크므로 물류설비 A를 선택하여야 한다.

(2) Equivalent Annual Annuity Method(**연속적인 대체일 경우**)

$$EAA_a = \frac{671}{\text{연금현가율}} = \frac{671}{\sum_{t}^{5}\frac{1}{(1+0.1)^t}} = 177.01\text{천원}$$

$$EAA_b = \frac{874}{\text{연금현가율}} = \frac{874}{\sum_{t}^{10}\frac{1}{(1+0.1)^t}} = 142.24\text{천원}$$

영구채권의 현재가치 계산방식으로 각 투자대상의 순현재가치를 계산하면 다음과 같다.

$$NPV_a = \frac{177.01}{0.1} = 1770.1\text{천원}$$

$$NPV_b = \frac{142.24}{0.1} = 1422.4\text{천원}$$

따라서 물류설비 A의 순현재가치가 크므로 물류설비 A를 선택하여야 한다.

제 3 절 항만회계의 개념과 특성

1. 항만회계의 유형

각국의 항만경영제도를 살펴보면 첫째 유형은 항만을 국민 편의시설 및 전략시설로 개발하는 경우로서 국가 또는 지방자치단체가 투자수익성 및 경제성 고려보다는 정책적 차원을 고려한다. 군항, 어항 여객항 등의 시설개발이 이에 속하며, 이 경우에는 국가 또는 지방자치단체의 예산으로 시행한다. 다른 유형은 미국, 싱가포르 등과 같이 항만을 독립채산적 기업형으로 개발·운영하는 경우로서 항만의 투자의 수익성에 따라 항만을 개발하는 경우이며, 조직 자체도 Port Authority 형태로 설치되고 회계제도는 독립채산적 기업회계제도를 채택하여 책임경영을 하고 있다. 우리나라의 경우 2004년부터 항만공사제도를 도입하여 독립채산적 기업회계제도를 채택하고 있다. 또한 항만의 건설 및 운영의 주체가 민간으로 이양됨에 따라 다양한 운영주체별 항만회계가 적용되고 있으며 대부분 기업회계제도를 기초로 하고 있다.

2. 항만회계의 단위

항만회계는 항만시설을 운영하는 주체 또는 단위별로 설정·운영하게 되는 바, 다음과 같이 구분할 수 있다.

- 항만시설을 설치하여 직접 운영함으로써 항만시설사용료를 징수하는 국가, 지방자치단체, 항만공사
- 항만시설을 설치하고 이를 임대함으로써 임대료를 징수하는 국가, 지방자치단체, 항만공사, 한국컨테이너부두공단
- 항만시설을 건설하여 국가 또는 지방자치단체에 기부체납하고 항만시설을 무상사용하여 운영하는 민간사업자 또는 비관리청
- 국가 또는 지방자치단체가 설치한 항만시설을 임차하여 운영하는 민간사업자

3. 항만원가계산제도

1) 개 요

항만원가는 항만이용자를 위하여 항만 내에 설치한 항만시설에서 발생하는 원가를 말하며 항만시설은 수역시설, 접안시설, 하역시설로 구분된다.

- 수역시설은 선박이 항만에 입·출항이 용이하도록 설치한 방파제, 호안, 정박지, 항로선회장 시설을 말함
- 접안시설은 항내에 입항한 선박이 부두에 접근하기 위해 설치된 안벽, 물양장, 계류시설을 말함
- 하역시설은 접안 이후 화물을 양·적하하기 위해 설치한 하역장비, 야적장, CFS 등 하역시설을 말함

항만원가회계의 흐름을 대별하면 회계 주체별 예산통제 및 관리를 위하여 실시되는 지출목적별 분류에 의한 계정과목별 원가계산, 항만운영을 기능별로 분류하여 실시하는 기능별 원가계산 그리고 항만요율의 평가를 가능하게 할 목적으로 실시하는 수익중심점별 원가계산으로 나눌 수 있으며 다음 그림과 같이 3가지 유형으로 분류할 수 있다.

그림 15-1 항만원가계산 유형

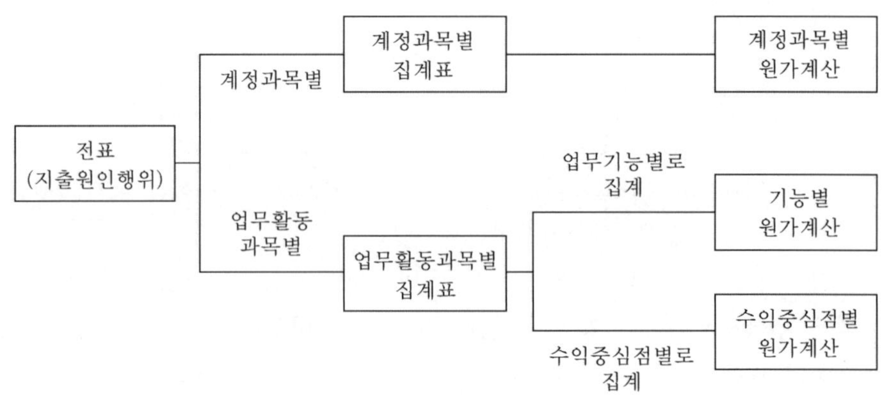

2) 계정과목별 원가계산

계정과목별 원가계산은 지출행위에 의하여 발생된 원가를 지출용도별로 분류·집계하여 계정과목별로 원가계산을 실시하는 원가계산 방식이다. 계정과목별 원가는 항만운영에 직접 소요되는 인건비, 유지보수비, 감가상각비, 일반관리비 등의 영업비용과 이자비용, 기타 부수적 비용으로 구성되는 영업외비용으로 구성되며, 세부 원가항목은 일반적인 기업회계 원가과목과 동일하다.

3) 기능별 원가계산

기능별 원가계산은 항만의 주요 기능인 항만운영, 항로표지운영, 항만건설, 해무운영, 일반관리 등 항만의 기능별로 원가를 계산하는 방식으로써 이는 항만사업의 고유 기능별로 소요된 원가를 파악하여 항만사업 운영의 기능별 평가 및 계획 등에 유용한 정보를 얻기 위해 설정하는 원가과목 체계이다. 항만의 기능별 원가과목 체계를 예시하면 [표 15-1]과 같다.

표 15-1 기능별 원가 분류

항만운영	항로표지운영	항만건설	해무운영	일반관리
부두운영 갑문운영 항무선운영 행정선운영	표지시설운영 표지선운영	항만건설	해운운영 선원운영 선박운영	일반관리행정

(1) 업무활동별 원가

기능별 원가계산을 위하여는 원가 발생요인의 최소 단위인 업무활동별 원가를 우선적으로 파악하여 이를 항만운영, 항로표지운영, 항만건설, 해무운영, 일반관리 등 항만 기능별로 분류·집계하여야 하는데 기능별 원가계산에 있어서 최소 단위의 원가중심점은 업무활동원가이다. 업무활동원가란 특정 원가를 발생시킨 항만활동의 유형과 원가발생 장소를 파악하기 위한 원가 발생부서, 활동 및 자산별로 분류된 원가과목을 말한다.

인건비와 일반관리비의 경우에는 각 항만운영 및 관리부서별 업무구분이 업무활동원가를 구성하게 되며, 유지보수비와 감가상각비는 각 시설의 유형별 구분이 업무활동원가를 구성하게 되는바, 업무활동원가의 설정은 기능별 원가에의 배부 및 집계가 용이하도록 구분되어야 한다. 업무활동별 원가체계를 예시하면 [표 15-3]과 같다.

표 15-2 인건비와 일반관리비의 업무활동원가 체계

관리구분	항만운영	항로표지운영	항만건설	해무운영	일반관리
업무활동 원가구분	항무관리 항만기획 항만경비 갑문관리 항무선관리 항만준설	표지시설관리 표지선관리 표지행정	건설행정 항만준설 공사장비관리	해운관리 선원관리 선박관리	건설행정 일반관리행정

표 15-3 유지보수비와 감가상각비의 업무활동원가 체계

시설구분	건물	구축물	기계장비	선박	차량, 사무기기
업무활동 원가구분	관제건물 여객건물 창고건물 표지건물 기타 부두건물 관측건물	갑문시설 표지시설 접안시설 외곽시설 기타 부두건물	화물처리장치 갑문기계 표지(공작)기계 항무통신시설 공사장비	표지선 항무선 측량선 해상기중기	항무차량 표지용 차량 건설차량 일반관리

(2) 업무활동 원가의 기능별 배분

업무활동별 원가의 기능별 분류방법은 업무활동별 원가가 특정 기능에 직접 대응되는 경우에는 직접 배부하며, 직접 대응되지 않는 간접원가는 각 기능에 직접 배부된 직접원가 비율에 따라 배부하는 방법이 일반적인바, 업무활동원가의 기능별 원가배분을 예시하면 [표 15-4]와 같다.

(3) 기능별 원가계산절차

해양항만청을 회계단위로 할 경우 기능별 원가계산을 순서별로 살펴보면 다음과 같다.

- 원가계산 자료작성 및 집계를 위하여 원가가 발생하면 지출원인행위에 의

표 15-4 업무활동 원가의 기능별 배분

<table>
<tr><th colspan="2">업무활동 원가</th><th colspan="2">기능별 원가</th><th rowspan="2">비고</th></tr>
<tr><th>인건비,
일반관리비</th><th>유지보수비,
감가상각비</th><th>구분</th><th>과목</th></tr>
<tr><td>항무관리
항만기획
항만경비

갑문관리
항무선관리
항무선관리</td><td>관제건물
여객건물
창고건물
기타 부두건물
접안시설
하역장비
외곽시설
항무통신시설
화물처리장치
기타 부두시설
갑문시설
항무선
항무용선박·차량</td><td>항만운영</td><td>부두운영

갑문운영
항무선운영
행정선운영</td><td rowspan="4">직접대응
집계</td></tr>
<tr><td>표지시설관리
표지행정

표지선관리</td><td>표지건물
표지시설
표지(공작)기계
표지용 차량, 비품
표지선</td><td>항로표지
관리</td><td>표지시설운영

표지선운영</td></tr>
<tr><td>건설행정
항만준설
공사장비관리</td><td>관측건물
공사장비
측량선
해상기중기
건설차량</td><td>항만건설</td><td>항만건설</td></tr>
<tr><td>해운관리
선원관리
선박관리</td><td></td><td>해무운영</td><td>해운운영
선원운영
선박운영</td></tr>
<tr><td>일반관리행정</td><td>일반관리건물
외부시설비
일반관리시설
일반관리기계
관리용 차량, 비품</td><td>일반관리</td><td></td><td>각 기능별
직접대응
원가비례
배분</td></tr>
</table>

하여 발생된 원가를 예산과목별 분류에 의한 계정과목별로 분류한다.

- 지출전표에 원가요소인 인건비, 일반관리비, 유지보수비 및 감가상각비를 각각의 업무활동 과목별로 분류하여 기록한다.
- 분류된 업무활동원가를 기능별로 분류·집계하여 기능별 원가집계표를 작

성하여 지방청 단위의 기능별 원가집계표를 작성하고 본청, 항로표지기지창, 선원학교 등의 기능별 원가집계표를 합하여 국토해양부 해양항만 전체의 기능별 원가보고서를 작성한다. 기능별 원가보고서를 예시하면 [표 15-5]와 같다.

표 15-5 소속별 기능별 원가보고서 (단위: 백만원, %)

기능별 / 소속별	항만운영		항로표지운영		항만건설		해무운영		일반관리		합계	
	금액	비율	금액	비율	금액	비율	금액	비율	금액	비율	금액	비율
총계												
지방청계												
부산청												
인천청												
마산청												
지원부서계												
본청												
표지기지창												
선원학교												

4) 수익중심점별 원가계산

수익중심점은 선박입항료, 화물입항료, 접안료, 화물장치료 등과 같이 항만서비스 제공에 따라 징수하는 사용료 종류를 말하는 것으로써 수익중심점별 원가계산은 기능별로 집계된 원가를 수익중심점에 대응. 배분하여 수익중심점별로 총수익과 총원가를 대비함으로써 수익의 적정성을 분석하는 원가방식이다. 수익중심점별 원가계산에 대하여는 별도 항목에서 서술하기로 한다.

4. 항만원가와 항만시설사용료

1) 개 요

항만시설의 설치자인 항만당국은 시설이용자로부터 사용료를 부과하게 되는데, 항만시설사용요율을 산정하는 방법으로는 원가기준요율과 정책요율 접근방법이 있다. 정책요율 접근방법은 관련 경쟁국의 항만요율과 항만부대시설 및 기타 정책적인 요소들을 감안하여 정책적으로 요율을 산정하는 것이므로 원가와 직접적인 관련을 가지지 않는다. 반면 원가기준 요율은 수익중심점 원가계산에서 산출되는 실적원가와 적정원가를 기준으로 하여 항만시설 사용요율을 산정하는 것을 말한다. 수익중심점별 원가계산은 항별, 부두별 단위로 분석될 수 있다.

국가 또는 항만당국이 설치한 시설에 대한 사용료는 원칙적으로 투자비 회수가 가능하며 또한 사용료별로 원가가 대응되도록 사용료(Cost based Port Tariff)가 결정되어야 함이 원칙이다.

항만당국이 항만시설을 직접 운영하는 경우에 항만시설사용료를 부과하게 되는데 원가에 근거한 항만시설사용료 수준 결정을 위한 원가계산방법으로 수익중심점별 원가계산을 설명하기로 한다.

2) 수익중심점별 원가계산

수익중심점이란 제공되는 항만서비스의 유형에 따라 서로 다른 요금을 부과하는 장소 또는 사용료의 종류를 말하는 것으로 수익중심점을 설정하는 목적은 수익중심점별로 수익과 원가를 파악하여 수익성을 측정함으로써 적정한 항만시설사용요율을 결정하는 데 필요한 기초자료를 산출하는 데 있다.

수익중심점별 원가계산의 질차는 다음과 같다.

(1) 수익중심점 설정

수익중심점은 항만당국이 이용자에게 부과하는 사용료의 종류가 되며, 예시하면 [표 15-6]과 같다.

표 15-6 원가계산을 위한 수익중심점 체계

항만시설사용료	항만시설임대료	장비사용료
접안료 정박료 선박입출항료 화물입출항료 수역점용료 여객부두이용료	컨테이너부두임대료 일반 잡화부두임대료 특수화물부두임대료 여객부두임대료	기중기선사용료

(2) 원가와 수익대응

수익중심점 원가계산은 당해 수익의 실현에 기여한 업무활동별 원가를 파악하여 원가를 수익에 대응시킴으로써 가능하게 된다.

업무활동원가를 수익중심점에 대응시키기 위하여는 업무활동원가와 수익중심점과의 상호 관련성 연구가 선행되어야 하나 기본적으로는 수익 대응에 따라 발생한 원가가 특정한 수익 실현에 직접 기여한 경우는 해당 수익중심점에 전액 대응시키고 발생한 원가가 여러 수익에 공통적으로 기여한 경우는 기여비율에 따라 수익중심점에 대응시킨다.

항만운영원가와 항로표지관리원가는 당해 수익에 직접적으로 공헌한 원가로 본다. 항만건설원가는 감가상각비를 통하여 원가로 인식되므로 수익에의 대응에서 제외된다. 또한 해운관리와 일반관리에서 발생한 원가는 전체 항만수익의 실현에 간접적으로 기여한 간접수익 공헌원가로 보고 안배하여 대응시킨다.

① 직접수익 대응원가

직접수익 공헌원가에 대한 업무활동 원가별 수익대응 기준을 예시하면 [표 15-7], [표 15-8]과 같다.

② 간접수익 공헌원가

간접수익 공헌원가는 발생한 원가가 전체 항만수익의 실현에 간접적으로 기여하므로 특정 수익중심점에 대응시키지 않고 전체 수익중심점에 대응시키게 되며, 그 방법으로는 직접수익 공헌원가기준, 수익금액 비율기준 등이 있다. 여기서 수익금액 비율기준을 적용할 경우 원가는 수익금액에 의존하므로 항만요율 결정을 위한 원가계산기준으로는 불합리한 점이 있으며, 따라서 항만수익 중심점별로 대응된 직접수익 공헌원가의 구성비율에 따라 간접수익 공헌원가를 대응하는 직접수익 공헌원가 비율기준이 적합할 것이다.

표 15-7 직접수익 공헌원가의 업무활동별 원가대응(인건비 및 일반관리비) (단위: %)

<table>
<tr><th colspan="2">업무활동원가</th><th>대응수익</th><th>배부율</th><th>비고</th></tr>
<tr><td rowspan="7">항만
운영</td><td>항무관리</td><td>선박입출항료
화물입출항료</td><td>1/2
1/2</td><td>선박입출항을 위한 통신서비스</td></tr>
<tr><td>갑문관리</td><td>선박입출항료</td><td>1/1</td><td>갑문을 선박입출항 시설로 봄</td></tr>
<tr><td>장비관리</td><td>선박입출항료
화물입출항료</td><td>1/2
1/2</td><td>장비운영은 선박입출항,
화물입출항을 위한
지원서비스로 봄</td></tr>
<tr><td>항무선관리</td><td>선박입출항료
화물입출항료
접안료</td><td>1/3
1/3
1/3</td><td>관련 수익중심점에 균등배분</td></tr>
<tr><td>항만경비</td><td>선박입출항료
화물입출항료
접안료</td><td>1/3
1/3
1/3</td><td>관련 수익중심점에 균등배분</td></tr>
<tr><td>항만관리</td><td>선박입출항료
화물입출항료
화물장치료
접안료</td><td>1/4
1/4
1/4
1/4</td><td>관련 수익중심점에 균등배분</td></tr>
<tr><td>항만기획</td><td>선박입출항료
화물입출항료
접안료</td><td>1/3
1/3
1/3</td><td>관련 수익중심점에 균등배분</td></tr>
<tr><td>항로
표지
관리</td><td>표지시설관리
표지선관리
표지행정</td><td>선박입출항료
화물입출항료</td><td>1/2
1/2</td><td>관련 수익중심점에 균등배분</td></tr>
</table>

표 15-8 직접수익 공헌원가의 업무활동별 원가대응(유지보수비 및 감가상각비)

(단위: %)

<table>
<tr><th colspan="2">업무활동원가</th><th>대응수익</th><th>배부율</th><th>비고</th></tr>
<tr><td rowspan="13">항만
운영</td><td>관제건물</td><td>선박입출항료
화물입출항료
접안료</td><td>1/3
1/3
1/3</td><td>관련 수익중심점에 균등배분</td></tr>
<tr><td>여객건물</td><td>선박입출항료
화물입출항료
접안료</td><td>1/3
1/3
1/3</td><td>대합실이용료로 배분해야 하나 여기서는 화물장치료외 관련 수익중심점에 균등배분</td></tr>
<tr><td>창고건물</td><td>화물장치료</td><td>1/1</td><td>화물장치료, 창고 및 야적장 사용료임</td></tr>
<tr><td>기타 부두용 건물</td><td>선박입출항료
화물입출항료
화물장치료</td><td>1/3
1/3
1/3</td><td>화물장치료를 제외한 관련 수익중심점에 균등배분</td></tr>
<tr><td>제방시설</td><td>선박입출항료
화물입출항료
접안료</td><td>4/10
3/10
3/10</td><td>관련 수익중심점에 차등배분</td></tr>
<tr><td>접안시설</td><td>접안료</td><td>1/4</td><td></td></tr>
<tr><td>항무통신시설
항무통신장치</td><td>선박입출항료
화물입출항료</td><td>1/2
1/2</td><td>선박 및 화물입출항을 위한 통신시설 및 장치</td></tr>
<tr><td>갑문관리</td><td>선박입출항료</td><td>1/1</td><td></td></tr>
<tr><td>화물처리장치</td><td>화물입출항료
화물장치료</td><td>1/2
1/2</td><td>화물처리장치의 주된 업무를 화물입출항 지원이라 봄</td></tr>
<tr><td>기타 부두용 시설</td><td>선박입출항료
화물입출항료
화물장치료
접안료</td><td>1/4
1/4
1/4
1/4</td><td>관련 수익중심점에 균등배분</td></tr>
<tr><td>항무용 선박</td><td>선박입출항료
화물입출항료
접안료</td><td>1/3
1/3
1/3</td><td>관련 수익중심점에 균등배분</td></tr>
<tr><td>항무용 차량</td><td>선박입출항료
화물입출항료
화물장치료
접안료</td><td>1/4
1/4
1/4
1/4</td><td>관련 수익중심점에 균등배분</td></tr>
<tr><td colspan="4" style="display:none"></td></tr>
<tr><td>항로
표지
관리</td><td>표지건물 등
표지시설
표지선
공작선
표지기계장치 등</td><td>선박입출항료
화물입출항료</td><td>1/2
1/2</td><td>관련 수익중심점에 균등배분</td></tr>
</table>

③ 수익중심점 원가계산 절차

원가분류 및 지출전표 작성과 업무활동원가 분류 및 집계까지는 앞에서의 기능별 원가계산 절차와 동일하다.

업무활동별로 집계된 원가를 앞에서 제시한 원가와 수익대응 기준에 따라 수익중심점에 대응시켜 수익중심점별 원가계산서를 작성한다. 수익중심점별 원가보고서를 예시하면 [표 15-9]와 같다.

표 15-9 수익중심점별 원가보고서

수익중심점	수익금액	실적원가	적정원가 (주)	실적원가대비 수익금액비율	적정원가대비 수익금액비율
접안료 화물입항료 선박입항료 화물장치료					

주: 적정원가는 실적원가에 투하자본에 대한 투자보수율을 합한 금액임.

또한 지방 해양항만청별로 구분한 수익중심점별 원가보고서를 예시하면 [표 15-10]과 같다.

표 15-10 소속별 수익중심점별 원가보고서(예 — 수익중심점: 접안료)

소속별	수익금액	실적원가	적정원가 (주)	실적원가대비 수익금액비율	적정원가대비 수익금액비율
합계					
부산청					
인천청					
마산청					

제 4 절 터미널 운영원가와 사용료 계산

1. 터미널시설의 분류

터미널시설이란 선박이 접안하여 화물의 양적하, 화물의 장치 및 보관을 할 수 있는 일체의 시설을 말하며, 구체적으로는 접안시설, 하역시설(크레인 및 T/C 레일, 이동장비), CY, CFS, 운영건물 및 유틸리티시설(전기시설, 상하수도시설 등)을 말한다. 터미널시설은 터미널 운영사가 운영하고 있는바, 기능별로 구분하면 컨테이너화물터미널, 일반화물터미널, 특수화물터미널로 구분되며, 운영형태별로 구분하면 전용터미널, TOC 체계 터미널로 구분되며, 투자주체별로 구분하면 민간투자부두, 임대부두로 구분된다.

2. 터미널 운영수입

터미널 하역요금표의 일반적인 분류는 하역료, 추가적용요금, 할증요금 등으로 구분하고 있는바, 그 내용은 다음과 같다.

표 15-11 하역요금의 종류

요금구분	세부요금 종류
하역료	터미널 기본요금, 이선적료, 동일선창 이적료, 타선창 이적료, 구내이적료, 철도발착료
추가적용요금	냉동컨테이너, 특수컨테이너, 재조작료, 반출입 용역제공 서비스료, 경과보관료
할증요금	국경축일 등, 야간할증, 위험품할증 등

터미널 회계처리시 운영수입은 매출액으로 표시되며 세부내역은 본선하역수입(하역요금 중 터미널 기본요금에 해당하는 수입), 부대수입(상기 하역요금 중 터미널 기본요금을 제외한 요금수입) 및 기타수입(CFS 임대료, 건물임대료 등)으로 구분된다.

3. 터미널 운영원가

터미널 운영원가는 대별하여 인건비, 하역장비유지비, 부두시설 유지비, 터미널임차료, 기타경비, 판매관리비 등으로 구성되며, 세부원가를 나타내면 [표 15-12]와 같다.

터미널 운영원가의 특성을 보면 하역장비유지비는 처리물량에 따라 증가하는 변동비이며, 기타의 비용은 고정비적 성격을 갖는다.

표 15-12 터미널 운영원가 분류

<table>
<tr><th>대분류</th><th>중분류</th><th>세분류</th></tr>
<tr><td rowspan="3">인건비</td><td>인건비</td><td></td></tr>
<tr><td>복리후생비</td><td></td></tr>
<tr><td>퇴직급여</td><td></td></tr>
<tr><td rowspan="4">하역장비유지비</td><td>동력비</td><td>전력비, 유류비</td></tr>
<tr><td>장비유지비</td><td>부품 및 수리비</td></tr>
<tr><td>장비보험료</td><td></td></tr>
<tr><td>장비감가상각비</td><td></td></tr>
<tr><td rowspan="3">부두시설유지비</td><td>시설수선비</td><td rowspan="3">방충제, CY, CFS, T/C 레일</td></tr>
<tr><td>시설보험료</td></tr>
<tr><td>시설감가상각비</td></tr>
<tr><td>터미널임차료</td><td>임차료</td><td></td></tr>
<tr><td rowspan="5">기타 경비</td><td>외주인건비</td><td></td></tr>
<tr><td>장비임차료</td><td></td></tr>
<tr><td>제세공과, 지급수수료</td><td></td></tr>
<tr><td>부두경비료</td><td></td></tr>
<tr><td>기타경비</td><td></td></tr>
<tr><td rowspan="2">판매관리비</td><td>인건비</td><td>인건비, 복리후생비,
퇴직급여</td></tr>
<tr><td>기타 판매관리비</td><td>접대비, 감가상각비, 기타</td></tr>
</table>

4. 터미널 임대료 산정방법

우리나라 터미널은 국가·지방자치단체 또는 항만공사, 한국컨테이너부두공단이 건설하여 민간에게 임대하는 경우와 사회기반시설에 대한 민간투자법에 의해 민간이 건설하여 민간이 사용하는 경우로 구분된다. 정부 또는 공사·공단이 건설하여 민간에 임대하는 경우에는 임대료를 부과하게 되며, 민간이 건설하여 사용하는 경우에는 투자비가 회수되는 기간 동안 무상으로 운영하여 사용·수익하고 있다. 이하 정부 등이 터미널을 건설하여 임대하는 경우의 적정임대료 산정방법과 터미널운영사가 민간자본으로 건설 후 무상으로 사용·수익하는 경우의 무상사용기간 산정방법에 대하여 검토하기로 한다.

1) 정부가 터미널을 건설하여 운영사에 임대하는 경우 임대료 산정

정부가 터미널을 직접 건설하여 운영사에게 임대하는 TOC 부두의 경우에는 "전국무역항의 항만시설사용 및 사용료 등에 관한 규정"에 따라 임대료를 징수하고 있는바, 현재의 TOC 임대료 수준은 투자비 회수가 되지 못하는 수준인바, 이는 원가를 회수한다는 관점에서 원가기준의 요금이라기보다는 경쟁 및 정책적 고려하의 요금구조라 볼 수 있다.

2) 공사 및 공단이 터미널을 건설하여 운영사에게 임대하는 경우 임대료 산정

항만공사법과 컨테이너부두공단법에 의한 공사 및 공단은 항만시설을 정부로부터 출자 또는 무상대부 받아 다시 부두운영사에게 임대 또는 전대하고 있으며, 임대료는 공사 사장 또는 공단 이사장이 결정하도록 규정하고 있다.

터미널을 임대하는 공사 및 공단의 입장에서는 투자비를 일정 내용연수기간 동안 회수할 수 있도록 임대료를 책정하려 할 것이며, 임차하는 터미널운영사 입장에서는 임대료를 지급한 후의 일정수익률이 보장될 수 있는 수준의 임차료를 지급하려 할 것이다.

임대료는 임대인과 임차인 간의 협상에 의한 계약으로 결정되는바, 공사 및 공단은 투자비 회수관점 임대료를 하한선으로 하고, 운영사의 수지보전관점의 임대료를 상한으로 하여 그 사이에서 협상으로 결정되는 것이 일반적인바, 이하 임대료수준 결정방법에 대하여 설명하기로 한다.

(1) 공사 또는 공단의 투자비회수관점 임대료 산정

• **기본가정의 수립**

투자비회수관점 임대료 산정을 위하여는 다음의 주요 Factor에 대한 가정이 설정되어야 한다.

- **투자비회수 대상**: 임대시설에 대한 투자비로써 준공시점에 정산되는 투자비 금액
- **투자비회수기간**: 부두시설별 내용연수가 다르나 부두의 주요 시설인 토목공사, 안벽의 종합내용연수를 50년을 투자비 회수기간으로 봄
- **공사의 수익률**: 이는 공사의 투자비에 대한 기회비용으로서 일반적인 방법으로는 공사의 자기자본에 대한 수익률과 타인자본에 대한 이자비용의 가중평균율로 하거나, 무위험 국고채수익률에 사업위험률을 가산하여 산정함
- **임대료징수방식**: 임대료를 연간등가액으로 징수하는 방안과 매년 물가를 반영하여 임대료를 인상하는 방안 중 선택
- **임대료 인상률**: 임대료 인상률은 최근의 생산자물가를 적용

• **투자비회수관점 임대료 산정**

투자비 회수기간 동안에 징수하는 임대료의 현재가치가 투자비의 현재가치와 일치되도록 최초연도의 임대료를 산출하는 방식이다.

즉 현재 투자비 지출액에 대하여 미래 n기의 기간 동안 매기 동일금액을 수령하는 방식의 자본회수비(임대료) 산정방식은 다음과 같다.

$$\mathrm{CRC} = (B - V) \times \frac{r(1+r)^n}{(1+r)^n - 1}$$

CRC: 연간회수비(Capital Recovery Cost)
B: 투자비
V: 잔존가액
r: 수익률
n: 연수

매기 일정금액이 아닌 물가상승률에 따라 연간 자본회수비(임대료)를 매년 증가시킬 경우의 자본회수비 산정방식은 다음과 같다.

$$\mathrm{CRC}(1+i)^n = (B - V) \times \frac{r(1+r)^n}{(1+r)^n - 1}$$

(2) 운영사 수지보전관점 임대료 산정

• **기본가정의 수립**

운영사 수지보전관점 임대료 산정을 위하여는 다음의 주요 Factor에 대한 가정이 설정되어야 한다.

- **현금유출액**: 운영사가 터미널 운영을 위하여 지출한 금액으로써 하역장비 등 투자비, 부두운영비용(감가상각비, 이자비용 제외)
- **현금유입액**: 운영사의 부두운영에서 발생하는 현금수입으로서 하역수입, 부대수입, 내용연수 만료 후 하역장비 등 잔존가치환입액
- **기준처리물량**: 운영사가 부두를 임차하여 적절하게 운영해야 한다는 관점에서 임차부두의 연간 적정처리능력이 기준이 됨
- **산정기간**: 임대계약상 운영사의 전용사용기간이 기준이 될 것이나 부두별 전용사용기간이 다르므로 하역장비(C/C)의 내용연수 15년을 기준으로 하여 일반적으로 30년을 대상기간으로 사용함
- **운영사의 수익률**: 이는 운영사의 적정수익률로서 일반적으로 무위험국고채수익률에 사업위험률과 유동성보상률을 가산하여 산출하며, 사업위험률은 산업별로 차이가 있으나 5~6% 수준임. 민간투자법의 경우 사업위험률이 크므로 실질수익률은 높게 반영하고 이에 물가상승률을 적용한 경상수익률 적용
- **임대료징수방식**: 임대료를 연간등가액으로 징수하는 방안과 매년 물가를 반영하여 임대료를 인상하는 방안 중 채택
- **운영비용 및 임대료 인상률**: 임대료 인상률은 최근의 생산자물가를 적용

• 운영사 수지보전관점의 임대료 산정

임대료 산정기간 동안에 운영사의 순현금유입액의 현재가치(운영수입의 현재가치 - 운영비용(임차료 제외)의 현재가치 - 투자비의 현재가치)가 임차료의 현재가치와 일치되도록 최초연도의 임차료를 산출하는 방식이다.

운영사 수지보전관점의 임대료 산정방식은 다음과 같음

$$\sum_{i=0}^{N} \frac{L_i}{(1+r)^n - 1} = \sum_{i=0}^{N} \frac{CC_i + OR_i - OC_i}{(1+r)^n - 1}$$

L_i: 연간임대료
n: 운영개시연도
N: 운영기간 종료시점
CC_i: 운영사가 설치하는 시설 및 장비투자비
OR_i: 매년도 운영수입
OC_i: 매년도 운영비용
r: 운영사의 사업수익률

(3) 적정임대료 수준 결정

임대료는 최종적으로는 임대인과 임차인간의 협상에 의한 계약으로 결정되는바, 공사 및 공단은 투자비 회수관점 임대료를 하한선으로 하고, 운영사의 수지보전관점의 임대료를 상한으로 하여 그 사이에서 협상으로 결정되는 것이 일반적이다.

제 5 절 민간투자로 항만시설 건설시 무상사용기간 산정

사회기반시설에대한민간투자법(이하 "민간투자법")에 의해 민간사업자가 BTO 또는 BOT 방식으로 항만시설을 건설하는 경우 민간사업자는 적정수익률을 확보할 수 있는 수준에서 투자비 회수가 가능한 시점까지 무상사용·수익을 하게 되는바, 민간투자법에 의하면 50년을 초과할 수 없도록 하고 있다.

무상사용기간은 정부재정지원을 제외한 민간투자비의 현재가치가 운영이익의 현재가치와 일치하게 되는 사용기간이 된다.

1. 민간투자법상 무상사용기간 결정방법

민간투자사업의 무상사용기간은 다음의 공식에 의하여 결정된다.

$$\sum_{i=0}^{n}\frac{CC_i}{(1+r)^i}=\sum_{i=n+1}^{N}\frac{OR_i-OC_i}{(1+r)^i}+\sum_{i=0}^{N}\frac{ANR_i}{(1+r)^i}$$

n: 시설의 준공시점
N: 무상사용기간 또는 소유·운영기간의 종료시점
CC_i: 시설의 준공을 위해 매년도 투입되는 비용(정부재정지원 금액은 제외)
OR_i: 매년도 운영수입
OC_i: 매년도 운영비용
ANR_i: 부대사업으로 인한 매년도 순익(수입 - 비용)
r: 사업의 실질수익률(IRR)

- **약정수익률(r)의 결정**

약정수익률은 민간투자자가 사업에 대한 투자비, 운영수입, 재원조달비용 등을 감안한 수익률에 근거하여 자율적으로 제시하되, 민간사업신청자와 주무관청의 협상을 통하여 결정된다.

약정수익률 수준은 SOC시설에 대한 국내외 금융기관의 평균대출금리수준과 사업의 종류, 사업규모, 운영수입의 안정성, 부대수입, 사업의 위험보상률 및 국내외 유사 민간투자사업의 수익률 수준을 고려하여 결정할 수 있다. 실시협약으로 정해진 약정수익률(r)은 사업시행 기간중 조정이 허용되지 않는다.

- **총사업비 등의 산정**

총사업비는 사회간접자본시설의 신설·증설 또는 개량에 소요되는 경비로서 조사비, 설계비, 공사비, 보상비, 부대비, 운영설비비, 제세공과금, 영업준비금을 합산한 금액이다.

- **운영비용의 산정**

운영비용은 시설의 준공 이후 운영기간중 소요되는 비용으로서 보수, 개량 및 대수선비, 법인세 및 일체의 운영비용을 합산한 금액이다.

금융비용은 약정수익률에 반영되어 있고, 감가상각비는 시설 사용기간 동안의 총사업비 회수분에 의해 보전되므로 운영비용에서 제외한다.

• **부대사업 순익 산정**

운영기간중 부대사업으로 얻은 수입에서 비용을 차감한 순익을 말한다.

2. 무상사용기간 결정 절차

민간사업자가 민간투자법에 의한 항만사업을 제안할 경우 사업계획서를 작성하여 제출해야 하며, 사업계획서 내용 중 무상사용기간과 관련하여 민간사업자는 투자계획, 자금조달계획, 사업준공 후 운영수익 추정, 추정재무제표 작성 및 현금흐름 분석에 의한 수익성분석 등이 제시되어야 한다. 사업계획서 작성절차에 대해 서술하기로 한다.

1) 투자계획 수립 및 투자비 산정

시행하려고 하는 항만사업의 연도별 투자계획을 수립하고 총사업비를 산출하여야 하는바, 총사업비는 사업에 소요되는 조사비, 설계비, 공사비, 보상비, 부대비, 운영설비비, 제세공과금, 영업준비금을 합산한 금액이다.

초기에 투자하는 항만시설 중 내용연수가 경과하게 되면 재투자를 해야 하는데 재투자비도 총사업비에 포함된다.

무상사용기간 산정시 대상 사업비는 정부의 재정지원 부분을 제외한 민간사업자가 부담하는 총사업가 기준이 된다.

2) 자금조달계획 수립

투자계획이 수립되면 이를 시행을 위한 자금조달계획을 수립하게 되는데 자금조달의 원천은 민간투자자의 자기자본, 외부 금융기관으로부터의 차입 및 정부재정지원금으로 구성된다. 일반적으로 민간투자사업의 경우 자기자본은 약 20~25% 수준이며 자기자본과 정부재정지원금으로 충당되지 못하는 부족자금은 외부차입으로 조달하게 된다.

3) 준공 후 수입 추정

수입은 운영수입과 부대수입으로 구성되는데 운영수입은 항만시설을 운영함에 따라 직접적으로 발생하는 수입이며, 부대수입은 배후부지 활용으로부터 발생되는 수입 등 항만사업 시행에 따라 부수하여 발생하는 수입을 말한다. 운영수입은 항만화물 처리물량에 처리단가, 즉 사용료단가를 곱하여 산정된다.

연도별 항만화물 처리물량을 추정함에 있어서 고려되는 요소는 항만시설의 적정처리능력이 기준이 되며, 운영개시 이후 적정처리물량에 도달시까지는 3~5년 정도의 기간(Ramp-up period)을 두어 단계적으로 물량이 증가하는 것으로 추정함이 일반적이다.

사용료단가는 실제 적용할 단가로서 민간사업자가 제시하며, 그 기준은 경쟁사의 사용료수준, 총사업비, 적정수익률, 무상사용기간 등을 고려하여 제시하게 되며 최종적으로는 주무관청과의 실시협약으로 정하게 된다.

4) 준공 후 운영비용 추정

운영비용은 항만시설의 운영에 따라 발생되는 비용으로서 대별하여 인건비, 장비유지비, 시설유지비, 감가상각비, 기타 직접비용, 판매관리비 등의 영업비용과 금융비용과 같은 영업외비용으로 구성된다.

그러나 감가상각비는 시설 사용기간 동안의 총사업비 회수분에 의해 보전되며 또한 금융비용은 약정수익률에 반영되어 있으므로 무상사용기간 결정을 위한 현금흐름 분석시에는 운영비용에서 제외된다.

운영비용을 추정하기 위하여는 운영조직 및 인력계획, 장비 투입계획 및 투자비, 시설 및 장비 유지보수계획 등이 별도로 수립되어야 한다.

5) 현금흐름분석에 의한 무상사용기간 결정

투자비, 운영수익, 운영비용등이 추정되면 이를 기초로 한 현금흐름분석에 의해 무상사용기간을 산정하게 된다.

현금흐름분석에 있어서 현금의 지출은 투자비 및 재투자비, 운영비용 및 법인세로 구성되며, 현금의 유입은 운영수입, 부대수입 및 정부재정수입으로 구성된다.

연도별로 추정된 현금의 지출과 유입을 운영사의 계획수익률로 할인하여 현금지출의 현재가치의 합계가 현금유입의 현재가치가 일치되는 기간을 파악하여 이를 무상사용기간으로 결정한다. 그러나 실제 분석에 있어서는 실시협약에서 정해지는 사용료단가, 수익률 및 무상사용기간을 각각의 변수로 하고, 시뮬레이션을 통하여 각각의 변수를 조정해 가면서 최종적인 무상사용기간을 결정하여 제시하게 된다.

현금흐름분석 양식을 예시하면 [표 15-13]과 같다.

표 15-13 무상사용기간 결정을 위한 현금흐름분석 양식 (단위: %)

구 분		계	1차년	2차년	3차년				30차년
현금지출 (A)	투자비								
	재투자비								
	운영비								
	법인세								
	현금지출계								
현금유입 (B)	운영수입								
	정부재정수입								
	부대수입								
	현금수입계								
순현금(A - B)									
할인계수									
순현금의 현재가치									

주: 순현금의 현재가치의 합계가 "0"이 되는 기간이 무상사용기간이 됨.

6) 추정재무제표 작성 및 분석

상기의 투자비, 운영수익, 부대수익, 운영비용이 산출되면 이를 기초로 추정손익계산서, 추정대차대조표, 추정현금흐름표를 작성한다.

추정재무제표는 추정기간 동안의 물가상승률을 반영한 경상가격 기준으로 작성하게 되는데 물가상승률은 과거 수년간의 통계자료 및 향후 경제전망을 기초로 예측한 소비자물가상승률을 적용한다.

추정재무제표 작성시 주요한 사항으로써 관리운영권 대체 및 상각이 있는바, 민간투자가 BTO 방식으로 시행되는 경우 민간투자사업 준공시 항만시설은 국가에 귀속되고 민간사업자는 시설에 대한 무상사용권을 가지게 되는데 민간사업자는 건설기간중 자산을 "사회기반시설관리운영권"이라는 무형자산과목으로 대체하게 되며, 무상사용기간 동안 매년 균등액을 상각하게 된다. 또한 BOT 방식으로 시행되는 경우에는 시설준공시 고정자산으로 대체하여 자산의 내용연수에 따라 감가상각하며, 무상사용기간이 종료되는 시점에 잔존가액을 국가에 기부체납하고 기부금계정으로 비용계상한다.

추정재무재표가 작성되면 재무적 타당성을 검토하게 되는데 재무제표 비율분석에 의해 이루어진다. 비율분석은 수익성분석, 안전성분석, 성장성분석으로 구분되며 재무적 타당성 결과에 따라 추정재무제표와 현금흐름분석이 계속적으로 수정·보완되어 재무분야의 사업계획서가 완료된다.

제 6 절 항만건설 공사원가회계

1. 항만시설의 종류

항만시설은 항만을 운영하기 위하여 설치된 제반 시설물을 말하며, 우리나라 항만법상 항만시설은 대통령령으로 정하는 지정항만과 시·도지사가 지정하는 지방항만으로 구성되며, 항만시설을 다시 기본시설, 기능시설, 지원시설 및 항만친수시설로 구분하고 있다.

(1) 항만기본시설이란 항만을 운영하기 위한 기본시설을 말하며 수역시설, 외곽시설, 임항교통시설 및 계류시설로 구분되며, 각각의 세부내용은 다음과 같이 구성된다.

- 수역시설 — 항로, 정박지, 선류장, 선회장 등
- 외곽시설 — 방파제, 방사제, 파제제, 갑문, 호안 등
- 임항교통시설 — 도로, 교량, 철도, 궤도, 운하 등
- 계류시설 — 안벽, 물양장, 잔교, 돌핀, 선착장, 램프 등

(2) 항만기능시설이란 항만의 기능을 발휘하기 위한 시설로서 항로표지나 항무통신 등의 항행보조시설, 하역장비 등의 하역시설, 여객이용시설, 화물유통시설과 판매시설, 선박보급시설, 관제·보안시설 등을 말한다.

(3) 항만지원시설이란 항만화물을 처리하기 위한 시설로서 보관창고, 집배송장, 복합화물터미널, 정비고등 배후유통시설, 화물의 조립·가공·포장 등을 위한 시설을 말한다.

(4) 항만친수시설이란 해양레저용 기반시설, 해양문화교육시설, 해양공원 등 항만내 여가공간을 위한 시설을 말한다.

2. 항만건설공사의 시행주체

항만시설공사는 정부가 직접 시행하는 경우, 항만법에 의한 비관리청이 시행하는 경우 및 민간투자법에 의한 민간사업자가 시행하는 경우로 구분할 수 있다. 그러나 항만법에 의한 비관리청이 시행하는 경우 및 민간투자법에 의한 민간사업자가 시행하는 경우에도 항만기본시설 중 수역시설, 외곽시설 및 임항교통시설에 대하여는 정부가 시행하는 것이 일반적이다.

3. 항만건설 공사원가의 구성

일반적인 건설공사에 있어서 공사원가란 공사 준공 후 의도된 목적에 이용되기 이전까지 발생한 원가의 합계를 말하며, 공사원가는 건설공사에 소요되는 직접원가와 공사부대원가로 구성된다. 공사원가를 정확히 산정함으로써 준공 후 자산가액의 정확성을 기할 수 있으며, 운영기간 동안의 감가상각비를 정확히 인식할 수 있게 된다. 항만건설공사에 있어서 공사원가는 항만시설의 종류에 따라 달리 구성되는바, 대별하여 토목공사원가와 장비구입원가로 나누어 설명하기로 한다.

1) 토목공사원가

항만건설공사는 대부분 토목공사로서 공사원가는 공사 직접원가에 부대비용을 가산하여 결정되며, 시설의 운영이 가능한 시점까지 발생한 원가의 합계를 말한다.

(1) 공사직접원가

공사직접원가는 조사비, 측량비, 설계비, 공사비, 감리비로 구성된다. 이 중 공사비는 공사에 소요되는 인건비, 자재비, 경비 및 외주비로 구성된다. 공사비에는 부두공사를 위한 토지매입비와 준설공사비를 포함한다.

(2) 공사부대비용

공사부대비용은 다음의 내용으로 구성된다.

- 건설기간중 자본화되는 금융비용
- 건설기간중 공사보험료
- 취득세, 등록세 등 유형자산 취득과 직접 관련되는 제세공과금
- 공사준공 후 국가 또는 기부채납하는 경우 부담하는 부가가치세

2) 장비취득원가

장비 취득원가는 장비를 제작·설치하여 정상적으로 운영할 수 있게 되는 시점까지의 원가의 합계로 구성되며, 다음과 같은 내용으로 구성된다.

- 장비구입가액
- 설치장소 준비를 위한 비용, 외부운송 및 취급비, 설치비
- 시운전비
- 제작기간 및 설치 이전까지의 자본화대상인 금융비용
- 취득세, 등록세 등 유형자산 취득과 직접 관련되는 제세공과금

4. 일반적인 항만건설공사 회계처리

1) 공사기간중 회계처리

항만건설공사 기간중에는 공사비 지출(외주공사의 경우 기성액 청구)에 따라 "건설중인 자산"의 계정과목으로 처리한다.

차) 건설중인 자산 XXX	대) 현금예금(또는 미지급금) XXX

2) 공사 준공시 회계처리

공사 준공시에는 건설중인 자산을 해당 유형자산으로 분류하여 대체한다. 건설중인 자산의 유형자산으로의 대체과목으로는 토지, 구축물, 건물, 기계장치 등이 있다.

차) 유형자산 — 자산별 XXX	대) 건설중인 자산 XXX

3) 운영기간중 유형자산 감가상각비 계상

항만운영사는 토지를 제외한 유형자산에 대하여 자산의 종류별로 적정 내용연수를 정하여 상각하게 되는데, 상각방법으로는 건물과 구축물의 경우에는 정액법, 기타의 자산의 경우에는 정률법을 적용한다.

차) 감가상각비 — 자산별 XXX	대) 감가상각누계액 — 자산별 XXX

5. 금융비용의 자본화

1) 금융비용의 자본화 대상자산

금융비용의 자본화 대상자산은 건설공사 또는 장비제조가 개시된 날로부터 의도된 용도로 사용할 수 있는 상태가 될 때까지 1년 이상의 기간이 소요되는 경우이다. 따라서 공사기간 또는 제작기간이 1년 미만인 경우에는 금융비용의 자본화대상이 되지 않으며, 그 기간 동안의 금융비용은 기간비용으로 인식하여야 한다.

2) 자본화대상 금융비용의 내용

금융비용이란 자산의 제조, 매입, 건설 또는 개발과 관련하여 차입한 자금과 관련하여 발생하는 이자비용과 기타 이와 유사한 비용을 말하며, 다음을 포함한다.

- 차입금, 사채에 대한 이자비용
- 사채할인발행차금상각(환입)액
- 채권·채무의 현재가치평가 및 채권·채무조정에 따른 현재가치할인차금상각
- 외화차입금과 관련된 환율변동손익 중 이자비용의 조정으로 볼 수 있는 부분
- 리스이용자의 금융리스이자비용
- 차입과 직접 관련하여 발생한 수수료 등

3) 금융비용의 자본화 요건

건설공사 기간 동안 또는 장비의 취득을 위하여 제작기간 동안 발생하는 차입금에 대한 금융비용을 기간비용(이자비용)으로 처리할 것인가 또는 자산의 취득원가에 포함시킨 후 자산의 사용에 따라 비용화(감가상각비)시킬 것인가의 문제가 제기된다.

회계기준상 금융비용은 기간 비용으로 처리함을 원칙으로 하고 있으나 다음의 조건을 충족시키는 경우에는 금융비용을 자본화하여 취득가액에 산입할

수 있도록 하고 있다.

- 자산의 취득 또는 공사비에 충당할 목적으로 차입한 자금(특정차입금)에 대한 금융비용과 일반목적으로 차입하였더라도 차입자금 중 자산의 취득 또는 공사비 충당에 소요되었다고 볼수 있는 자금(일반차입금)에 대한 금융비용일 것
- 특정차입금에 대한 금융비용의 자본화는 자본화 기간 동안 특정차입금으로부터 발생한 금융비용에서 동 기간 동안 자금의 일시적 운용에서 생긴 이자수익을 차감한 잔액을 자본화 대상금액으로 한다.
- 일반차입금에 대한 금융비용중 자본화할 수 있는 금융비용은 회계기간 동안의 자본화대상자산에 대한 평균지출액 중 특정차입금을 사용한 평균지출액을 초과하는 부분에 대해 자본화이자율을 적용하여 산정한다. 자본화이자율은 회계기간중 상환되었거나 미상환된 일반차입금에 대하여 발생된 금융비용을 가중평균하여 산정한다.
- 국고보조금 등과 건설 등의 진행에 따라 회수되는 금액은 자본화대상자산에 대한 지출액에서 차감한다.

4) 금융비용 자본화의 종료시점

금융비용자본화 종료시점은 자본화대상자산의 취득이 완료되어 당해 자산을 의도된 용도로 사용할 수 있는 시점이다. 따라서 종료시점 이후에 발생하는 금융비용은 기간비용으로 인식하여야 한다.

5) 금융비용 자본화 회계처리

금융비용의 경우 지출한 금액을 이자비용으로 계상하되 매 결산시점에서는 자본화금융비용을 산출하여 그 부분은 건설중인 자산으로 대체한다.

〈이자비용 지출시〉

차) 이자비용 XXX	대) 현금예금(또는 미지급비용) XXX

〈연말결산시 자본화비용으로 대체시〉

자본화되는 이자비용에서 특정차입금의 운영으로 인한 일시적인 이자수입을 차감한 금액을 건설중인 자산으로 대체한다.

차) 건설중인 자산	XXX	대) 이자비용 XXX
이자수익	XXX	

6. 국고보조금의 회계처리

1) 건설 또는 자산취득을 위한 국고보조금 수령시

건설 또는 자산취득을 위한 국고보조금 수령시에는 자본조정계정으로 계상하고 재무제표에서는 현금예금의 차감항목으로 표시한다.

차) 현금 및 현금성자산	XXX	대) 국고보조금(자본조정) XXX

2) 국고보조금으로 공사비 지출시

차) 건설중인 자산	XXX	대) 현금 및 현금성자산	XXX

3) 공사기간중 기말결산시

결산기말에는 국고보조금 수령액 중 사용액과 미사용액이 구분되는바, 국고보조금 사용액은 건설중인 자산의 차감항목으로 표시하고, 미사용액은 현금예금의 차감항목으로 표시한다.

〈국고보조금 사용액〉

(자산항목)	건설중인 자산	XXX
	(국고보조금)	△ XXX

〈국고보조금 미사용액〉

(자산항목)	현금 및 현금성자산	XXX
	(국고보조금)	△ XXX

4) 공사 준공시

공사 준공시에는 건설중인 자산은 각 유형자산으로 대체되며 각 자산에 지출된 국고보조금은 각 자산의 차감항목으로 표시한다

(자산과목)	유형자산 — 자산별	XXX
	(국고보조금)	△ XXX

5) 항만시설 운영시 감가상각비 계상

유형자산에 대한 감가상각비를 계상하고, 다만 감가상각비 총액 중 국고보조금으로 취득한 부분에 대한 감가상각비는 별도로 구분하여 해당 자산별 국고보조금과 상계처리한다.

차) 감가상각비 — 자산별	대) 감가상각누계액 — 자산별
차) 국고보조금 — 자산별	대) 감가상각비 — 자산별

7. 항만건설공사 시행방법별 총사업비 산정

항만건설공사의 경우 시행방법별로 근거법에 따라 총사업비의 산정방법에 차이를 두고 있는바, 정부가 직접 시행하는 경우, 항만법에 의한 비관리청항만공사의 경우, 민간투자법에 의한 민간투자의 경우 총사업비의 범위를 달리 규정하고 있다.

1) 정부가 직접 시행하는 경우의 공사원가

정부가 항만공사를 직접 시행하는 경우 대부분 민간업체에 공사계약을 체결하여 시행하게 되며, 공사 준공 후에는 재산으로 등록하게 되는데, 재산 가액은 다음과 같이 산정된다.

- 외주공사비
- 건설공사를 위하여 토지를 취득한 경우에는 토지의 취득가액 및 등록세와 취득세 등 제세공과금
- 공사 지원비용(외주공사의 경우에 정부의 공사관리를 위해 소요되는 인건비 및 제 경비 등을 말함)

2) 항만법에 의한 비관리청항만공사 총사업비

항만법에 의한 비관리청항만공사의 경우 비관리청은 정부로부터 실시계획 승인을 득하여야 하며, 사업 준공과 동시에 국가에 기부채납하고 , 총사업비 범위 내에서 투자비를 보전을 받게 된다.

(1) 총사업비

항만법상 총사업비는 비관리청이 지출한 사업비용으로서 다음의 항목으로 구성된다.

- 조사비, 측량비(엔지니어링기술진흥법에 따른 엔지니어링사업 대가기준 적용)
- 설계비(토목공사인 경우 엔지니어링기술진흥법에 따른 엔지니어링사업 대가기준, 건축공사인 경우 건축사법에 따른 용역 대가기준 적용)
- 공사비(공사를 위한 재료비, 노무비, 경비, 일반관리비 및 이윤의 합계액)

- 보상비(공사를 위한 토지매입비, 이주대책비, 어업권 등 권리에 대한 보상비)
- 부대비(감리비, 물가상승비, 교통·환경영향평가비용, 피해영향조사비, 감정평가수수료, 건설공사손해보험료, 법령에 따른 제세공과금, 부감금 및 수수료 등)
- 건설이자(자본화금융비용으로서 이자율은 사업기간중 한국은행이 발표하는 예금은행 가중평균 수신금리를 적용)
- 국가귀속부가가치세
- 이윤(조사측량비~부대비 합계액의 100분의 10)

(2) 국가귀속 및 무상사용권의 회계처리

〈준공시〉

비관리청은 공사가 준공되면 총사업비를 국가귀속 부분과 비귀속 부분으로 구분하고 국가귀속 부분 시설은 국가에 기부채납하고 무상사용하게 된다. 이때 비관리청은 국가귀속사업비에 대하여는 "항만시설관리권"이라는 무형자산으로 계상하고, 비귀속사업비에 대하여는 유형자산으로 계상한다.

차) 항만시설관리권(무형자산) XXX	대) 건설중인 자산 XXX	
유형자산(토지, 구축물 등) XXX		

항만공사로 조성된 토지 중 일부를 비관리청이 취득하고 귀속하지 않을 경우에 토지가액은 귀속자산의 총사업비에서 차감하는바, 이 경우 토지가액은 준공 당시의 두 개 감정평가기관의 평가액의 평균으로 산정한다.

〈운영기간 동안의 기말결산시 감가상각비 계상〉

항만시설관리권은 무상사용 기간 동안 상각하여 매년 무형자산상각비로 계상하게 되는데, 상각방법은 매년 총사업비 중 회수되는 금액만큼을 상각비로 계상하여 자산에서 직접 차감한다. 총사업비 회수가 완료되는 시점에는 항만시설관리권 잔액은 "0"이 된다.

차) 항만시설관리권상각비 XXX	대) 항만시설관리권 XXX

국가에 비귀속되어 취득한 유형자산은 내용연수에 따라 상각(토지는 비상각, 건물 및 구축물은 정액법, 기타 자산은 정률법 적용)한다.

차) 감가상각비 — 자산별 XXX	대) 감가상각누계액 XXX

(3) 총사업비내 투자비 보전방법

비관리청은 국가나 지방자치단체에 귀속된 항만시설을 총사업비 범위내에서 무상사용할 수 있으며, 무상사용기간은 다음 각호의 사용료를 합한 금액이 총사업비에 달할 때까지로 한다.

- 국가귀속 시설을 유상으로 사용할 경우의 사용료
- 국가귀속 시설을 제 3 자에게 임대할 경우 징수하는 임대료
- 타항만 사용시 면제되는 사용료

〈예 제〉

A주식회사는 Y부두 건설을 비관리청항만공사로 시행한 후 2008년 말에 준공하였으며, 투자비 회수를 위하여 Y부두를 직접 운영하기로 하였다. A주식회사는 관리청과의 정산으로 총사업비 100억원 중 국가비귀속분 10억원을 제외한 90억원을 국가귀속하기로 하였으며, 국가귀속에 따른 부가가치세 9억원을 납부하였다. 항만법상 A주식회사의 항만시설관리권 계상액은 얼마이며 또한 연간 항만시설관리권상각비 및 무상사용기간은 몇 년인가? 단 준공시점의 Y부두 연간 임대료는 9억원이었다.

〈해 답〉

○ 항만시설관리권 계상액: 99억원

○ 연간 항만시설관리권상각비: 9억원

○ 부두 무상운영기간: 11년

3) 민간투자법에 의한 총민간사업비

(1) 총사업비

민간투자법에 의한 총민간사업비는 민간투자사업에 투입된 총사업비 중 국고보조금으로 지출한 사업비를 차감한 것으로써 민간이 부담한 총사업비를 말한다. 총민간사업비는 다음의 항목으로 구성된다.

- 조사비, 측량비(엔지니어링기술진흥법에 따른 엔지니어링사업대가기준 적용)
- 설계비(토목공사인 경우 엔지니어링기술진흥법에 따른 엔지니어링사업대가기준, 건축공사인 경우 건축사법에 따른 용역대가기준 적용)
- 공사비(공사를 위한 재료비, 노무비, 경비, 일반관리비 및 이윤의 합계액)
- 보상비(사업의 시행을 위한 보상에 소요되는 비용)
- 부대비(사업타당성분석비, 환경영향평가비 및 감리비등 제 비용)
- 운영설비비(시설운영을 위하여 최초로 투입하는 장비·설비 및 기자재가액)
- 제세공과금(취득세, 등록세, 부가가치세 등 일체의 세금 및 법률에 의한 부담금)
- 영업준비금(사업운영 이전의 창업비, 개업비 등 경비)

민간사업자는 시설준공과 동시에 시설을 국가에 기부채납하고 이를 무상사용하게 되는데, 상기의 총민간사업비가 기부채납 대상금액이 된다.

(2) 총민간사업비 내 무상사용수익

민간사업자는 사업준공 후 항만시설을 운영함으로써 발생하는 운영수익과 기타 부대수익으로 총민간사업비를 회수하게 된다. 정부와 민간사업자 간의 실시협약으로 총민간사업비, 운영수익예상액, 민간사업자의 수익률 등이 정해지고 이에 따라 준공시설의 무상사용기간이 결정된다.

즉, 사업 실시협약서에는 무상사용기간 산정을 위한 제반 조건 등이 제시되는바, 현금흐름할인법에 의해 민간사업자에게 일정 수익률 보장하며, 총민간사업비의 현재가치와 운영기간동안의 수입(운영수입 - 운영비용)의 현재가치가 일치하는 기간을 무상사용기간으로 결정하는 것이다.

따라서 실시협약에서 무상사용기간이 결정된 이후에는 그 기간 동안의 모든 수입과 지출은 민간사업자에 귀속된다.

(3) 국가귀속 및 무상사용권의 회계처리

민간사업자는 준공시설을 국가에 기부채납하고 시설을 무상사용하게 되는 바, 기부채납자산, 즉 총민간사업비를 "사회기반시설관리운영권(이하 '관리운영권')"이라는 무형자산에 대체하고 무상사용기간에 나누어 상각한다.

〈준공시〉

공사가 준공되면 총민간사업비를 국가에 기부채납하고 무상사용하게 된다. 민간사업자는 기부채납과 동시에 '관리운영권'이라는 무형자산으로 계상한다.

차) 관리운영권(무형자산)	XXX	대) 건설중인 자산	XXX

〈운영기간 동안의 기말결산시 감가상각비 계상〉

관리운영권은 무상사용 기간 동안 상각하여 무형자산상각비로 계상하게 되는데, 연간 상각금액은 최초의 관리운영권 계상액을 무상사용연수로 나눈 금액이 된다. 따라서 무상사용기간이 완료되는 시점에 관리운영권 자산액도 "0"이 된다.

차) 관리운영권상각비	XXX	대) 관리운영권	XXX

부록

국제회계기준과 현행 국내회계기준의 주요 내용 비교

자본시장에 국경이 없어지면서 회계기준도 국제회계기준(IFRS, International Financial Reporting Standards)이라는 글로벌 스탠더드로 빠르게 통합되고 있다. 우리나라도 이러한 국제적 추세에 부응하기 위해 2007년 3월 국제회계기준을 전면 도입하기 위한 로드맵을 발표하였다.

그리고 이러한 로드맵의 성공적인 정착을 위하여 2007년 12월 21일 한국회계기준위원회는 '한국채택국제회계기준'을 공표하였다. 이는 국제회계기준이 우리나라의 기업회계기준, 즉 일반적으로 인정된 회계원칙(GAAP)으로 채택되었음을 의미한다. 국제회계기준을 의무적으로 적용해야 하는 회사는 주권상장법인(코스닥 포함), 주권상장예정법인, 금융회사(상호저축은행·리스 등 기타 여전사·상호금융기관은 제외) 등으로 동 법인들은 2011년 이후 시작하는 사업연도부터 국제회계기준을 의무 적용하여야 한다.

국제회계기준(IFRS)의 도입은 재무제표 작성 및 보고에 영향을 미칠 뿐만 아니라 업무프로세스, 정보시스템, 기업조직 등 경영활동 전반에 걸쳐 중요한 영향을 미칠 것으로 예상된다. 이에 IFRS 도입에 따른 관련법 개정과 기업의 대응방안을 마련하기 이전에 우선적으로 IFRS 도입이 재무제표에 미치는 영향을 구체적으로 분석할 필요성이 대두된다.

신뢰성 있는 국제회계기준(IFRS)을 제정하기 위해 "국제적으로 통일된 고품질의 회계기준 제정"이라는 목표 아래 감독기구와는 독립적으로 운영되는 국제적인 회계제정기구인 국제회계기준위원회(IASB, International Accounting Standards Board)가 설립되었다. 그리고 국제회계기준(IFRS)은 국제회계기준위원회가 제정한 국제회계기준서(Standards) 및 국제회계기준해석서(Interpretations)를 통칭한다.

여기서는 금융감독원에서 발간한 "국제회계기준의 이해와 도입준비"

(2008.11)의 내용을 중심으로 한국 채택 국제회계기준의 내용을 재무제표의 개념체계, 연결재무제표와 별도재무제표, 사업결합, 외화환산, 건설계약 등에 대해 살펴보고 이들 우리나라 채택 국제회계기준과 현행 회계기준을 비교하여 살펴본다.

1. 국제회계기준(IFRS)

1) 국제회계기준의 의의

자본시장의 세계화추세에 따라 전세계적으로 단일기준으로 작성된 신뢰성 있는 재무정보의 요구가 증대되어 왔다. 이러한 수요에 부응하기 위하여 "국제적으로 통일된 고품질의 회계기준 제정"이라는 목표 아래 감독기구와는 독립적으로 운영되는 국제적인 회계제정 기구인 국제회계기준위원회(IASB, International Accounting Standards Board)가 설립되었다.

2) 국제회계기준의 구성

(1) 서문(Preface)

국제회계기준위원회의 목적, 국제회계기준의 범위와 권한, 기준제정절차, 적용시기, 사용언어 등에 대해 규정

(2) 개념체계(Framework)

외부이용자를 위한 재무제표의 작성과 표시에 있어 기초가 되는 개념을 정립하기 위하여 제정되었으며, 동 개념체계는 국제회계기준서에 우선하지 아니한다. 1989년 4월 IASC에 의해 승인되어 1989년 7월 공표되었고, 2001년 4월 새로 설립된 IASB에서 공식적으로 IASB 개념체계로 채택되었다.

'재무제표의 작성과 표시를 위한 개념체계*'에 포함된 내용

- 재무제표의 목적
- 재무제표에서 정보의 유용성을 결정하는 질적인 특성
- 재무제표를 구성하는 요소에 대한 정의, 인식 및 측정
- 자본과 자본 유지의 개념 등

---

* Framework for the Preparation and Presentation of Financial Statements.

3) 국제회계기준의 주요 특징

(1) 대다수 국가의 협업을 통해 제정되는 기준

IASB는 기준 제정과정에서 미국, 영국, 캐나다, 호주, 일본 등 세계 각국의 회계기준제정기구과 공동 작업을 하고 있다. IASB는 IFRS를 도입하거나 IFRS와 합치를 추진하는 국가의 회계기준제정기구와 밀접한 관련이 있다. IASB와 기타 회계기준 제정기구의 궁극적인 목표는 세계 자본시장의 참여자 및 기타 이용자들의 경제적 의사결정을 돕기 위하여, 재무제표와 기타 재무보고에 있어 고품질, 투명성, 비교가능성을 갖춘 이해가능하고 강제성 있는 단일의 국제회계기준을 제정하고, 동 국제회계기준의 이용 및 엄격한 적용을 장려하는 것이다. 이 목표를 달성하기 위해서는 IASB와 다른 회계기준 제정기구가 긴밀한 협조관계를 유지하여 공동 작업을 수행하는 것이 필수적이다.

(2) 원칙중심의 기준체계(Principle-based Standards)

상세하고 구체적인 회계처리 방법 제시보다는 회계담당자가 경제적 실질에 기초하여 합리적으로 회계처리할 수 있도록 회계처리의 기본원칙과 방법론을 제시(Principle-based)하는 데 주력하고 있다. 반면, US GAAP 등은 법률관계 및 계약의 내용에 따라 개별 사안에 대한 구체적인 회계처리 방법과 절차를 세밀하게 규정(Rule-based)하고 있다. 기업의 활동이 복잡해짐에 따라 예측가능한 모든 활동에 대해 세부적인 규칙을 제시하는 것은 불가능하며, 규칙의 자구해석에 지나치게 집중하는 경우 오히려 규제회피가 더욱 쉬워지는 문제가 발생하므로 회계기준 당국은 회계처리 적정성을 판단할 수 있는 충분한 원칙 및 근거를 제시하는데 주력하여야 한다는 입장이다.

(3) 연결재무제표 중심(Consolidated Financial Statements)

국제회계기준은 종속회사가 있는 경우 연결재무제표를 기본으로 한다. 이에 따라 사업보고서 등 모든 공시서류가 연결재무제표 기준으로 작성한다.

(4) 공정가치 평가(Fair Value Accounting)

국제회계기준의 내용상 핵심은 자본시장의 투자자에게 기업의 재무상황 및 내재가치에 대한 의미있는 투자정보를 제공하는 것이다. 이를 위해 국제회계기준은 금융자산·부채와 유·무형자산 및 투자부동산에까지 공정가치* 측정을 의무화 또는 선택 적용할 수 있도록 하고 있다.

2. 한국채택 국제회계기준의 주요 내용

1) 한국채택 국제회계기준(K-IFRS)

(1) 한국채택 국제회계기준의 의의

K-IFRS는 한국기업이 준수하여야 하는 회계처리기준으로서 국내 법체계상 효력을 갖추기 위해 법적 권위 있는 기관이 공식적인 정규절차를 거쳐 한국에서 적용되는 회계기준으로 채택된 IFRS를 의미한다. IFRS의 전면 도입 취지를 살릴 수 있도록 그 명칭을 '한국채택 국제회계기준'으로 하고, 영문 표시 대외명칭을 'K-IFRS(Korean International Financial Reporting Standards)'로 한다. 따라서 각 기준서에서 당해 K-IFRS를 준수하면 대응되는 IFRS를 준수하는 것이라고 명시하고 있으며, 기준서 제1001호 문단 한16.1에서는 'K-IFRS를 준수하여 작성된 재무제표는 IFRS를 준수하여 작성된 재무제표임을 주석으로 공시할 수 있다'고 명시하고 있다.

(2) 한국채택국제회계기준의 구조

2007년 12월 21일자로 공표된 K-IFRS는 '기업회계기준서' 37개와 '기업회계기준해석서' 21개 등 총 58개로 구성되어 있다.

기업회계기준서(Standards)는 원칙적으로 목적, 적용범위, 회계처리방법, 공시, 부록 등으로 구성된다. 부록은 용어의 정의, 적용보충기준 등으로 구성되고 기준서의 일부를 구성하지는 않지만 기준서를 적용함에 있어 편의를 제공하기 위한 실무지침으로써 서문, 결론도출근거, 적용사례, 실무적용지침 등이 제공된다.

기업회계기준해석서(Interpretations)는 기업회계기준서에서 명시적으로 언급되지 않은 새롭게 인식된 재무보고 문제에 대하여 지침을 제공한다. 또한 구체적인 지침이 없다면 잘못 적용될 수 있는 내용에 대한 권위있는 지침을 제공한다.

---

* 공정가치: '합리적인 판단력과 거래의사가 있는 독립된 당사자 사이의 거래에서 자산이 교환되거나 부채가 결제될 수 있는 금액'을 의미함.

한편, 최근에 IFRIC 등이 발표한 기업회계기준해석서(IFRIC) 등은 번역작업을 거쳐 계속해서 K-IFRS로 채택될 예정이다.

'재무제표의 작성과 표시를 위한 개념체계'는 K-IFRS의 일부를 구성하지 아니하나, 외부 이용자를 위한 재무제표의 작성과 표시에 있어 기초가 되는 개념을 정립해주는 역할을 제공하고 있다.

(3) 국제회계기준 번역시 고려된 사항

번역은 원칙적으로 직역(word for word)을 하였으며, 언어구조상 직역으로는 의미전달이 곤란한 특별한 경우에는 그 문장의 의미를 전달할 수 있는 문장 단위의 번역(sentence for sentence)을 가미한다. 다만, K-IFRS의 적용대상, 적용시기 등과 같이 IFRS 채택국가의 최초채택시의 개별적 상황 등과 관련되어 불가피하여 IFRS에 추가한 문단은 관련된 IFRS 문단번호에 '한'이라는 접두어를 붙여 구분 표시한다.

우리나라에 불필요한 경과규정 등 특정문단을 삭제한 경우 K-IFRS 문단번호 옆에 [한국회계기준원 회계기준위원회가 삭제함]이라고 표시하고, 국제회계기준위원회가 삭제한 문단은 [국제회계기준위원회에 의하여 삭제함]이라고 구분 표시한다.

2) 한국채택 국제회계기준의 주요 내용

(1) 재무제표의 작성과 표시를 위한 개념체계

가) 개 요

개념체계의 목적은 IFRS의 범위에 포함되지는 않으나, IFRS를 적용하거나 IFRS에 미비한 회계처리를 하는 데 도움을 제공하는 등 재무제표 외부이용자를 위한 재무제표의 작성과 표시에 있어 기초가 되는 개념을 정립하는 것이다.

재무제표의 목적 및 재무정보의 질적 특성은 재무제표는 정보이용자에게 경제적 의사결정에 유용한 기업의 재무상태, 경영성과와 재무상태변동에 관한 정보를 제공하는 것이다. 재무제표를 통해 제공되는 정보가 이용자에게 유용하기 위해 갖추어야 할 속성으로는 이해가능성, 목적적합성, 신뢰성, 비교가능성이 있으며, 목적적합하고 신뢰성 있는 정보가 되기 위해서 적시성, 효익과 원가 간의 균형, 질적 특성 간의 균형을 고려하여야 한다.

재무제표 구성항목의 인식·측정 요건은 재무제표 요소의 정의에 부합하는 항목이 미래 경제적 효익의 유·출입 가능성이 높으며 신뢰성 있는 측정이 가능할 경우 재무제표에 인식한다. 측정은 재무상태표와 포괄손익계산서에 인식되고 평가되어야 할 재무제표 요소의 화폐금액을 결정하는 과정으로, 측정기준의 예로는 역사적 원가, 현행원가, 실현가능가치 및 현재가치가 있다.

자본과 자본유지의 개념은 재무적 개념에서 자본은 기업의 순자산이고, 실물적 개념에서 자본은 기업의 생산능력이며, 이에 따라 2개의 자본유지 개념이 도출된다.

나) 현행 회계기준과의 주요 차이

구 분	K-IFRS의 개념체계	현행 개념체계
개념체계의 범위	재무제표의 작성과 표시의 기초개념 정립	재무보고 목적을 명확히 하고, 재무회계의 기초개념을 제공
재무제표의 기본가정	발생기준, 계속기업	기업실체, 계속기업, 기간별 보고
질적 특성 및 제약조건	이해가능성, 목적적합성, 신뢰성, 비교가능성	목적적합성, 신뢰성
측정기준	역사적 원가, 현행원가, 실현가능가치, 현재가치	취득원가, 역사적 현금수취액, 공정가치, 순실현가능가치, 이행가액

(2) 재무제표 표시

가) 개 요

전체 재무제표는 ① 재무상태표, ② 포괄손익계산서, ③ 자본변동표, ④ 현금흐름표, ⑤ 주석 및 ⑥ 회계정책을 소급하여 적용하거나 재무제표의 항목을 소급하여 재작성 또는 재분류하는 경우에 가장 이른 비교기간의 기초 재무상태보고서로 구성되어 있다.

재무제표 양식은 IFRS에서는 재무제표에 표시할 최소한의 계정과목만 제시할 뿐 재무제표의 세부 순서, 형식 등을 규정하고 있지 않으며, 다만 기업의 선택에 따라 재무제표에 계정과목, 제목 및 중간합계를 추가 기재하는 것을 허용하고 있다.

또한 현행기준에 의하여 주석사항으로 공시되던 포괄손익이 IFRS에서는 포괄손익계산서의 구성항목으로 편입되고, 기존 손익계산서의 명칭이 포괄손익계산서로 변동한다는 점이 가장 큰 변화이다.

※ **기타 포괄손익**: 기타 포괄손익은 IFRS에서 요구하거나 허용하여 당기손익으로 인식하지 않은 수익과 비용항목(재분류조정 포함)으로 기타 포괄손익의 예는 다음과 같다.

① 재평가잉여금의 변동
② 확정급여제도에 대한 보험수리적 손익
③ 해외 종속기업에 대한 순투자자산의 환산시 발생하는 외화환산손익
④ 매도가능금융자산의 재평가손익
⑤ 현금흐름위험회피의 위험회피수단 중 효과적인 부분

그리고 매각예정 비유동자산을 구분표시한다. IFRS에서는 매각예정으로 분류된 비유동자산과 매각예정으로 분류된 처분자산집단에 포함된 자산, 부채는 재무상태표 본문에 별도항목으로 표시한다.

※ **매각예정 비유동자산**: 비유동자산의 장부금액이 계속사용이 아닌 매각거래에서 주로 회수될 자산으로서, 현재의 상태로 통상적이고 관습적인 거래조건에서 즉시 매각 가능하여야 하며, 매각가능성이 매우 높아야 한다.

그리고 IFRS에서는 금융회사의 요구에 따라 즉시 상환하여야 하는 당좌차월의 경우 이를 현금 및 현금성자산의 구성요소에 포함하도록 하고 있으나, 현행의 기준에서는 명시적인 규정이 없으며 당좌차월의 증감을 재무활동으로 분류한다.

나) 현행 회계기준과의 주요 차이

구 분	K-IFRS 제1001호	현행 기업회계기준서 제21호
재무제표 구성·명칭 변화	• 재무상태표 • 포괄손익계산서 • 자본변동표 • 현금흐름표 • 주석 • 회계정책을 소급하여 적용하거나 재무제표의 항목을 소급하여 재작성 또는 재분류하는 경우 가장 이른 비교기간의 기초재무상태표 추가 작성	• 대차대조표 • 손익계산서 • 자본변동표 • 현금흐름표 • 주석 • 이익잉여금처분계산서
재무제표 양식	• 재무제표 형식에 대한 공식적인 지침을 제시하고 있지 않음	• 표준양식 제시(부록)
포괄손익 계산서의 공시	• 선택 [① 단일 포괄손익계산서나 ② 별개의 손익계산서와 포괄손익계산서] • 기타 포괄이익의 구성요소와 관련한 법인세비용은 관련 법인세효과를 차감한 순액 또는 반영 전 금액으로 포괄손익계산서나 주석에 공시	• 당기순손익은 계속사업손익에 중단사업손익을 가감하여 산출, 포괄손익의 내용은 주석기재 • 기타 포괄손익의 각 항목은 관련된 법인세효과를 차감한 후의 금액으로 표시하고 법인세효과에 대한 내용을 별도로 기재함
비용의 분류	• 선택 [성격별 분류, 기능별 분류]	• 기능별 분류
현금흐름표상 이자와 배당금	• 금융회사: 일반적으로 영업활동 • 다른 업종: 성격에 따라 영업, 투자 또는 재무활동	• 이자수입, 배당금수입, 이자지급: 영업활동 • 배당금 지급: 재무활동

(3) 회계정책, 회계추정의 변경 및 오류

가) 개 요

IFRS는 원칙중심의 회계기준으로 상세하고 구체적인 회계처리방법을 제시하고 있지 않으며 회계처리의 기본원칙을 제시하는 데 주력하고 있다. 이에, 기업은 IFRS를 적용함에 있어 특정거래에 대한 세부규정을 찾을 수 없는 경우가 발생할 수 있다. 이는 IFRS가 경제적 실질을 반영해 투자자에게 더 많은 정보를 제공하는 데 그 근본적인 취지가 있으며, 이에 따라 IFRS는 회계처리의 다양성을 존중해 주고 있다. IFRS에서는 기준서가 명시적으로 규정하지 않는 거래 등에 대하여 경영진이 회계정책을 개발·적용하였을 경우에 정당성을 부여하고 있는 등 회계처리방법의 적용에 있어 회사의 판단을 중시하고 있다.

※ **회계정책의 개발과 적용방법:** 특정거래, 기타 사건 또는 상황에 대하여 구체적으로 적용할 수 있는 IFRS가 없는 경우, 경영진은 아래와 같은 사항을 순차적으로 참조하여 회계정책을 개발·적용할 수 있다.

① 내용상 유사한 회계논제를 다루는 IFRS의 규정
② 재무제표의 작성과 표시를 위한 개념체계
③ 유사한 개념체계를 사용하여 회계기준을 개발하는 IASB 이외의 회계기준제정기구가 가장 최근에 발표한 회계기준
④ 기타의 회계문헌과 실무관행

회계정책의 변경과정과 기준은 다음과 같다.

◇ 정당한 회계정책 변경
· K-IFRS의 제·개정에 따른 변동
· 회계정보의 목적적합성 및 신뢰성이 향상되는 경우

⇗ ◇ 해당 기준서의 경과규정이 있는 경우
→ 해당 경과규정에 따라 회계처리

⇘ ◇ 해당 기준서의 경과규정이 없는 경우, 자발적 변경
→ 소급적용(① 비교표시되는 가장 빠른 과거기간의 자본의 각 구성요소 기초금액과 ② 비교정보로 공시되는 각 과거기간의 기타 대응금액에 대해 소급적용)

회계추정의 변경은 추정의 근거가 되었던 상황의 변화, 새로운 정보 획득 등이 있는 경우 추정의 수정이 필요할 수 있으며, 회계추정의 변경효과는 영향이 미치는 기간에 따라 전진적으로 인식한다.

나) 현행 회계기준과의 주요 차이

구 분	K-IFRS 제1008호	현행 기업회계기준서 제 1 호
회계정책의 개발·적용	• 특정거래 등에 대해 구체적으로 적용할 수 있는 규정이 없는 경우 경영진이 회계정책을 개발·적용	• 명시적인 규정 없음
회계정책변경의 회계처리	• 비교 표시되는 과거기간의 비교정보 중 특정기간에 미치는 회계정책 변경의 영향을 실무적으로 결정할 수 없는 경우, 실무적으로 소급적용할 수 있는 가장 빠른 회계기간의 자산 및 부채의 기초 장부금액에 새로운 회계정책을 적용하고, 그에 따라 변동하는 자본구성요소의 기초금액을 조정	• 회계정책 변경에 따른 누적효과를 합리적으로 결정하기 어려운 경우에 회계변경을 전진적으로 처리하여 그 효과가 당기와 당기 이후의 기간에 반영될 수 있도록 함
오류수정의 회계처리	• 전기오류가 중요한(material) 오류인 경우 과거 재무제표를 소급하여 재작성(중요한 오류: 재무제표 이용자의 경제적 의사결정에 영향을 미치는 오류)	• 전기오류가 중대한(fundamental) 오류인 경우 과거 재무제표를 소급하여 재작성(중대한 오류: 재무제표의 신뢰성을 심각하게 손상시킬 수 있는 오류)

(4) 한국채택국제회계기준의 최초채택

가) 개 요

제1101호 'K-IFRS의 최초채택'은 최초 IFRS 재무제표(각 중간재무제표 포함)에 대해 동 재무제표 작성시 필요한 전환 요구사항을 규정하고 있다. 동 기준서는 IFRS를 최초 채택하는 경우의 회계처리와 공시에 필요한 사항을 정하기 위하여 제정되었으며, 최초 IFRS 적용시 소급적용에 따른 부담을 경감시킬 수 있는 내용도 포함하고 있다.

용어의 정의는 다음과 같다.

용 어	정 의
IFRS 전환일	최초 IFRS 재무제표에서 IFRS를 적용한 완전한 비교정보가 표시되는 가장 이른 기간의 개시일
개시 재무상태표	IFRS 전환일의 재무상태표
최초 IFRS 재무제표	IFRS를 채택하여 IFRS를 준수하였다는 명시적이고 제한없이 기술된 문구를 기재한 최초의 연차재무제표

2011년 IFRS 최초 적용기업(12월 31일 결산)의 공시일정은 다음과 같다.

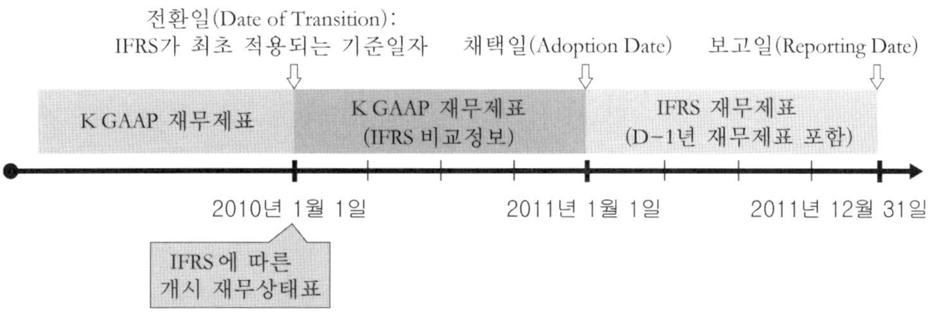

개시 재무상태표의 작성은 선택적 면제조항 및 의무적 예외사항을 제외하고는 IFRS 보고기간 말에 시행중인 모든 IFRS를 소급적용한다. 모든 자산·부채의 인식, 측정 및 재분류는 IFRS에 의하고, 개시 재무상태표에 적용하는 회계정책이 동일한 시점에 적용한 과거 회계정책간 차이로 인한 조정금액은 이익잉여금(또는 적절하다면 자본의 다른 분류)에 반영한다.

선택적 면제조항과 의무적 면제조항이 있다. 그리고 비교정보 및 IFRS 전환에 대한 설명 공시를 해야 한다. 최초 IFRS 재무제표는 적어도 ① 3개의 재무상태표, ② 2개의 포괄손익계산서, ③ 2개의 현금흐름표, ④ 2개의 자본변동표를 포함하여야 하며, K-IFRS로의 전환에 대한 설명을 공시해야 한다.

※ 2011년 IFRS 최초 적용기업(12월 결산)의 보고일(2011.12.31) 공시사항

- 3개의 재무상태표: 2010.1.1(전환일), 2010.12.31, 2011.12.31(보고일)
- 2개의 포괄손익계산서, 현금흐름표, 자본변동표
  - 2010.1.1.~12.31, 2011.1.1.~12.31.

- K-IFRS로의 전환에 대한 설명(조정내역)
  - 2010.1.1.(전환일)시점에서의 K-GAAP 자본→IFRS 자본
  - 2010.12.31. 시점에서의 K-GAAP 자본→IFRS 자본
  - 2010.1.1.~2010.12.31. 동안의 K-GAAP 포괄손익→IFRS 포괄손익
  - 개시 재무상태표에 손상차손을 최초 인식, 환입하는 경우 자산손상 관련 공시내역
  - 현금흐름표의 중요한 조정내역

(5) 연결재무제표와 별도재무제표

가) 개 요

IFRS 도입에 따라 사업보고서 및 분·반기 보고서 등 기업의 공시제도가 개별재무제표 중심에서 연결재무제표 중심으로 투자자들에게 제공되는 공시시스템으로 변화한다.

연결범위는 현행 외감법시행령에 의할 경우 지배기업은 의결권, 이사회 구성원 임면권 등 동 법령에서 명시하고 있는 규정에 해당되는지 여부만을 고려하여 연결범위를 결정하는 반면, IFRS에 의할 경우 지배기업은 의결권, 실질적 정황, 특수목적기업 등을 종합적으로 고려하여 연결범위를 결정하여야 한다.

※ 연결범위 결정시 고려해야 할 사항

① 의결권 기준: 직·간접적으로 기업 의결권의 과반수를 소유

② 잠재적 의결권

③ 이사회 구성원 임면권

④ 법규나 약정에 의한 지배력 획득

⑤ 실질적 정황(De facto control): 지배기업이 종속기업 의결권의 과반수 이하를 소유하고 계약에 의해 지배에 대한 합의가 없더라도 실질상황에 근거하여 볼 때 지배력이 있다고 보는 경우. 실질적 정황에 대해서 IASB Update(2005.10)에 언급되어 있으나 공식적인 기준은 아니며 IASB에서 현재 Project 진행중

⑥ 특수목적기업(Special Purpose Entity): K-IFRS 제2012호(연결: 특수목적기업)에 의하면 지배기업이 실질적으로 SPE의 활동에서 발생하는 효익의

과반을 얻는 경우 등은 SPE를 연결범위에 포함

⑦ 기타 기업의 특수한 상황

연결재무제표 작성자는 IFRS에서는 원칙적으로 모든 지배회사(문단 10에서 정한 요건을 충족하는 기업은 제외)는 연결재무제표를 작성하여야 한다고 규정하고 있는 반면, 현행 외감법에서는 최상위 지배회사 및 상장·금융 중간 지배회사인 경우 등에만 연결재무제표 작성의무를 부여하고 있다.

별도재무제표(Separate financial statements)는 연결재무제표 중심의 국제회계기준이 적용되더라도 기업의 법적 실체(legal entity)에 대한 개별재무제표는 지배기업 자체의 배당, 세금계산, 기타 정보수요 등의 목적으로 계속 필요할 것이다. 이에, 우리나라의 경우 연결대상 종속회사가 있는 지배회사는 연결재무제표와 함께 별도재무제표 방식으로 개별재무제표를 작성하는 방안을 추진키로 결정하였다. 매각예정으로 분류하지 않은 종속기업, 공동지배기업, 관계기업에 대해서는 (1) 원가법이나 (2) K-IFRS 제1039호에 따라 공정가치법으로 회계처리한다.

나) 현행 회계기준과의 주요 차이

구 분	K-IFRS 제1027호	현행 기업회계기준서 제25호
연결재무제표 작성자	• 지배기업, 단, 문단 10에서 정한 조건을 모두 충족하는 지배기업은 연결재무제표를 작성하지 아니할 수 있음	• 최상위지배기업 • 지배종속관계가 순환하는 형태: 직전사업연도말 자산규모가 최대인 회사가 작성 • 상장법인, 금융보험업 영위법인이 한 회사의 종속회사이면서 다른 기업의 종속기업인 경우: 추가로 연결재무제표 작성
연결대상 종속기업의 범위	• 모든 종속기업 [단, 매각예정으로 분류되는 종속기업은 K-IFRS 제1105호에 의해 회계처리] - 지배기업이 종속기업 의결권의 과반수 이상을 소유하는 경우 등	• 외감법 시행령 제 1 조의 3 제 1 항과 제 2 항에 따라 결정 - 지배기업이 종속기업 의결권의 30% 이상을 소유하고 최대주주인 경우 등
별도재무제표 작성의무자	• 규정 없음 • 외감법 시행령 개정안: IFRS에 따라 연결재무제표를 작성하는 기업에게 추가로 개별재무제표(IFRS에 의한 별도재무제표 방식으로) 작성의무 부여	• 별도재무제표 개념 없음

(6) 관계기업 투자 및 조인트벤처 투자지분

가) 개 요

현행 회계기준에 의한 개별재무제표하에서는 종속기업, 관계기업에 대해 모두 지분법을 적용하기 때문에 중대한 영향력의 개념에 지배력이 포함된 반면, IFRS에서 종속기업은 연결재무제표 작성시 연결대상이 될 뿐 지분법을 적용하여 평가하지 않기 때문에 지배력과 중대한 영향력을 별도 구분하고 있음을 주의해야 한다.

※ 지배력과 중대한 영향력의 구분

① 지배력: 경제활동에서 효익을 얻기 위하여 재무·영업정책을 결정할 수 있는 능력

② 중대한 영향력: 피투자자의 재무·영업정책에 관한 의사결정에 참여할 수 있는 능력. 그러나 그러한 정책에 대한 지배력이나 공동지배력을 의미하는 것은 아님

또한 IFRS에서는 중대한 영향력을 판단함에 있어, 투자자가 직접 또는 자신의 종속회사를 통하여 간접으로 투자한 의결권만 포함하며, 자신의 지배회사를 통하여 간접으로 투자한 의결권은 포함하지 않는다.

비화폐성자산의 출자로 발생한 처분손익은 공정가액의 비율로 화폐성자산 또는 기타 비화폐성자산을 받은 부분과 투자지분을 받은 부분으로 구분한다. 화폐성자산 또는 기타 비화폐성자산을 받은 부분과 관련된 처분손익은 전액 실현된 것으로 보아 당기손익에 반영하고, 투자지분을 받은 부분과 관련된 처분손익 중 당해 참여자의 지분을 제외한 부분만을 실현된 것으로 회계처리한다.

나) 현행 회계기준과의 주요 차이

구 분	K-IFRS	현행 기업회계기준서
종속기업에 대한 지분법 적용 여부	• 종속기업에 대해서는 연결재무제표를 작성하므로 지분법을 적용하지 않음 • 지배회사의 개별재무제표: 종속기업에 대해 원가법 또는 공정가치법 적용	• 지배기업의 개별재무제표에서 종속기업에 대해 지분법 적용
중대한 영향력 판단	• 투자자가 직접 또는 간접(예: 종속기업을 통하여)으로 피투자자의 의결권 있는 주식의 20% 이상을 소유	• 투자자가 직접 또는 지배·종속회사를 통하여 간접으로 피투자자의 의결권 있는 주식의 20% 이상을 보유
공동지배기업에 대한 회계처리	• 비례연결 • 대체적 방법: 지분법	• 지분법

(7) 사업결합

가) 개 요

IFRS 3(2008년 개정)에서는 모든 사업결합에 대하여 취득법(Acquisition method)을 적용하도록 규정하고 있어, 현행 인수합병준칙에서 허용하고 있는 지분통합법은 전면 폐지된다.

그리고 IFRS 3에서는 동일지배하에 있는 기업 간의 사업결합(예: 지배·종속간 사업결합)에 대해서 회계처리를 규정하고 있지 않으며, 현재 IASB가 동 부분에 대한 연구활동을 진행하고 있으나 구체적인 계획을 수립하고 있지 못한 상황이다. 따라서 우리나라가 IFRS를 도입(2011)하는 시점에서 상기부분에 대한 회계처리가 제시되지 않을 수 있으며, 이 경우에 기업은 K-IFRS 제1008호 '회계정책, 회계추정의 변경과 오류'를 적용하여 회계정책을 개발·적용하여야 할 것이다.

비지배지분에 대한 공정가치 평가를 허용한다. IFRS 3에서는 비지배지분에 대해 '공정가치' 또는 '피취득자의 식별가능한 순자산 중 비지배지분의 비례적 지분'으로 측정하도록 규정되며, 이에 따라 영업권이 지배주주 지분과 비지배지분 모두에서 발생하는 경우와 지배주주지분에 대해서만 발생하는 경우가 모두 가능하게 된다.

※ 비지배지분 평가에 따른 영업권 측정

· 비지배지분을 공정가치 평가 ➡ · 영업권은 지배주주지분, 비지배지분 모두에서 발생(Full goodwill)

· 비지배지분을 '피취득자의 식별가능한 순자산 중 비지배지분의 비례적 지분'으로 평가 ➡ · 영업권은 지배주주지분에서만 발생 (Partial goodwill)

그리고 현물출자로 당해 현물이 결합기업이 계속 남아 있을 경우 이전대가에 포함된 자산·부채가 사업결합 후 기업에 계속 남아 있는 경우 취득자가 해당 자산·부채에 대하여 여전히 통제하고 있기 때문에 예외적으로 이를 장부금액으로 측정한다.

※ 영업권 및 염가매수차익의 회계처리방식

취득자가 피취득자의 이전소유주에게 제공하는 이전 대가
+ 피취득자에 대한 비지배지분 금액*
+ 취득자의 피취득자에 대한 기존 보유 지분에 대한 취득일의 공정가치
− 피취득자의 식별가능한 취득 자산, 부채의 순액

영업권 또는 염가매수차익 가액

⇗ · 가액 〉 0 : 영업권
· 사업결합으로 인한 시너지효과가 기대되는 현금창출단위에 배분한 후 매년 그리고 손상징후가 있을 때마다 손상검사 수행

⇘ · 가액 〈 0 : 염가매수차익
· 피취득자의 자산, 부채를 제대로 식별하였는지를 재검토하고, 이후 남는 차익은 당기손익으로 인식

* 비지배지분의 평가: 선택[피취득자의 식별가능한 순자산 중 비례적 몫, 공정가치]

나) 현행 회계기준과의 주요 차이

구 분	K-IFRS 제1103호 (2008년 1월 개정)	현행 인수합병준칙
동일지배하에 있는 사업간 사업결합	• 명시적 회계처리 규정 없음 (IASB에서 별도 Project 진행중)	• 연결장부가액 승계
	• 개인에 의한 동일지배개념이 포함됨	• 개인에 의한 동일지배개념이 고려되지 않음
사업결합의 회계처리	• 취득법	• 매수법, 지분통합법
비지배지분의 측정	• 선택 [피취득자의 식별가능한 순자산 중 비례적 몫, 공정가치]	• 피취득자의 식별가능한 순자산 중 비례적 몫
영업권 평가	• 손상검사 수행	• 20년 이내의 기간 동안 상각
염가매수차익	• 즉시 당기손익으로 인식	• 부의 영업권으로 내용별 구분·환입
법률고문, 회계전문가 관련 원가	• 비용	• 자산
현물출자	• 해당 현물이 결합기업에 남아 있을 경우 장부금액으로 측정	• 현물출자시 공정가치와 장부금액과의 차액을 미실현손익으로 제거

(8) 유형자산

가) 개 요

유형자산의 평가에 재평가 모형을 허용한다. K-IFRS 제1016호 '유형자산'의 도입으로 인한 가장 큰 변화는 유형자산의 평가에 있어 원가모형과 재평가모형을 선택하여 유형자산 분류별(예: 토지, 토지와 건물, 기계장치 등)로 동일하게 적용할 수 있다는 점이다.

※ 유형자산의 재평가모형

- 장부금액 = 재평가일 공정가치 – 감가상각누계액 – 손상차손누계액
- 공정가치는 시장에 근거한 증거로 결정하고, 동 자료가 없을 경우 이익접근법 또는 상각후 대체원가법을 적용하여 산출
- 재평가결과의 회계처리

- 재평가증가액은 기타포괄손익으로 인식, 재평가잉여금으로 분류
  (이전 당기손익으로 인식한 재평가감소액에 해당하는 재평가증가액은 당기손익으로 인식)
- 재평가감소액은 당기손익으로 인식
  (재평가잉여금 잔액이 있으면 이를 차감)

IFRS에서는 유형자산의 잔존가치, 내용연수 및 감가상각방법은 적어도 매 회계연도 말에 재검토하고 재검토 결과 자산의 소비형태 변동 등을 반영하기 위하여 감가상각방법을 변경하는 경우 이를 회계추정의 변경으로 보아 전진적으로 회계처리하도록 규정한다. 반면, 현행 기준에서는 유형자산의 감가상각방법 변경을 회계정책의 변경으로 보며 잔존가치, 내용연수 및 감가상각방법에 대한 재검토 의무를 부여하고 있지 않다.

IFRS에서는 유형자산의 구성요소 중 취득원가에서 차지하는 비중이 중요한 경우에는 해당 구성요소를 별도로 감가상각하도록 규정하고 있는바, 중요한 개별자산의 부분이 상각방법이나 내용연수가 상이하다면 별도로 구분하여 회계처리하여야 한다.

또한 IFRS에서는 원칙적으로 적격자산의 취득·건설·제조와 직접 관련된 차입원가를 당해 자산 원가의 일부로 자본화하여야 한다고 규정하고 있다.

나) 현행 회계기준과의 주요 차이

구 분	K-IFRS	현행 기업회계기준서
유형자산의 최초인식 후 측정	• 선택 [원가모형, 재평가모형] 유형자산 분류별로 동일하게 적용	• 원가모형만 인정
잔존가치, 내용연수, 감가상각방법에 대한 검토	• 잔존가치와 내용연수 및 감가상각방법은 적어도 매 회계연도 말에 재검토하고 변경이 발생할 경우 회계추정의 변경으로 처리	• 재검토의무 없음 • 감가상각방법의 변경은 회계정책의 변경으로, 잔존가치, 내용연수의 변경은 회계추정의 변경으로 처리
교환거래에 의한 취득	• 동종교환거래와 이종교환거래의 구분기준이 없음 • 취득한 자산의 원가는 제공한 자산의 공정가치로 측정. 다만 취득한 자산의 공정가치가 더 명확한 경우 취득한 자산의 공정가치로 측정가능 • 교환거래의 상업적 실질이 결여된 경우 및 신뢰성 있는 측정이 불가능한 경우는 제공한 자산의 장부가액으로 측정	• 이종교환거래: 취득한 자산의 원가는 제공한 자산의 공정가치로 측정. 다만 제공한 자산의 공정가치가 불확실한 경우 취득한 자산의 공정가치로 측정 • 동종교환거래: 취득한 자산의 원가는 제공한 자산의 장부금액으로 측정
	• 자본화 방법만 인정 [IFRS 적용시점부터 전진적용 가능]	• 원칙적으로 즉시 비용화 • 대체적으로 자본화 처리

(9) 투자부동산

가) 개 요

현행 회계기준은 투자부동산에 대한 별도의 기준서가 없으며 유형자산기준서 및 보험업회계처리준칙 등에서 관련 내용을 규정하고 있다. IFRS 도입에 따라 업종에 관계없이 기업이 보유하고 있는 투자부동산의 회계처리를 규정하는 새로운 기준서가 제정된다.

우선 K-IFRS 제1040호 '투자부동산'의 도입으로 인한 가장 큰 변화는 투자부동산에 대해 공정가치 모형을 선택 적용할 수 있도록 한 점이다. 현행 회계기준에 의하면 임대수익 목적 부동산은 상각후원가로 시세차익 목적 부동산은 취득원가로 평가하도록 규정하고 있으나, IFRS에서는 투자부동산에 대해 공정가치 또는 원가모형 중 하나를 선택하여 평가할 수 있다. 투자부동산의 공정가치 변동으로 발생한 손익은 당기손익에 반영한다. 그리고 적격 요건을 갖춘 독립된 평가자의 공정가치 측정을 권고하나 의무사항은 아니다. IFRS에서는 공정가치 평가모형이 원가모형보다 재무제표 이용자에게 더 유용한 정보를 제공한다고 판단하여 원가모형을 선택한 경우라 하더라도 공정가치를 주석으로 기재하여야 할 의무를 부여하고 있다는 점은 특히 주의해야 할 사항이다.

※ 예외규정

- 다음의 범주별로는 동일한 평가모형 적용
  - 투자부동산을 포함한 특정 자산군의 공정가치와 연동하는 수익 또는 그 자산군에서 얻는 수익으로 상환하는 부채와 연계되어 있는 모든 투자부동산
  - 상기 이외 모든 투자부동산
- 운용리스에서 리스이용자가 보유하는 부동산에 대한 권리를 투자부동산으로 분류하는 경우 공정가치모형만 적용

또한 운용리스 부동산에 대한 권리 인식을 허용하고 있다. IFRS에서는 운용리스 부동산이 투자부동산의 정의에 부합하고, 동 운용리스 부동산을 포함하여 모든 투자부동산을 공정가치 평가하는 경우에는 리스이용자가 운용리스 부동산에 대한 권리를 투자부동산으로 인식할 수 있도록 규정하고 있다.

나) 현행 회계기준과의 주요 차이

<table>
<tr><th rowspan="2">구 분</th><th rowspan="2">K-IFRS 제1040호</th><th colspan="2">현행 기업회계기준서</th></tr>
<tr><th>기업회계기준</th><th>보험업준칙</th></tr>
<tr><td>임대 목적 보유</td><td rowspan="2">투자부동산
선택 [① 원가모형, ② 공정가치모형]</td><td>유형자산
[상각후원가]</td><td>투자부동산
[상각후원가]</td></tr>
<tr><td>시세차익 목적 보유</td><td>투자부동산
[취득원가]</td><td>투자부동산
[취득원가]</td></tr>
<tr><td>리스이용자의 운용리스 부동산에 대한 권리 인식</td><td>일정요건 충족시 투자부동산으로 인식</td><td colspan="2">운용리스 부동산에 대한 권리를 자산으로 인식할 수 없으며, 운용리스료는 기간비용 처리</td></tr>
</table>

(10) 무형자산

가) 개 요

무형자산의 평가에 재평가 모형을 허용하고 있다. IFRS에서는 무형자산을 최초 인식한 후에 원가모형 또는 재평가 모형을 선택하여 평가할 수 있도록 규정하고 있다. 재평가모형은 재평가하고자 하는 무형자산에 대한 활성거래시장을 기초로 하여 적용하여야 하나, 라이선스, 브랜드, 영업권 등은 기업의 특수한 상황에서 발생되는 것으로 이에 대한 활성거래시장을 찾는 것은 현실상 흔하지는 않을 것으로 예상된다.

'내용연수가 비한정인 무형자산'을 도입한다. IFRS에서는 자산에 내재된 미래 경제적 효익이 소비되리라고 기대되는 기간에 대한 예측가능한 제한이 없는 경우 이를 '내용연수가 비한정인 무형자산'으로 정의하고, 동 자산은 상각하지 않고 정기적인 손상검사만을 수행하도록 규정하고 있다.

영업권과 구분하여 무형자산을 별도 인식한다. 사업결합에 의하여 취득하는 무형자산이 무형자산의 정의를 충족하고 신뢰성 있게 측정할 수 있는 경우 동 자산을 영업권과 분리하여 별도로 인식하도록 규정하고 있다. 한편, 영업권에 포함하여 인식한 무형자산이 있는 경우 ① 무형자산을 별도로 인식하지 않은 이유 및 ② 무형자산의 공정가치를 신뢰성있게 측정할 수 없는 이유를 공시해야 한다는 점은 특히 주의해야 할 사항이다.

그리고 기업이 자체적으로 개발한 웹사이트의 개발과 운영에 대한 내부지출은 무형자산의 인식요건(제1038호, 문단 21)과 개발단계의 무형자산 인식요건(제1038호, 문단 57)을 모두 충족하는 경우 이를 자본화할 수 있다.

나) 현행 회계기준과의 주요 차이

구 분	K-IFRS 제1038호	현행 기업회계기준서 제5호
무형자산의 평가	• 선택 [원가모형, 재평가모형]	• 원가모형
비계약적 고객관계	• 동일한 또는 유사한 비계약적 고객관계의 교환거래는 무형자산의 정의를 충족	• 미래 경제적 효익에 대한 통제의 증거가 없으므로 무형자산의 정의를 충족하지 못함
무형자산의 내용연수	• 내용연수가 유한한 무형자산 • 내용연수가 비한정인 무형자산	• 법률 또는 계약으로 정해진 경우를 제외하고는 20년을 초과하지 못함
내용연수, 상각방법에 대한 검토	• 적어도 매 회계연도 말에 재검토하고 변경이 발생할 경우 회계추정의 변경으로 처리	• 재검토의무 없음 • 상각방법의 변경은 회계정책의 변경으로, 내용연수의 변경은 회계추정의 변경으로 처리

(11) 자산손상

가) 개 요

손상검사를 수행하는 시점은 매 보고기간 말(분기재무보고시 매분기 말)에 자산손상 징후의 유무를 검토하여, 자산손상 징후가 있을 경우 자산의 회수가능액을 추정한다. 그러나 내용연수가 비한정인 무형자산, 사업결합으로 취득한 영업권 등의 경우에는 자산손상 징후와 상관없이 매년 손상검사를 실시한다.

※ 자산손상을 시사하는 징후

- 외부정보: 예상 밖의 시장가치하락, 불리한 환경의 변화, 시장이자율 상승, 순자산 장부금액보다 시가총액 하락
- 내부정보: 자산의 진부화, 자산의 사용범위 및 사용방법의 불리한 변화, 기대를 밑도는 자산의 경제적 성과

개별 자산의 회수가능액을 추정할 수 없는 경우에는 그 자산이 속하는 현금창출단위를 식별하고 회수가능가액을 측정하여 손상검사 수행한다. 현금창출단위는 다른 자산이나 자산집단에서의 현금유입과는 거의 독립적인 현금유입을 창출하는 식별가능한 최소자산집단이다. 현금유입을 창출하는 식별가능한 최소단위의 자산집단으로 자산을 그룹화하여야 하며, 이에는 경영자의 판단이 필요

하다. 현금창출단위는 유통업(점포단위), 운송업(경로), 제조업(공장 또는 프로세스 단위 등)을 예시할 수 있다.

또한 자산의 장부금액이 회수가능액보다 미달하는 경우 자산이 손상되었다고 하며, 자산의 장부가액을 회수가능액으로 감소시킨다. 특히, 손상차손을 인식할 때 재평가되지 않은 자산손상은 당기비용으로, 재평가된 자산의 손상차손은 당해 자산에서 발생한 재평가잉여금을 차감하고 초과액은 당기비용으로 인식하도록 규정하고 있다.

'사업결합으로 발생한 영업권'의 손상검사는 영업권은 사업결합으로 시너지 효과가 기대되는 각 현금창출단위에 배분하고 매 회계연도 및 손상징후가 있을 때마다 현금창출단위별로 손상 여부 및 손상차손 인식 여부를 결정하나, 영업권에 대해 인식한 손상차손은 후속기간에 환입할 수 없다는 점은 특히 주의해야 할 점이다. 관계기업 투자주식에 대해서는 투자차액(영업권 등)을 별도로 구분하지 않고 전체를 대상으로 손상검사를 수행하며, 손상차손 환입시에도 투자차액의 구분 없이 환입이 가능하다.

나) 현행 회계기준과의 주요 차이

구 분	K-IFRS 제1036호	현행 기업회계기준서
손상차손 측정방법	• Max [회수가능가액, 장부금액] • 인식단계와 측정단계를 구분하지 않음	• 유형자산손상차손에 대해 인식단계와 측정단계를 구분·측정 - 인식단계: 장부금액이 '할인되지 않은 미래 현금흐름총액'을 초과할 때 인식 - 측정단계: 회수가능액이 장부금액에 미달하는 금액으로 측정 • 다른 자산: 인식단계와 측정단계가 구분되지 않음
자산손상 검토시기	• 매 결산일에 검토의무	• 손상징후 발생시 자산손상 검토의무
현금창출 단위의 개념	• 창출하는 현금유입이 다른 자산이나 자산집단으로부터의 현금유입과 거의 독립적으로 구별되는 식별가능한 최소자산집단을 현금창출단위로 정의	• 기업회계기준서 제11호 '중단사업'에 의한 중단사업에 속하는 자산손상 여부 검토시만 사용

(12) 영업부문

가) 개 요

K-IFRS 제1108호 '영업부문'의 목적 및 적용범위에 관한 기준서에서는 기업이 영위하는 사업활동의 내용, 재무효과 및 영업환경을 평가할 수 있도록 공시사항을 규정하고 있다. 상장 및 상장예정법인의 개별재무제표와 연결재무제표에 한해 적용 되며, 지배기업이 연결재무제표와 개별재무제표에 모두 작성하는 경우에는 연결재무제표에서만 적용한다.

보고부문의 측정·공시 절차는 다음과 같다.

단계		내용
영업부문의 식별	⬅	• 영업부문은 다음 요건을 충족하는 구성단위 ① 수익을 창출하고 비용을 발생시키는 사업활동을 영위 ② 부문에 배분될 자원에 대한 의사결정을 하고 부문의 성과를 평가하기 위하여 최고영업의사결정자가 영업성과를 정기적으로 검토 ③ 구분된 재무정보의 이용이 가능
⬇		
보고부문의 식별	⬅	• 다음 조건을 모두 충족하는 각 영업부문에 대한 정보는 별도 공시 ① 영업부문으로 식별되거나, 둘 이상의 영업부문을 통합한 영업부문 ② 다음 양적 기준 중 하나에 해당하는 영업부문 (a) 부문수익이 모든 영업부문 수익 합계액의 10% 이상 (b) 부문당기손익의 절대치가 다음 중 큰 금액의 10% 이상 - 손실이 발생하지 않은 모두 영업부문의 이익총계의 절대치 - 손실이 발생한 모두 영업부문의 손실총계의 절대치 (c) 부문자산이 총 영업부문 자산 총계의 10% 이상 ∴ 개별보고부문의 총 외부수익이 기업전체수익의 75%가 될 때까지 추가로 보고부문을 식별
⬇		
공시		• 일반정보 • 부문당기손익, 부문자산 및 부문부채에 대한 정보 • 측정에 관한 사항 • 기업 전체 수준에서의 공시

나) 현행 회계기준과의 주요 차이

구 분	K-IFRS 제1108호	현행 기업회계기준 해석 50-87
적용범위	• 상장 및 상장예정법인의 연결·개별재무제표에 적용 • 지배기업의 연결, 개별재무제표가 모두 적용대상일 경우 연결재무제표에만 적용	• 모든 법인에 적용하나 비상장법인의 경우 공시내용을 완화(중소기업의 경우 공시생략 가능)
보고부문	• 영업부문을 기준으로 설정	• 영업부문의 개념 없음 • 사업별 부문정보, 지역별 부문정보 공시
부문의 측정	• 최고영업의사결정자에게 보고되는 금액을 부문항목의 측정치로 사용	• 관련 규정 없음

(13) 외화환산

가) 개 요

기능통화의 개념을 도입하였다. IFRS에서는 기능통화(영업활동이 이루어지는 주된 경제 환경의 통화)의 개념을 도입하고, 아래에 제시하고 있는 주요 지표 및 보조지표를 고려하여 기능통화를 결정하도록 규정하고 있다.

주요 지표: • 재화와 용역의 공급가격에 주로 영향을 미치는 통화, • 재화와 용역의 공급가격을 주로 결정하는 경쟁요인과 법규가 있는 국가의 통화, • 재화를 공급하거나 용역을 제공하는 데 드는 노무원가, 재료원가, 그 밖의 원가에 주로 영향을 미치는 통화

보조지표: • 재무활동으로 조달되는 통화, • 영업활동에서 유입되어 통상적으로 보유하는 통화

외화거래의 보고는 IFRS에서는 외화(기능통화 이외의 다른 통화) 거래를 거래일의 현물환율을 사용하여 최초 인식하며, 보고기간 말에는 다음과 같은 환율을 적용하여 환산한다.

- 화폐성 외화항목: 마감환율
- 역사적 원가로 측정하는 비화폐성 외화항목: 거래일의 환율

-공정가치로 측정하는 비화폐성 외화항목: 공정가치가 결정된 날의 환율

기능통화와 표시통화(재무제표를 표시할 때 사용하는 통화)가 다를 경우에는 다음과 같은 환율을 적용하여 환산한다.

-재무상태표의 자산, 부채: 보고기간 말의 결산환율

-재무상태표의 자본: 명시적 규정 없음

-포괄손익계산서의 수익, 비용: 해당 거래일의 환율

-환산에서 발생하는 외환차이: 기타포괄손익

나) 현행 회계기준과의 주요 차이

구 분	K-IFRS 제1021호	현행 기업회계기준서
기능통화와 표시통화의 개념	• 기능통화와 표시통화의 개념 구분·적용	• 기능통화 및 표시통화 개념 없음 • 원화로 회계거래가 측정·보고
해외사업장에 대한 순투자의 일부인 화폐성 항목에서의 외환차이	• 별도재무제표: 당기손익 • 연결재무제표: 자본	• 당기손익
외화환산손익과 외환차손익	• 모두 외환차이로 인식	• 개념을 구분하여 사용

(14) 금융상품

가) 개 요

기준서 체계는 현행 회계기준은 금융상품 만을 위한 별도의 기준서가 없으며 유가증권, 전환증권기준서 및 금융업회계처리준칙 등에서 관련 내용을 규정하고 있는 반면, IFRS에서는 유가증권, 대출채권, 파생상품, 금융부채 등 모든 형태 금융상품에 대해 인식과 측정, 표시, 공시로 구분하여 포괄적으로 규정하고 있다.

K-IFRS 제1039호 '금융상품: 인식과 측정': 발행자 입장에서 지분상품을 제외한 금융상품의 인식과 측정을 위한 원칙 제공

K-IFRS 제1032호 '금융상품: 표시': 발행자 입장에서 금융상품을 금융자산, 금융부채 또는 지분상품으로 분류하기 위한 원칙 제공

K-IFRS 제1107호 '금융상품: 공시': 재무정보이용자에게 제공할 금융상품 관련 공시사항 규정

IFRS에서는 금융상품을 거래상대방에게 금융자산을 발생시키고 동시에 다른 거래 상대방에게 금융부채 또는 지분상품을 발생시키는 모든 계약이라고 정의하고, 금융상품을 ① 당기손익인식금융자산 또는 당기손익인식금융부채, ② 만기보유금융자산, ③ 대여금 및 수취채권 및 ④ 매도가능금융자산으로 구분하고 있다.

그리고 현행 기준에서는 금융자산의 제거를 규정함에 있어 통제와 위험·보상개념을 혼동하여 사용하며 적용상 우선순위가 없는 반면, IFRS에서는 금융자산의 제거시점, 제거조건 및 그 적용방법(우선순위 부여, K-IFRS 제1039호 AG36 참고)을 명확하게 규정하고 있다.

금융자산이나 금융부채는 최초인식시 공정가치, 즉 합리적인 판단력과 거래의사가 있는 독립된 당사자 사이의 거래에서 자산이 교환되거나 부채가 결제될 수 있는 금액으로 측정한다.

※ 활성거래시장(active market)이 있는 경우: 공시가격

- 공정가치의 최선의 추정치: 활성거래시장에서 공시되는 가격
- 공시가격의 의미
  - 거래소, 판매자, 감독기관 등을 통해 공시가격이 용이하고 정기적으로 이용가능하고, 그러한 가격이 독립된 당사자들 사이에서 정기적으로 발생한 실제 시장가격을 나타낼 경우
- 자산을 보유하거나 부채를 발행할 때 적절한 공시가격: 매입호가 자산을 취득하거나 부채를 보유할 때 적절한 공시사격: 매도호가

※ 활성거래시장이 없는 경우: 평가기법

- 평가기법을 사용하여 결정하며, 평가기법의 예는 다음과 같음
  - 최근 거래를 이용하는 방법
  - 실질상 동일한 다른 금융상품의 현행 공정가치를 참조하는 방법
  - 현금흐름할인방법
  - 옵션가격결정모형 등

• 평가기법의 조건
  - 시장참여자가 가격을 결정하는 데 고려하는 모든 요소를 포함
  - 금융상품의 가격을 결정하기 위하여 일반적으로 사용하는 경제학적 방법론에 부합
• 활성거래시장이 없는 지분상품의 공정가치
  - 공정가치 추정치 범위의 편차가 심하지 않거나, 범위 내에 있는 다양한 추정치의 발생확률을 신뢰성 있게 평가하고 공정가치를 추정하는 데 사용할 수 있는 경우: 신뢰성 있는 측정 가능
  - 공정가치 추정치 범위가 중요하고, 다양한 추정치의 발생확률을 신뢰성있게 측정할 수 없는 경우 → 예외적으로 원가법 적용

파생상품의 정의를 확대하였다. IFRS에서는 파생상품의 요건에 대하여 3가지를 제시하고 있으나, 현행기준과 달리 계약단위의 수량(또는 지급규정), 차액결제 요건이 없는 등 파생상품의 정의를 현행 기준보다 더 광범위하게 정의하고 있다.

※ 파생상품의 정의

파생상품이란, K-IFRS 제1039호의 적용범위에 해당되면서, 다음의 세 가지 특성을 모두 가진 금융상품이나 기타 계약을 의미하며, 다음의 특징을 갖는다.

(1) 기초변수의 변동에 따라 가치가 변동한다. (2) 최초 계약시 순투자금액이 필요하지 않거나 시장요소의 변동에 유사한 영향을 받을 것으로 기대되는 다른 유형의 계약보다 적은 순투자금액이 필요하다. (3) 미래에 결제된다.

그리고 IFRS에서는 부채와 지분상품의 분류를 법적 형태가 아닌 거래의 실질에 따라 분류하여야 하며, 부채요소와 자본요소가 결합된 복합금융상품은 이를 분리·표시한다. 따라서 현행 기준에 의해 자본으로 분류되는 상환우선주의 경우 발행자가 의무적으로 상환하여야 하는 계약상의 의무를 부담하거나 보유자가 상환 청구권을 보유한다면 부채로 분류해야 하며, 전환증권의 경우 내재된 전환권 요소를 지분상품과 부채에 대한 정의에 따라 판단하여 자본, 부채로 인식한다.

또한 당기손익인식 금융상품(Fair value option)의 지정은 금융자산 및 금융부채를 최초 인식시점에 공정가치로 평가하고 동 공정가치 평가액의 변동분을 당기손익으로 인식할 수 있는 금융자산 또는 부채(당기손익인식금융상품)로 지정할 수 있다.

2008년 10월 IASB는 IAS 39 '금융상품: 인식과 측정'과 IFRS 7 '금융상품: 공시'를 개정하여, 금융자산이 더 이상 단기간 내 매각할 목적이 아닐 경우 아주 예외적인 상황(금융위기)에서 당기손익인식금융자산*에서 다른 금융자산으로의 변경을 가능토록 하였다. 분류변경시 해당 금융자산은 재분류시점의 공정가치로 평가한 후 대체하며, 만기보유 금융자산 등으로 재분류될 경우 유효이자율법을 사용한 상각 후 원가로 측정하게 되어 공정가치 평가대상에서 제외되게 된다(매 보고기간 말 손상평가의무는 존재).

나) 현행 회계기준과의 주요 차이

구 분	K-IFRS	현행 기업회계기준서
금융상품 관련 기준서	• K-IFRS 제1032호 '금융상품: 표시' • K-IFRS 제1039호 '금융상품: 인식과 측정' • K-IFRS 제1107호 '금융상품: 공시'	• 제8호 '유가증권' • 제9호 '전환증권' • 제13호 '채권·채무조정' • 해석 52-14 '채권등의 양도·할인에 관한 회계처리' • 해석 53-70 '파생상품 등의 회계처리' 등
금융상품의 분류	• 당기손익인식금융상품 • 만기보유금융자산 • 대여금 및 수취채권 • 매도가능금융자산	• 유가증권을 단기매매증권, 매도가능증권, 만기보유증권으로 구분 • 이외에 예금, 매출채권, 파생상품은 별도구분
만기보유 금융자산의 분류변경 제한	• 중요한 금액의 만기보유금융자산을 매도하거나 분류 변경한 경우 분류변경제한 위배로 회계처리	• K-IFRS와 유사하나, 중요성의 기준이 없음
당기손익인식 금융자산의 분류변경	• 아주 예외적인 상황에서 다른 금융자산으로의 변경이 가능*	• 분류변경 - 다만, 시장성을 상실한 경우 매도가능증권으로 분류가능
채권의 손상차손	• 상각 후 취득원가로 후속측정되는 금융자산(채권 및 만기보유금융자산)의 경우 손상사건이 발생	• 회수가 불확실한 채권은 합리적이고 객관적인 기준에 따라 산출한 대손추산액을 대손충

* 파생상품과 최초 인식시점에 당기손익인식항목으로 지정된 금융상품은 제외.

	하였다는 객관적인 증거가 있는 경우에 손상차손을 인식 • 아직 발생하지 아니한 미래의 손실의 경우에는 손상차손으로 인식하지 아니함	당금으로 설정한다고 규정 • 경험손실률 평가방식뿐만 아니라 예상손실률 평가방식에 의해 대손충당금 적립가능(실무의견서)
상환우선주의 분류	• 다음의 경우에 금융부채로 인식 ① 발행자가 미래 특정시점에 특정금액을 의무적으로 상환할 의무가 있는 경우 ② 보유자가 미래 특정시점 혹은 그 후에 특정금액을 청구할 권리를 부여받은 경우	• 상환의무 여부에 관계없이 자본으로 분류
공정가치 및 위험관련 공시	• 금융자산과 금융부채의 종류별 공정가치와 장부금액, 공정가치 평가방법 등과 관련된 사항 공시 • 위험과 관련된 질적·양적 공시	• 관련 규정 없음

주) *2008년 10월 IAS 39, IFRS 7의 개정사항. 2007년 12월 제정된 K-IFRS에서는 당기손익인식 금융상품의 지정 후에는 타계정으로 분류할 수 없다고 규정.

(15) 종업원급여

가) 개 요

종업원급여의 구분은 IFRS에서는 종업원 급여를 단기종업원급여, 퇴직급여, 해고급여 및 기타 장기종업원급여 등 4가지 구분하여 금액의 측정방법 및 회계처리를 규정하고 있다. 특히, 종업원이 퇴직할 때 또는 그 이후에 회사가 종업원의 근무용역에 대한 대가로서 제공하는 퇴직급여의 경우 크게 확정기여제도와 확정급여제도로 구분하여 설명하고 있다.

※ 퇴직급여제도

- 확정기여제도(DC형: Defined Contribution plan): 기업의 기여금이 사전에 확정되고, 그 기금이 종업원급여를 제공하지 못하더라도 기업에게 추가 납부의무가 없는 퇴직급여제도
- 확정급여제도(DB형: Defined benefit plan): 근로자가 퇴직시에 수령할 퇴직급여가 근무기간과 평균임금에 의해 사전적으로 확정되고, 운용결과에 따라 기업이 납입해야 할 부담금 수준이 변동되는 퇴직급여제도

보험수리적 방법에 의한 예측급여를 산정한다. 확정기여제도는 기업이 지불하기로 한 금액이 확정되어 있으므로 회계처리가 단순하나, 확정급여제도는 종업원이 일정한 퇴직금을 지급받는 구조로 기업의 부담액은 향후 변동하게 된다. 이에, 미래의 퇴직급여를 추정할 때에는 미래의 임금상승률, 사외적립자산 등을 고려하며, 시장수익률에 기초한 이자율을 적용·할인하여 계산한다.

※ 확정급여제도와 재무제표

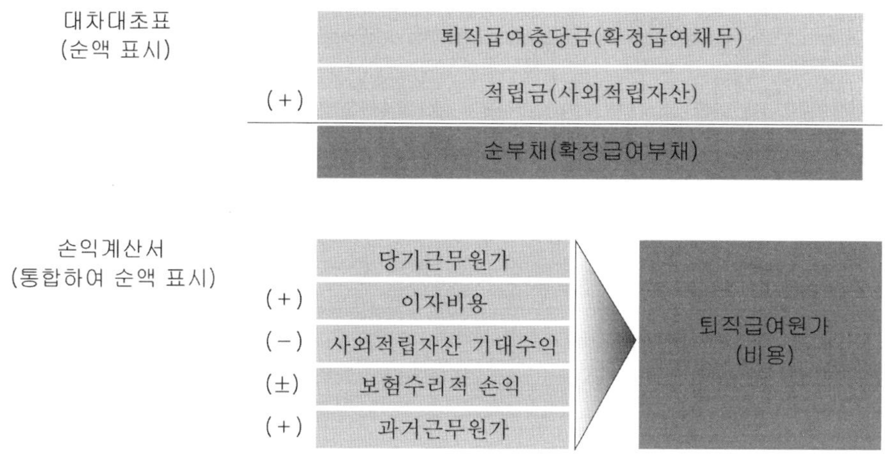

나) 현행 회계기준과의 주요 차이

구 분	K-IFRS 제1019호	현행 기업회계기준서
퇴직급여 채무의 측정	• 예측급여채무의 개념을 채택하여 보험수리적 방법으로 측정	• 전 임직원이 일시 퇴직시 지급할 금액인식(청산가치 개념)
1년 미만 근속자에 대한 급여	• 퇴직급여채무를 인식	• 퇴직금지급규정에 별도로 정하지 않는 한 관련채무를 미인식

(16) 건설계약

가) 개 요

현행 기준에서는 분양아파트와 같은 예약매출에 의한 건설공사계약 등에 대해 진행기준을 적용하도록 하고 있으나 IFRS에서는 약정이 건설계약의 정의*에 부합하고 그 결과를 신뢰성있게 추정할 수 있는 경우 진행률에 따라 수익을 인식(K-IFRS 제1011호 적용)하며, 매수자가 부동산설계에 영향을 미치는 제한적인 능력만을 가지는 경우에는 재화판매약정으로 구분한다(K-IFRS 제1018호 적용).

부동산 건설 약정 회계처리

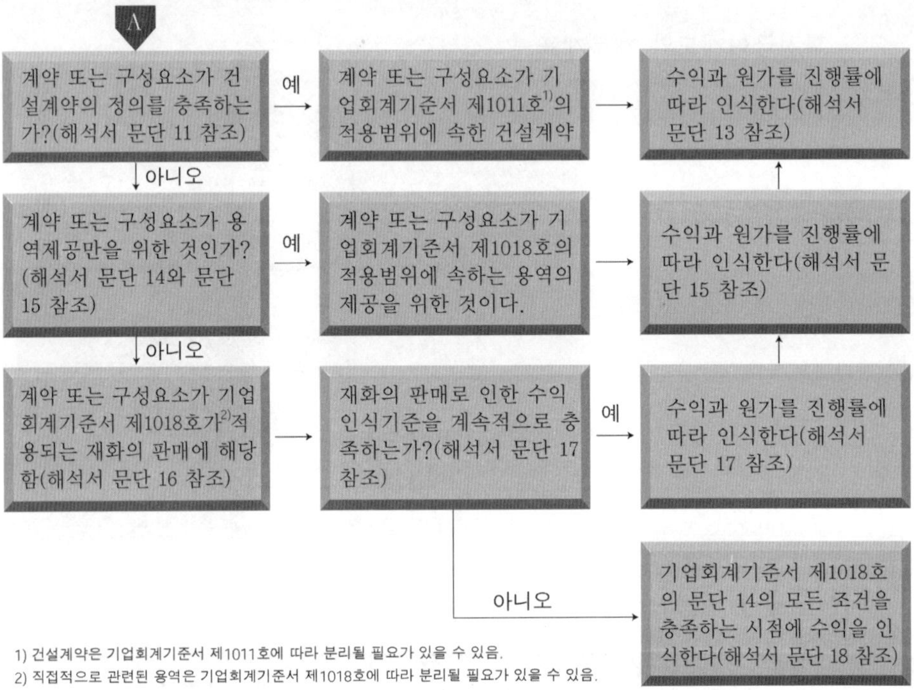

1) 건설계약은 기업회계기준서 제1011호에 따라 분리될 필요가 있을 수 있음.
2) 직접적으로 관련된 용역은 기업회계기준서 제1018호에 따라 분리될 필요가 있을 수 있음.

계약원가의 인식은 현행 기준에서 공사 계약원가는 당기에 실제로 발생한 금액 등으로 인식하나, IFRS에서는 건설계약 원가를 신뢰성 있게 추정할 수 있는 경우 건설계약과 관련한 계약원가를 보고기간 말 현재 계약활동의 진행률을 기준으로 비용으로 인식한다.

* 매수자가 건설 시작 전에 부동산의 주요 설계구조요소를 지정할 수 있는 경우 또는 건설 진행중에 주요 구조변경을 지정할 수 있는 경우.

나) 현행 회계기준과의 주요 차이

구 분	K-IFRS 제1011호	현행 기업회계기준서
예약매출에 의한 건설공사계약	• 약정이 건설계약 정의를 충족하고 그 결과를 신뢰성있게 충족하는 경우 진행률에 따라 수익 인식 • 매수자가 부동산설계에 영향을 미칠 수 있는 제한적인 능력만 있는 경우 재화판매약정으로 구분	• 분양아파트와 같은 예약매출에 의한 건설공사계약 등은 진행기준을 적용
계약원가의 인식	• 건설계약 결과를 신뢰성있게 추정할 수 있는 경우 계약활동의 진행률을 기준으로 비용인식	• 당기에 실제로 발생한 금액으로 비용으로 인식
미청구공사와 초과청구공사의 재무제표 표시	• 미청구공사 자산계상 =(누적발생원가+인식한 이익) -(인식한 손실+진행청구액) • 초과청구공사 부채계상 =(인식한 손실+진행청구액) -(누적발생원가+인식한 이익)	• 명시적 언급 없음

(17) 기타 기준서 및 해석서

가) 개 요

⊙ 재고자산의 원가측정에 표준원가법 허용 [K-IFRS 제1002호 '재고자산']: 재고자산의 원가를 측정함에 있어 표준원가법의 적용결과인 표준원가가 실제원가와 유사한 경우 표준원가법을 사용하여 재고자산을 측정할 수 있도록 허용하고 있다. 이에, IFRS 도입에 따라 표준원가법을 사용하는 기업의 경우 재무제표 조정비용이 감소할 것으로 예상된다.

⊙ 재고자산의 평가방법에서 후입선출법 삭제 [K-IFRS 제1002호 '재고자산']: IFRS에서는 후입선출법이 일반적으로 실제 원가흐름을 신뢰성 있게 반영하지 못하고 다른 방법에 비하여 영업성과를 왜곡시킬 가능성이 있다는 이유로 재고자산의 단위원가 계산방법에서 후입선출법을 삭제하였다.

⊙ 이연법인세자산 인식요건 및 적용 세율 [K-IFRS 제1012호 '법인세']: 현행 기준에서는 이연법인세자산의 인식요건이 미래의 법인세 절감효과의 실현가능

성이 거의 확실한 경우이나, IFRS에서는 동 조건이 높은 경우로 변경되면서 IFRS 도입에 따라 이연법인세의 인식 요건이 완화되게 되었다. IFRS에서는 법인세효과 계산시 과세소득의 크기에 따라 다른 세율이 적용되는 경우 평균세율로 측정하며, 이연법인세자산·부채는 비유동항목으로만 분류한다.

⊙ 미래 경제적 효익 유입가능성 [K-IFRS 제1018호 '수익' 등]: 현행 기준에서는 '미래 경제적 효익이 유입될 가능성이 매우 높은'(예: 80% 이상) 경우에만 무형자산, 유형자산, 수익 등으로 인식할 수 있었으나, IFRS에서는 동 기준이 '미래 경제적 효익이 유입될 가능성이 높은'(예: 50% 초과) 경우로 변경된다.

⊙ 정부보조금의 회계처리 [K-IFRS 제1020호 '정부보조금의 회계처리와 정부지원의 공시']: 자산관련 보조금은 재무상태표에 이연수익(부채)으로 표시하거나 해당 자산의 원가에서 차감하여 표시하며, 수익관련 보조금은 별도의 계정으로 기타수익과 같은 일반계정에 포함시켜 표시하거나 관련비용에서 보조금을 차감하여 표시한다.

⊙ 초인플레이션 경제에서의 재무보고 기준서 도입 [K-IFRS 제1029호 '초인플레이션 경제에서의 재무보고']: IFRS에서는 기능통화가 초인플레이션 경제의 통화에 해당하는 기업의 재무제표에 적용하기 위한 기준을 별도의 기준서로 제정하고 있으며, 초인플레이션 경제국가에 피투자회사(그 국가의 화폐를 기능통화로 사용하는 경우)를 가지고 있는 일부 기업에 동 기준서가 적용될 것으로 예상된다.

⊙ 충당부채의 인식범위 확대 [K-IFRS 제1037호 '충당부채, 우발부채 및 우발자산']: IFRS에서는 충당부채의 인식요건 중 미래 자원의 유출 가능성에 대해 발생가능성이 높을 경우 충당부채로 인식하고, 희박할 경우 어떠한 회계처리도 하지 않으며, 희박하진 않으나 가능성이 높지 않은 경우에는 재무제표의 주석으로 공시한다고 규정하고 있다.

⊙ 충당부채의 후속측정 강화 [K-IFRS 제1037호 '충당부채, 우발부채 및 우발

자산']: 충당부채의 최초 인식 후 보고기간 말마다 최선의 추정치(할인율: 현행할인율)를 반영하여 충당부채의 잔액을 조정하도록 규정함과 동시에 할인율 변동효과를 주석공시 항목으로 규정하고 있다(현행기준 할인율: 당초 적용 할인율).

⊙ 생물자산과 수확물의 평가 [K-IFRS 제1041호 '농림어업']: IFRS에서는 원칙적으로 생물자산과 수확시점의 수확물을 순공정가치로 인식하고 평가손익을 발생한 기간의 당기손익에 반영하는바, 취득원가로 인식하도록 규정한 현행 기준과는 큰 차이가 있다.

⊙ 비상장기업의 현금결제형 주식기준보상 [K-IFRS 제1102호 '주식기준보상']: 비상장기업이 현금결제형 주식기준 보상거래를 하는 경우 현행 기준에서 허용하고 있는 내재가치 선택권은 더 이상 인정되지 않고 공정가치 측정만 가능하다.

⊙ 보험계약의 저축요소 분리 [K-IFRS 제1104호 '보험계약']: 현행 기준에 의하면, 보험계약에서 발생하는 보험료수입은 수익으로 처리하지만, IFRS에 의하면 보험계약에 보험요소와 저축요소를 모두 포함하고 있는 경우 두 요소의 분리여부를 결정하도록 요구하고 있다. 보험요소와 저축요소를 분리하는 경우 보험요소는 K-IFRS 1104호 '보험계약'을 적용하고 저축요소는 K-IFRS 1039호 '금융상품: 인식과 측정'을 적용하도록 규정하고 있다.

⊙ 비상위험준비금 등의 인식금지 [K-IFRS 제1012호 '법인세']: 현행 기준에서는 보험료 중 비상위험에 대비할 목적으로 산정된 금액을 비상위험준비금으로 적립하도록 하고 있으나, IFRS에서는 보고기간 말에 계약의 존재유무와 관계없이 누적하여 적립하고 있는 비상위험준비금 등의 충당부채를 인식할 수 없도록 규정하고 있다.

⊙ 보험계약의 재량적 참가특성에 대한 처리 [K-IFRS 제1104호 '보험계약']: IFRS에서는 재량적 참가특성이 있는 보험계약은 보장부분을 재량적 참가부분과 별도로 구분하여 보장부분은 부채로 처리가 가능하다.

⊙ 매각예정 비유동자산의 개념 도입 [K-IFRS 제1105호 '매각예정비유동자산과 중단영업']: IFRS 도입에 따라 현행 기준에는 없는 매각예정비유동자산의 개념이 도입. IFRS에서는 비유동자산의 장부금액이 계속사용이 아닌 매각거래에서 주로 회수될 것이라면 이를 매각예정으로 분류한다고 규정하고 있다.

⊙ 중단영업 분류시점 [K-IFRS 제1105호 '매각예정비유동자산과 중단영업']: 현행기준에서는 중단영업 관련 최초공시사건 발생시점에 중단사업으로 분류하나, IFRS에서는 영업이 매각예정분류기준을 충족하거나 실제 처분된 시점에 중단영업으로 분류하도록 규정하고 있다.

⊙ 보상점수(예: 마일리지, 포인트)에 대한 회계처리 도입 [K-IFRS 제2113호 '고객충성제도']: 보상점수를 부여한 매출거래를 식별할 수 있는 부분으로 나누어 수익인식기준을 각각 적용. 보상점수는 이를 별도로 판매할 경우의 금액에 기초하여 측정하고, 보상점수에 배분된 수익은 이연하여 처리한다.

나) 현행 회계기준과의 주요 차이

구 분	K-IFRS	현행 기업회계기준서
현금및현금성자산의 결정 [K-IFRS 제1007호]	• 현금및현금성자산의 구성요소, 현금흐름표상의 금액과 보고기간말에 보고된 해당항목의 조정내용. 현금및현금성자산의 구성요소 결정시 채택한 회계정책을 공시 • 현금및현금성자산 결정에 대한 정책변화는 회계정책의 변경으로 처리	• 관련 규정 없음
사업결합의 결과 취득자의 이연법인세자산 인식 [K-IFRS 제1012호]	• 사업결합의 결과로 그 이전에는 인식할 수 없었던 매수회사의 이연법인세자산에 대한 실현가능성이 충족됨에 따라 자산을 인식할 수 있게 된 경우 사업결합원가의 배분대상으로 보지 않음 • 영업권 또는 부의 영업권결정에 반영할 수 없음	• 사업결합의 결과로 그 이전에는 인식할 수 없었던 매수회사의 이연법인세자산에 대한 실현가능성이 충족됨에 따라 자산을 인식할 수 잇게 된 경우 사업결합원가의 배분대상으로 간주함 • 영업권 또는 부의 영업권결정에 반영함
일시적 차이의 실현가능성 [K-IFRS 제1012호]	• 차감할 일시적 차이가 활용될 가능성이 높은(probable) 경우 이연법인세 자산을 인식	• 차감할 일시적 차이가 활용될 가능성이 거의 확실한(certain) 경우 이연법인세 자산을 인식
이연법인세 적용세율 [K-IFRS 제1012호]	• 평균세율 적용	• 한계세율 적용
리스약정일과 리스기간개시일의 구분 여부	• 리스약정일과 리스기간개시일을 구분 - 리스약정일: 리스계약일과 리스의 주요 사항에 대한 계약당사자들의 합의일 중 빠른 날 - 리스기간개시일: 리스이용자가 리스한 자산의 사용권을 행사할 수 있게 된 날	• 리스약정일과 리스기간개시일의 구분의 실익이 없다고 판단하여 리스실행일로 단일화
금융리스의 양적 판단기준 [K-IFRS 제1017호]	• 기준서에 분류된 원칙만을 제시하고 양적 판단지침을 제공하지 않음	• 금융리스 분류의 양적 지침을 실무지침(예: 내용연수의 75%, 공정가치의 90%)으로 제공
리스개설 직접원가 [K-IFRS 제1017호]	• 관련 규정 없음	• 운용리스 이용자가 지출한 리스개설 직접원가를 별도의 자산으로 인식하고 리스료와 동일하게 리스기간 동안 비용화함

구 분	K-IFRS	현행 기업회계기준서
금융이용자의 금융리스 이자비용 [K-IFRS 제1017호]	• 금융리스 이자비용 기간 배분시 계산의 단순화를 위하여 일정형태의 계산방식을 사용할 수 있음	• 없음
중간재무제표 양식 [K-IFRS 제1034호]	• 연차재무제표와 동일한 양식으로 작성하거나 요약재무제표 양식을 선택할 수 있음	• 일부 계정과목을 요약 또는 일괄 표시할 수 있으나 원칙적으로 연차재무제표와 동일한 양식으로 작성
충당부채 후속 측정시 할인율 [K-IFRS 제1037호]	• 매 보고기간 말마다 충당부채의 잔액을 검토하고, 보고기간말 현재 최선의 추정치를 반영하여 조정 • 후속측정시 적용할 할인율은 현행시장의 평가를 반영하여 결정	• 매 보고기간 말마다 충당부채의 잔액을 검토하고, 보고기간말 현재 최선의 추정치를 반영하여 증감조정 • 충당부채의 현재가치 평가에 사용한 할인율은 변동되지 않는 것으로 보고 당초에 사용한 할인율을 계속 적용
소송 및 지급보증의 재무제표 표시 [K-IFRS 제1037호]	• 관련 규정 없음	• 다음의 경우에는 의무를 이행하기 위한 자원의 유출 가능성이 거의 없더라도 그 내용을 주석으로 반드시 공시 - 타인에게 제공한 지급보증 또는 이와 유사한 보증 - 중요한 계류중인 소송사건
비상장기업의 측정기준 [K-IFRS 제1102호]	• 주식결제형: 비상장기업의 주가변동성 산정시 동종업계 상장기업의 과거주가변동성을 사용할 수 있음 • 현금결제형: 공정가치를 이용	• 주식결제형: 비상장기업의 주가변동성 산정시 동종업계 과거주가변동성 및 비상장기업이 속하는 산업주가 지수의 역사적 변동성도 사용 가능함 • 현금결제형: 공정가치가 원칙이나 비상장기업은 내재가치를 사용할 수 있음
폐기될 비유동자산 [K-IFRS 제1105호]	• 폐기될 비유동자산(또는 처분자산집단)은 매각예정으로 분류할 수 없음 • 일시적으로 사용을 중단한 비유동자산은 폐기될 자산으로 회계처리할 수 없음	• 관련 규정 없음 • 사용중단 유형자산은 투자자산으로 분류하여 감가상각을 중지하고 감액손실 여부를 검토
보상점수의 회계처리 [K-IFRS 제2113호]	• 보상점수(포인트, 마일리지 등)를 부여한 매출거래를 식별할 수 있는 부분으로 나누어 수익인식기준을 각각 적용. 보상점수에 배분된 수익은 이연하여 처리	• 매출한 시점에 미래에 지출될 비용을 판매비와 부채성충당금으로 계상

참고문헌

국토해양부, 「기업물류비 산정에 관한 지침」, 2008, pp.18~20.

김병연, "은행의 성과급제," 「KIF 은행경영 브리프」, 한국금융연수원, 2000, pp.39~43.

김영모·이종인, "해운산업의 품질비용 관리," 「한국해운학회지」, 1995, p.69.

김희경·성은숙, 「BSC 실천 매뉴얼, 시그마 미래조직연구서」, SIGMA INSIGHT, 2001, pp. 30~53.

남성모·배재학·안기명·한창훈, 「지식자산에 대한 경영전략적 평가모형개발」, 집문당, 2001. 12.

대한상공회의소, 「기업물류비 산정·활용 매뉴얼」, 1995, p.41.

민한기·김준석, "활동기준회계와 활동기준관리의 개념적 고찰," 「회계저널 1호」, 1993. 12.

백태영, 「원가관리회계」, 신영사, pp.590~592.

안일준·유희경, 「관리회계원론」, 2004. 7, pp.46~55.

안태호, 「현대물류론」, 도서출판 범한, 1996. 10, p.3.

유홍림 외 공저, 「조직형태의 이해」, 대영문화사, 2003, pp.561~562.

육근효, 「물류원가관리의 혁신」, 1998. 2.

윤재홍·안기명·안영면, 「현대경영학원론」, 박영사, 2002.

이순룡, "제품품질원가의 행태분석," 동국대학교대학원 박사학위논문, 1984. p.91.

이희준, 「해운회계론」, 1990, p.147.

일본로지스틱스시스템협회(JILS), 「2003년도 물류코스트 조사 보고서」, 2004.

임세진, 「CPA대비 최적서 원가관리회계」, 도서출판 파란, 2001, pp.658~706.

정승주·서상범, 「국가 공급사슬망관리(SCM)모형 개발을 위한 기초연구」, 2005. 12, 한국교통개발원. pp.7~9.

조동성·신철호, 「14가지 경영혁신기법의 통합모델」, 아이비에스 컨설팅그룹, 1996, p.227.

정필수 외 3인, 「종합화물유통관리체제와 우리나라의 대응방안」, KMI, 1992. 12, p.6.

한국해사문제연구소, 「해운·물류 큰사전」, 2002. 4, pp.265~266.

한국생산성본부, 「물류비의 이해와 활용 — 기업물류비계산준칙을 중심으로 —」, 1991. 12, pp.27~30.

한국은행, 「기업경영분석」, 2007.

한국해운기술원, 「해운회계」, 1987.
현대경제연구원, 「성과측정」, 21세기북스, 2000.
홍석보·송병선·김창원·이내풍, 「전략적 경영혁신 기법」, 학문사, 1999, p.95.

Ansari, S., J. Bell, Klammer, T. & Lawrence, C., "Measuring & Managing Quality Cost," Management Accounting — A Strategic Focus, McGraw-Hill, 1997, pp.4~5.

Ball R. & Watts R., "Some Time Series Properties of Accounting Income," *Journal of Fiance 27*, June, 1972, pp.663~682.

Bover, David M. & Frentzel, David G., "The Value Net: Connecting for Profitable Growth," *Supply Chain Management Review*, 1999, pp.96~104.

Carr, L. P., "Applying Cost of Quality to Service Business," *Solan Management Review*, Summer 1995, pp.72~77.

Chopra, Sunil & Meindl, Peter, *Supply Chain Management, Strategy, Planning & Operation*, Prentice-Hall, INC., 2001.

Cooper M., Ellram, L., Gardner, J. & Hanks, A., "Meshing multiple Alliances," *Journal of Business Logistics*, Vol.18, No.1, 1997a, pp.67~89.

Coyle, John J., Bardi, Edward J. & Langley Jr., C. John, "The Management of Business Logistics," *A Supply Chain Perspective*, 7th Edition, 2003.

Davenport, T. A. & Short, J. E., "The New Industrial Engineering: Information Technology & Business Process Redesign," *Sloan Management Review*, 31(4), 1990, pp.25~31.

Davernport, T., "Process Information: Reengineering Work through Information Technology," HBR Press, 1990.

Wood, Donald F., Barone, Anthony P., Murphy, Paul R., & Wardlow, Daniel L., *International Logistics Functions & Intermediaries*, 2002.

Eccles, R. G., "The Performance Measurement Manifesto," *Harvard Business Review*, January~February, 1991, pp.131~137.

Fama, E. F., "Efficient Capital Markets: A Review of Theory & Empirical Work," *Journal of Finance*, May 1970, pp.383~417.

Feigenbaum, A. V., *Total Quality Control*, New York: Mcgraw-Hill Co., 1961, p.52.

Groocock, J. M ., "Quality Cost Control in ITT Europe," *Proceeding of 25th EOQC Conference*, vol.2, June, 981, p.250.

Gupta, Sunil & Meindl, Peter, *Supply Chain Management: Strategy, Planning, & Operation*, Upper Saddle Rever, NJ: Prentice-Hall, 2001, p.8.

Horngren, C. T., Forster, G. & Datar, S. M., *Cost Accounting, A Managerial Emphsis*, 10th Edition,

Prentice-Hall, 2006. p.8.

Harrington, H., *Business Process Improvement*, N.Y.: McGraw-Hall, 1991.

Iwabuchi, Y., "Functions of target costing: information sharing & knowledge creation (in Japanese)," *Kigyo Kaikei* 44(8), pp.41~47.

Johnson, Thomas H., "Activity-Based Information: A Blueprint for World-Class," *Management Accounting*, p.264.

Juran, J. M., et al., *Quality Contol H&book*, 3rd ed., New York: McGraw-Hill, 1974.

Kaplan, Robert S. & Norton, David P., "Using the Balanced Scorecard as a Strategic Management System," *Harvard Business Review*, January~February, 1996, pp.75~85.

Kaplan, Robert S. & Norton, David P., "The Balance Scorecard — Measures That Drive Performance," *Harvard Business Review*, January~February, 1992, pp.71~79.

Kaplan, Robert S. & Norton, David P., "Putting the Balanced Scorecard to Work," *Harvard Business Review*, September~December, 1993, p.86.

Kaplan, Robert S. & Norton, David P., "Linking the Balanced Scorecard to Strategy," *California Management Review* Vol. 39, 1996(b), pp.53~79.

Knight, D. J., "Performance Measures for increasing Intellectual Capital," *Strategy & Leadership*, March~April, 1999, pp.23~27.

Neely, A., Gregory, M. & Platts, K., "Performance Measurement System Design: A Literature Review & Research Agenda," *International Journal of Operations & Production Management*, Vol. 15. No.4, 1995, pp.80~81.

Nonaka, *A Theory of Knowledge Creation (in Japanese)*, Tokyo, Nihon Keizai Shinbunsha, 1990.

Parasuraman, A., Zeithaml, Valerie A. & Wells, Leonard L., "A Conceptual Model of Service Quality & Its Implications for Future Research," *Journal of Marketing*, 1985, pp.41~50.

Parker, C., "Performance Measurement," *Work Study*, Vol.49, No.2, 2000, pp.64~65.

Schneiderman, A. M., "Why Balanced Scorecard Fail," *Journal of Strategic Performance*, January, 1999, pp.6~11.

Shahid Ansari, Bell, Jan, Kim, Il~Won & Swenson, Dan, *Target Costing Best Practices Report*, February, 1999.

Shimizu, N., "The relationship between target costing information & knowledge creation activities (in Japanese)," *Sangyo Keiri*, 51(4), 1992, pp.132~140.

Slack, N., *The Manufacturing Advantage: Achieving: Competitive Manufacturing Operations*, Mercury, 1991, pp.88~89.

Rotch, W. "Activity~Based Costing in Service Industries," *Journal of Cost Management*, Summer 1990, pp.4~14.

Young, S. David & O'Byrne, Stephen F., *EVA & Value-Based Management*.

Tani, T., Okano, H., Shimizu, N., Iwabuchi, Y., Fukuda, J. & Cooray, S., "TCM in Japanese companies; current state of the art," *Management Accounting Research*, 5, 1994, pp.67~81.

Tam, J. M., Yen, D. C. & Beaumont M., "Exploring the Rationales for ERP & SCM Integration," *Industrial Management & Data Systems*, Vol.102, No.1, 2002, pp.26~34.

Watson, G. H., "Process for Competitive Edge," *The TQM Magazine*, July~Aug., 1992.

Yoshihiro, Ito, "Strategic goals of quality costing in Japanese companies," *Management Accounting Research*, 1995, June, p.396.

찾아보기

공저자 약력

안 기 명

한국외국어대학교 경제학과 졸업(경제학사)
연세대학교 대학원 경영학과 졸업(경영학 석·박사)
미국 Purdue University 경영대학 연구교수
부산광역시 민간투자사업심의위원회 위원
한국해양대학교 교수회장, 평의원회 의장, 총장임용추천위원회 위원장
(재)동북아경제협력물류전략연구원 원장, (사)국제해양수산물류연구소 소장
해운연구소 소장, 국제해양문제연구소 소장, 한국해운조합 자문교수
한국경영학회 이사, 한국관리회계학회 상임이사, 한국항해항만학회 편집이사
한국로지스틱학회 부회장 및 해운항만물류 위원장
現 한국해양대학교 해운경영학부 교수
항만물류전문인력양성사업단 단장

양 창 호

연세대학교 생화학 전공(학사)
연세대학교 대학원 경영학 전공(경영학 석사), 서강대학교 대학원 무역학 전공(경영학 박사)
산업연구원(KIET) 산업정책실, 한국해양수산개발원(KMI) 항만시스템연구실장, 기획조정실장, 정책동향연구실장, 교통부 감사위원, 해양수산부 민자유치사업 평가위원, 건설교통부 사회간접자본정보화 추진위원, 과학기술부 국가과학기술위원회 국가연구개발사업(기초 인력양성, 해양, 기초과학) 평가위원, 기획재정부 국가연구개발사업 상위평가위원
現 인천대학교 동북아물류대학원 교수, 동북아물류대학원 교학부장
국토해양부 국가교통조정실무위원회 민간위원
한국무역협회 FTA민간대책위원회 위원, 인천광역시 물류정책위원회 위원
녹색성장위원회 위원, 자산관리공사 선박매입위원회 민간위원

나 영

중앙대학교 경영대학 졸업
미국 럿거스대학원 졸업(경영학 석·박사)
미국 퍼듀대학 경영대학 연구교수
한국회계정보학회/한국경영교육학회 부회장
선박안전기술공단 사외이사
한국마사회 경영자문위원
공인회계사, 입법고등고시, 공무원 시험출제위원 역임
중앙대학교 사무처장 역임
現 중앙대학교 상경학부 회계학과 교수
중앙대학교 사회과학대학 학장

박 수 만

고려대학교 정경대학 경제학과 졸업
안건회계법인 회계감사부/경영자문부 이사
(주)딜로이트경영컨설팅 상무이사
선진회계법인 대표이사 역임
(사)한국생활환경시험연구원 감사
한국컨테이너부두공단 준사외이사
現 선진회계법인 이사
(재)정산장학재단 감사
(주)케이엘넷 감사
학교법인 수원대학교/수원과학대학 감사
서울신용보증재단 감사

해운항만물류회계

2009년 2월 20일 초판인쇄
2009년 2월 28일 초판발행

共著者 안기명 · 양창호 · 나영 · 박수만
發行人 安 鍾 萬
發行處 (株)博英社
서울特別市 鍾路區 平洞 13-31番地
電話 (733) 6771 FAX (736) 4818
登錄 1959. 3. 11. 제300-1959-1호(倫)

www.pakyoungsa.co.kr e-mail: pys@pakyoungsa.co.kr

定 價 28,000원 ISBN 978-89-7189-017-2